TONGJIXUE

U1019841

统计学

刘照德　朱芳芳　石　立｜主　编
赵慧琴　黄小敏　周杰琦　金　莹　景　曼　林雅军｜副主编

西南大學出版社
SWUP
国家一级出版社　全国百佳图书出版单位

图书在版编目(CIP)数据

统计学 / 刘照德，朱芳芳，石立主编．— 重庆：西南大学出版社，2023.5(2025.2 重印)
ISBN 978-7-5697-1828-7

Ⅰ．①统… Ⅱ．①刘… ②朱… ③石… Ⅲ．①统计学－高等学校－教材 Ⅳ．①C8

中国国家版本馆CIP数据核字(2023)第063107号

统计学

TONGJIXUE

主　编　刘照德　朱芳芳　石　立
副主编　(排名不分先后)
　　　　赵慧琴　黄小敏　周杰琦
　　　　金　莹　景　曼　林雅军
主　审　林海明　张祖荣

责任编辑：朱春玲
责任校对：刘欣鑫　陈　欣
特约校对：郑祖艺
封面设计：米可设计
排　　版：瞿　勤
出版发行：西南大学出版社(原西南师范大学出版社)
　　　　地址：重庆市北碚区天生路2号
　　　　邮编：400715　市场营销部电话：023-68868624
　　　　网址：http://www.xdcbs.com
经　　销：全国新华书店
印　　刷：重庆天旭印务有限责任公司
成品尺寸：185 mm×260 mm
印　　张：19
字　　数：427千字
版　　次：2023年5月　第1版
印　　次：2025年2月　第3次印刷
书　　号：ISBN 978-7-5697-1828-7

定　　价：59.00元

内容简介

统计学在为人类发展做出巨大贡献的同时,产生了不胜枚举的著名典型案例。本书共十一章,每章都从一些著名的统计学典型案例引入,展开统计学问题、思想、基本知识的学习。内容包括:绪论、收集数据、整理和显示数据、总体数据分布特征的描述、概率基础与抽样分布、参数估计、假设检验、方差分析、相关与回归分析、时间序列分析、指数分析等,附有Excel在统计中的应用等,其中的抽样分布、参数估计、假设检验、相关与回归分析需要一些概率论基础,为了衔接,书中作了一些必要的补充。

本书不仅可以作为经济类、管理类专业统计学核心课程的教材,也可以作为经济管理类统计学专业的基础教材。

前　言

大数据时代、人工智能时代，数据无处不在。无论是日常生活，还是进行微观的企业经营决策、宏观的国民经济管理，人们都需要准确地把握有关的数据。作为发现数据规律、更好决策的一门有力工具，统计学发挥了强大的作用。教育部一直将“统计学”列为经济管理类本科的核心基础课。2001年，我国经济学家、教育学家顾海良认为，统计学是21世纪最有前途的一门学科。2010年，鉴于统计学为世界社会经济、科学技术的发展和进步作出的巨大贡献，第64届联合国大会第90次会议通过决议，将2010年10月20日定为首个世界统计日。2010年，我国将统计学定为一级学科。2018年8月，诺贝尔经济学奖获得者托马斯·萨金特在主题为“共享全球智慧引领未来科技”的世界科技创新论坛上表示：人工智能其实就是统计学，只不过用了一个很华丽的辞藻。2019年1月，华为创始人兼CEO任正非在接受央视《面对面》采访时说：人工智能就是统计学，计算机与统计学就是人工智能。

本书从统计学典型案例引入，展开统计学问题、思想和基本知识的学习。这里的统计学典型案例：(1)有重大统计学问题产生的人文情境；(2)有问题的提出；(3)有科学家或名人的贡献；(4)有解决问题的思想；(5)与所学的统计学基本知识相关性较高。典型案例中的科学家和名人会给学生带来榜样的力量，这有利于培养学生良好的道德品质与人文素养。我们知道：会背已有知识不重要，会拿来用、会拿来解决问题、会拿来产生智慧才重要。牛顿说，我之所以伟大，是因为我站在巨人的肩膀上，就是这个道理。

本书将用到的数学仅作为统计学应用中的一个环节内容，一般不作推导与证明。

本书的最佳目标标准：

一、范围标准：常规教学内容；

二、面对师生标准：通顺，紧凑，易教，易学，符合学科逻辑；

三、来龙去脉标准：讲清背景、问题、思想、公式模型理论的意义、解题步骤及其应用，其他的用语句过渡、注、附录或指引参考文献的形式做相应补充；

四、习题标准：有问题提出，考查常用基础知识、应用条件。

我们的行动感言是：将使用这本教材的老师和学生放在心上。

本书配有教学用PPT，思考题、练习题的参考答案（电子版），模拟题及其参考答案（电子版），教师可利用PPT进行多媒体教学，可利用思考题、练习题参考答案，模拟题及其参考答案对学生进行必要的指导，这些电子版材料可联系出版社免费获取。

本教材由广东财经大学、广州华商学院、广东培正学院、广州新华学院、重庆工商大学统计学专业教师集体编著完成。广东财经大学刘照德副教授，广州华商学院朱芳芳副教授、石立副教授担任主编，负责全书的设计、总纂和定稿工作。重庆工商大学林雅军教授、广州华商学院赵慧琴副教授和金莹讲师、广东培正学院黄小敏副教授、广东财经大学周杰琦副教授和广州新华学院景曼讲师担任副主编，协助主编工作。广东财经大学林海明教授和张祖荣教授作为本书的主审，负责全书的框架设计工作。编著分工是：广东财经大学林海明（第一章，审核：刘照德）、刘照德（第二章，审核：赵慧琴）、张祖荣（第六章，审核：赵慧琴）、周杰琦（第九章，审核：石立）；重庆工商大学林雅军（第二章，审核：赵慧琴）；广州华商学院朱芳芳（第五章，审核：景曼）、石立（第十章，审核：周杰琦）、赵慧琴（第三章、第七章，审核：金莹、黄小敏）、金莹（第四章，审核：朱芳芳）；广东培正学院黄小敏（第十一章，审核：林海明）；广州新华学院景曼（第八章，审核：张祖荣）。这些编著者一直从事统计学的教学工作，教学经验丰富，他们编著的章节是他们的优势和感兴趣的内容，这样便于在写作上更好地发挥长处。

应当指出，更好的案例会不断地涌现，尽管我们力争少出错漏，但是难免会有错漏，恳请同行专家和读者指出。凡给出更好案例者、指出错漏者，我们均会给出书面反馈、感谢，并在下一次的印刷中修改和补充。

教研相长、学思并进。本书的顺利出版，是一线教师们长期从事教学与研究工作的成果总结与经验结晶。作为本书的顾问和编者，林海明教授给予了极大的关心和帮助，他不仅热心指导，提供了7个典型案例，还对一些章节进行了认真的审阅和修改，提出了一些好的建议。本书是广东财经大学主持的“经济统计学”省一流本科专业、广东省“经济统计学”特色专业、广东财经大学校级“统计学”一流本科课程；广州华商学院主持的广东省高等教育教学改革项目“独立学院经管类专业统计学课程的教学改革与实践”、广东省“数据处理技术与SPSS”一流本科课程，广州华商学院“经济统计学”校级一流专业、“应用统计”校级重点学科、“经济统计学”校级课程思政试点专业和校级“统计学”一流本科课程等教学教改项目的阶段性成果，他们的研究成果已体现在本书内容之中。在此，特别向林海明教授、韩兆洲教授、刘照德副教授和赵慧琴副教授表示衷心的感谢！同时，特别感谢广州华商学院韩兆洲教授、胡学锋教授、雷钦礼教授、杨清教授、李选举教授、齐志超老师和广东财经大学钟英莲副教授、陈军才副教授、孙红英副教授、马岚老师、陈根老师等对本书提出许多宝贵的意见！

本书参考了一些国内外较好的文献，在书中进行了列示。本书的出版得到了西南大学出版社的大力支持。在此，我们对所有为本书问世作出贡献的单位和个人一并表示衷心的感谢！

由于编者水平所限，不当乃至谬误之处在所难免，恳请同行及广大读者不吝赐教。

编者

2023年3月于广州

目 录

第一章 绪论……1
【引言】统计学中一些著名事例……1
第一节 统计学的含义和作用……3
第二节 统计学的基本概念……8
小结……11
思考题……11
练习题……11
第二章 收集数据……14
第一节 统计调查方案设计……15
第二节 数据来源……17
第三节 原始数据的收集……19
第四节 统计数据的质量……31
小结……33
思考题……33
练习题……34
第三章 整理和显示数据……36
第一节 数据的预处理……37
第二节 定性数据的整理与显示……40
第三节 定量数据的整理与显示……46
第四节 图表的合理使用……52
小结……55
思考题……55
练习题……56

第四章　总体数据分布特征的描述 ……58
第一节　数据总体规模的测定 ……59
第二节　数据对比关系的测定 ……62
第三节　数据集中趋势的测定 ……70
第四节　数据离散程度的测定 ……84
第五节　数据分布形态的测定 ……92
小结 ……94
思考题 ……95
练习题 ……95
第五章　概率基础与抽样分布 ……99
第一节　概率基础 ……99
第二节　抽样分布基本概念……108
第三节　几个常见的抽样分布……113
小结……116
思考题……116
练习题……116
第六章　参数估计……119
第一节　点估计……120
第二节　区间估计……122
第三节　两个总体的参数估计……127
第四节　样本容量的确定……131
小结……133
思考题……134
练习题……134
第七章　假设检验 ……137
第一节　假设检验的基本原理……138
第二节　一个总体参数的假设检验……141
第三节　两个总体参数的假设检验……148
小结……157
思考题……157

练习题……157

第八章　方差分析……161

第一节　引言……162
第二节　单因素方差分析……163
第三节　双因素方差分析……168
小结……176
思考题……176
练习题……176

第九章　相关与回归分析……179

第一节　相关分析……180
第二节　一元线性回归……185
第三节　多元线性回归……191
小结……200
思考题……201
练习题……201

第十章　时间序列分析……204

第一节　时间序列的基本概念……205
第二节　时间序列的描述性分析……207
第三节　时间序列的预测……219
小结……236
思考题……236
练习题……236

第十一章　指数分析……240

第一节　指数的基本概念……240
第二节　综合指数……243
第三节　平均指数……246
第四节　指数体系与因素分析……249
第五节　几种常见的指数……253
小结……254
思考题……254

练习题……254
附录……258
附录1:统计的实际应用……258
附录2:软件在统计中的应用……261
附录3:常用统计表……281
参考文献……289
编者简介……290

第一章 绪论

【引言】统计学中一些著名事例

统计学有用吗？以下我们用9个著名事例，说明统计学的重要意义。

【事例1】1943年，美国陆军航空队和英国皇家空军一起对德国进行战略轰炸，但早期的轰炸机返航率低至35%，损失惨重。为此，盟军急需找到轰炸机的危险区域加固钢板。美国统计学家瓦尔德用统计学方法发现了轰炸机的危险区域，工程师随之用钢板加固了这些区域，使轰炸机返航率提高到76%，损失大幅减少，这为盟军战胜德军作出了重大贡献。

【事例2】20世纪20—30年代，中国共产党人受到残酷镇压。为了找到革命的主力军和道路，毛泽东用革命中调查到的城市和农村的的数据，结合革命知识分析和解释，发现中国革命的主力军是农民，中国革命的道路是农村包围城市，由此他做出了"建立农村根据地"的英明决策。他还提出了"没有调查，就没有发言权"的科学论断。这里的调查就是统计学中的收集数据。

【事例3】1998年，美国博耶研究型大学本科生教育委员会发表了题为《重建本科生教育：美国研究型大学发展蓝图》的报告，该报告指出，为了培养科学、技术、学术、政治和富于创造性的领袖，研究型大学必须植根于一种深刻的、永久性的核心理念：探索、调查和发现。这说明了统计学中的调查、发现规律是培养行业精英和领袖必需的、根本的、深刻的、永久性的一种核心理念。

【事例4】居民收入贫富差距是政府和老百姓都关心的问题，为此，美国统计学家洛仑兹（1907）、意大利经济学家基尼（1912）分别发现了居民收入分配的洛仑兹曲线、基尼系数，由此有了居民收入贫富差距的检验方法，为政府缩小居民收入贫富差距提供了政策依据。

【事例5】二战后，产品质量差的日本，以田口玄一、戴明为代表的质量管理学者用统计学方法，发现了3σ质量管理原则，用其大幅提高了产品质量，产品畅销海外，以至20世纪70年代末日本成为第二经济强国。该方法现已发展到了6σ质量管理原则。

【事例6】在第二次世界大战的苏联卫国战争中，德军坦克凶猛，为了帮助苏军破解德军坦克产量的军事秘密，专家们用统计学中最大似然和无偏性方法（费歇尔，1925）解决了问题，由此苏军组织了充足的军事力量并联合盟军，打败了德军的疯狂进攻并占领了柏林。

【事例7】产品质量检验是每个消费者都关心的事，专家们用t分布（戈赛特，1908）等统计学方法，提出了t检验法，大大提高了企业、质量监督部门的产品质量检验工作效率，t检验法成为20世纪质量改进的第一次大贡献。

【事例8】在身高方面，矮父亲儿子的身高有比父亲高的趋势吗？高父亲儿子的身高有比父亲矮的趋势吗？英国统计学家高尔顿（1877）用最小二乘法（高斯，1801），提出回归分析方法，解决了该问题。

【事例9】某些商品或大量商品价格的骤然上涨，会给老百姓的生活带来恐慌，会引起社会的普遍关注。如何及时反映市场商品价格的变化呢？德国经济学家帕歇（1874）提出了统计学的价格指数及其理论，为政府解决问题提供了依据。

上述事例，我们看到了统计学在军事、政治、教育、社会、经济、质量管理、生物学领域的重要应用，看到了学者领袖的人文贡献和力量，看到了如下客观事物的特征：轰炸机的危险区域、革命的主力军和道路、大学的核心、居民收入、产品质量、坦克产量、身高、商品价格，这些客观事物的特征及其表现称为数据。这些事例的进一步描述，是本书一些章节开头部分的典型案例，通过这些典型案例，读者可以对统计学的具体作用有一个较深入、令人信服的了解，由此衔接各章所要学习的内容。

经济学家萨缪尔森认为：在许多与经济学有关的学科中，统计学特别重要。事实上，在诺贝尔经济学奖获奖者中，三分之二以上的研究成果与统计和定量分析有关。

时任美国杜邦公司总经理理查德曾指出：现代公司在许多方面是根据统计来行事的。

2001年，我国经济学家、教育学家顾海良认为，统计学是21世纪最有前途的学科之一。

统计学为世界社会经济、科学技术的发展和进步作出了巨大贡献。2010年6月3日，第64届联合国大会第90次会议通过决议，将2010年10月20日定为首个世界统计日。2015年6月3日，第69届联合国大会决议确定，将2015年10月20日定为第二个世界统计日，以后每5年一次在10月20日庆祝世界统计日。

2010年，我国将统计学上升为一级学科。

2016年，美国最佳职业，统计师名列第二，数据科学家名列第一；2017年，美国最佳职业，统计师名列第一，数据专家名列第六。

2016年起，中国实施大数据战略。数据是客观事物的特征及其表现，大数据是联网设备中产生的数据，具有增长速度快（Velocity）、品种多（Variety）、容量大（Volume）、有价值（Value）的4V特点。如今，大数据已深刻地改变了我们的工作和生活，大数据正为统计学带来了千载难逢的发展机遇。大数据时代，人们出行会关心天气、酒店、车票等有关情况，购买商品会关心商品质量和价格，看医生会关心医疗诊断结果和治疗情况，金融投资会关心股票指数及其趋势，生活会关心居民消费价格上涨率，社会发展政府会关心GDP增长率、人均可支配收入增长率等，这些都与统计学、数据息息相关。

华为公司创始人任正非曾说，人工智能是什么？人工智能就是统计学呀，计算机与统计就是人工智能，我们老说人工智能这门课，没有这门课，它是计算机与统计学，神经学与统计学,其他什么与统计学。我们要进入大数据时代,大数据干啥?统计呀。过去我们在数学、统计上重视不够,多年来许多诺贝尔经济学奖获得者,大多使用的是统计学。所以中国科技大学包校长给我介绍专业的时候,我说每个专业后面都要加上统计学,这样才能带来新时代的突破。

事实上,统计学的应用已渗透到社会生活、科学技术的方方面面,这些都说明了统计学相当重要。关于统计学的定义、作用、解决问题的思路,统计学与数学、经济学的区别与关系,统计学的基本概念等入门知识,将是本章学习的内容。

第一节　统计学的含义和作用

一、什么是统计学?

统计学发展至今已有300多年的历史。历史上,英文中的统计statistics与“国家”同一词根,即自从有了国家,统治者就用统计来管理国家。最早的统计学源于英国威廉·配第(1676)的《政治算术》。最早使用“统计学”这一术语的是德国的阿亨瓦尔,他认为统计学是国家显著事项的学问。这些使最初的政治领袖——统治者、政治家与统计学必要地联系在了一起。比利时统计学家凯特勒(1846)在他的《概率论书简》《社会物理学》中认为:统计学是一门既研究社会现象又研究自然现象的方法论科学。我们将从如下案例来认识统计学的含义和作用。

美国统计学家瓦尔德

【典型案例1】瓦尔德找到了二战美军轰炸机的危险区域

1943年,美国陆军航空队和英国皇家空军一起对德国进行战略轰炸。但在早期,上千架的轰炸机呼啸而去,返航率却低至35%,损失惨重。为了提高轰炸机的返航率,美国陆军航空队司令向美国统计学家瓦尔德咨询:轰炸机上什么区域应该加强钢板?

经过瓦尔德的设计,他和助手拿了轰炸机模型到机场,查看返航轰炸机的弹孔位置,在他的轰炸机模型上不重不漏地逐个标示返航轰炸机的弹孔位置,一段时间后,他的轰炸机模型上几乎布满了有弹孔的区域,只有少部分没有弹孔的区域。因为没有弹孔的区域被击中,轰炸机再也没有返航,有弹孔的区域被击中,轰炸机照样返航。故没有弹孔的区域是轰炸机的危险区域,有弹孔的区域是轰炸机的安全区域。于是他提议,把剩下少数几个没有弹孔的区域加强钢板。美国陆军航空队司令非常赞同瓦尔德的观点,召集飞机工程师,下令将所有同类轰炸机的相应区域加强钢板。之后,轰炸机返航率达到76%,损失大幅减少,这为盟军战胜德军作出了应有的贡献。

该案例是“军事问题+统计学+智慧”的成果,生动地展示了统计学的力量!瓦尔德在统计决策领域的贡献也使其成为该领域的领袖。

典型案例1体现了统计学的含义。事实上,“返航轰炸机的弹孔位置”是数据,其表现是所设三维坐标系(指标体系)中的一个点;“查看返航轰炸机的弹孔位置”是收集数据,即调查取得数据;“在他的轰炸机模型上不重不漏地逐个标示返航轰炸机的弹孔位置,一段时间后,他的轰炸机模型上几乎布满了有弹孔的区域,只有少部分没有弹孔的区域”是处理数据,即将数据用图表形式表示出来;“没有弹孔的区域被击中,轰炸机再也没有返航,有弹孔的区域被击中,轰炸机照样返航”是分析和解释数据;“没有弹孔的区域是轰炸机的危险区域,有弹孔的区域是轰炸机的安全区域”是依据分析和解释的数据发现规律;“把剩下少数几个没有弹孔的区域加强钢板”是依据规律作出的更好决策。将这些过程从名词的角度进行提炼,得到统计学解决问题的方法步骤:设计指标体系,收集数据,处理数据,分析和解释数据,发现规律,更好决策。

前面4步可概括为用数据,故有定义:**统计学**是用数据发现规律(或透过现象看本质)、更好决策的方法论学科。现在是大数据时代,故人们在解决问题时,几乎都要用数据去发现规律、更好决策,因此,统计学非常重要。

数据是客观事物的特征及其表现,是统计学的研究对象。当其表现是非数值时,是定性数据,如轰炸机驾驶员的姓名、性别等;当其表现是数值时,是数量数据,如返航轰炸机的弹孔位置等;当其表现是图像时,是图像数据,如轰炸机模型上布满了弹孔的区域等;当其表现是声音时,是声音数据,如轰炸机的轰鸣声等。

从解决问题的阶段上看,分析数据的方法有描述统计和推断统计。

描述统计是将所收集的数据处理后,用表格或图形表示出有用的信息。

如典型案例1中,“瓦尔德在轰炸机模型上不重不漏地逐个标示返航轰炸机的弹孔位置,一段时间后,他的轰炸机模型上几乎布满了有弹孔的区域,只有少部分没有弹孔的区域(图形)”是描述统计及其结果。如今绝大多数的报纸、杂志、公司报表和其他出版物上的统计信息,都是使用描述统计给出的结果。描述统计是基础,它为推断统计、统计咨询、统计决策提供必要的事实依据。

推断统计就是利用一定的方法,根据样本特征去估计或检验总体特征,即发现规律。

如典型案例1中,“没有弹孔的区域是轰炸机的危险区域,有弹孔的区域是轰炸机的安全区域”是推断统计及其结果。美军和英军所有同类轰炸机面上的所有点称为总体,总体的部分称为样本。典型案例1的调查有特殊性:所掌握的数据只有样本数据——返航轰炸机的弹孔位置,这里的调查是破坏性的,不可能对总体的所有个体都进行观察和实验取得结果,而我们所需要的是总体特征——美军和英军所有同类轰炸机的危险区域。同样,很多产品的调查,出于破坏性、成本或时间等因素的考虑,只能收集到样本数据,这时必须用推断统计来解决问题,推断统计是现代统计学的主要内容。

二、统计学的作用

应用统计学解决问题，自然要结合实质性学科的知识。典型案例1中体现了统计学的作用。事实上，如“轰炸机模型上没有弹孔区域是危险区域”是用数据发现的规律；“把剩下少数几个没有弹孔的区域加强钢板”是更好决策；“之后，轰炸机返航率达到76%，损失大幅减少”是改变。决策好一点，世界就变得好一点，即更好决策能改变世界。

统计学是人们用数据发现规律，更好决策，更好改变世界的有力工具。

在以上引言的重要事例中，解决了问题的统计学家、政治家、质量管理学家、经济学家等，用他们自己的成果证明了这一结论。当然，人们中的领袖是少数，执行者和参与者是多数，每个人都有自己的位置。党的二十大强调“完善科技创新体系”，“加快实施创新驱动发展战略”。面对当今各学科领域尖端知识、技术的严峻挑战，中国各学科领域的工作人员和学生应努力践行和提高“探索、调查、发现”的能力，培养和拥有各领域自己的领袖，这些领袖有助于引领中国人在相应的领域获得应有的独立性、自主性、平等性和话语权。各学科培养和拥有自己各领域的领袖应该是每个学科应有的使命和奋斗目标。

要发现规律，对统计数据通常有要求：客观性、适用性、准确性和及时性。客观性是指能反映客观事实而不受任何偏见的影响或任何势力的干扰；适用性是指统计数据能符合解决问题的目的；准确性是指统计数据能够反映真实情况，不出现较大的误差；及时性是指统计数据应及时收集、整理、使用。

三、统计学是如何解决实际问题的?

俗话说：授人以鱼，不如授人以渔。同理，统计学解决实际问题的方法步骤很重要。

典型案例1中体现了统计学解决实际问题的基本思路。事实上，“轰炸机上什么区域应该加强钢板？”是提出问题，结合统计学解决问题的方法步骤得到以下全面的方法步骤：

①提出问题；

②建立有效的指标体系；

③收集数据；

④处理数据；

⑤分析和解释数据；

⑥发现规律；

⑦更好决策；

⑧不能解决问题时，对上述方法步骤、内容进行适当修正、完善，再重复第①~⑦步。

在知识学习或解决问题中，当识别出或有了②~⑦这六步的内容，我们就有了一个较完整的认知结构。上述第①步提出问题尤其重要，数学家哈尔莫斯指出“问题是数学的心脏”，同样，我们认为，问题是科学的心脏，因为有问题才知道目的，有问题才能明确知道做什么，有问题的解决才有科学知识。

四、统计学的发展和应用领域

从统计学的发展来看，产生了统计调查、统计分布、参数估计、假设检验、相关与回归分析、时间序列分析、多元统计分析等丰富的理论统计学。从统计学在各领域的应用上看，产生了相应的应用统计学领域及其家族，如表1-1所示。事实上，只要有数据的地方，就会有统计学的应用，而各个领域都有数据，因此，统计学在各个领域都在发挥发现规律、更好决策的作用。

表1-1 统计学的部分应用领域

学科	应用	学科	庆用
军事学	军事统计	贸易学	贸易统计
经济学	经济统计	物理学	物理统计
政治学	政治统计	生物学	生物统计
营销学	营销统计	医学	医学统计
金融学	金融统计	质量管理	质量管理统计
社会学	社会统计	心理学	心理统计
教育学	教育统计	化学	化学统计

理论统计学把研究对象一般化、抽象化，以数学中的概率论等为基础，从纯理论的角度，对统计方法加以推导论证，其中心内容是以归纳方法研究随机变量的一般规律。理论统计学的特点是计量不计质，在应用条件满足的情况下，它具有通用方法论的理学性质，其大部分内容也可以看作是数学的分支。应用统计学是有具体对象的方法论。所谓应用既包括一般统计方法的应用，又包括各自领域实质性科学理论的应用。应用统计学从所研究的领域或专门问题出发，视研究对象的性质采用有效的指标体系和统计方法，解决所需研究的问题。应用统计学不仅要进行定量分析，还需要进行定性分析，所以应用统计学通常具有边缘交叉和复合型学科的性质。理论统计学和应用统计学总是互相促进，共同提高的。统计理论的研究为应用统计提供方法论基础，应用统计学在统计方法的实际应用中，又常常会对理论统计学提出新的问题，开拓理论统计学的研究领域。当然，理论统计学也可从自身不完善的理论中提出新问题。

作为经济和管理类的学生，所要学习的统计学主要是社会经济统计学。这是一门以社会经济现象的数据为特定研究对象的应用统计学。由于社会经济现象所具有的复杂性和特殊性，社会经济统计学不仅要应用一般的统计方法，而且还需要研究自己独特的方法，如核算的方法、指数方法、综合评价方法等。

通过社会经济统计，企业可以及时了解商品市场和要素市场运行的状况和企业自身的经营动态，为企业生产决策、营销决策、投资理财决策等提供参考。国家可以准确、及时、全面、系统地掌握国民经济和社会发展情况，对国民经济和社会运行进行监督和预警，为宏观调控和决策提供依据。

五、统计学与数学、经济学等实质性学科的联系与区别

（一）统计学与数学

在典型案例1中，数学用到了空间解析几何的轰炸机模型，概率论的随机变量与特征如轰炸机表面上的危险区域与安全区域。即在统计学解决实际问题的步骤中，在数据的特征描述环节会用到数学的一些公式和结论，会用就行，基本上不需要数学推导和证明。数学中的概率论等，为统计学提供了数量分析、推断的理论基础和背景。

统计学与数学的区别：从成果评价标准看，数学注重从假设到结论的逻辑推证，而统计学注重从客观世界发现规律及更好决策。因此，会出现某些人数学学得差，但统计学学得好的情况。从研究对象看，数学以最一般的形式研究数量。统计学特别是应用统计学则主要研究数据。从研究方法看，数学主要是逻辑推证的方法。而统计学本质上是归纳的方法。统计学家特别是应用统计学家需要深入实际，进行调查或实验取得数据，研究时既要运用统计的定量方法，还要结合某一专门领域的定性知识。

（二）统计学与经济学

在统计学解决社会经济实际问题的步骤中，在第①~⑥步会与经济学的知识相结合。经济学涉及大量经济数据，因此，统计学是开展经济研究不可或缺的重要工具。通过统计的实证研究，可以帮助人们认识有关的数据规律，同时检验经济学理论的真实性和完善程度。经济学等实质性学科对经济统计学起着重要的指导作用。不仅统计指标体系的设定离不开经济学科的问题，而且应用统计方法也在很大的程度上受所研究对象性质的影响。它们的区别可从定义、研究对象、研究方法等方面比较得出。

（三）统计学与其他相关实质性学科

除了经济学等实质性学科外，统计学与其他实质性学科也密切相关。在统计学解决实际问题的步骤中，在第①~⑥步会与其他相关实质性学科的知识相结合。同样，统计学是开展实质性学科定量研究不可或缺的重要工具，通过统计的实证研究，可以帮助人们认识相关实质性学科的数据规律，同时检验相关实质性学科理论的真实性和完善程度。相关实质性学科对统计学应用起着重要的指导作用。不仅统计指标体系的设定离不开实质性学科的问题，而且应用统计方法也在很大程度上受所研究对象性质的影响。它们的区别可从定义、研究对象、研究方法中比较得出。

第二节 统计学的基本概念

统计学解决实际问题时,都会涉及一些常用的基本概念。

一、总体、单位和样本

统计学解决任何一个问题都有一个待认识客观事物特征的全体,称为统计总体。如典型案例1中的统计总体是美军和英军的所有同类型轰炸机面上所有的点;事例4中的统计总体是所有居民;事例5中的统计总体是所有产品。即统计**总体**是根据一定目的确定的,由客观存在的、具有某种同质性的许多个别事物构成的整体。

同质性是确定统计总体的基本标准,它是根据统计的研究目的而定的。研究目的不同,所确定的总体也不同,其同质性的意义也随之变化。例如,事例4中研究某地区居民收入贫富差距,统计总体是所有居民,该地区的居民户是同质的;如果研究该地区居民贫困户的生活状况,那么,该地区贫困线下的居民户则构成了统计总体,贫困线下的居民户是同质的,而贫困线上的居民户是非同质的。

统计总体还应具备**大量性**,即统计总体应该由足够数量的同质性单位构成。

总体**单位**(简称单位)是组成总体的各个个体。如:典型案例1中轰炸机面上的每个点,事例4中的每个居民,事例5中的每件产品。根据研究目的的不同,单位可以是人、物、机构等实物单位,也可以是一种现象或活动过程等非实物单位。

统计学解决问题的目的是认识总体的数据特征。但是,当调查是破坏性的,或者出于成本、时间等因素考虑时,不必要或不可能对构成总体的所有单位都进行调查。如:典型案例1中就不可能对轰炸机面上的所有点都进行调查;某企业的轿车产品,就不可能对所有轿车都进行行驶里程数据的调查。这时,需要采用一定的方式,从总体中抽取一部分,作为总体的代表加以研究。如:典型案例1中是查看返航轰炸机的弹孔位置;从某企业制造的轿车中抽取16辆进行调查。这种由总体的部分单位组成的集合称为**样本**。构成样本的单位称为**样品**,样本中样品的数目称为**样本容量**。

二、标志、指标、参数和统计量

统计调查中,都是从总体单位的特征及其表现认识开始的,如:典型案例1中每架轰炸机的类型、弹孔位置;事例4中每个居民的性别、收入;事例5中每件产品的名称、寿命。我们将这些总体单位普遍具有的属性或特征称为**标志**。

标志按其表现分为品质标志和数量标志两种。品质标志表明单位属性方面的特征,品质标志的表现只能用非数值来描述。如:典型案例1中轰炸机的类型,事例4中每个居民的性别。数量标志表明单位数量方面的特征,表现用数值来描述,如:典型案例1中轰炸机的弹孔位置,事例4中每个居民的收入,事例5中每件产品的寿命。

统计总体具有的数量特征的概念和数值称为统计**指标**。例如事例4中居民人口数100万人,总收入31.4亿元。统计指标由两项基本要素构成,即指标的概念和指标的取值。指标的概念是对所研究现象本质的抽象概括,也是对总体数量特征的质的规定性。确定统计指标必须有一定的理论依据,使之与社会经济或科学技术的范畴相吻合。同时,又必须对理论范畴和计算口径加以具体化。指标的数值反映所研究现象在具体时间、地点、条件下的规模和水平。在观察指标数值时,必须了解其具体的时间状态、空间范围、计量单位、计量方法等限定,同时注意由于上述条件的变化而引起的数值可比性问题。

统计指标按表示形式可以分为**数量指标**和**质量指标**。凡是反映现象总规模、总水平的统计指标称为**数量指标**。例如事例4中居民总数100万人、总收入31.4亿元等,这些指标反映现象或过程的总规模和水平,所以也称为总量指标,用绝对数来表示。凡是反映现象相对水平和工作质量的统计指标称为**质量指标**,例如事例5中企业职工平均工资5 000元、工人出勤率93%等。质量指标是总量指标的派生指标,用相对数或平均数来表示,以反映现象之间的内在联系和对比关系。

统计指标体系是由一系列相互联系的统计指标名称组成的有机整体,用以反映所研究现象各方面相互依存相互制约的关系。单个指标不能反映总体的全貌,这便需要设立指标体系。例如,企业竞争力指标体系,居民生活质量指标体系。

参数是用来描述总体分布特征的数值,通常未知,但是唯一的。研究者所关心的参数通常有总体平均数、总体方差、总体比例等。

统计量是样本观测量的一个已知函数。抽取的样本不同,统计量的观测值也就不同。如样本平均数、样本方差、样本比例是统计量,抽取样本后,人们通常用与总体参数对应的统计量观测值,作为总体参数的估计,如某汽车制造企业从生产的一批轿车中抽取了16辆轿车,用这些轿车的平均行驶里程值、合格率值分别作为该批轿车平均行驶里程、合格率的估计。

三、数据

(一)变量与变量值

将上述标志、指标和统计量名称进行归纳,说明客观现象的某一特征称为**变量**,变量的具体表现是**变量值**,数据就是变量及其表现,也可称为反映客观事物的事实或数量依据。如:收入是一个变量,收入的表现是变量值。将在特定研究过程中收集的所有数据集合在一起,称为数据集。为了区别,在本书中,凡是变量均用大写的英文字母表示,而变量值则用小写英文字母表示。

根据变量值确定与否,变量分为**确定性变量**与**随机变量**。**确定性变量**是受确定性因素影响的变量,即影响变量值变化的因素是明确的,是可解释和可控制的。如回归模型中的自变量。**随机变量**则是结果不确定、事前不知道、测了才知道的变量,它受许多微小的不确定因素(又称随机因素)影响。如员工的起床时间,统计量等。社会经济现象既有确定性变量也有随机变量。统计学所认识的现象主要是随机变量。

(二)数据的计量尺度

品质标志的居民性别用无序的男、女计量,居民的满意度用有顺序的非数值计量,数量指标用绝对数来表示,质量指标用对比的数来表示,因此,收集数据时需要用到以下三种由低到高的计量尺度:定类尺度、定序尺度、定量尺度,计量尺度的不同决定了不同的数据分析与处理方法。

(1)**定类尺度**是说明客观现象无序类别的计量尺度。定类尺度的主要数学特征是“=”或“≠”,即表示“属于或不属于”。如居民的性别是男、女计量,军机的类型是战斗机、轰炸机、侦察机等计量。定类尺度计量结果可以数值化但所使用的数值只作为无序分类的代码,没有大小之分。如居民性别,用“1”表示男性,用“0”表示女性。在统计处理中,对于不同的类别,可以计算单位数。

(2)**定序尺度**是说明客观现象有序类别的非数值计量尺度。定序尺度的主要数学特征是用“<”或“>”表示。例如,对居民的满意度计量可以分为非常满意、满意、一般、不满意、非常不满意五类,在这里,定序尺度能确切地表明满意高于一般,一般高于不满意……定序尺度计量结果可以数值化,但这一场合所使用的数值只作为有序分类的代码。

(3)**定量尺度***是说明客观现象数值间距有意义的计量尺度。其用确切的数值反映现象之间在量方面的差异。定量尺度的主要数学特征是用“+”“-”或“×”“÷”表示。如总量指标、质量指标中的相对数、平均数是定量尺度计量的。

定类尺度、定序尺度的数据统称为定性数据,定量尺度的数据称为定量数据。定性变量是指带有定性数据的变量,其表现是非数值描述的;定量变量是指带有定量数据的变量,其表现是数值描述的。

根据定量变量值连续出现与否,定量变量分为连续型变量与离散型变量。连续型变量是指变量在某一区域内的取值是连续不断的,无法一一列举。如:轰炸机的弹孔位置,产品的寿命等。离散型变量是指变量的取值是间断的,可以一一列举。例如,产品数、职工人数等。

(三)数据的类型

根据对客观现象观察的角度不同,统计数据可分为:横截面数据、时间序列数据和面板数据。**横截面数据**又称为静态数据,它是指在同一时间对同一总体内不同单位进行观察而获得的数据。例如,2014年全国各省、自治区、直辖市的居民收入总值就属于横截面数据。**时间序列数据**又称为动态数据,它是指在某一段时期内按时间顺序对同一总体进行观察而获得的数据。例如,“十二五”期间我国按年份顺序的居民收入总值就属于时间序列数据。**面板数据**则是同时在时间和截面空间上取得的二维数据。例如2005—2014年30个企业的

---

*定量尺度有两种:(1)定距尺度,没有绝对零点的数值计量。(2)定比尺度,有绝对零点的数值计量。

总产值数据。从某一年份看，它是由30个企业总产值数值组成的截面数据；从某一企业看，它是由10年企业总产值数据组成的一个时间序列数据。面板数据则由30个企业10年的数据组成，共有300个观测值。

知识拓展 即测即评

小结

为了构建统计学的入门知识，本章用9个重要事例说明数据与统计学的作用，数据与统计学无处不在。用典型案例1引出数据、统计学的定义、作用、解决问题的基本思路，结合典型案例1等给出统计学的基本概念，让读者感到统计学既是科学知识，又是人们精彩生活的反映，下面还给出了思考题和练习，通过这些，力争让统计学引起读者的兴趣和思考，让统计学走进读者的学习、工作和生活。

思考题

1. 典型案例1中能对轰炸机面上的所有点进行调查吗？为什么？

2. 给出典型案例1中的瓦尔德解决问题的思想和方法。

3. 典型案例1中，“问题 + 统计学 + 智慧”能拯救一个国家，你还能举出“问题 + 统计学 + 智慧”的其他事例吗？

练习题

一、填空题

1. 毛泽东提出了“没有__________，就没有发言权”的科学论断。

2. 为了培养科学、技术、学术、政治和富于创造性的领袖，研究型大学必须“植根于一种深刻的、永久性的核心：____________________”。

3. 研究________不同，所确定的总体也不同，其同质性的意义也随之变化。

二、简答题

1. 典型案例1中解决问题的科学家是谁，其更好决策是什么？

2. 何为统计学解决问题的方法步骤？

3. 何为统计学的作用？

4. 给出数据的3个计量尺度和其含义。

三、案例分析题

1.为了了解我班学生上学期的学习情况，试给出总体、单位、样本、品质标志、数量标志、指标、指标体系、统计量、定性数据、定量数据、离散型变量、连续型变量、确定性变量、随机变量、横截面数据、时间序列数据、面板数据。进行我班学习科目的成绩分析时，选用描述统计还是推断统计？

2.一项选取样本进行调查的结果表明，广州市大学生每月在网上购物的平均花费是390元，他们选择在网上购物的主要原因是“价格合适”。由此，回答如下问题：

(1)总体、单位是什么？

(2)“大学生在网上购物的主要原因”是什么计量尺度？

(3)参数是哪些？

(4)“广州市大学生每月在网上购物的平均花费是390元”是参数还是统计量？

(5)所得结论使用的方法是描述统计还是推断统计？

3.表1-2给出了10款车型中车型大小、引擎的汽缸数、在市区(公路)驾车的油耗以及所用燃油类型信息。由此，回答如下问题：

(1)在这个数据集中一共有多少个单位？

(2)在这个数据集中一共有多少个变量？

(3)每个变量分别使用何种计量尺度？

(4)哪些变量是定性变量？哪些变量是定量变量？

(5)引擎中有6个汽缸的汽车类型所占百分比是多少？

(6)使用高清汽油的汽车类型所占百分比是多少？

表1-2　10款车型的油耗信息

汽车名称	车型	汽缸数/个	市区油耗/(km/L)	公路油耗/(km/L)	燃油类型
奥迪A8	大	12	5.52	8.07	高清汽油
宝马328xi	小	6	7.22	10.62	高清汽油
凯迪拉克CTS	中	6	6.79	10.62	普通汽油
克莱斯勒300	大	8	5.52	7.64	高清汽油
福特福克斯	小	4	10.19	14.01	普通汽油
现代伊兰特	中	4	10.62	14.01	普通汽油
大切诺基	中	6	7.22	11.04	柴油
庞蒂亚克G6	小	6	6.37	9.34	普通汽油
丰田凯美瑞	中	4	8.92	13.16	普通汽油
大众捷达	小	5	8.92	12.31	普通汽油

四、单项选择题

1.下列叙述中,不属于描述统计方法的是(　　)。

A.用平均工资代表某企业职工工资的一般水平

B.用线图显示某城市一年以来的房价走势

C.用频数分布表显示某超市各月份的盈利状况

D.根据从某城市随机抽取的1 000个家庭的样本,估计该城市生育二胎的家庭比例

2.下列叙述中,采用推断统计方法的是(　　)。

A.用平均分代表某课程成绩的一般水平

B.用折线图显示一年以来的石油价格变动

C.用频数分布表显示某超市的利润状况

D.根据从某城市随机抽取的1 000个家庭的样本,估计该城市拥有汽车的家庭比例

3.根据所使用的计量尺度不同,统计数据可以分为(　　)。

A.观测数据和实验数据　　B.截面数据和时间序列数据

C.分类数据、顺序数据和数值型数据　　D.总体数据和样本数据

4.按照被描述现象与时间的关系,统计数据可以分为(　　)。

A.观测数据和实验数据　　B.截面数据和时间序列数据

C.分类数据、顺序数据和数值型数据　　D.总体数据和样本数据

5.考察全国的工业企业的情况时,以下属于顺序变量的是(　　)。

A. 产业分类　　B. 职工人数　　C. 劳动生产率　　D. 工人技术等级

6. 学生的成绩等级分为优、良、中、差四个级别,该题中涉及的数据类型是(　　)。

A. 定类数据　　B.定序数据　　C. 定距数据　　D.定比数据

7.在全国人口普查中,下列说法错误的是(　　)。

A.全国人口是统计总体　　B.人口的平均年龄是数量指标

C.年龄是定量变量　　D.人的性别是品质标志

8.下列各项中,说法正确的是(　　)。

A.我国2016年国内生产总值是质量指标　　B.某同学的身高是数量标志

C.全国人口普查中,全国人口总数是统计总体　　D.人的年龄是离散型变量

五、判断题

1.从某城市随机抽取1 000个家庭的一组样本,根据该组样本估计该城市生育二胎的家庭比例属于描述统计方法。(　　)

2.统计量是随机变量。(　　)

3.参数是未知的常数。(　　)

第二章 收集数据

根据世界卫生组织国际癌症研究机构(IARC)发布的2020年全球最新癌症负担数据，中国已经成为了名副其实的“癌症大国”。

肺癌死亡人数遥遥领先。

2020年，中国癌症新发病例457万例，乳腺癌在全球发病数高居第一，但在中国则排在肺癌、结直肠癌、胃癌之后，位居第四。

2020年，中国癌症新发病例数前十的分别是：肺癌82万，结直肠癌56万，胃癌48万，乳腺癌42万，肝癌41万，食管癌32万，甲状腺癌22万，胰腺癌12万，前列腺癌12万，宫颈癌11万，这十种癌症占新发癌症数的78%。

死亡首位：男性和女性均为肺癌。我国肺癌新发病例数较1981年的11.5万人增长了6.13倍。80%肺癌死亡与烟草有关。推进健康中国建设，把保障人民健康放在优先发展的战略位置，为此，我们要搞清楚：吸烟真的与肺癌有关吗？

【典型案例2】肺癌与吸烟有关系吗?

1947年，英国的肺癌死亡率比25年前提高了15倍，这引起了人们的恐慌。当时，吸烟的人相当多，英国医学研究委员会向英国统计学家布拉德福德·希尔咨询：肺癌与吸烟有关系吗？为此，希尔(1948年)从伦敦医院所有肺癌病人中找出649人，以及同样数量的其他癌症病人。调查结果显示，肺癌病人、其他癌症病人中都有95%以上的人吸烟，这当然说明不了什么问题，可当他将病人按照吸烟数量的多少分成不同的组整理后，发现：随着每日吸烟量的增加，患肺癌的比例显著增加，即吸烟越多的人患肺癌的可能性越大，说明吸烟可能会导致肺癌，希尔找出了肺癌与吸烟的关系。由此，英国医学研究委员会提醒人们：为了减少患肺癌风险，建议人们少吸烟甚至不吸烟。

统计学家布拉德福德·希尔

1948年，希尔运用统计学方法，设计了一个精妙的实验，证明了链霉素能够杀死结核分枝杆菌。(详见附录1－2)

从此,肺癌的死亡率首次超过了肺结核,成为人类最致命的肺病。

在典型案例2中,希尔开展了有效的统计调查工作,包括调查目的、调查对象、调查方式和方法、调查内容的确定或选择,以及调查质量的保证等。这些调查工作在统计学中非常重要,为了保证调查工作的顺利实施和调查质量,必须设计一份包括以上调查工作的科学合理的统计调查方案。这是本章将要学习的内容。

第一节 统计调查方案设计

收集数据担负着为解决问题提供基础性数据的重任,数据的收集质量直接影响解决问题的质量和使用者的决策结果。根据统计数据的通常要求:客观性、适用性、准确性和及时性,在统计调查工作正式开始之前,应当事先设计一个切实可行、周密细致的数据收集方案,以指导整个调查工作,使其得以顺利实施和完成。**调查方案设计**就是统计调查组织和实施者在进行实际调查之前,根据调查研究目的和调查对象的性质,对调查工作总任务的各个方面分阶段进行的整体设计,提出相应的调查实施方案,制定出合理的工作程序,它是指导整个调查过程的纲领性文件,其内容主要包括以下几个方面。

一、明确调查目的

在调查方案中首先明确本次调查的目的。**调查目的**是调查所要达到的具体目标,它所回答的是“为什么调查”“要解决什么样的问题”等。调查目的不同,调查的对象、范围、内容、方法就不同。只有确定调查目的后,我们才能确定向谁调查,调查什么以及采用什么方法进行调查。在吸烟与肺癌案例中,调查目的就是“找出吸烟与肺癌的关系”。注意,“吸烟越多的人患肺癌的可能性越大”不是本次调查目的,而是调查后得出的结论。

二、确定调查对象和调查单位

确定调查对象和调查单位就是要确定“向谁调查”,即调查所需数据的提供方是谁。所谓**调查对象**是根据调查的目的和调查对象特性而确定的调查研究总体。所谓**调查单位**是指所要调查的具体单位,即构成调查对象的每一个个体,它是调查项目和标志的承担者与载体,是我们收集数据、分析数据的基本单位。在典型案例2中,调查对象为英国所有癌症病人,即肺癌病人和其他癌症病人,调查单位是英国的每个被抽到的癌症病人。2022年2月国家癌症中心发布的最新全国癌症统计数据中,调查对象为全国682个癌症监测点中遴选487个高质量监测点所观测到的所有人,覆盖人口达3.8亿;调查单位是遴选的487个高质量监测点中所观测到的每一个人。

三、选择合适的调查方式、调查方法

统计调查的方式方法有多种，应该根据该次统计调查的目的、内容和特点，并结合各种调查方式方法的优缺点来综合考虑确定。**调查方式**是指调查的组织方式，主要有普查、抽样调查、典型调查、重点调查和统计报表制度。**调查方法**是指收集统计资料的方法，主要有问卷法、访谈法、观察法和实验法。在典型案例2中，调查的组织方式是抽样调查，调查方法主要是访谈法。

四、设计调查项目和调查表

调查项目是调查的具体内容，是调查中所要登记的调查单位的特征，即根据调查目的所需调查单位所具备的各种数量特征。如典型案例2中，调查项目包括病人的性别、年龄、疾病的种类、抽烟的数量、吸烟时间长短等。

调查表又称调查问卷或询问表，就是将调查项目细化、表格化或问题化，即以问题的形式系统地记载调查内容的一种文件。问卷可以是表格式、卡片式或簿记式。设计问卷，是询问调查的关键。较完善的问卷必须具备两个功能，即能将问题传达给被调查者和使被调查者愿意回答，为此，问卷设计时应当遵循一定的原则和程序，并运用一定的技巧。详情请见本章第三节。

五、确定调查时间

统计调查时间包括两种含义，即调查时间和调查期限。**调查时间**是指调查资料所属的时间(时期或时点)，在统计调查中，如果是时期现象，就要明确规定资料所反映的调查对象从何年何月何日起至何年何月何日止。例如，2018年第四次全国经济普查，普查对象是我国境内从事第二产业和第三产业的全部法人单位、产业活动单位和个体经营户。普查时间，即调查资料时间为2018年1月1日至2018年12月31日年度资料所属时间。如果调查的是时点现象，就要规定统一的标准时间。例如，2020年第七次全国人口普查，人口数是时点数据，调查的标准时点为2020年11月1日零时。

调查期限是指进行本次调查工作的时间，包括收集资料和报送资料的整个工作所需要的时间。例如，在典型案例2中，调查期限为1948年4月1日至1952年2月28日。我国第四次全国经济普查的调查期限为2019年1月1日至2019年3月31日(各地区因经济体量和投入人力不同，期限长短不一)，一般历时3个月；2020年第七次全国人口普查从2020年11月1日进行入户登记工作开始，12月10日结束，调查期限为40天。

六、制定调查工作的组织实施计划

除了以上各项内容外，调查方案还应对统计调查的组织实施细节进行安排。主要包括：调查的组织领导机构，调查员的选择、组织和培训，调查表等文件印刷，调查经费来源和开支预算，调查资料的报送程序与方式，调查结果公布时间等。

第二节 数据来源

在调查方案设计的制定过程中，需要思考一个重要问题：到哪里去找统计数据？就像希尔接受调查“吸烟与肺癌的关系”这个任务后，面临一个困难：到哪里才能收集符合要求的数据？

一、数据的来源

统计数据，包括原始数据和二手数据两种。

原始数据，又称为**一手数据**，是直接向被调查者收集的未经任何加工整理的反映个体单位信息的各种统计数据，它是统计实践活动所取得的初级统计信息。原始数据必须要求调研者亲自进行收集。

二手数据，又称为**次级数据**，指那些并非为正在进行的调查项目，而是为其他目的已经收集起来的数据。二手数据收集的目的通常与研究者的目的不一致。因此，研究者需要识别和评估二手数据的有效性。

二、二手数据的收集

（一）二手数据的来源

二手数据有几千种潜在的来源，但大致可以划分为内部来源和外部来源，故二手数据可分为内部二手数据和外部二手数据。

内部二手数据是指来自人们正为之进行研究的企业或组织内部的数据，主要包括会计账目、销售记录和其他各类报告等。内部二手数据一般是非公开的数据。

外部二手数据的来源很多，主要有政府来源（各种统计年鉴）、企业公开报表、行业协会、期刊、杂志等出版物，一般是公开的资料。

（二）二手数据收集的特点

二手数据是针对原始数据而言，因而与原始数据相比，二手数据具有自己的优势，当然也存在一些缺点。

二手数据的优点有很多，主要体现为快捷、成本低、易获取。

快捷：与收集原始数据相比，二手数据的获得要快得多，可以在一天内完成，甚至也可以在几小时内完成；而收集原始数据，从头至尾可能要几个月，甚至更长，例如希尔为了进一步验证调查结果，做了“吸烟与肺癌关系”的后续调查，时间从1950年至1993年，历时43年。

成本低:与收集原始数据相比,二手数据所需的调查成本要少得多。

易获取:随着网络的发达,二手数据所需资料通常容易找到,可获得性高。

当然,二手数据也有一些缺点,主要表现为相关性差、时效性差和可靠性低。

相关性差:二手数据可能与研究者所研究项目的要求存在关联性低或不匹配的问题,导致其相关性差。

时效性差:在迅速变化的环境下,研究对象发生了很大甚至质的变化,此时应判断二手数据是否已经过时,能否正确反映客观事实。一般来说,若研究对象变化慢,则可以使用二手数据的时间更长;反之,则只能使用最近资料或根本不能使用。

可靠性低:主要根据二手数据与此次研究的目的关联性来判断,如果关联性低,则可靠性就低,一般来说,二手数据与使用者的研究目的都存在一定的差距,故二手数据可靠性一般较低。

(三)二手数据收集的注意事项

从二手数据的来源及特点来看,作为研究者首先要判断有没有二手数据可用,并要对二手数据进行评估。二手数据的评估主要包括:

①调研的目的是什么?——研究目的评估。

②谁收集了这些资料?——来源评估。

③收集了一些什么样的资料?——研究内容评估。

④这些资料是如何获得的?——调查方式、方法评估。

⑤这些资料与其他资料的一致程度如何?——相关性评估。

⑥这些资料是何时收集的?——时效性评估。

【研究目的评估】每一项调查都具有特定的研究目的。二手数据形成前的原始数据收集也一定有其研究目的。而使用二手数据之前必须知道:当初为什么收集这些数据?先前的研究目的与当前的研究目的越一致,则数据的相关性越强。

【来源评估】何人收集的数据决定了二手数据的可信性和权威性,数据使用者应该考虑收集数据的组织机构的声誉和竞争力。比如政府等权威部门发布的数据,可信度要高得多。

【研究内容评估】二手数据的研究内容评估主要是指所研究的问题、关键变量、研究的总体、测量的单位和基本的结论是否与数据使用者的研究目的一致。由此判断这些数据是不是当前需要的有用信息,这也是相关性评价的一个重要方面。

【调查方式、方法评估】调查方式、方法的考察是评估二手数据可靠性的主要依据,调查方式、方法的科学性和适用性,决定了二手数据的可靠性和可信性。

【相关性评估】二手数据并非为当前的研究项目而收集数据的,那么这些二手资料与当前研究项目的资料就存在是否一致性,即相关性问题。一般来说,两者一致程度越高,相关性越高。

【时效性评估】二手数据就是在当前研究展开之前存在的数据,因此这些数据在不同程度上都存在时效性问题，而所收集的数据越新，则时效性越强；研究总体变化越小，则时效性越强。

因此，对二手数据的收集和处理是有严格要求的，最基本的要求是：真实性、及时性、准确性和经济性。

第三节　原始数据的收集

一、数据收集的分类

（一）按数据收集的组织方式不同，分为统计报表和专门调查

1. 统计报表

统计报表是按国家规定的统一表式要求，自上而下布置，自下而上逐级提供统计资料的一种调查方式。其中，全面统计报表是全面调查的一种，是对构成调查对象的所有单位进行逐一的、无一遗漏的调查，是目前我国经常性调查的主要方式。其具体内容在本节数据收集的组织方式中介绍。

2. 专门调查

专门调查是为了某一特定目的或专门问题而专门组织的调查，如高校教育质量调查、人口普查、农业普查、经济普查等。专门调查主要包括：普查、抽样调查、重点调查、典型调查。其具体内容在本节数据收集的组织方式中详细介绍。

（二）按数据收集对象包括范围的大小不同，分为全面调查和非全面调查

1. 全面调查

全面调查是指对构成调查对象的所有单位进行的一一不漏的调查，它包括全面统计报表和普查，如人口普查、农业普查、经济普查等。

由于全面调查所调查的单位数多、涉及面广、工作量大，需要动用大量的人力、物力和财力。因此，在不影响实现统计研究目的的条件下，应尽量采用非全面调查。

2. 非全面调查

非全面调查是指对调查对象中的部分单位所进行的调查，主要包括抽样调查、重点调查、典型调查和非全面统计报表等。随着我国社会主义市场经济的进一步发展和完善，抽样调查的应用范围将进一步扩大，并将成为数据收集中最重要的调查方式。例如：居民收支情况的调查、市场商品质量检测、民意调查等都是非全面调查。

（三）按数据收集的登记时间是否连续，分为经常性调查和一次性调查

1. 经常性调查

经常性调查又称**连续性调查**，它是为了观察社会经济现象在一定时期内的数量变化所进行的连续不断的调查登记或数据收集。连续性调查一般指的是对一个（或几个）固定的

样本进行定期的、反复的调查,样本中的被调查对象(人或单位)一般不随调查时间的变化而变化。例如消费者固定样组或其他固定样组调查,连续的跟踪研究和品牌测量、零售细查研究、连续的媒介研究等,都属于连续性调查。

2.一次性调查

一次性调查又称**不连续性调查**,它是对所研究的社会经济现象间隔一定时间所进行的调查登记或数据收集,如典型案例2中肺癌与吸烟的关系调查、人口普查、在册职工人数调查、耕地面积调查、固定资产调查等。各种类型的普查都属于一次性调查。

(四)按数据收集实施主体的不同,分为政府统计调查和民间统计调查

1.政府统计调查

政府统计调查是指由政府统计机构依法组织实施的统计调查,包括国家统计调查、部门统计调查和地方统计调查。政府统计调查可以为政府管理部门进行重要决策,及进行理论探索和创新提供重要参考依据。

国家统计调查是指全国性基本情况的统计调查,包括国家统计局单独拟订的、国家统计局和国务院有关部门共同拟订的统计调查项目,比如经济普查、人口普查等;**部门统计调查**是指各部门组织的专业性统计调查,比如国家卫生服务调查等;**地方统计调查**是指地方人民政府根据需要批准实施的地方性的统计调查,比如广东省科技厅组织的专业镇调查等。

目前,我国几乎所有的政府统计调查都是义务性统计调查,具有强制性,其所提供的统计信息为政府向社会提供服务的重要组成部分,其所占份额在市场经济条件下仍然占有绝对的比重。

2.民间统计调查

民间统计调查是由民间统计机构以自己的名义或接受委托而进行的统计调查。与政府统计调查相比,民间统计调查有两个明显特点:一是自愿性。只要调查者的调查行为不违法,调查者就可以根据自己需要或委托者的意愿进行调查,或自己使用、有偿买卖民间调查结果。就被调查者而言,是否接受民间调查不具有任何强制性。二是营利性。民间调查机构是利用自己的资源进行统计调查,其目的是获取一定的经济利益。

上述各种统计调查的方式,有各自不同的特点及不同的实施条件。在统计工作实践中,应根据调查目的、调查对象和调查内容等,因时、因地、因事灵活运用多种调查方式方法,以便及时、全面和系统地提供准确的资料,取得良好的调查效果。

二、数据收集的调查方式

原始数据收集的调查方式,按照组织方式划分,主要有普查、统计报表制度、抽样调查、典型调查和重点调查等。

(一)普查

普查是专门组织的一次性全面调查,主要用以调查属于一定时点上或时期内的社会经济现象的总量。它通过逐个调查一定时点或时期内的社会经济现象的状况,全面系统地搜集、整理、提供反映某一方面情况的统计数据。我国曾开展过七次人口普查、三次农业普查、三次工业普查和四次经济普查。2003年8月,为适应完善社会主义市场经济体制的需要,并与国家编制五年发展计划衔接,推动国民经济核算和统计调查体系的综合配套改革,我国确立了人口普查、农业普查、经济普查三项国家周期性普查制度。人口普查、农业普查每十年进行一次,分别在尾数逢0和6的年份实施;经济普查每五年进行一次,在尾数逢3和8的年份实施。上述三项普查是国家搜集重大国情国力信息的基本方式,是最基本、最重要的统计调查。普查涉及国民经济和社会发展的各个方面,是和平时期重大的社会动员,在我国的政治、经济和社会活动中具有十分重要的地位和作用。

普查是一种全面调查,具体如下特点:

(1)普查是一次性调查,时间性强;

(2)普查是全面性调查,搜集的资料全面、系统、准确;

(3)普查的点多面广,工作量大,投入多。

由于普查是专门组织的一次性大规模的全面统计调查,所取得的统计数据一般比经常性的全面报表调查所取得的数据更为全面、系统、准确和可靠。由于普查的工作量大,需要投入大量的人力、物力和财力,因此不可能经常进行,只能少而精地进行。例如第七次全国人口普查,共调动了700万名普查员,实际上加上普查指导员、协调员,不算经济普查办公室人员,总共近千万人,耗费近百亿人民币。因此通过普查搜集的资料一般是属于需要全面掌握但又不能也不必要经常进行调查的资料。

任何一项普查应遵循以下原则:

(1)时间统一性原则。规定统一的普查时间(标准时点)。普查的标准时间是指登记调查单位项目所依据的统一时点,所有的调查数据都必须反映这一时间上的状况。例如,2020年第七次全国人口普查的统计标准时点是2020年11月1日零时。凡在这一时点以前死亡的人口或在这一时点之后出生的人口,都不得计入这次人口普查的总人数内,否则,有可能发生数据的重复计算或遗漏,造成统计数据失实。

(2)登记工作的规范性原则。普查的登记工作应在整个普查范围内同时进行,并在尽可能短的时间内完成普查资料的登记工作,以便在方法上、步调上保持一致,保证普查资料的时效性和准确性。

(3)普查项目统一规定原则。普查项目一经确定,任何单位或个人不得任意增加或减少普查项目,否则,无法对普查数据进行综合汇总。普查项目应根据调查研究的目的和任务而定,同时还要考虑到理论的需要与实际的可能。例如,普查登记的主要内容包括:姓名、公民身份号码、性别、年龄、民族、受教育程度、行业、职业、迁移流动、婚姻生育、死亡、住房情况等。但是,我国第一次人口普查的项目只有6项;第二次增加了3项,达到9项;第三次增加到19项;第四次增加到21项;第五次增加到28项;第六次普查长表增加到45项;第七次普查长表增加到48项。

(4)同类普查同周期性原则。同类普查应尽可能保持一定的周期性,以便与历史资料进行动态对比与分析,掌握调查对象的变化趋势和规律。

(二)统计报表制度

统计报表制度是我国统计调查工作的一种重要组织形式。它是依照国家统一规定的表式、报表内容、报送时间和报送程序,自下而上逐级提供统计资料的一种报告制度。这种调查方式的实现步骤一般是:先由统计调查的组织者把调查任务自上而下逐级布置到基层统计调查单位,基层统计调查单位依法进行填报后,自下而上逐级进行汇报。

随着统计信息化工程建设的发展,我国已经实行报表网上直报,即统计调查对象通过互联网,建立与统计机构数据网络的直接连接,越过其上级部门直接向统计机构报送统计报表,实现统计数据采集模式由逐级上报、层层汇总的传统方式向网络环境下在线采集方式的转变。

统计报表制度具有以下主要优点:周期性强、权威性高、应用范围广。

(1)周期性强。要求必须按规定的时间和周期定期填报,如一个月报送一次的月报、一个季度报送一次的季报、一年报送一次的年报等。按照法律规定,执行统计报表制度是各地区、各部门、各单位必须向国家履行的一种义务。

(2)权威性高。统计报表制度是由各级统计局等政府部门组织的一种资料收集组织形式,数据的准确性、全面性、可靠性等均得到法律认可,具有非常高的权威性。

(3)应用范围广。统计报表制度的对象几乎包括我国现有的所有经济和社会领域。如全国性或行业性的统计报表制度有城市基本情况统计报表制度、互联网经济统计报表制度、批发和零售业统计报表制度、住宿和餐饮业统计报表制度。也有某项指标的统计报表制度,如采购经理调查统计报表制度、劳动力调查制度等。

(三)抽样调查

1.抽样调查含义

抽样调查是一种非全面调查,它是从全部调查研究对象中,抽选一部分单位进行调查,并据以对全部调查研究对象作出估计或认识的一种调查方法。显然,抽样调查虽然是非全面调查,但它的目的却在于取得反映总体情况的信息资料。

抽样使我们能从总体具有代表性的部分样本中获取数据,从而可以得到关于整个总体的有效结论。——[英]托尼·普罗科特

根据抽选样本的方法,抽样调查可以分为概率抽样和非概率抽样两类。**概率抽样**是根据随机原则从总体中抽选样本,并根据样本信息对总体的某些特征做出估计,对推断出可能出现的误差从概率意义上加以计算和控制。

非概率抽样就是调查者根据自己的方便或主观判断抽取样本的方法,它不是严格按随

机抽样原则来抽取样本,故失去了大数定律[①]的存在基础,无法确定抽样误差,也无法正确地说明样本的统计值在多大程度上适合于总体。虽然根据样本调查的结果也可在一定程度上说明总体的性质、特征,但不能从数量上推断总体,只能认识总体。

非概率抽样主要有方便抽样[②]、判断抽样[③]、配额抽样[④]和滚雪球抽样[⑤]等类型。非概率抽样具有简单易行、成本低、省时等特点,在统计上也比概率抽样简单。但由于无法排除抽样者的主观性,无法控制和客观地测量样本代表性,因此样本不具有推断总体的性质。非概率抽样多用于探索性研究和预备性研究,以及总体边界不清难以实施概率抽样的研究。

习惯上,我们通常所说的抽样调查就是指概率抽样,以下若没有特别说明,通常所说抽样调查就特指概率抽样。

2.抽样调查的特点

(概率)抽样调查具有如下特点。

(1)经济性。与全面调查相比,抽样调查所调查的单位数少、调查时间相对较短,能以较少的人力、物力和财力投入取得必要的统计数据。

(2)时效性高。通常情况下,抽样调查可以在较短的时间内完成数据的收集、处理和结果发布,如电视节目收视率调查等,时效性要求很高,不可能用普查的方式,而只能采用抽样调查。

(3)随机性。调查样本一般按照随机原则抽取,而不由调查者主观确定。

(4)抽样误差可控可算。随机抽样的误差是可以计算的,误差范围是可以控制的。

3.几种具体的抽样方式

(1)简单随机抽样。

简单随机抽样也称为**单纯随机抽样**,是指从总体N个单位中随机抽取n个单位作为样本,使每个可能的样本被抽中的概率相等的一种抽样方式。

---

① 大数定律是随机现象出现的基本规律,即尽管观察过程中每次取得的结果不同(因为具有随机性),但大量重复观察后其结果的平均数却几乎接近某个确定的数值。

② 方便抽样的样本限于总体中易于抽到的一部分。最常见的方便抽样是偶遇抽样,指研究者根据现实情况,以自己方便的形式抽取偶然遇到的人作为调查对象,或者仅仅选择那些离得最近的、最容易找到的人作为调查对象的一种方法。"街头拦人法"就是一种偶遇抽样。方便抽样是非随机抽样中最简单的方法,省时省钱,但样本代表性因受偶然因素的影响太大而得不到保证。

③ 判断抽样又称立意抽样,是调查者根据研究目的和自己主观经验,来选择和确定调查对象的一种方法。当调查人员对自己的研究领域十分熟悉,对调查总体比较了解时采用判断抽样,可获代表性较高的样本。多应用于总体小而内部差异大的情况,以及在总体边界无法确定或因研究者的时间与人力、物力有限时采用。例如,要对湖南省旅游市场状况进行调查,有关部门选择张家界、凤凰古城等旅游风景区作为样本调查,这就是判断抽样。

④ 配额抽样是指调查人员将调查总体按一定标志分层,确定各层单位的样本数额,在配额内任意抽选样本的抽样方式。

⑤ 滚雪球抽样:首先是找出少数个体;然后通过这些个体了解更多的个体;再通过更多的个体去了解另外的个体;如此类推下去,从而就像滚雪球一样,了解的个体越来越多,越来越接近于总体。

简单随机抽样一般可采用掷硬币、掷骰子、抽签、查随机数表①等办法抽取样本。在统计调查中，当总体单位数比较多时，主要查随机数表来抽取样本。

简单随机抽样是其他抽样方式的基础，因为它在理论上最容易处理，而且当总体单位数N不太大时，实施起来并不困难。但在实际中，若N相当大，简单随机抽样就不"简单"。首先它要求有一个包含全部N个单位的抽样框②（编制抽样单位的目录）；其次用这种抽样得到的样本单位较为分散，调查不容易实施。另外，简单随机抽样得到的样本结构可能与总体结构不一致。因此，当总体单位数很大时，一般不直接采用简单随机抽样。

（2）分层抽样。

分层抽样又称为**分类抽样**或**类型抽样**，它首先是将总体的N个单位分成互不交叉、互不重复的k个部分，我们称之为层；然后在每个层内分别抽选$n_1, n_2, \cdots, n_k$个样本量，构成一个容量为$\sum_{i=1}^{k} n_i$的样本的一种抽样方式。

分层的作用主要有：一是为了工作的方便和研究目的的需要；二是为了提高抽样的精度；三是为了在一定精度的要求下，减少样本的单位数以节约调查费用。因此，分层抽样是应用最为普遍的抽样技术之一。

按照各层之间的抽样比是否相同，分层抽样可分为等比例分层抽样与非等比例分层抽样两种。实际上，分层抽样是科学分组与抽样原理的有机结合，前者是划分出性质比较接近的层，以减少标志值之间的变异程度；后者是按照抽样原理抽选样本。因此，分层抽样一般比简单随机抽样和等距抽样更为精确，能够通过对较少的样本进行调查，得到比较准确的推断结果，特别地，当总体单位数目较大、内部结构复杂时，分层抽样常能取得令人满意的效果。

（3）整群抽样。

整群抽样是首先将总体中各单位归并成若干个互不交叉、互不重复的集合，我们称之为群；然后以群为抽样单位抽取部分群组成样本的一种抽样技术。

整群抽样特别适用于缺乏总体单位的抽样框。应用整群抽样时，要求各群有较好的代表性，即群内各单位的差异要大，群间差异要小。

整群抽样的优点是实施方便、节省经费。缺点是往往由于不同群之间的差异较大，由此而引起的抽样误差往往大于简单随机抽样。

（4）等距抽样。

等距抽样也称为**系统抽样**或**机械抽样**，它是首先将总体中各单位按一定顺序排列，根

---

① 随机数字表：也称乱数表，是由随机生成的从0到9十个数字所组成的数表，每个数字在表中出现的次数是大致相同的，它们出现在表上的顺序是随机的。

② 抽样框又称抽样框架，是指对可以选择作为样本的总体单位列出名册或排序编号，以确定总体的抽样范围和结构。设计出了抽样框后，便可采用抽签的方式或按照随机数表来抽选必要的总体单位。若没有抽样框，则不能计算样本单位的概率，从而也就无法进行概率选样。

据样本容量大小确定抽选间隔，然后随机确定抽取起点，以后就每隔一定的间隔抽取一个个体，直到满足要求为止的一种抽样技术。

具体步骤：

①给总体中的每一个个体随机编上号码并按号码排序，即制作抽样框；

②计算出抽样间距，公式为

$K=\frac{N}{n}$（K—抽样间隔，N—总体大小，n—样本大小）；

③在最前面的K个个体中，随机抽取一个个体，并记录其编号（假定为A），作为随机起点；

④在抽样框中，自A开始，每隔K个个体抽取一个个体，即所抽取个体的编号分别为A，$A+K$，$A+2K$，$\cdots$，$A+(n-1)K$；

⑤将这n个个体合起来，就构成了该总体的一个样本。

等距抽样的最主要优点是简便易行，且当对总体结构有一定了解时，充分利用已有信息对总体单位进行排序后再抽样，可提高抽样效率。

（5）多阶段随机抽样

多阶段随机抽样也称为**多级随机抽样**，是指将抽样过程分阶段进行，每个阶段使用的抽样技术往往不同，即将各种抽样技术结合使用。其实施过程为，先从总体中抽取范围较大的单元，称为一级抽样单元，再从每个抽得的一级单元中抽取范围更小的二级单元，以此类推，最后抽取其中范围更小的单元作为调查单位。

多阶段随机抽样区别于分层抽样，也区别于整群抽样，其优点在于适用于抽样调查的面特别广，即适用于无法确定抽样框，或总体范围太大，无法直接抽取样本等情况，可以相对节省调查费用。其主要缺点是抽样时较为麻烦，而且从样本对总体的估计比较复杂。

例如：国家卫生服务调查就是采用多阶段随机抽样法。具体操作详见附录1。

（四）典型调查

典型调查是根据统计调查的目的和要求，在对调查对象进行初步分析的基础上，有意识地选取部分有代表性的单位进行全面深入的调查。其目的是通过典型单位来描述或揭示所研究问题的本质和规律，典型调查是一种从个别到一般的研究方法。因此，所选择的典型单位应具有所研究问题的属性或特征。通过典型调查，可以对现象进行深入的分析研究，以了解现象发生和发展变化的全过程，及其与相关方面的联系，尤其有利于研究现实生活中的新问题、新情况；通过典型调查，可以收集全面调查或其他形式的非全面调查难以获取的调查资料；也可以利用典型调查的数据来验证全面调查资料的真实性，以便有针对性地采取措施，提高统计数据的质量。

如何选择典型单位，以保证典型单位有充分的代表性，是搞好典型调查的关键。所谓**典型单位**，是指在同类现象中具有代表性的单位。如果事先不对现象进行分析，随意确定一些单位作为典型单位，就失去了典型调查的意义。

典型单位的选择可遵循以下原则：

(1)为了推动事物的发展，形成科学的预见，应选择具有新鲜事物的单位作为典型单位；

(2)为了总结成功的经验并加以推广，应选择先进单位作为典型单位；

(3)为了吸取失败的教训，寻求解决问题的方法，应选择后进单位作为典型单位；

(4)为了掌握现象发展的一般规律，反映一般情况，或为了获取全面资料，则可选择“一般水平”的单位作为典型单位。

实际工作中，在具体确定典型单位时，应听取多方面的意见，可进行动态跟踪，反复调研，尽量减少人为因素的影响，使所选单位具有真正的代表性；当所研究的总体各单位间的差异较小时，可适当少选一些单位进行调查；当所研究的总体各单位间的差异较大时，可适当多选一些单位进行调查。

典型调查主要是一种定性研究，一般难以发现事物之间的数量规律，且样本选择带有一定的人为因素，因此，典型调查的结果一般只能用来认识总体，不能用来推断总体。

(五)重点调查

重点调查是从研究总体中选择若干重点单位进行的调查，以了解总体的基本情况。所谓**重点单位**，是指标志值在总量标志中占有很大比重的单位。这些重点单位的数目虽少，即在调查对象总体中所占的数目比重很小，但就所研究的某标志的数量特征而言，这些单位的标志值在总量标志中所占的比重却很大，在总体中起举足轻重的作用。例如，要了解我国钢铁生产的基本情况，只需要调查如宝武集团(2016年12月1日宝钢与武钢合并组成中国宝武集团，2019年控股马钢集团，目前为世界上第一大钢铁公司)、鞍钢等少数几个生产规模特大的钢铁公司，就可以对我国钢铁生产的总体状况有一个大致了解，无须对我国所有的钢铁企业进行一一调查。根据调查的目的和任务不同，重点单位可以是一些企业、行业，也可以是一些地区或城市。例如，要了解我国棉花生产的基本情况，只需要调查新疆等几个主要产棉区就可以了；要了解我国城市农副产品市场价格的变动情况，只需对几个超大城市和特大城市①，分别就几种主要农副产品的市场价格变动情况进行调查就可以了。

重点调查的特点主要有如下几点。

(1)重点调查是一种非全面调查。

(2)重点单位数量的选择具有主观性。虽然选取重点单位着眼于各单位的有关标志值在总量标志中所占的比重，比重大的总体单位才被选取。看似重点单位的选择不受人为因素的影响，但选取重点单位的数量多少，会受研究者的主观因素影响而不同，即同一总体、同样的研究目的，但由于研究者的知识背景不同、经验不同，对调查对象的认识就会产生差异，导致选取重点单位的数目不同。比如对全国的钢铁企业进行重点调查，张三认为选排名前7家就可以了，而李四却认为选前8名才可以。

---

① 据国家统计局规定，城区常住人口1 000万以上的城市，称为超大城市；500万以上1 000万以下的城市为特大城市。截止到2021年底，我国有上海、北京、深圳、重庆、广州、成都和天津等7个超大城市。

(3)重点调查的目的是反映总体的基本情况,了解总体发展的基本趋势。如果调查的任务是为了了解现象发展的基本情况,而部分重点单位又能比较集中地反映所研究的项目的指标时,采用重点调查比较适宜。由于重点调查中的重点单位的标志值与非重点单位的标志值的数量差异较大,因而重点调查的结果不能用来推断总体的数量特征。

(4)重点调查的单位数虽然相对较少,但可以收集较多的调查项目。

以上对几种常用的调查组织方式进行了较详细的介绍,但是它们在我国市场调查的地位是不一样的。《中华人民共和国统计法》(简称《统计法》)第十六条规定:搜集、整理统计资料,应当以周期性普查为基础,以经常性抽样调查为主体,综合运用全面调查、重点调查等方法,并充分利用行政记录[①]等资料。《中华人民共和国统计法实施条例》第二条规定:统计资料能够通过行政记录取得的,不得组织实施调查。通过抽样调查、重点调查能够满足统计需要的,不得组织实施全面调查。

三、数据收集的方法

不论采取何种方式进行统计调查,在取得统计数据时,都需要有一些具体的数据收集方法来获取相关调查数据。统计资料的收集方法可分为问卷法、访谈法、观察法和实验法等。

(一)问卷法

在社会调查中,我们收集资料最基本的手段就是"看"和"问"。像"询问"这样的做法,调查者是要从对有关社会事实有接触和体验的人那里去了解情况。现代社会调查中利用事先设计好的询问提纲或调查表作为调查的依据,这些设计文件被统称为问卷。它系统地记载了调查的具体项目和内容,是调查信息的载体和实现调查目的和要求的一种重要形式。采用问卷进行调查不仅是国际通行的一种调查方法,也是当前发展最快、应用最广泛的一种调查方法。常用的问卷法有:邮寄调查、电话调查、电脑辅助调查和网络调查等。

邮寄调查是指调查者把事先设计好的调查问卷或表格,通过邮寄(或电子邮件发送)给被调查者,要求被调查人自行填妥寄回,以此收集所需资料的方法。其好处有:调查范围大、成本低、被调查者有充分时间独立思考问题等。同时存在所用时间长、受调查人文化程度限制、问卷回收率低等缺点,企业通常采用有奖、有酬的刺激方式加以弥补。

电话调查是指调查人员按照事先设计好的调查问卷或表格,通过电话和被调查者进行交谈以收集资料的方法。这种方法的主要优点是:收集资料快、成本低、电话簿有利于分类。其主要缺点是:只限于简单的问题,难以深入交谈;被调查人的年龄、收入、身份、家庭情况等不便询问;照片图像无法利用。

电脑辅助调查是指随着通信技术的发展,将计算机信息处理技术应用于传统的电话访问所得到一种新的电话调查,即电脑辅助电话调查(Computer Assisted Telephone Interview,

---

① 行政记录是指民政、工商、税务等政府行政部门为履行其职能,如办证、登记、检查、保险、培训、税收、付费和罚款等,而收集、记录和保存在文件、档案中的个人或单位的资料记录。

简称CATI)。电脑辅助电话调查是利用现代化电脑程控通信设备进行的随机电话访问方式。在进行电话访问时,须事先输入受访人的电话号码,由电脑按程序自动拨号,电话访问员在接通电话后不知道对方身份,只负责按规定访问内容进行访问对话。访问过程和内容可以实时录音,以确保调查访问内容的真实可靠。这种访问调查方式,具有调查内容客观真实、保密性强、访问效率高等特点。CATI技术已成为国内外专业调查机构开展民意研究和市场调查最主要的数据收集方法。

网络调查是指调查者把事先设计好的调查问卷或表格,通过互联网的形式进行资料收集、整理与分析的过程。网络调查发端于20世纪90年代,兴起于21世纪初。1994年,美国佐治亚理工学院的GVU Centre进行的关于互联网使用情况的调查,被认为是最早的网络调查。与传统的调查方法相比,具有"不受时空限制、调查组织简单便捷、调查成本低廉"等优点,但网络调查也存在以下不足:调查的受众受到限制、调查受非抽样误差的影响大、缺少权威的调查平台及存在统计技术上的缺陷等。这些不足最终会导致抽样的非随机性。在国内,近年来,随着互联网络的迅猛发展,问卷星等网络调查也得以广泛应用。

(二)访谈法

访谈法是通过有目的地与调查对象直接交谈来获取信息的一种数据收集方法。访谈法也是调查者用"问"来收集资料,这种方法和问卷法最大的区别在"答"的方面。对于调查者提出的问题,用问卷法时,被调查者是用"笔"来回答;用访谈法时,被调查者则是用"嘴"来回答。所以我们在做访谈时,应该与被调查者面对面直接交谈。

访谈法的优点主要有:广泛地认识社会现象、深入地研究问题、资料收集可靠和应用面很广。

访谈法的缺点主要有以下几点。

(1)对访问员的要求较高。访谈法的实施和调查质量的保证依赖于具有较高素质的访问员。

(2)可能缺乏客观性。直接交谈也会对获取资料的客观性产生负面影响。

(3)调查效果可能不理想。在不便当面询问或不能询问被调查者时,访谈法就无法实施,也不能获取资料。

(4)调查成本高。调查费用高、时间长,调查过程中会碰到许多意料不到的困难。

访谈同我们日常生活中相互间的交谈,有许多不同之处。首先,访谈有预定的计划,有专门的主题,有一定的工具(如调查表)或辅助手段(如录音机、录音笔),而日常交谈不需要这些。其次,访谈主要由被调查者提供信息,而日常交谈则是双方相互交换信息。

根据被调查者人数的多少可以分为:个别访谈和集体访谈。

1.个别访谈

个别访谈是指调查者对每一名受访者进行一对一的单独访谈。个别访谈是访谈法的基础,也是应用最多的一种方式。深度访谈法是一种重要的个别访谈方式,又名深层访谈法,它是一种无结构的、直接的、个人的访问,在访问过程中,一个掌握高级技巧的调查员深入地访谈一个被调查者,以揭示对某一问题的潜在动机、信念、态度和感情。与小组座谈会一样,深层访谈法主要也是用于获取对问题的理解和深层了解的探索性研究。不过,深层访谈法不如小组座谈会使用那么普遍。比如,为发掘目标顾客在某产品所引起的深层动机时,可采用深层访谈法;在某些过程中,研究者为消除受访者的自我防卫心理,可以采用各种如文字联想法、语句完成法、角色扮演法之类的技巧来对顾客进行访问。

2. 集体访谈

集体访谈是一种通过一对多形式进行集中收集信息的方法,是一种了解情况快、工作效率高、经费投入少的调查方法,但对调查员组织访谈的能力要求很高,同时它也不适于调查某些涉及保密、隐私、敏感性的问题。

常用的集体访谈法有:**头脑风暴法和德尔菲法**。

(1)**头脑风暴法**。又名智力激励法,是现代创造学奠基人美国奥斯本提出的,是一种创造能力的集体训练法。当一群人围绕一个特定的兴趣领域产生新观点的时候,这种情境就叫做头脑风暴。由于会议使用了没有拘束的规则,人们就能够更加自由地思考,进入思想的新区域,从而产生很多的新观点和问题的解决方法。当参加者有了新观点和想法时,他们就大声说出来,然后在他人提出的观点之上建立新观点。所有的观点被记录下来,但不进行评估。只有头脑风暴会议结束后,才会对这些观点和想法进行评估。头脑风暴法可分为直接头脑风暴法和质疑头脑风暴法,前者是在专家群体决策基础上尽可能激发创造性,产生尽可能多设想的方法,后者则是对前者提出的设想、方案逐一质疑,发现其现实可行性的方法。

【案例2-1】有一年下暴雪,美国北方地区的电线上积满冰雪,大跨度的电线常被积雪压断,严重影响通信。过去,许多人试图解决这一问题,但都未能成功。后来,电讯公司经理应用奥斯本发明的头脑风暴法,解决了这一难题。该案例的实施中严格遵守四项原则:禁止批评别人的意见;提倡自由思考,观点天马行空、异想天开,越新奇越好;观点意见越多越好;引发联想,补充完善。在讨论过程中,当有人提出比较滑稽可笑的"坐飞机扫雪"设想时,虽无人提出批评,但有一工程师一听到该滑稽的想法后,大脑突然受到冲击,一种简单可行且高效率的清雪方法就冒了出来:用直升飞机扇雪的新设想,最后找到了该问题的解决办法。

(2)**德尔菲法**。又名专家意见法或专家函询调查法,是采用背对背的通信方式征询专家小组成员的预测意见,经过几轮征询,使专家小组的预测意见趋于集中,最后做出符合市场未来发展趋势的预测结论。该方法主要是由调查者拟定调查表,按照既定程序,以函件的方式分别向专家组成员进行征询;而专家组成员又以匿名的方式(函件)提交意见。经过几次反复征询和反馈,专家组成员的意见逐步趋于集中,最后获得具有较高准确率的集体判断结果。德尔菲法是依据系统的程序,采用匿名发表意见的方式,即团队成员之间不得互相讨论,不发生横向联系,只能与调查人员联系,以反复填写问卷的方式来集结问卷填写人的共识及收集各方意见。因而,德尔菲法具有匿名性、反复性和统一性等特点。

【案例2-2】德尔菲法预测某专著销售量

某书刊经销商想要预测某一专著销售量,以便确定到底该进多少货。该经销商首先选择若干书店经理、书评家、读者、编审、销售代表和海外公司经理组成专家小组。将该专著和一些相应的背景材料发给各位专家,要求他们给出该专著的最低销售量、最可能销售量和最高销售量三个数字,同时说明其判断的主要理由。将专家们的意见收集起来,归纳整理后返回给他们,然后要求其参考他人的意见重新考虑自己的预测。专家们完成第一次预测并得到第一次预测的汇总结果以后,除书店经理A外,其他专家在第二次预测中都做了不同程度的修正。在第三次预测中,大多数专家又一次修改了自己的预测结果。在第四次预测时,所有专家都不再修改自己的意见。因此,专家意见的收集过程在第四次以后停止。最终预测结果为最低销售量26万册,最高销售量60万册,最可能销售量46万册。

(三)观察法

观察法是所有科学研究方法的始祖。观察收集到的资料比访谈收集到的资料更直接,由于观察者与被观察的客观事物直接接触,中间不需要其他中间环节,所以观察所获得的信息资料,是真正意义上的第一手资料。英国社会学家莫森曾说:“观察可称为科学研究的第一等方法。”

观察法是指对所发生的事或人的行为的直接观察和记录。在观察过程中,调查人员所处的地位是被动的,也就是说调查人员对所观察的事件或行为不加以控制或干涉。例如,在进行商场调查时,调研人员并不访问任何人,只是观察现场的购物者行为,然后记录备案。一般调研的内容有某段时间的客流量、顾客在各柜台的停留时间、各组的销售状况、顾客的基本特征、售货员的服务态度等。

观察法又可以分为**公开观察法**和**隐蔽观察法**两种方法。

公开观察法是调查人员在调查地点公开观察,即被调查者意识到有人在观察自己的言行的一种调查方法。

隐蔽观察法是指被调查者没有意识到自己的行为已被观察和记录的一种调查方法。

例如,超级市场的经营者可以通过公开观察法来记录客流量,统计客流规律和某种商品的购买人次等,以此重新设计商品的陈列和布局。当顾客走进商店时,多半会驻足观看有时也会选购这些商品,市场调查人员则可以利用这一机会,采用隐蔽观察法来观察和收集顾客对新产品或季节性产品的注意力以及购买情况。

观察法的主要优点有以下几点。

(1)资料真实。它能通过观察直接获得资料,不需要其他中间环节。故观察得到的资料比较真实。

(2)可获得生动资料。在自然状态下的观察,能获得生动的资料。

(3)可捕捉到最新现象。具有及时性的优点,它能捕捉到正在发生的现象。

(4)可以收集意外资料。能收集捕捉到一些无法言表的意外资料。

观察法的主要缺点有以下几点。

（1）受时间限制。某些事件的发生有一定的时限性，过了这段时间就不会再发生。

（2）受观察对象限制。如研究犯罪问题，有些秘密团伙一般不容易被别人观察到。

（3）受观察者自身限制。一方面，人的感官都有生理极限，超出这个限度就很难直接观察；另一方面，观察结果也会受主观意识的影响。

（4）不能观察到本质性或思想意识资料。观察者只能观察外表现象和某些物质结构，不能直接观察到事物的本质或人们的思想意识。

（5）观察法一般不适用于大面积调查。

（四）实验法

实验法是一种特殊的观察法，是在所设定的特殊实验场所、特殊状态下，对调查对象进行实验取得所需资料的一种调查方法。比如，教育实验法是依据一定的教育理论假说，在教学实践中进行的，运用必要的控制方法，变革研究对象，探索教育的因果规律的一种科学研究活动。可预见性和可干预性是实验法最显著的两个特点。实验法在自然科学中应用比较多。近年来，实验法也常应用于社会经济现象研究，鉴于篇幅限制，本书不作重点介绍。

第四节　统计数据的质量

一、统计数据的误差

统计数据是统计调查的工作成果，统计调查所收集的数据是否准确、可靠，将直接关系到数据整理、数据分析的准确性和可靠性，也将关系到整个统计工作的质量。为了取得准确的统计数据，必须采取有效的措施和科学的方法，防止可能发生的各种统计调查误差，并尽可能把它缩小到最小限度，控制在允许的范围内。

统计调查误差，是指通过调查所取得的统计数据与调查现象总体真实数据之间的差别。统计调查误差分为非抽样误差和抽样误差两种。

非抽样误差是由于调查过程的各个环节中调查者工作不认真、计量不准确等主观或客观原因共同影响而产生的误差。产生这些误差的主要原因有：计量错误，记录错误，计算错误，抄录错误，汇总错误，调查者和被调查者有意虚报、瞒报及数据收集方案规定不明确等。在全面调查和非全面调查中都会产生非抽样误差，理论上非抽样误差是可以避免和消除的。

抽样误差是指用部分总体单位（样本）的数据去估计总体的数量特征时，估计结果与总体实际数据之间的差别。这种误差只在用样本数据推算总体时才会产生，即只会在抽样调查中产生。理论上抽样误差是不可能消除的。影响抽样误差的因素主要有以下几点。

（1）抽样数目的多少。在其他条件不变的情况下抽样数目越多，抽样误差越小。

（2）所研究的各单位数值变动程度的大小。数值围绕平均数变动的程度越小，抽样误差越小。

(3)采用的抽样调查组织形式和抽样方法。选择不同的调查方式以及采用不同的抽样方法所得到的调查结果会存在差异,如等距抽样和类型抽样比简单随机抽样和整群抽样更能够保证所抽取的单位(样本)在总体中均匀地分布,代表性好,抽样误差就小。采取重复抽样和不重复抽样对误差的大小也略有影响,但是,当总体单位数很大而样本量很小时,这种误差区别是很微小的。

对抽样误差的大小和范围,我们有一系列科学的方法来进行计算,比如计算平均误差、成数误差、均方差和一定概率保证下的抽样误差的范围等,可以说抽样调查的结果是有可靠的科学依据的。

【案例2-3】为什么《文学文摘》的预测会失败?

1936年美国总统大选前,美国的《文学文摘》进行了一次最具雄心的民意测验活动:将选票寄给了从电话簿与车牌登记单中抽取出来的1 000万人,收到了200万人以上的回复。结果显示,有57%的人支持共和党候选人兰登,仅43%的人支持罗斯福。但最终选举结果显示:罗斯福以61%的得票率获得连任。那么为什么《文学文摘》的预测会失败?

问题就在于样本的选择。《文学文摘》没有遵循随机原则,导致抽样误差太大。首先,《文学文摘》的1 000万份样本是根据电话簿和车牌登记单抽取的,不是随机抽取的,样本中大多是比较富裕的家庭,大多愿意支持兰登。而当时美国正处于经济萧条时期,穷人大多是支持罗斯福的。其次,当时的调查完全依赖于受访者的自愿参与,从而产生了"无回答误差"。以上因素导致最后的调查结果与实际产生了较大偏差,因此预测失败。

二、控制调查误差的方法

(一)控制非抽样误差的方法

(1)要制定科学的数据采用方案,使调查人员或填报人员能够明确、具体地执行,不至于产生歧义、误解。

(2)加强公民的职业道德教育;坚持实事求是,恪守职业道德。

(3)严格执行《中华人民共和国统计法》,防止因弄虚作假等造成的非抽样误差,纠正统计数据过程中的不正之风。实行统计法治有利于保障统计数据的准确性和及时性,更好地发挥统计的信息、咨询和监督职能的作用,为国家、地方和单位的科学决策和管理提供高质量的服务;有利于打击弄虚作假、虚报浮夸等违法行为。

(4)要抓好数据收集方案的贯彻执行工作。这方面的工作主要包括:

第一,加强专业技能的培训,提高执业水平,使统计人员能正确理解数据收集方案的各项内容,特别是准确把握填报要求及指标口径范围;

第二,做好统计基础工作,包括建立相应的统计机构,配备必要的工作人员,建立健全的计量工作、原始记录和统计台账等制度以及相关的责任制度,保证统计数据的来源准确、可靠和及时;

第三，加强对统计调查过程中数据填报质量的检查、监督。

（二）控制抽样误差的方法

抽样误差是客观存在和不可避免的，但并不意味着可以任其存在或对其无所作为，相反，对抽样误差的控制是十分必要的。减小抽样误差可以从以下几个方面着手。

1.要准确选定抽样方法

选择正确的抽样方法，有利于使抽取的样本能真正代表总体，减小抽样误差。对抽样方法的选择，要根据调查目的和要求，以及对调查所面临的主客观、内外部条件进行权衡，尽可能减小抽样误差。

2.要正确确定样本容量

一般而言，样本容量与抽样误差呈反比关系。但是，抽样误差又与调查总体中的差异有关。总体中的差异越大，在同样样本容量的条件下，误差越大，反之误差越小。换言之，在确保同样的抽样误差的前提下，如果总体中的差异大，则需抽取的样本数应该多一些，反之亦然。所以，确定样本容量要综合考虑对抽样误差的允许程度、总体的差异性和成本的要求等因素。

3.要加强对抽样调查的组织领导，提高抽样调查工作的质量

要以科学的态度对待抽样，特别是要由专门人才，或经过严格培训的人员承担抽样调查工作。抽样方法要适当，工作程序要规范，严格按照所选用的抽样方法的要求进行操作，确保整个抽样工作科学合理。

知识拓展　即测即评

小结

本章首先在典型案例的基础上介绍了调查方案的设计及包含的内容。数据收集的来源有两种，即直接来源和间接来源，前者收集的是原始数据，后者收集的是二手数据。由于二手数据在研究中有着重要的地位和作用，第二节重点介绍了二手数据收集时需注意的事项。相比二手数据的收集，原始数据的收集更加复杂，为此，第三节重点介绍了原始数据的收集，主要包括原始数据收集的分类、调查方式及方法。第四节重点介绍了统计数据的质量及其控制问题。

思考题

1.二手数据的特点是什么？什么情况下可以使用二手数据？

2.简述普查和抽样调查的特点。

3.经济普查与全面统计报表均为有关经济的全面调查，两者能否相互替代？为什么？

4.2023年2月，我国疫情防控取得了重大决定性胜利。我们几乎每个人都亲身经历了抗疫过程,有些人“阳”了,也有些人没有“阳”。请你就“有些人没有感染新型冠状病毒(即没有“阳”)的原因研究”设计一项调查方案。

练习题

一、判断题

1.一般而言,全面调查的结果更全面、准确,所以得到普遍应用。 ( )

2.统计调查中的调查单位与填报单位是一致的。 ( )

3.统计报表制度一般属于经常性的全面调查。 ( )

4.统计报表制度中的资料主要来源于基层单位的原始记录、统计台账和基础的内部报表。 ( )

5.由于观察法能保证资料的真实性和可靠性,因而在进行大规模调查时,应采用这种方法。 ( )

6.在非全面调查中,最完善、最有计算科学依据的方法是抽样调查。 ( )

7.在进行任何一项研究前,最先考虑的是二手数据的收集。 ( )

8.典型调查中典型单位的选取可以不遵循随机原则。 ( )

9.对统计总体中的全部单位进行调查称为普查。 ( )

10.调查对象是调查项目的承担者。 ( )

二、单项选择题

1.对某地物流企业职工进行调查,调查对象是( )。

A.各物流企业　　B.每一个物流企业

C.各物流企业全体职工　　D.每一位物流企业职工

2.在统计调查中,报告单位是( )。

A.调查项目的承担者　　B.提交调查资料的单位

C.构成调查对象的每一个单位　　D.每一个总体单位

3.抽样调查的主要目的是( )。

A.获得样本资料　　B.获得总体资料

C.用样本观察结果推断总体数量特征　　D.由个别推断总体

4.要调查某企业全部机器设备的使用情况,该企业的每台机器设备是( )。

A.调查单位　　B.调查项目　　C.调查对象　　D.填报单位

5.某灯泡厂为了掌握该厂的产品质量,拟进行一次全厂的质量大检查,这种检查应当选择哪种调查方式( )。

A.统计报表制度　　B.全面调查　　C.重点调查　　D.抽样调查

6.我国进行的第七次全国人口普查是(　　)。

A.重点调查　B.典型调查　C.一次性调查　D.经常性调查

7.对于一个调查总体,当群间差异小,群内差异大时,适合采用(　　)抽样技术。

A.简单随机抽样　B.分层抽样　C.整群抽样　D.系统抽样

8.对于一个调查总体,当群间差异大,群内差异小时,适合采用(　　)抽样技术。

A.简单随机抽样　B.分层抽样　C.整群抽样　D.系统抽样

9.调查几个重要铁路枢纽,就可以了解我国铁路货运量的基本情况和问题,这种调查属于(　　)。

A.普查　B.重点调查　C.抽样调查　D.统计报表制度

10.在对某厂生产线上的口香糖进行抽样检查时,下列说法中错误的是(　　)。

A.抽得的产品的平均质量是统计量　B.所有产品的平均质量是已知常数

C.可以使用等距抽样法抽取样本　D.总体是该厂从过去到未来生产的所有口香糖

11.普查的特点不包括(　　)。

A.是全面性调查　B.工作量大,投入多　C.是经常性调查　D.时间性强

12.在制定统计调查方案时,首先应(　　)。

A.设计调查项目和调查表　B.明确调查目的

C.选择合适的调查方式和方法　D.确定调查对象和调查单位

三、案例分析题

ChatGPT是2022年11月30日发布的一款全新的聊天机器人模型,是美国人工智能研究实验室OpenAI新推出的一种人工智能技术驱动的自然语言处理工具,使用了Transformer神经网络架构。这是一种用于处理序列数据的模型,拥有语言理解和文本生成能力,尤其是它会通过连接大量的语料库来训练模型。这些语料库包含了真实世界中的对话,使得ChatGPT具备“上知天文下知地理”的能力,还能根据聊天的内容进行互动,做到与人类几乎无异的聊天交流。ChatGPT不单是聊天机器人,它还能进行撰写邮件、视频脚本、文案、代码等任务。比尔·盖茨赞美它:“不亚于互联网的诞生。”黄仁勋(英伟达公司创始人兼首席执行官)赞美它:“堪比智能手机问世。”可见,ChatGPT的问世和应用会改变我们未来的生活方式,以至于麦肯锡全球研究院在一份《可实现的未来》的报告中指出:未来将有70%的工作被淘汰。请你就ChatGPT如何影响我们的生活进行调查,并回答如下问题。

(1)设计出一份调查方案。

(2)你认为这项调查采取哪种调查方式比较合适?

(3)根据研究目的设计一份问卷调查表。

第三章 整理和显示数据

【典型案例3】如何用图表、数字反映居民收入的贫富差距?

中国式现代化是全体人民共同富裕的现代化。贫富两极分化容易引起社会阶层的对立,影响机会平等、经济可持续发展和社会安定,可见贫富两极分化是关乎社会经济发展的大问题。如何用图表反映居民收入差距呢?其指标体系为人口、收入,从有关统计年鉴可收集到人口、收入数据。美国统计学家洛伦兹(1907)根据意大利经济学家帕累托的原理和收入分配公式,将人口由贫至富排序后分组,用统计表(如表3-1)给出人口累计频率、收入累计频率等信息,在二维坐标系中按人口累计频率、收入累计频率绘出散点并用平滑曲线连接这些点,得到的曲线称为洛伦兹曲线——实际收入分配曲线(见图3-1),其中对角线OL称为完全平等线,折线OHL称为完全不平等线。从该曲线发现:洛伦兹曲线越不弯曲,收入越平等;越弯曲,收入越不平等。

统计学家洛伦兹

表3-1 某地区居民收入分配情况

按收入水平分组	人口			收入		
	人口数/千人	频率/%	累计频率/%	月收入/亿元	频率/%	累计频率/%
最低	128.5	12.85	12.85	1.57	5	5
中下	348.0	34.80	47.65	4.08	13	18
中等	466.9	46.69	94.34	16.33	52	70
较高	45.6	4.56	98.90	7.54	24	94
最高	11.0	1.10	100.00	1.88	6	100
合计	1 000	100	—	31.4	100	—

如何从数字上反映居民收入差距呢?如图3-1中,意大利统计学家基尼(1912)设A是洛伦兹曲线与OL包围的面积,称为不平等面积;$A+B$是OHL与OL包围的面积,称为完全不平等面积。用$G=\frac{A}{A+B}$反映收入分配不平等率,显然$0\leqslant G\leqslant 1$,G称为基尼系数。由此

可知，基尼系数越小越平等，越大越不平等。联合国用基尼系数作为衡量一国居民贫富差距的标准，通常把 $G=0.4$ 作为收入分配差距的警戒线，超过警戒线时，贫富两极分化较容易引起社会阶层的对立，从而导致社会动荡。

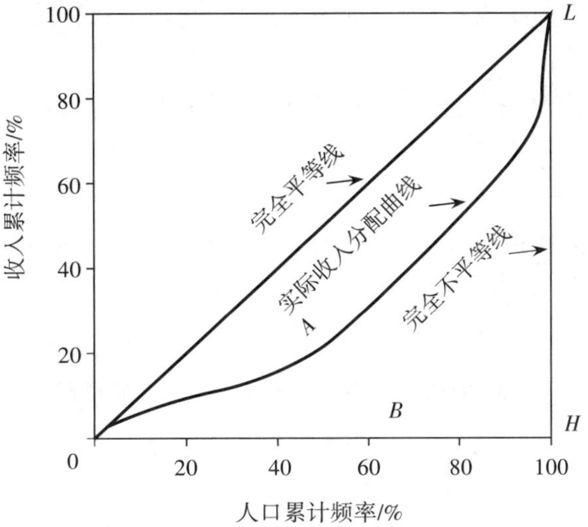

图3-1 洛伦兹曲线

可见，洛伦兹曲线、基尼系数分别从图和数两方面反映了收入差距，是经济问题、累计频率、统计图相结合的成果。

同样，在经济领域和社会生活中还有许多数据，需要整理为有用的图表来进行分析，而这些图和表如何制作以及怎样来反映数据分布特征呢？这就是本章要介绍的内容。

第一节 数据的预处理

统计数据的预处理是统计数据整理与显示的先前步骤，是在数据分类或分组之前所做的必要处理，内容主要包括数据审核、数据筛选、数据排序和数据分类汇总。

一、数据审核

数据审核即对调查资料进行审核，是统计数据整理的第一步，包括以下内容。

1. 审核资料的完整性和及时性

审核资料的完整性，就是看调查单位或填报单位是否齐全，规定的项目是否都有答案，应报资料的份数是否符合规定。

审核资料的及时性，就是看填报单位是否按时报送了有关资料。对不报、漏报或迟报的现象都要及时查清。

2. 审核资料的正确性

审核资料的正确性，是检查所填报的资料是否准确可靠。常用的审核方法有两种。

(1)逻辑检查。

首先,从理论上或常识上检查资料是否有悖常理、有无不切实际或不符合逻辑的地方。比如,一张调查表中,被调查者的年龄是9岁,职业是教师,其中必有一项是错误的。又如,若在某劳动密集型行业的报表中,企业规模为大型,而职工人数是100人,其中一项也必有错误。

其次,检查各项目之间有无相互矛盾的地方。例如,企业的净产值大于同期总产值就是明显的逻辑错误。

(2)计算检查。

即检查各项指标的计算口径、计量单位是否符合规定,并通过各种计算方法来检查各指标间的数字是否相互衔接。

3.历史资料的审核

在使用历史资料(或其他间接资料)时,应审核资料的可靠程度、指标含义、所属时间与空间范围、计算方法和分组条件等是否与规定的要求一致。一般可以从调查资料的历史背景、调查者收集资料的目的以及资料来源等方面,来判断资料的可靠程度;也可以从指标间的相互关系以及指标的变动趋势来检查其正确性。对不能满足现在要求、缺漏或有疑问的资料,要进行有科学根据的推算、弥补和订正。

二、数据筛选

当数据中的错误不能予以纠正,或者有些数据不符合调查的要求而又无法弥补时,需要对数据进行筛选。例如要找出净利润在5 000万元以上的企业,可在Excel中进行数据筛选来完成。筛选方式主要有自动筛选和高级筛选两种。

【例3-1】表3-2是某一年6家企业运营的收入数据。试找出净利润在5 000万元以上的企业,主营业务收入、主营业务利润和净利润均在5亿元以上的企业。

表3-2 6家企业运营的收入数据 **单位:万元**

编号	企业名称	主营业务收入	主营业务利润	管理费用	净利润
1001	同仁堂	102 439	46 408	13 384	14 665
1002	西藏药业	8 312	6 926	1 325	3 572
1003	云南白药	80 641	23 838	7 171	4 922
2001	首钢	1 191 658	131 116	17 526	75 873
2002	宝钢	3 094 053	673 436	132 559	299 210
2003	邯钢	585 668	99 292	4 590	75 261

(1)**自动筛选结果**,见表3-3。(以找出净利润在5 000万元以上的企业为例,在Excel 2016中的操作路径见附录2)

表 3-3 自动筛选结果 单位:万元

编号	企业名称	主营业务收入	主营业务利润	管理费用	净利润
1001	同仁堂	102 439	46 408	13 384	14 665
2003	邯钢	585 668	99 292	4 590	75 261
2001	首钢	1 191 658	131 116	17 526	75 873
2002	宝钢	3 094 053	673 436	132 559	299 210

(2)**高级筛选结果**,见表3-4。(以找出主营业务收入、主营业务利润和净利润均在5亿元以上的企业为例,在Excel 2016中的操作路径见附录2)

表 3-4 高级筛选结果 单位:万元

编号	企业名称	主营业务收入	主营业务利润	管理费用	净利润
2003	邯钢	585 668	99 292	4 590	75 261
2001	首钢	1 191 658	131 116	17 526	75 873
2002	宝钢	3 094 053	673 436	132 559	299 210

三、数据排序

数据排序就是按一定顺序将数据排列,以发现一些明显的特征或趋势,找到解决问题的线索。排序有助于数据检查纠错,以及有助于为数据重新归类或分组等提供依据。在某些场合,排序本身就是数据分析的目的之一。

对于定性数据的排序,如果是字母型数据,排序有升序降序之分,但习惯上用升序;如果是汉字型数据,可按汉字的首位拼音字母排序,也可按笔画排序(其中也有笔画多少的升序降序之分)。

对于定量数据的排序,有递增和递减两种。设一组数据为$x_1, x_2, \cdots, x_n$,递增排序后可表示为:$x(1) < x(2) < \cdots < x(n)$;递减排序后可表示为:$x(1) > x(2) > \cdots > x(n)$。

无论是定性数据还是定量数据,排序均可在Excel中实现。

【例3-2】接例3-1,用Excel对表3-2中的数据进行排序,把"主营业务收入"作为主要关键字,按"升序"进行排列;把"主营业务利润"作为次要关键字,按"升序"进行排列。

在Excel 2016中排序结果如表3-5所示,具体排序操作路径见附录2。

表 3-5 数据排序结果 单位:万元

编号	企业名称	主营业务收入	主营业务利润	管理费用	净利润
1002	西藏药业	8 312	6 926	1 325	3 572
1003	云南白药	80 641	23 838	7 171	4 922
1001	同仁堂	102 439	46 408	13 384	14 665
2003	邯钢	585 668	99 292	4 590	75 261
2001	首钢	1 191 658	131 116	17 526	75 873
2002	宝钢	3 094 053	673 436	132 559	299 210

四、数据分类汇总

为了从复杂的数据中提取有用的信息，可以利用Excel中的数据透视表来实现，并且还可以对重要信息按使用者的习惯或分析要求进行汇总，形成交叉表。数据源表中的首行必须有列标题。

【例3-3】某地区3个商场6月份彩电和空调的销售数据清单如表3-6所示，通过数据透视表比较不同商场及不同厂家的不同产品的销售情况。

表3-6 某地区3个商场6月份彩电和空调的销售数据

商场名称	商品种类	生产厂家	销售量/台	商场名称	商品种类	生产厂家	销售量/台
明珠	彩电	长虹	420	京客隆	空调	长虹	150
明珠	彩电	海尔	380	京客隆	空调	海尔	210
明珠	彩电	TCL	320	京客隆	空调	TCL	120
明珠	空调	长虹	450	华联	彩电	长虹	240
明珠	空调	海尔	410	华联	彩电	海尔	230
明珠	空调	TCL	390	华联	彩电	TCL	210
京客隆	彩电	长虹	340	华联	空调	长虹	110
京客隆	彩电	海尔	300	华联	空调	海尔	230
京客隆	彩电	TCL	320	华联	空调	TCL	130

在Excel 2016中建立的数据透视表如表3-7所示，具体建立数据透视表操作路径见附录2。

表3-7 根据需要建立的数据透视表

求和项：销售量/台	列标签			
行标签	TCL	海尔	长虹	总计
⊟华联	340	460	350	1 150
彩电	210	230	240	680
空调	130	230	110	470
⊟京客隆	440	510	490	1 440
彩电	320	300	340	960
空调	120	210	150	480
⊟明珠	710	790	870	2 370
彩电	320	380	420	1 120
空调	390	410	450	1 250
总计	1 490	1 760	1 710	4 960

第二节 定性数据的整理与显示

收集的数据符合基本要求后，往往还是杂乱无章的、暂时不可用的，如何对符合基本要求的数据进行整理使其变为可用的呢？如典型案例3，把原先收集到的数据经过整理后变为有用的数据，能反映出一些数据特征。

数据的整理和显示就是对所收集的符合一般要求的数据进行分类和汇总，用统计表、统计图反映其整理的结果。

在整理数据时，要根据不同的数据类型，采用不同的整理方式。对定性数据主要是分类整理，对定量数据主要是分组整理。

定性数据主要包括定类数据和定序数据。对定类和定序数据的整理，通常是把每类各自作为一组，有多少类就可以整理成多少组。

定类数据整理与显示的步骤如下：

(1)根据解决问题的目的确定分组的定性变量；

(2)一类变量值为一组，有多少类不同变量值就有多少组；

(3)按不重不漏的原则对数据进行分组，确定各组的频数、频率；

(4)用统计表、统计图显示整理的数据。

定类数据和定序数据，它们在整理和显示的方法上大体相同，但也有一些差异。

一、定类数据的整理与图示

(一)定类数据的整理

定类数据的整理主要用频数分布表进行。**频数分布表**是依次按定类变量值及其频数排列出来的表。通常把每类的个数称为频数。每类个数所占的比例称为频率。

【例3-4】手机销售商为了销售手机，对某校学生使用不同品牌手机的情况进行了调查。在该校中随机抽取50名学生，分别对他们的性别和购买手机的品牌进行了记录，表3-8记录的是原始数据。试整理该数据，制出学生购买手机品牌频数分布表。

解：这里的手机品牌为定类数据，按定类数据整理步骤可得到表3-9。在Excel 2016中整理的操作路径见附录2。

表3-8　手机调查的原始数据

学生编号	学生性别	手机品牌	学生编号	学生性别	手机品牌	学生编号	学生性别	手机品牌
1	女	苹果	18	女	OPPO	35	女	OPPO
2	男	小米红米	19	男	三星	36	女	三星
3	男	华为	20	男	华为	37	男	苹果
4	女	三星	21	女	三星	38	女	苹果
5	男	OPPO	22	男	华为	39	女	OPPO
6	男	苹果	23	女	小米红米	40	女	华为
7	女	苹果	24	男	OPPO	41	女	三星
8	女	OPPO	25	女	华为	42	男	小米红米

续表

学生编号	学生性别	手机品牌	学生编号	学生性别	手机品牌	学生编号	学生性别	手机品牌
9	男	小米红米	26	女	小米红米	43	女	苹果
10	男	小米红米	27	女	小米红米	44	女	苹果
11	女	苹果	28	男	OPPO	45	男	华为
12	女	苹果	29	男	OPPO	46	男	华为
13	男	苹果	30	女	三星	47	男	OPPO
14	男	华为	31	男	OPPO	48	女	小米红米
15	男	华为	32	女	OPPO	49	女	小米红米
16	女	OPPO	33	女	苹果	50	女	苹果
17	男	苹果	34	女	华为			

整理后的数据表就可用来分析了。如果样本有代表性,由表3-9可知,该校男生较喜欢华为、OPPO手机,其在男生中购买的比重分别为31.82%、27.27%;女生较喜欢苹果、OPPO手机,其在女生中购买的比重分别为32.14%、21.43%;该校学生较喜欢苹果、OPPO手机,其在调查学生中购买的比重分别为26.00%、24.00%。这在手机营销上是个重要参考。利用表3-9还可以计算出学生针对每种品牌手机的购买频率。

表3-9 学生购买手机品牌频数分布

手机品牌	男	女	总计
华为	7	3	10
OPPO	6	6	12
苹果	4	9	13
三星	1	5	6
小米红米	4	5	9
总计	22	28	50

(二)定类数据的图示

定类数据的图示主要有条形图、饼图等。

(1)条形图是在横轴上将变量值依次等距分开,以各组频数(频率)为高画出的图形,如图3-2。条形图有单式条形图和复式条形图,如图3-2和图3-3。

(2)饼图是在圆内按各组频率乘以360°为扇形角度画出的图形,如图3-4。

条形图、饼图除了用于显示定类数据外,也可用于显示定序数据和定量数据。

【例3-5】接例3-4,根据整理出的频数分布表结果分别作出学生使用不同品牌手机的单式条形图、饼图以及不同性别学生使用不同品牌手机的复式条形图。

解:在Excel 2016中得到的各种图形如图3-2、图3-3、图3-4所示,具体操作路径见附录2。

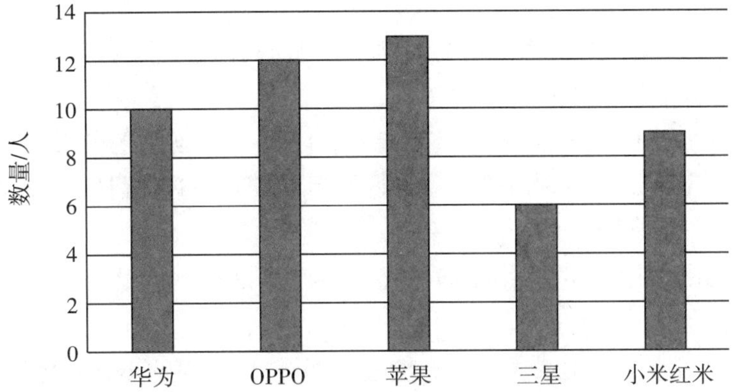

图3-2 学生使用不同品牌手机的单式条形图

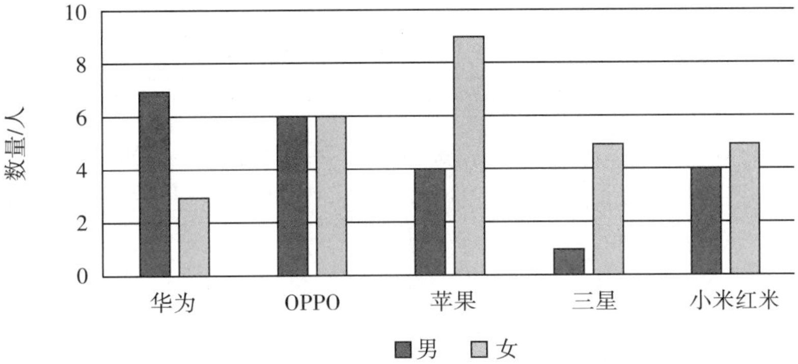

图3-3 不同性别学生使用不同品牌手机的复式条形图

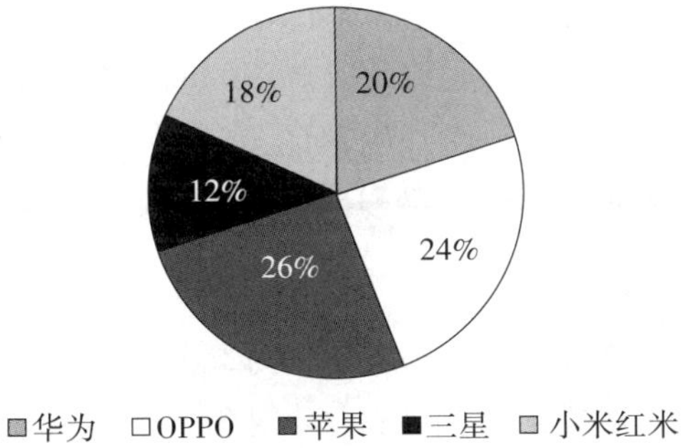

图3-4 学生使用不同品牌手机的饼图

从图3-2、图3-4可以看出,该校学生较喜欢使用苹果手机和OPPO手机。从图3-3可以看出该校男生较喜欢使用华为手机,使用三星手机的则相对较少;女生较喜欢使用苹果手机,使用华为手机的则相对较少。

二、定序数据的整理与图示

（一）定序数据的整理

定序数据也是采用频数分布表进行整理。其整理方式除了与定类型数据的整理方式相似外，还可以计算累计频数和累计频率。

累计频数（cumulative frequencies）是指各有序类别频数的逐级累加。累计方法有两种：一是从类别顺序开始的一方向最后一方逐级累加，即为向上累计；二是从类别顺序最后的一方向开始一方逐级累加，即为向下累计。

累计频率（cumulative percentages）是指各有序类别频率（百分比）的逐级累加。它也有向上累计和向下累计两种方式。

【例3-6】对甲城市居民生活质量满意度进行调查，按前面的步骤整理后得到表3-10。

表3-10　甲城市居民生活质量满意度

甲城市居民生活质量满意度	频数	频率/%	累计频数		累计频率/%	
			向上累计	向下累计	向上累计	向下累计
非常不满意	48	16	48	300	16	100
不满意	60	20	108	252	36	84
一般	75	25	183	192	61	64
满意	72	24	255	117	85	39
非常满意	45	15	300	45	100	15
合计	300	100	—	—	—	—

从表3-10可看出有39%的甲城市居民对生活质量还是较满意的。

在表3-10中的向上累计频数是指从非常不满意所对应的频数48开始累计，一直累加到非常满意所对应的频数45，得到非常满意所对应的向上累计频数是300。向下累计频数则方向相反，从非常满意所对应频数45开始累加，直到非常不满意。注意在实际运用中一般用向上累计频数居多。累计频率也是类似的计算方法。

（二）定序数据的图示

定序型数据的统计图主要有累计频数分布图和环形图。

累计频数分布图实际是用线图来表示的，可用来表示向上累计频数分布（见图3-5）和向下累计频数分布两种情况。

环形图也叫圆环图，是指几个同心的、半径不同的饼图叠在一起，挖去中间的部分形成的环状图（见图3-6）。总体中的每一部分数据用环中的一段表示。可用于结构比较研究，常用于显示定序数据，也可用于显示定量数据。

【例3-7】接例3-6，在Excel 2016中作出甲城市居民生活质量满意度的向上累计频数分布图。

解：在Excel 2016中作出的甲城市居民生活质量满意度的向上累计频数分布图，如图3-5所示。具体操作路径见附录2。

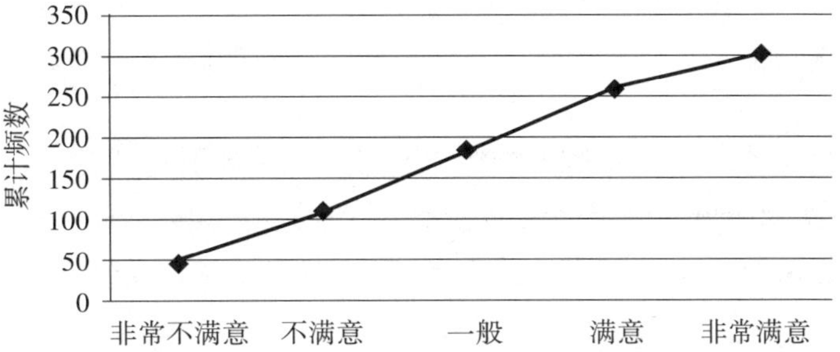

图3-5　甲城市居民生活质量满意度的向上累计频数分布图

【**例3-8**】接例3-6，若乙城市居民生活质量满意度如表3-11所示，则在Excel 2016中可作出甲、乙城市居民生活质量满意度的环形图，见图3-6。具体操作路径见附录2。

表3-11　乙城市居民生活质量满意度

乙城市生活质量满意度	频数	频率/%
非常不满意	42	14
不满意	54	18
一般	75	25
满意	84	28
非常满意	45	15
合计	300	100

从图3-6中可以看出甲、乙城市居民生活质量满意度主要在"满意"这一级别的差别的稍大些，其他级别的差别不是很明显。

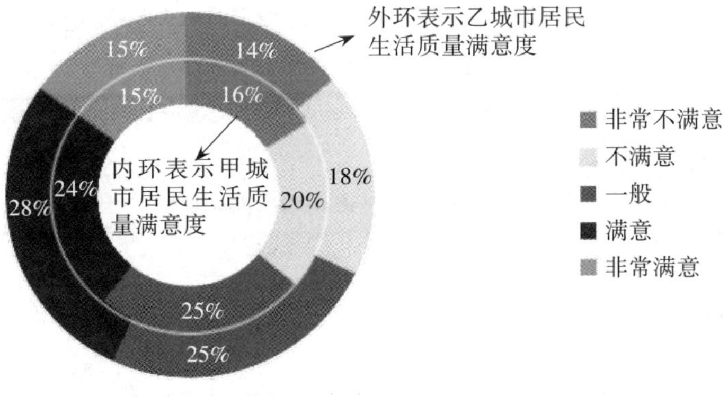

图3-6　甲、乙城市居民生活质量满意度的环形图

第三节 定量数据的整理与显示

一、定量数据的整理

在前面的典型案例3中,定量数据的整理和显示步骤如下:

(1)根据解决问题的目的确定分组的变量,分组的变量为收入;

(2)确定组数等,收入由贫到富分为5组,连续型变量如收入还涉及确定每组组距、上限和下限;

(3)按不重不漏的原则对数据进行分组,确定各组频数、频率,还涉及每组的收入值等;

(4)用表、图显示整理的数据,如表3-1、图3-1。

定量数据也就是第一章中所讲的定距尺度和定比尺度的数据,主要采用统计分组来整理。数据分组后,把每组的个数称为**频数**。每组个数所占比例称为**频率**。

统计分组就是指根据统计研究的目的和客观现象的内在特点,按某个变量(或几个变量)把被研究的总体划分成为若干个不同性质的组。

统计分组要遵循三个原则:**科学性原则**、**完整性原则**、**互斥性原则**。

科学性原则是指根据组内统计资料的同质性和组间资料的差异性,选择能够反映事物本质特征的标志作为分组标志。

完整性原则又称穷尽性原则,是指分组后,总体的每个单位都能有组可归,没有遗漏。

互斥性原则也叫不相容性原则,是指分组后,总体的每个单位只能归属某一组,不能同时归属两组。

统计分组方法一般有单变量值分组和组距式分组两种。

单变量值分组就是将一个变量值作为一组,总体中有几个不同的离散型变量值就分为几个组,适合变量值较少、取值范围不大的情况。比如居民家庭按照人口数进行分组,可分为2口人家庭、3口人家庭、4口人家庭、5口人家庭等组别。

【例3-9】某班30名同学在2015年网购的次数如表3-12所示,试对该班同学按照网购次数进行单变量值分组。

表3-12 某班同学的网购次数

18	18	19	20	19	20	21	18	19	19
21	20	20	19	18	19	19	20	21	18
19	20	21	18	20	20	19	19	21	20

解:因为该班同学共有18、19、20、21这4种不同的网购次数,所以按照网购次数该班可分为4组,分组结果如表3-13所示。

表 3-13　某班同学按网购次数分组

组数	组别	频数	频率/%
1	18	6	20.0
2	19	10	33.3
3	20	9	30.0
4	21	5	16.7

组距式分组是将变量值的一个区间作为一组，适合于连续变量和变量值较多的离散型变量情况。

统计分组时习惯规定“上限不在组内”，即一个组的上限值不算在该组。

组距式分组可采用等距分组，也可采用不等距分组。等距分组是指每组组距相等。比如基尼系数的分级，低于0.2表示收入分配绝对平均；0.2～0.3表示收入分配比较平均；0.3～0.4表示收入分配相对合理；0.4～0.5表示收入分配差距较大；0.5及以上表示收入分配差距悬殊。该分级中0.2~0.5区间内组距均为0.1，所以为等距分组。不等距分组是指并非所有组距都相等。比如对人口年龄的分组，可根据人口成长的生理特点分成0~3岁（婴儿组）、3~6岁（幼儿组）、6~15岁（少年组）、15~30岁（青年组）、30~45岁（中青年组）、45~60岁（中老年组）、60岁及以上（老年组）等。下面具体讲等距分组。

等距分组的基本步骤如下。

第一步：确定组数。

一般情况下，一批数据所分的组数应不少于5组且不多于15组。在实际分组时，可以参考美国学者斯特奇斯（H.A.Sturges）提出的经验公式来确定组数 K，即

$$K = 1 + \frac{\lg N}{\lg 2}$$

式中 N 表示总的数据个数。

第二步：确定组距。

组距是一组数据的上限与下限之差，上限是指这一组数据中的最大值，下限是指这一组数据中的最小值，第一组下限 $\leqslant \min\{x_i\}$，最后一组上限 $> \max\{x_i\}$。可根据全部数据的最大值和最小值及所分的组数来确定组距，即

$$组距 = \frac{最大值 - 最小值}{组数}$$

一般组距取5或10的整数倍。

第三步：统计出各组的频数并整理成频数分布表。

【例3-10】某电脑公司在全国各地有50家销售分公司，为了分析各分公司的销售情况，该电脑公司调查了这50家分公司第一季度的销售额，得到表3-14所示数据。试对该公司按照销售额进行组距式分组。

表 3-14 某电脑公司的50家分公司第一季度的电脑销售额 单位:万元

150	92	125	115	119	158	139	146	117	139
105	110	109	137	120	136	115	127	142	113
124	90	116	144	110	126	129	134	100	125
123	130	131	128	102	135	106	148	143	104
120	127	94	146	132	130	124	156	138	140

解:

第一步:确定组数K。

$$K = 1 + \frac{\lg 50}{\lg 2} \approx 6.64 \approx 7$$

第二步:确定组距。

$$组距 = \frac{158 - 90}{7} = 9.7 \approx 10$$

第三步:统计出各组的频数并计算频率、累计频数、累计频率,整理成频数分布表,如表3-15所示。

表 3-15 某电脑公司的50家分公司第一季度的电脑销售额分组

组数	按电脑销售额分组/万元	频数	频率/%	累计频数		累计频率/%	
				向上累计	向下累计	向上累计	向下累计
1	90~100	3	6	3	50	6	100
2	100~110	6	12	9	47	18	94
3	110~120	8	16	17	41	34	82
4	120~130	12	24	29	33	58	66
5	130~140	11	22	40	21	80	42
6	140~150	7	14	47	10	94	20
7	150~160	3	6	50	3	100	6
	合计	50	100	—	—	—	—

从表3-15中看出某电脑公司的50家分公司第一季度的电脑销售额主要集中在120万元~140万元,占到总量的46%。

表3-15也计算出了累计频数和累计频率。它们的累计方式分为向上累计和向下累计两种。向上累计是指从变量值小的组逐级向变量值大的组累加。向下累计则刚好相反,一般计算常用向上累计方法。

统计各组频数时要注意遵循不重不漏的原则。不重是指一项数据只能分在其中的一组,不能在其他组中重复出现;不漏是指全部数据都要分在相应的组中,不能遗漏。为解决不重的问题,统计分组时习惯把一个组的上限值不算在该组。比如100这一数值不算在“90~100”这一组,而是算在“100~110”这一组内。

表3–15所分组的结果都有上、下限值,因此也叫闭口组。在等距分组中,为了避免空白组的出现,或个别值被漏掉,第一组和最后一组可以采取“××以下”及“××以上”这样的开口组。开口组组距通常以相邻组的组距为准。假如该例中还有一个数79,其与第1组之间会出现一个空白组,此时可以把第1组的90~100改为100以下,即变成了开口组。

在等距分组中,还有一个重要概念——**组中值**——常用作各组的代表值:

$$组中值 = \frac{下限值 + 上限值}{2} \tag{3.1}$$

对开口组而言,其组中值为

$$缺下限的开口组的组中值 = 上限值 - \frac{邻组组距}{2} \tag{3.2}$$

$$缺上限的开口组的组中值 = 下限值 + \frac{邻组组距}{2} \tag{3.3}$$

在例3–10中,若第一组为闭口组90~100时,可以利用公式(3.1)计算其组中值为

$$组中值 = \frac{下限值 + 上限值}{2} = \frac{90 + 100}{2} = 95$$

若第一组为开口组100以下时,可以利用公式(3.2)计算其组中值为

$$缺下限的开口组的组中值 = 上限值 - \frac{邻组组距}{2} = 100 - \frac{10}{2} = 95$$

若将最后一组150~160变为150以上,可以利用公式(3.3)计算其组中值为

$$缺上限的开口组的组中值 = 下限值 + \frac{邻组组距}{2} = 150 + \frac{10}{2} = 155$$

组中值的计算在第四章计算分组数据的平均数时还会用到。

二、定量数据的图示

定量数据常用的统计图主要有直方图、茎叶图、曲线图、散点图等。

(1)直方图。直方图是指在横坐标轴上标出各个分组的端点,以每一组的组距为底,以频率/组距为高画出的矩形。纵坐标轴的尺度可以频率/组距为高,也可以频数为高或以频率为高画图,形状相同,只是纵坐标的尺度不同。如图3–7则是以频数为高画出的直方图。当纵坐标为频率/组距时,直方图中每个小矩形的面积恰为数据落在该区间的频率,所有小矩形的面积之和为1。

直方图与条形图的区别主要有3点。

首先,直方图是用面积表示各组频数或频率的多少,矩形的高度表示每一组的频数或频率,宽度则表示各组的组距,其高度与宽度均有意义;而条形图是用条形的长度(横置时)表示各类别频数的多少,其宽度表示类别,是固定的。

其次,直方图的各矩形通常是连续排列的,条形图的各矩形则是分开排列的。

最后,直方图主要用于展示连续型的定量数据;而条形图则主要用于展示定性数据和离散型的定量数据。

(2)茎叶图。茎叶图主要用于显示未分组的原始数据的分布,由“茎”和“叶”两部分构成,以该组数据的高位数值作树茎,低位数值作树叶,树叶上只保留一位数字。茎叶图类似于横置的直方图,但又有区别,如图3-8所示。

首先,直方图可观察一组数据的分布状况,但没有给出具体的数值,即未保留原始数据的信息;而茎叶图既能给出数据的分布状况,又能给出每一个原始数值,保留了原始数据的信息。

其次,直方图适用于大批量的数据,而茎叶图适用于小批量的数据。

最后,直方图适用于分组数据,而茎叶图适用于未分组数据。

(3)曲线图。曲线图是用一组曲线来表示一组数据的函数关系。以自变量为横坐标,以因变量为纵坐标,绘出各变量变化的数据位置,并将其连接成一条曲线。例如洛伦兹曲线图就是曲线图的一种,它是用来描述一国财富或收入分配状况的统计工具,一般为一条向下弯曲的曲线,其偏离45度角直线的程度越小,表明该社会收入分配状况的平等化程度越高,其偏离45度角直线的程度越大,表明该社会收入分配状况的平等化程度越低。累计频数(频率)分布图也是曲线图的一种。无论是向上累计或是向下累计,均以分组变量为横轴,以累计频数(频率)为纵轴。在直角坐标系中将各组的上限与其相应的累计频数(频率)构成坐标点,依次用折线(或光滑曲线)相连,即为向上累计曲线。

(4)散点图。散点图是指用二维坐标展示两个变量之间关系的一种图形。其使用的数据是成对的,在坐标系中描出数据点,这些点和坐标轴就构成了散点图(详见第九章相关与回归分析)。

【例3-11】接例3-10,用直方图显示分组结果,用曲线图显示向上累计频率,用茎叶图显示未分组的数据。在Excel 2016和SPSS 19.0中整理和显示的操作路径见附录2。

在Excel中得到的直方图如图3-7所示,向上累计频率图如图3-9所示。在SPSS中得到的茎叶图如图3-8所示。

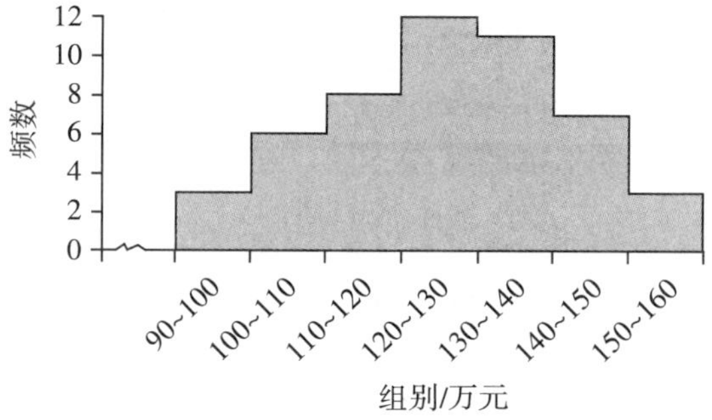

图3-7 电脑销售额直方图

从图3-7中可以看出电脑销售额(单位:万元)主要集中在120~140之间。

频数	茎	叶
3	9	0 2 4
6	10	0 2 4 5 6 9
8	11	0 0 3 5 5 6 7 9
12	12	0 0 3 4 4 5 5 6 7 7 8 9
11	13	0 0 1 2 4 5 6 7 8 9 9
7	14	0 2 3 4 6 6 8
3	15	0 6 8

茎的宽度：十位数

每片叶子：个位数

图 3-8　电脑销售额的茎叶图

从图 3-8 可看出电脑销售额的“茎”是 10、11、12、13、14 时分布较集中。

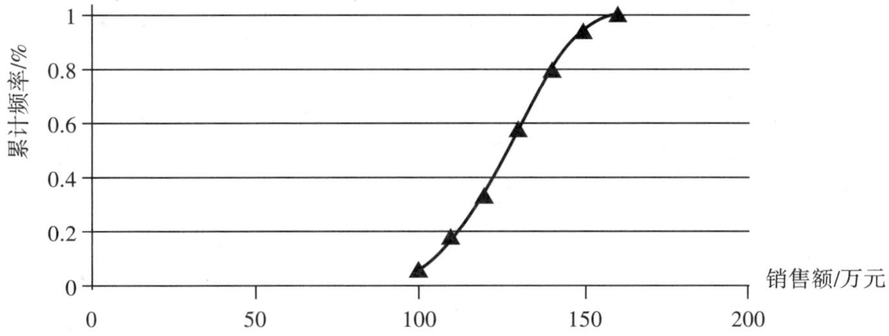

图 3-9　电脑销售额的向上累计频率图

三、频数分布图的类型

统计图可对社会各种现象的数量分布特征进行描述，这些图形，可以直观地显示出不同类型现象的分布特征。频数分布图则属于其中一种统计图，其主要类型有如下三种。

1. 钟形分布

钟形分布特征是“两头小，中间大”，即中间变量值分布的频数多，两端变量值分布的频数少，其形状像古钟。如图 3-10 所示。在前面例 3 - 11 的直方图就是一种钟形分布。

图 3-10（Ⅰ）中，其分布特征是以变量的平均数为对称轴，左右两侧对称分布。图 3-10（Ⅱ）（Ⅲ）为非对称分布，（Ⅱ）长尾向右侧延伸是右偏分布（正偏），（Ⅲ）长尾向左侧延伸是左偏分布（负偏）。

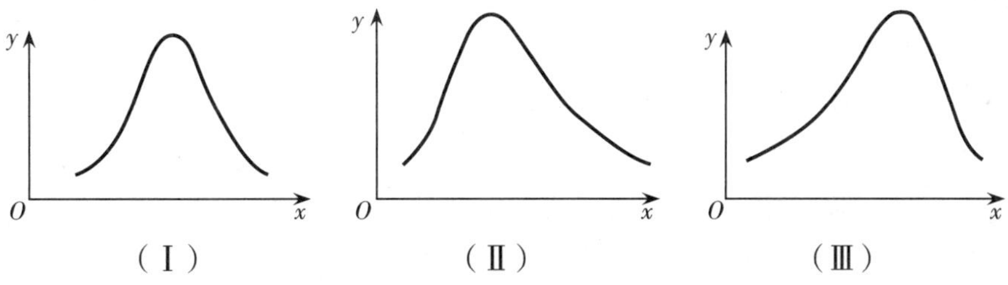

图 3-10　钟形分布图

2.U形分布

U形分布的特征是“两头大,中间小”,即中间的变量值分布频数少,两端的变量值分布频数多,与钟形分布刚好相反,见图3-11。例如人口死亡率按年龄分布图,幼儿和老年人死亡率高,而中青年死亡率低。

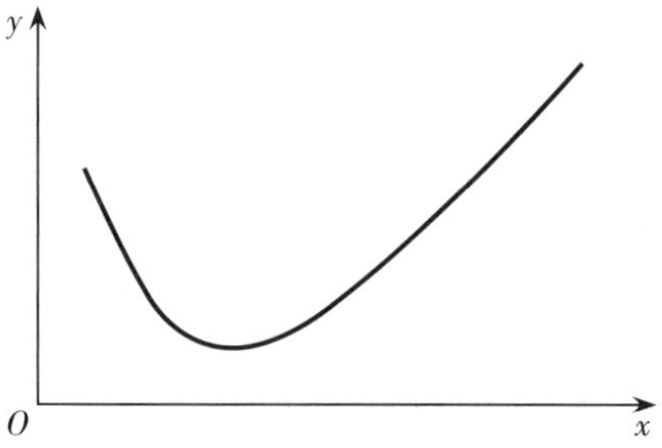

图3-11　U形分布图

3.J形分布

J形分布有两种类型,如图3-12所示。一种是正J形,即频数随着变量的增大而增多;另一种则呈反J形,即频数随着变量的增大而减少。例如价格与供应量之间的关系可用正J形表示,价格与需求量之间的关系可用反J形表示。

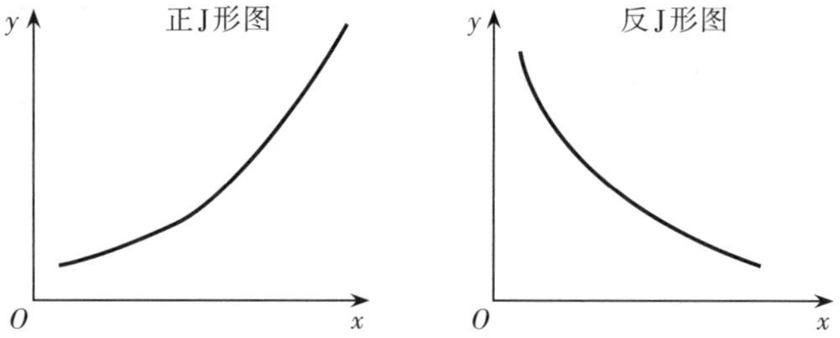

图3-12　J形分布图

第四节　图表的合理使用

一、鉴别图表优劣的准则

1.好的图表应具有的特征

(1)反映数据分布特征。

(2)便于比较。

(3)有对图表的描述和文字说明。

2.鉴别图形优劣的准则

(1) 是否有助于真实、准确洞察问题的实质。

(2) 是否提供完整的信息量,是否使复杂的观点简单化。

二、统计表的设计

(一)统计表的概念和结构

1. 概念

统计表是表现统计资料的一种形式。把经过大量调查得来的统计资料,经过汇总整理以后,按照一定的规定和要求填列在相应的表格内,就形成了统计表。

2. 结构

从形式上看,由四部分构成。①总标题:是表的名称,概括统计表中要说明的内容。②横行标题:是各组的名称,反映总体各组成部分。③纵栏标题:是分组标志或指标的名称,说明纵栏所列各项资料的内容。④指标数值:也称数字资料,是统计表的具体内容。

从内容上看,由主词和宾词两个部分组成。主词是统计表所说明的总体,总体的各组或各组的名称。宾词是用于说明主词的各种指标。通常,统计表的主词列在表的左方,宾词列在表的右方,如表3-16所示。

表3-16 2020年某地区生产总值主要分类情况 ← 总标题

按产业类型分类	产值/亿元	比上年增长/%
第一产业	3 693.58	3.1
第二产业	34 372.46	6.2
第三产业	41 446.01	9.1
合计	79 512.05	7.5

纵栏标题(表头行);横行标题(左侧各行名称);指标数值(表中数字);主词栏(左列);宾词栏(右两列)

(二)统计表的种类

1. 按主词的结构分类

根据主词是否分组和分组的程度,分为简单表、分组表和复合表三类。

(1)简单表。

简单表是指主词未经过任何分组,反映总体各单位的名称或按时间顺序简单排列,或同时反映以上内容的统计表,如表3-17所示。

表3-17 某年某公司所属两企业冰箱合格品数量 单位:台

厂别	合格品数量
甲厂	60 000
乙厂	70 000
合计	130 000

(2)分组表。

分组表是指主词按照一定标志分组的统计表,也称简单分组表。它可以揭示出现象不同类型的特征,研究现象的内部结构。如表3-16所示。

(3)复合表。

复合表是指主词按照两个或两个以上的标志层叠分组所形成的统计表,如表3-18所示。

表3-18 某年某地区工业净产值和职工人数

项目		净产值/万元	职工人数/人
国有	大	97 500	13 800
	中	86 000	45 000
	小	42 000	10 050
集体	大	73 000	7 500
	中	52 000	10 400
	小	44 000	4 500

2.按宾词的结构分类

根据宾词设计不同分为宾词简单排列、宾词分组平行排列和宾词分组层叠排列三类。

(1)宾词简单排列。

宾词简单排列是指宾词不进行任何分组,按一定顺序排列在统计表上,如表3-19所示。

表3-19 2016年GDP总值居全国前五的省份

省份	GDP总值/亿元	排名
广东省	80 854.91	1
江苏省	77 388.28	2
山东省	68 024.49	3
浙江省	47 251.36	4
河南省	40 471.79	5

数据来源:中国统计年鉴2017

(2)宾词分组平行排列。

宾词分组平行排列是指宾词栏中各分组标志彼此分开,平行排列,如表3-20所示。

表3-20　某地区不同所有制企业工人的工龄情况

企业按所有制形式分组	企业数	工人总数	性别		工龄				
			男	女	1年以下	1~3年	3~5年	5~10年	10年及以上
国有	6	5 200	3 000	2 200	1 050	1 540	1 320	880	410
集体	8	8 300	5 600	2 700	1 230	2 350	2 860	1 060	800
合计	14	13 500	8 600	4 900	2 280	3 890	4 180	1 940	1 210

(3)宾词分组层叠排列。

宾词分组层叠排列是指统计指标同时有层次地按两个或两个以上的标志分组，各种分组层叠在一起，如表3-21所示。

表3-21　某地区不同所有制企业工人性别和工龄情况

企业按所有制形式分组	企业数	工人总数			工龄														
					1年以下			1~3年			3~5年			5~10年			10年及以上		
		男	女	小计	男	女	小计	男	女	小计	男	女	小计	男	女	小计	男	女	小计
国有																			
集体																			
合计																			

统计表的主词分组与宾词分组是有区别的。主词分组的结果使总体分成许多组成部分，它们需要用宾词来描述和表现。而宾词分组的结果不会增加统计总体的组成部分，只是比较详细具体地描述总体的各个组成部分。因此，主词分组具有独立的意义，而宾词分组是为了描述主词的数量特征而设计的，是从属于主词的。

知识拓展　即测即评

小结

本章主要通过频数分布表对定性数据和定量数据进行整理，用统计表和统计图对数据进行显示。下面给出了思考题和练习题，通过这些练习，力争让读者能把统计数据整理和显示的方法真正运用到学习、工作和生活中。

思考题

1. 为什么要对数据进行整理？
2. 用统计数据整理与显示的方法，解决一个实际问题。
3. 洛伦兹曲线的思想是什么？可推广应用的内容还有哪些？

练习题

一、单项选择题

1.某连续变量分为五组,第一组为40~50,第二组为50~60,第三组为60~70,第四组为70~80,第五组为80以上,依照规定(　　)。

A.50在第一组,70在第四组　　B.60在第二组,80在第五组

C.70在第四组,80在第五组　　D.80在第四组,50在第二组

2.在等距分组数据中,有一组的向下累计频数是90,这表示总体中(　　)。

A.低于该组上限值的有90个　　B.等于和高于该组变量值的有90个

C.等于该组变量值的有90个　　D.等于和低于该组变量值的有90个

3.某等距分组数据中,最后一组为开口组,下限为500,相邻组的组中值为480,则最后一组的组中值为(　　)。

A.520　　B.510　　C.500　　D.540

二、简答题

1.数值型数据的统计分组方法有哪些?并简要解释每一种方法。

2.有一组数据如下:42,46,52,56,59,63,65,67,69,70,71,72,75,78,80,82,91。现对其进行分组,40~50记为第一组,50~60记为第二组,60~70记为第三组,70~80记为第四组,80~90记为第五组。

(1)70应属于第几组?为什么?

(2)91没有被分入组内,这违背了什么原则?

三、实操题

1.已知40名消费者购买了5种不同品牌的手机,分别是:A.华为;B.苹果;C.OPPO;D.小米;E.三星。他们购买的情况如表3-22所示。

表3-22　消费者购买不同品牌手机情况

A	B	D	B	E	B	C	D
B	A	B	E	D	A	A	E
C	E	E	D	B	E	B	A
D	A	C	A	A	D	E	B
E	C	A	C	C	B	A	C

要求：

(1)指出上面的数据属于什么类型；

(2)用Excel制作一张频数分布表；

(3)绘制一张条形图和一张饼图，反映各类别的频数分布情况。

2. 已知40个用于购买汽车的个人贷款数据如表3-23所示。

表3-23 购买汽车的个人贷款数据 单位：百元

930	514	456	1 903	1 240	1 280	2 550	585	1 640	1 217
2 235	957	2111	445	783	872	638	3 005	346	1 590
1 100	554	974	660	720	1 377	861	328	1 423	747
256	1 190	340	1 620	1 525	1 200	1 780	935	592	655

要求：

(1)利用Excel的FREQUENCY函数进行统计分组整理，编制频数分布表，并计算出累计频数和累计频率；

(2)利用Excel绘制直方图。

3. 表3-24列出了某年5月15日美国30个城市的最高温度。要求作出最高温度数据的茎叶图。

表3-24 美国30个城市的最高温度 单位：°F

城市	最高温度	城市	最高温度	城市	最高温度
奥尔巴尼	39	哥伦比亚	47	洛杉矶	61
安克雷奇	47	哥伦布	40	孟菲斯	51
亚特兰大	46	达拉斯	68	纽约	50
奥斯汀	66	底特律	43	菲尼克斯	74
伯明翰	42	韦恩堡	37	波特兰	53
波士顿	53	格林贝	38	旧金山	55
布法罗	44	檀香山	65	西雅图	50
卡斯珀	51	休斯敦	67	锡拉丘兹	43
芝加哥	45	杰克逊维尔	50	坦帕	59
克利夫兰	40	拉斯维加斯	63	华盛顿	52

第四章 总体数据分布特征的描述

党的二十大提出：高质量发展是全面建设社会主义现代化国家的首要任务。没有坚实的物质技术基础，就不可能全面建成社会主义现代化强国。建设现代化产业体系，坚持把发展经济的着力点放在实体经济上，推进新型工业化，加快建设制造强国、质量强国……可见，实现制造强国、质量强国需要坚实的物质技术基础，而坚实的物质技术基础需要先进的质量控制技术来配合和监督。那么如何实现先进的质量控制技术呢？结合【典型案例4】，我们可以从中找到答案——统计学可以助“质量控制”一臂之力。

【典型案例4】二战后日本用统计学实现了3σ质量控制，成为第二经济强国

二战末期日本的广岛和长崎被原子弹炸成一片废墟。当时的日本资源匮乏、产品质量差，为了生存，日本人提出：如何提高日本产品质量？

美国的质量管理学家戴明和日本的质量管理学者，以产品质量为指标，通过抽样调查收集数据，将这些数据整理为可用的直方图，从而发现规律：“当产品质量数据服从以产品质量最佳位置m为中心的正态分布$N[m,(\frac{T}{3})^2]$时，产品质量高”（T为产品质量规格上限）。企业由此作出更好的决策：要求操作者在产品质量合格范围$(m-T,\ m+T)$内，把产品质量数据尽量向最佳位置m靠近。这样产品质量数据基本达到了上述正态分布，产品质量得到了大幅提高，其产品畅销海内外，使得当时的日本成为世界第二经济强国。

日本质量管理学者使用的就是3σ质量控制准则，该理念的杰出代表是戴明和田口玄一，3σ质量控制准则是20世纪质量改进的第三次大贡献。该方法现已发展到了6σ质量控制准则。

在上述3σ质量控制中，产品质量数据的平均数与产品质量最佳位置m重合，产品质量数据的标准差与$\frac{T}{3}$重合，产品质量数据的分布形态与正态分布重合。平均数是数据集中趋势的测度，标准差是数据离散程度的测度，分布形态系数是数据分布形态的测度，集中趋势、离散程度和分布形态分别反映了数据分布特征的不同侧面。当然，要想全面、深入地了解数据的分布特征，还需要通过多种统计指标来反映。本章将主要介绍这些统计指标的含义、计算方法、特点及其应用场合。

数据分布的特征值如果是根据样本数据计算得到的，则称为样本统计量；如果是根据总体数据计算得到的，则称为总体参数。在统计推断中，样本统计量主要是用于估计总体参数的。这部分内容将在第六章中详细阐述。

第一节　数据总体规模的测定

一、总体规模测定问题的提出和作用

（一）问题的提出

直接反映总体规模大小的指标是总量指标。总量指标是反映客观现象总体在一定时间、地点条件下的总规模、总水平的综合指标，它是计算相对指标和平均指标的基础。

测定总体规模是研究数据分布特征的一项基本内容。那么该如何测定数据的总体规模呢？

（二）总体规模测定的作用

总体规模的大小主要通过总量指标来测定。总量指标在社会经济统计中具有重要的作用。

1. 总量指标是认识社会经济现象的起点

要想了解一个国家或一个地区的国民经济和社会发展状况，首先就要准确地掌握客观现象在一定时间、地点条件下的发展规模或水平，然后才能更深入地认识社会。例如，为了科学地指导国民经济和社会的协调发展，就必须通过总量指标正确地反映社会主义再生产的基本条件和国民经济各部门的工作成果，即反映土地面积、人口和劳动资源、自然资源、国民财富、钢产量、工业总产值、粮食产量、农业总产值、国民总收入以及教育文化等方面的发展状况。

2. 总量指标是实行社会经济管理的依据之一

一个国家或地区为了更有效地指导经济建设，保持国民经济协调发展，就必须了解和分析各部门之间的经济关系。虽然它可以用相对指标和平均指标来反映，但归根结底各部门还是需要掌握在各个不同时间的总量指标。

3. 总量指标是计算相对指标和平均指标的基础

总量指标是经统计整理汇总后，首先得到的能说明具体社会经济总量的综合性数字，是最基本的统计指标。相对指标和平均指标一般都是由两个有联系的总量指标相对比而计算出来的，它们是总量指标的派生指标。总量指标计算是否科学、合理、准确，将会直接影响相对指标和平均指标的准确性。

二、总体规模的测定

（一）总量指标的类型

1. 按所反映总体内容的不同，总量指标分为总体单位总量指标和总体标志总量指标

总体单位总量指标简称单位总量指标，是反映总体中个体单位数总和的总量指标。它表示总体本身规模的大小。例如，以全国所有高校为研究对象时，高校的总数量就是单位总量指标；进行工业普查时，工业企业的总数量就是单位总量指标。

总体标志总量指标简称标志总量指标，是反映总体中各单位某一数量标志值总和的总量指标。例如，对某市的商场进行调研时，该市的所有商场就是一个统计总体，每一家商场为总体单位，该市的所有商场数为单位总量指标，该市各家商场的利润额是数量标志值，把全市各家商场的利润额汇总起来就得到该市商场的总利润额，该指标就是标志总量指标。

需要注意的是，单位总量指标和标志总量指标并不是固定不变的。它们会随着研究目的和研究任务的变化而发生变化。

2. 按所反映的时间状况不同，总量指标分为时期指标和时点指标

时期指标是反映现象总体在一段时期内，所达到的总规模或总水平的总量指标，即流量。它反映了该现象在一段时间内发展过程的总结果。例如，一年内的某种产品产量、社会零售商品销售额 、国内生产总值等。

时点指标是反映现象总体在某一时点（瞬间）上，所达到的总规模或总水平的总量指标，即存量。如2011年末中国大陆总人口数就是一个时点指标；又如外汇储备额、工厂的设备台数、月末某种商品的库存量等。

为了正确区分时期指标与时点指标，需要注意它们的不同之处。

一是指标数值是否具有可加性。时期指标数值可以直接相加，而不同时点上的两个时点指标数值相加不具有实际意义。

二是指标数值是否通过连续调查、记录得到。时期指标数值的大小取决于整个时期内所有时间上的发展状况，只有连续登记得到的时期指标才会准确。时点指标仅仅反映社会经济现象在某一瞬间上的数量，所以间隔多久记录一次对它没有影响，一般只有在需要时才加以统计。

三是指标数值大小是否与时间间隔有关。一般地，时间间隔越长，时期指标的数值就越大。时点指标数值大小则与时间间隔长短没有直接关系。

3. 按计量单位不同，总量指标分为实物指标、价值指标和劳动量指标

实物指标是指用实物单位计量的总量指标。**实物单位**是根据事物的自然属性或物理特征而采用的计量单位，主要有以下几种。

（1）**自然单位**：按照被研究现象的自然表现形态来度量其数量的单位。如轿车以“辆”为单位，电脑以“台”为单位，服装以“件”为单位等。

（2）**度量衡单位**：按照度量衡计量制度规定的单位来计量被研究事物数量的单位。例如：表示质量的有“吨、千克”；表示面积的有“米^2、千米^2”；表示容积的有“升、毫升”等。

（3）**复合单位**：用相乘的方法，将两种计量单位结合在一起，来表示事物数量的计量单位。例如：发电量以“千瓦时”为单位；表示铁路货运工作量的货物周转量，则以“吨公里”为单位。

（4）**双重单位**：用相除的方法，将两个单位结合在一起，以计量事物数量的单位。例如：速度以“米/秒、千米/小时”为单位。

（5）**标准实物单位**：按照统一的折算标准，来度量被研究现象数量的计量单位。例如：用折纯法折合成含量100%来计算其总量；将各种不同发热量的能源统一折合成29.3 MJ/kg的标准煤单位计算其总量；等等。

价值指标是以货币为单位，来反映社会经济现象某一方面数量和质量情况的总量指标。如：工农业总产值、销售收入、劳动生产率等。

价值指标的**优点**是具有广泛的综合性和高度的概括性。因此，不同商品的销售额、不同实物形态的投资额、不同产业的增加值都是可以相加的。

价值指标也有**局限性**，即该指标脱离了具体的物质内容，比较抽象。因此，在实际工作中，通常把实物指标和价值指标结合起来使用，才能更全面地反映客观现象的特征。

劳动量指标是以劳动时间为计量单位的总量指标。如：出勤日、实际工时、定额工时等。劳动指标主要在企业范围内使用，是企业编制和检查计划及计算劳动生产率的重要依据。

劳动量指标具有一定的综合性和概括性。但是，需要注意的是：不同类型、不同经营水平的企业劳动量指标不能直接比较。该指标只限于企业内部或同行业之间对比使用。

（二）总量指标的计算方法

总量指标的计算方法有直接计算法和间接推算法两种。

1.直接计算法

它是对研究对象用直接的计数、点数和测量等方法，登记各单位的具体数值加以汇总，得到总量指标。如统计报表或普查中的总量资料，基本上都是用直接计算法计算出来的。

2.间接推算法

它是采用社会经济现象之间的平衡关系、因果关系、比例关系等或利用非全面调查资料进行推算总量的方法。

（1）平衡关系推算法。即根据现象之间的平衡关系进行总量指标的推算。例如，期初库存 + 本期购进 = 本期销售 + 期末库存。根据该平衡式，当已知其中任意3个总量时便可求另一未知总量。

（2）因素关系推算法。即根据各因素之间的构成关系，来进行总量指标的推算。例如，商品销售额 = 商品销售量×单价。该关系中在某两项已知的情况下可求另一未知量。

(3)比例关系推算法。即根据各种相关资料的比例关系进行统计推算的一种方法。如某企业零售额历年均占总销售额的20%,已知某年总销售额为200万元,那么可推算该企业的零售额为40万元。

(4)抽样推断法,又称估算法,是运用抽样推断的知识,以样本总量指标估算总体总量指标数值的方法。这将在以后章节中详细介绍。

总量指标的计算不是简单的加总,在计算过程中须注意以下3个方面。

①明确规定每项指标的含义和范围。正确统计总量指标的首要问题就是要明确规定每项总量指标的含义和范围。例如要计算国内生产总值、工业增加值等总量指标,首先应清楚这些指标的含义、性质,才能据以确定统计范围、统计方法。要解决好这个问题,必须正确理解被研究现象的含义、性质,同时要熟悉方针政策和统计制度的有关规定,才能统一计算口径,正确计算出它们的总量。

②注意现象的同质性。在计算实物指标的总量时,只有同质现象才能计算。同质性是由事物的性质或用途决定的。例如,我们可以把各种煤炭如无烟煤、烟煤、褐煤等看作一类产品来计算它们的总量,但不能把煤炭与钢铁混合起来计算。

③正确确定每项指标的计量单位。具体核算总量指标时,究竟采用哪一种计量单位,要根据被研究现象的性质、特点以及统计研究的目的而定,同时要注意与国家规定的计量单位一致,以便于汇总并保证统计资料的准确性。

第二节　数据对比关系的测定

一、对比关系测定问题的提出和作用

(一)问题的提出

要分析一种社会经济现象,仅仅了解其总体规模是远远不够的。如果要对事物做深入的了解,就需要对总体的组成和其各部分之间的数量对比关系进行分析和比较。那么,该如何测定一组数据的对比关系呢?

(二)对比关系测定的作用

对比关系的大小是通过相对指标来测定的。相对指标又称“相对数”,是用两个有联系的指标进行对比的比值来反映社会经济现象数量特征和数量关系的综合指标。相对指标的作用可以概括为以下3点。

①可以反映总体内在的结构特征,为深入分析事物的性质提供依据。例如,计算一个地区不同类型的经济结构,可以说明该地区经济的性质特征;又如,计算一个地区的第一、二、三产业的比例,可以说明该地区社会经济现代化的程度等。

②通过数量之间的对比,可以反映事物间的关联程度、发展程度。相对指标可以弥补总量指标的不足,使人们清楚地了解现象的相对水平和普遍程度。例如,某商场2020年实

现销售额1 000万元，只能说明该商场2020年的销售额总量及发展水平，却说明不了该商场的成果大小。但如果将这个销售额与上年的销售额进行对比，计算出相对指标就可以知道该商场2020年经营状况的好坏。

③可以把现象的绝对差异抽象化，使原来无法直接对比的指标变得可比。例如，不同企业，由于生产规模等条件不同，如果直接用总产值、利润进行比较，则评价意义不大。但如果采用一些相对指标，如资金利润率、资金产值率等进行比较，便可对企业生产经营成果作出合理的评价。

二、对比关系的测定

（一）相对指标的计量形式

相对指标是分子、分母项两个指标数值对比的结果，因此，主要是用相对数表示。由于分子、分母项指标所包含的内容不同，其表现形式有两种：有名数和无名数。

1. 有名数

有名数表现为相对指标中分子与分母指标数值的双重计量单位，主要用来表示强度相对指标的数值。例如：人口密度用“人/公里^2”表示；人均可支配收入用“元/人”表示等。

2. 无名数

无名数是一种抽象化的数值。当对比的两个指标的计量单位相同时，则相对指标表现为无名数。无名数常以系数或倍数、翻番数、百分数、千分数、成数等表示。

（1）**系数**和**倍数**是将对比的基数抽象为1而计算的相对数。当对比的两个指标值相差不大时，可用系数表示；当分子的指标数值较分母的指标数值大很多时，则用倍数表示。

（2）**翻番数**是指对比的两个数值中，一个数是另一个数的“2^n”倍，n为番数。例如，某市2021年的第三产业增加值为100亿元，计划2031年翻一番，则该市2031年的第三产业增加值应该为200亿元；若计划翻两番，则为400亿元。

（3）**百分数**是将对比的基数抽象为100而计算的相对数，通常用符号“%”来表示。千分数则是将对比的基数抽象为1 000而计算的相对数。当对比的分子指标数值比分母指标数值小很多时，适宜用千分数表示，符号为“‰”。例如，出生率、死亡率和人口自然增长率等均是用千分数表示的。

（4）**成数**是将对比的基数抽象为10而计算的相对数。例如，某县2021年粮食产量比2007年增长二成，即增产十分之二。

（5）**百分点**是百分比中相当于1%的单位，与百分数不同。例如在股票交易市场上，确定某一时间的股票价格为基数，将两个不同时间的股票价格与之相比分别为120%和110%，则后一时间上的股票价格比前一时间下降了10个百分点。

（二）相对指标的计算方法

按照分析目的、研究对象和对比基础的不同，相对指标通常分为以下6种：计划完成程度相对指标、结构相对指标、比例相对指标、比较相对指标、强度相对指标和动态相对指标。

1.计划完成程度相对指标

（1）概念。

计划完成程度相对指标，又称计划完成程度相对数，是指在某一时期的实际完成数与同期的计划任务数之比。它表明计划完成的程度，是检查、监督计划执行情况的重要指标，通常以百分数表示。

（2）计算公式。

$$计划完成程度相对指标 = \frac{实际完成的指标数值}{计划的指标数值} \times 100\% \tag{4.1}$$

计划完成程度相对指标要求分子、分母在指标含义、计算方法、计量单位以及时间和空间范围等方面要保持一致。同时，由于计划任务数是作为衡量计划完成情况的标准，所以计算计划完成程度相对指标时，分子、分母不可以互换。

由于计划任务数有绝对数、平均数和相对数三种表现形式，因此，计划完成程度相对指标有以下几种计算方法。

计划任务数为绝对数时，

$$K_{总} = \frac{\sum X_{实际}}{\sum X_{计划}} \times 100\% \tag{4.2}$$

【例4-1】某电器商场2021年计划销售电脑2 000万元，实际销售了2 200万元。问该商场的计划完成情况如何？

解：

$$K_{总} = \frac{\sum X_{实际}}{\sum X_{计划}} \times 100\% = \frac{2\ 200}{2\ 000} \times 100\% = 110\%$$

即该电器商场超额10%（110% − 100%）完成电脑销售计划。

计划任务数为平均数时，

$$K_{平} = \frac{\overline{X}_{实际}}{\overline{X}_{计划}} \times 100\% \tag{4.3}$$

【例4-2】2020年某服装企业生产甲种服装计划单位成本200元，实际单位成本160元。问该企业单位成本的计划完成情况如何？

解：

$$K_{平} = \frac{\overline{X}_{实际}}{\overline{X}_{计划}} \times 100\% = \frac{160}{200} \times 100\% = 80\%,$$

即该企业超额20%（100% − 80%）完成单位成本计划。

计划任务数为相对数时，计划完成程度相对指标的计算有2种情况：

①当计划任务数表现为提高率时，

$$K=\frac{1+\text{实际提高百分数}}{1+\text{计划提高百分数}}\times 100\% \qquad (4.4)$$

②当计划任务数表现为降低率时，

$$K=\frac{1-\text{实际降低百分数}}{1-\text{计划降低百分数}}\times 100\% \qquad (4.5)$$

【例4-3】某大型设备生产车间计划劳动生产率比去年提高10%，而实际提高了13%，问该车间劳动生产率的计划完成程度如何？

解：

计划完成程度相对指标

$$K=\frac{1+\text{实际提高百分数}}{1+\text{计划提高百分数}}\times 100\%=\frac{1+13\%}{1+10\%}\times 100\%\approx 102.73\%$$

该车间劳动生产率超额完成2.73%(102.73% - 100%)。

【例4-4】某工厂生产甲产品，去年的实际成本为500元，今年计划成本降低5%，而实际降低了7%，问该工厂成本的计划完成情况如何？

解：

计划完成程度相对指标

$$K=\frac{1-\text{实际降低百分数}}{1-\text{计划降低百分数}}\times 100\%=\frac{1-7\%}{1-5\%}\times 100\%\approx 97.89\%$$

该工厂今年的成本超额完成计划2.11%(100% - 97.89%)。

上面的计算结果有时大于1，有时小于1，该如何评价计划完成情况，关键在于了解计划指标的性质和要求。

当计划指标是以最低限额规定的(即要求以“多而快”来完成任务的)，例如，财政收入、利润额、销售额、劳动生产率等成果性指标，则计划完成程度以大于100%为超额完成计划，视为好现象；小于100%为未完成计划。

当计划指标是以最高限额规定的(即要求以“少而省”来完成任务的)，例如，财政支出、原材料消耗、单位产品成本等消耗支出性指标，则计划完成程度以小于100%为超额完成计划，视为好现象；大于100%为未完成计划。

(3)计划完成程度相对指标的应用。

①计划执行进度的检查。

计划执行进度的检查，就是逐日、逐旬、逐月、逐季地检查计划的进展情况，以便及时发现问题，采取措施，保证计划的完成或超额完成。在检查计划执行进度时，要与动态分析相结合，看计划完成的进度是否符合正常发展趋势的要求；同时，计划完成的进度，要与时间的推进相适应。在检查计划执行进度时，通常从以下两方面入手：一是执行进度；二是时间进度。其公式为

$$\text{计划执行进度}=\frac{\text{本期内累计实际完成数}}{\text{全期的计划任务数}}\times 100\% \qquad (4.6)$$

$$时间进度 = \frac{截止到本期的累计时间}{全期时间} \times 100\% \tag{4.7}$$

当计划执行进度大于时间进度时，说明进度提前；反之，说明进度拖延。

要评价计划执行进度的好坏，就要看计划进度与时间推进是否相适应。一般说来，一月份要完成年度计划的8.33%；第一季度要完成年度计划的25%；上半年要完成年度计划的50%；前三个季度要完成年度计划的75%。这是考核计划进度的基本要求。

【例4-5】某市2020年第三产业增加值年度计划为2 000万元，前两个季度的实际完成量分别为350万元和500万元，则计划执行进度如何？

【解】

$$计划执行进度 = \frac{本期内累计实际完成数}{全期的计划任务数} \times 100\% = \frac{350 + 500}{2\,000} \times 100\% = 42.5\%$$

$$时间进度 = \frac{截止到本期的累计时间}{全期时间} \times 100\% = \frac{2}{4} \times 100\% = 50\%$$

计算结果表明：前两个季度完成年度计划的42.5%，而时间已经过了一半，也就是说，前两个季度的执行进度拖延了，即需要推迟7.5%的时间才可完成年度计划。

② 中、长期计划的检查。

中期计划是指五年至十年的计划。长期计划是指十年以上的计划。笼统地说，中、长期计划是指五年以上的计划，如五年计划、十年计划。其完成情况的检查与考核包括两个方面内容：一是计划的完成程度；二是计划的完成时间，即是否按时完成了计划，是否提前完成了计划，提前了多少时间。检查与考核的方法有累计法和水平法两种。

（i）**累计法**。当计划任务数是规定在整个计划期间应完成的累计数时，用累计法检查计划的完成情况。其公式为

$$计划完成程度相对指标 = \frac{计划期间实际完成累计数}{计划期间计划规定累计数} \times 100\% \tag{4.8}$$

（ii）**水平法**。当计划任务数是规定在计划末期那一年应达到的水平时，用水平法检查计划的完成情况。其公式为

$$计划完成程度相对指标 = \frac{计划末期实际达到的水平}{计划规定末期应达到的水平} \times 100\% \tag{4.9}$$

采用水平法检查计划执行情况时，需要计算提前完成计划的时间。在水平法下，只要在连续一年的时间内（不受年份界限所限，可以跨年度），实际完成数达到了计划规定的末期水平，就可以计算提前完成时间。

【例4-6】某地区“十三五”期间，计划五年固定资产投资总额350亿元，实际各年投资情况如下表。问该地区“十三五”期间固定资产投资的计划完成情况如何？

表4-1 某地区“十三五”期间固定资产投资的完成情况

年份	2016	2017	2018	2019	2020
固定资产投资额/亿元	58.8	65.2	78.2	97.8	120

解:

$$\text{计划完成程度相对指标} = \frac{\text{计划期间实际完成累计数}}{\text{计划期间计划规定累计数}} \times 100\%$$
$$= \frac{58.8 + 65.2 + 78.2 + 97.8 + 120}{350} = 120\%$$

计算结果表明,该地区超额20%完成“十三五”期间的固定资产投资计划。

采用累计法检查计划的完成情况时,只要从中、长期计划开始至某一时期止,所累计的完成数达到计划规定数,就是完成了计划。

【**例4-7**】按某企业的五年计划规定,最后一年的产量应达到720万件,实际执行情况如下表所示。问该企业产量的五年计划完成情况如何？如果提前完成计划,提前了多少时间完成？

表4-2　某企业产量的五年计划完成情况

时间	第一年	第二年	第三年	第四年				第五年			
				一季度	二季度	三季度	四季度	一季度	二季度	三季度	四季度
产量/万件	300	410	530	150	160	170	180	190	190	210	210

解:

$$\text{计划完成程度相对指标} = \frac{\text{计划末期实际达到的水平}}{\text{计划规定末期应达到的水平}} \times 100\%$$
$$= \frac{190 + 190 + 210 + 210}{720} \times 100\% \approx 111.11\%$$

计算结果表明,该企业约超额11.11%完成了产量的五年计划。

按照水平法的相关要求:该企业只要有连续一年时间(可以跨年度)的实际完成水平达到最后一年的计划水平,就算完成了五年计划,余下的时间就是提前完成计划时间。在本例中,该企业实际从第四年第三季度到第五年第二季度连续一年时间的产量刚刚超过计划期最后一年计划产量720万件的水平,即提前完成了五年计划,提前完成的时间约为两个季度零五天。

2.结构相对指标

(1)概念。

结构相对指标,又称结构相对数或比重,是在总体分组的基础上,将总体的某一部分数值与总体的全部数值之比而得到的结果,用以反映总体内部的构成情况。一般用百分数或系数表示。

(2)计算公式。

$$\text{结构相对指标}=\frac{\text{总体中某一部分数值}}{\text{总体的全部数值}}\times 100\% \tag{4.10}$$

上式中的分子与分母可以是各组单位数与总体单位总量的对比,也可以是各组标志值与总体标志总量的对比。例如:就业人数占全部劳动力的比重,第三产业增加值占国内生产总值的比重等。需要注意的是,由于分子与分母是一种包含关系,所以分子与分母不能互换。另外,总体各部分所占比重之和必须等于1或100%,而各个部分的比重是小于等于1或100%的。

3. 比例相对指标

(1)概念。

比例相对指标,又称为比例相对数,是同一总体内不同组成部分的指标数值之比。该指标用来表明总体中各组成部分之间的协调平衡状况及比例关系,一般用系数、倍数或百分数来表示,也可以用连比的形式表示。

(2)计算公式。

$$\text{比例相对指标}=\frac{\text{总体中某一部分数值}}{\text{总体中另一部分数值}} \tag{4.11}$$

由于比例相对指标的分子与分母是一种并列关系,所以,分子与分母可以互换。例如男女性别比为105:100,当然,用女性人数比男性人数也可以。

4. 比较相对指标

(1)概念。

比较相对指标,又称比较相对数,是反映同类现象在相同时间、不同空间条件下的数量对比关系,一般用倍数或百分数表示。

(2)计算公式。

$$\text{比较相对指标}=\frac{\text{甲地区(部门或单位)的某一指标数值}}{\text{同时期乙地区(部门或单位)的同一指标数值}} \tag{4.12}$$

需要注意的是,上式中分子、分母的指标含义、计算方法及计量单位必须一致,并且根据分析说明的目的不同,比较相对指标的分子与分母是可以互换位置的。另外,比较相对指标可以是两个总量指标的对比,也可以是两个相对指标或平均指标的对比。例如,甲企业的劳动生产率为25 000元/人,乙企业的劳动生产率为10 000元/人,则甲企业的劳动生产率是乙企业的2.5倍。

利用比较相对指标,可以揭示现象之间的差别程度,从而为决策提供依据。

5. 强度相对指标

(1)概念。

强度相对指标,又称强度相对数,是同一时期内两个性质不同但有一定联系的总量指标之比。该指标是用来反映现象的强度、密度和普遍联系程度的。

（2）计算公式。

$$\text{强度相对指标} = \frac{\text{某一总量指标数值}}{\text{另一性质不同但有一定联系的总量指标数值}} \tag{4.13}$$

强度相对指标的表现形式可以是有名数，即由分子与分母的计量单位复合而成。例如，人口密度用“人/公里^2”表示，人均国内生产总值用“元/人”表示，人均粮食产量用“吨/人”等；也可以是无名数，用百分数或千分数表示。例如，人口出生率、死亡率用“‰”表示，商品的流通费用率用“%”表示等。

在应用强度相对指标的过程中，可根据需要将对比的分子与分母互换，即产生了正指标和逆指标两种计算形式。**正指标**是指强度相对指标的数值大小与现象的强度或密度成正向变化；**逆指标**是指强度相对指标的数值大小与现象的强度或密度成反向变化。例如，每千人口拥有的病床数为正指标，而一所学校的师生比为逆指标。正指标越大越好，逆指标越小越好。然而，并不是所有的强度相对指标的分子与分母都可以互换。例如，人口出生率、死亡率，人均国内生产总值等的分子与分母是不能互换的。

6. 动态相对指标

（1）概念。

动态相对指标，又称动态相对数或发展速度，是现象总体的同一指标在不同时间上的对比，用以反映现象总体在时间上的发展变化程度。一般用百分数表示，有时也用倍数表示。

（2）计算公式。

$$\text{动态相对指标} = \frac{\text{某指标报告期数值}}{\text{该指标基期数值}} \times 100\% \tag{4.14}$$

其中，基期是指选作对比基础的时期，报告期则是同基期对比的时期，也称为本期。

例如，某地区2020年的固定资产投资为400亿元，2021年的固定资产投资为500亿元，其动态相对指标（发展速度）为

$$\text{动态相对指标} = \frac{500}{400} \times 100\% = 125\%$$

计算结果表明，该地区2021年（报告期）的固定资产投资比2020年（基期）的固定资产投资增长了25%。

动态相对指标在统计中具有广泛的应用，本书将在“时间序列分析”一章中作详细介绍。

第三节　数据集中趋势的测定

一、集中趋势测定问题的提出和作用

(一)问题的提出

对于总体中的每个个体数据,有时会呈现出在一定范围内以某个数据为中心上下波动的分布特征,对于大多数的观测值则密集分布在中心附近,这使得全部数据呈现出向中心聚集或靠拢的趋势,我们称之为数据分布的集中趋势。例如,同一条件下的产品质量数据多数情况下会以它的某个质量值为中心上下波动;在同一总体范围内,人们的身高一般情况下会以该总体的某个身高为中心上下波动;等等。

测定这种集中趋势是研究数据分布特征最重要的一项内容。那么,该如何测定一组数据的集中趋势呢?

(二)集中趋势测定的作用

集中趋势的大小主要通过集中趋势指标来测定。按照计算方法的不同,集中趋势指标分为两大类。一类是数值平均数,即根据全部数据计算得到的代表值,主要有算术平均数、调和平均数和几何平均数;另一类是位置代表值,即根据数据所处的位置或与特定位置相关的部分数据来确定的代表值,主要有众数和中位数。集中趋势指标的作用主要表现在以下几个方面。

①可以反映一组数据分布的中心或一般水平。例如,想要了解一个人某个月的手机费用情况,我们不可能也不必将这个月每天的手机费用一一列举出来,只需计算出该月手机的平均费用,就可以了解这个人该月手机费用分布的中心,从而反映这个人该月手机费用的一般水平。

②可以反映同一现象在不同时间或空间条件下的发展趋势或差异。由于集中趋势指标可以消除因总体规模不同而带来的总体数量差异,所以它可以使不同规模的总体水平变得可比。

③可以用来分析现象之间的依存关系。例如,在其他条件一定的情况下,将种植某种农作物的田地按照施肥量的多少进行分组,在这种分组的基础上,分别计算出各组该农作物的平均亩产量,由此可以分析现象之间的依存关系。

④样本平均数是统计推断的一个重要统计量。样本平均数在统计学中具有重要的地位,它是进行统计分析和统计推断的基础。

二、集中趋势的测定

(一)众数、中位数

1. 众数

众数(Mode)是一组数据中出现频数最多的变量值,通常用符号M_0表示。众数代表的是最常见、最普遍的情况。众数不仅可以度量定性数据的集中趋势,还可以度量定量数据的集中趋势。一般情况下,在数据量充分并且具有明显集中趋势时,计算众数才有意义。

【例4-8】去年A大学商学院在国际经济与贸易、金融学、会计学、工商管理和市场营销这5个专业的招生人数如表4-3所示。试计算去年A大学商学院招生专业的众数。

表4-3　A大学商学院5个专业招生人数

招生专业	招生人数/人
国际经济与贸易	3 500
金融学	4 000
会计学	12 000
工商管理	2 000
市场营销	1 200
总计	22 700

解:这里的"招生专业"为品质变量,不同的专业就是变量值。其中,会计学专业的招生人数最多,为12 000人。因此,众数为"会计学专业"这一类别,即M_0 = 会计学专业。

【例4-9】某电脑公司6月份(共30天)的电脑销售量数据如表4-4所示,计算该电脑公司6月份电脑销售量的众数。

表4-4　某电脑公司6月份的电脑销售量　　单位:台

141	143	144	149	161	161	161	161	161	155
160	161	161	161	161	161	163	164	165	165
161	161	161	161	161	171	172	172	161	161

解:电脑销售量是数值型变量,电脑销售量出现频数最多的是161,因此M_0 = 161。

众数是位置型平均数,它只与位置有关,不受数据中极端值的影响。从分布形态上看,众数是具有明显集中趋势点的变量值,一组数据频数分布最高峰点所对应的变量值即为众数。当然,如果数据的分布没有集中趋势或最高峰点,众数也有可能不存在;如果存在两个或多个集中趋势或最高峰点,也可以有两个或多个众数。众数分布示意图如图4-1所示。

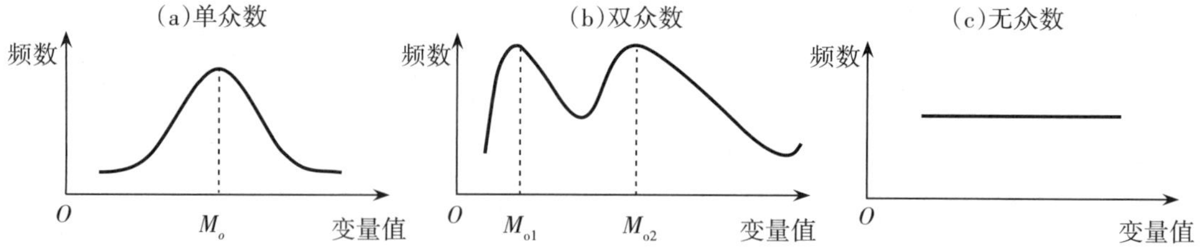

图4-1 众数分布示意图

求解众数一般按照定义或者直接观察分布图形即可,但在组距式分组数据中众数的求解较为复杂。在组距式分组数据中,先要确定众数所在组。如果是等距分组数据,那么次数最多的那一组就为众数组;如果是不等距分组数据,那么组密度(组频率/组距)最大的组就为众数组。之后再按照下列公式求解众数的近似值。计算公式如下:

下限公式:

$$M_o \approx L + \frac{f_m - f_{m-1}}{(f_m - f_{m-1}) + (f_m - f_{m+1})} \times d \tag{4.15}$$

或上限公式:

$$M_o \approx U - \frac{f_m - f_{m+1}}{(f_m - f_{m-1}) + (f_m - f_{m+1})} \times d \tag{4.16}$$

式中:

L—众数所在组的下限;

U—众数所在组的上限;

f_m—众数所在组的次数;

f_{m-1}—众数所在组前一组的次数;

f_{m+1}—众数所在组后一组的次数;

d—众数所在组的组距。

由公式(4.15)或公式(4.16)计算出的众数结果是一样的,选择两者中任意一个均可。另外,当众数组前后两组的次数相同时,此时的众数即为众数组的组中值。

【例4-10】根据表4-5中的数据计算某地区人均月收入的众数。

表4-5 某地区的人均月收入调查数据

人均月收入/元	人数/人
2 000以下	15
2 000~4 000	30
4 000~6 000	110
6 000~8 000	20
8 000~10 000	15
10 000以上	10
合计	200

解:由表4-5可知是等距分组数据,次数最多的组为第三组,即众数位于4 000~6 000之间。

按下限公式计算众数:

$$M_o \approx 4\,000 + \frac{110-30}{(110-30)+(110-20)} \times 2\,000 \approx 4\,941.18(\text{元})$$

或按上限公式计算众数:

$$M_o \approx 6\,000 - \frac{110-20}{(110-30)+(110-20)} \times 2\,000 \approx 4\,941.18(\text{元})$$

2. 中位数

中位数(Median)是一组数据从小到大排序后位于中间位置上的变量值,通常用符号M_e表示。由于中位数和位置有关,所以中位数只能度量定序数据和定量数据的集中趋势。

中位数是将全部数据等分成了两部分,每部分各含50%的数据。当中位数的数值在一组数据中没有重复出现时,则表明有50%的数据比中位数小,另外50%的数据比中位数大。

求解中位数包括3个步骤。首先,对数据进行排序;其次,确定中位数的位置,即中间位置;最后,计算中间位置上的变量值。无论从数据值小的一方还是从数据值大的一方开始计数,中位数都是一样的。分别从两端计数,可以很好地检验找到的中位数是否正确。

原始数据中位数的位置计算公式为

$$\text{中位数位置} = \frac{n+1}{2}(n\text{为数据个数}) \tag{4.17}$$

下面,分几种情况来说明中位数的求解过程。

(1)数据个数n为奇数。

设一组数据为$x_1, x_2, \cdots, x_n$,按从小到大排序后为$x_{(1)}, x_{(2)}, \cdots, x_{(n)}$,则中位数为

$$M_e = x_{\left(\frac{n+1}{2}\right)} \tag{4.18}$$

【例4-11】某外企对招聘的11名新员工进行综合能力测试,其中的测试成绩如下(单位:分):68,73,66,76,86,74,61,89,65,90,85。计算11名新员工综合测试成绩的中位数。

解:首先将该组数据由小到大排序:

61　65　66　68　73　74　76　85　86　89　90

之后按照公式(4.17)确定中位数的位置:

$$\text{中位数位置} = \frac{n+1}{2} = \frac{11+1}{2} = 6(\text{排序后的“第6个”位置})$$

最后求解中间位置上的变量值,即中位数:

$$M_e = x_{(6)} = 74(\text{分})$$

(2)数据个数n为偶数。

设一组数据为$x_1, x_2, \cdots, x_n$,按从小到大排序后为$x_{(1)}, x_{(2)}, \cdots, x_{(n)}$,则中位数为

$$M_e = \frac{1}{2}\left\{x_{(\frac{n}{2})} + x_{(\frac{n}{2}+1)}\right\} \tag{4.19}$$

【例 4-12】假如例 4-11 中又招来了一个新员工，她的综合测试成绩为 98 分，试计算这组新数据的中位数。

解：首先将该组数据由小到大排序：

61　65　66　68　73　74　76　85　86　89　90　98

之后按照（公式 4.17）确定中位数的位置：

$$中位数位置 = \frac{n+1}{2} = \frac{12+1}{2} = 6.5（排序后的“第 6.5 个”位置）$$

最后求解中间位置上的变量值，即中位数：

$$M_e = \frac{1}{2}\left\{x_{(6)} + x_{(7)}\right\} = \frac{74+76}{2} = 75（分）$$

（3）分组数据中位数的求解。

对于分组数据而言，不需要再另外排序，直接按照分组的顺序即可。

分组数据中位数的位置计算公式：

$$中位数位置 = \frac{\sum f_i}{2}（\sum f_i 为各组次数和）。$$

求出中位数位置后，按照下列公式求解中位数的近似值。

下限公式：

$$M_e \approx L + \frac{\frac{\sum f_i}{2} - S_{m-1}}{f_m} \times d \tag{4.20}$$

或上限公式：

$$M_e \approx U - \frac{\frac{\sum f_i}{2} - S_{m+1}}{f_m} \times d \tag{4.21}$$

式中：

L—中位数所在组的下限；

U—中位数所在组的上限；

f_m—中位数所在组的频数；

$\sum f_i$—数据的总个数；

S_{m-1}—中位数所在组前一组的向上累计次数；

S_{m+1}—中位数所在组后一组的向下累计次数；

d—中位数所在组的组距。

需要注意的是，如果数据在各组内呈现均匀分布，按照公式（4.20）或公式（4.21）计算的中位数与实际结果还是很接近的，但如果分布不均匀，则误差比较大。两个公式的计算结果相同，在实际运用中，选择两者中任意一个均可。

【例4-13】计算某商场销售人员7月份销售冰箱的中位数。销售数据如下表4-6所示。

表4-6　销售人员7月份销售冰箱数据

按月销售冰箱分组/台	销售人员数/人
25	3
30	10
32	14
34	27
36	18
39	8
合 计	80

解：中位数的位置：$\frac{\sum f_i}{2}=\frac{80}{2}=40$，即中位数在累计次数为40的那一组内（向上累计或向下累计均可得出），则 $M_e=34$（台）。

【例4-14】根据表4-5中的数据计算某地区的人均月收入的中位数。

解：中位数位置 $=\frac{\sum f_i}{2}=\frac{200}{2}=100$，由累计次数可知中位数位于第三组，即中位数位于4 000~6 000之间，具体数值计算如下。

按照下限公式计算中位数：

$$M_e \approx 4\,000+\frac{100-45}{110}\times 2\,000=5\,000（元）$$

或按照上限公式计算中位数：

$$M_e \approx 6\,000-\frac{100-45}{110}\times 2\,000=5\,000（元）$$

中位数是位置型度量值，其特点是不受极端值的影响，因此具有稳定性。在实际运用中，当数据的偏斜程度较大时，用中位数作为该组数据一般水平的代表值比较合适。

实际上，测度数据在特定位置上的水平，还可以计算四分位数、十分位数和百分位数等，我们统称它们为分位数①。它们的计算原理与中位数相似，都是先将数据由小到大排序，然后确定各个位置，最后计算相应位置上的数值。而中位数最为特殊，因为它也可以看成是第2个四分位数，第5个十分位数和第50个百分位数。

由于四分位数是比较常见的位置型度量值，下面介绍一下四分位数的计算方法。

四分位数是一组数据由小到大排序后位于25%位置、50%位置和75%位置处的变量值。也就是说，四分位数是用3个点将数据4等分，其中每等分包含25%的数据，而中间的四分位数就是中位数，故中位数是一种特殊的四分位数。但我们通常所说的四分位数是指

① 有关分位数的内容可以参考斯威尼、威廉斯、安德森：《商务与经济统计》（精要版）（原书第6版），雷平等译，机械工业出版社，2012，第53－54页。

处在25%位置处的变量值(即下四分位数,用符号Q_L表示)和处在75%位置处的变量值(即上四分位数,用符号Q_U表示)。上、下四分位数之间恰好包含了50%的数据。

根据定义,求解四分位数的步骤是:先排序;然后确定上、下四分位数的位置;最后,求相应位置上的变量值。

对于求解四分位数的位置,一种最常见的计算方法为定义法[①],即

$$Q_L位置 = \frac{n}{4};\ Q_U位置 = \frac{3n}{4}(n为数据的总个数) \tag{4.22}$$

【例4-15】调查某小区某单元15户家庭的人均月消费支出情况,数据如下(单位:元):2 500,2 750,3 000,3 500,2 850,1 960,2 250,2 000,3 750,2 600,3 250,2 900,3 400,3 800,4 000。试根据定义法计算15户家庭人均月消费支出的四分位数。

解:首先对数据排序:

1 960 2 000 2 250 2 500 2 600 2 750 2 850 2 900 3 000 3 250 3 400 3 500 3 750 3 800 4 000

然后根据定义法计算下四分位数Q_L和上四分位数Q_U的位置:

$$Q_L位置 = \frac{n}{4} = \frac{15}{4} = 3.75 \quad Q_U位置 = \frac{3n}{4} = \frac{3 \times 15}{4} = 11.25$$

最后求下四分位数Q_L和上四分位数Q_U:

Q_L位置 = 3.75,说明Q_L位于第3个数值(2 250)和第4个数值(2 500)之间0.75的位置,故有:$Q_L = 2\,250 + 0.75 \times (2\,500 - 2\,250) = 2\,437.5$(元);

Q_U位置 = 11.25, 说明Q_U位于第11个数值(3 400)和第12个数值(3 500)之间0.25的位置,故有:$Q_U = 3\,400 + 0.25 \times (3\,500 - 3\,400) = 3\,425$(元)。

计算结果表明,大概有一半家庭的人均月消费支出在2 437.5元到3 425元之间。

将中位数、四分位数和其他指标结合起来,可以更详细地反映数据的分布特征。而**箱线图**正是这样一种图形,它是由一组数据的最小值(x_{min})、最大值(x_{max})、下四分位数(Q_L)、上四分位数(Q_U)和中位数(M_e)这5个特征值构成。通过箱线图,可以观察数据的中心位置、离散程度及对称性等特征,同时还可以进行多组数据分布的比较。例如,根据例4-15中的数据,可算出下四分位数为2 437.5元,上四分位数为3 425元,中位数为2 900元,极小值为1 960元,极大值为4 000元。则可绘制箱线图[②]见图4-2所示。

① 求解四分位数还有其他方法,请参阅相关的统计学教材。

② 箱线图是显示原始数据分布特征的图形,它的绘制可通过Excel或SPSS等统计软件来完成。

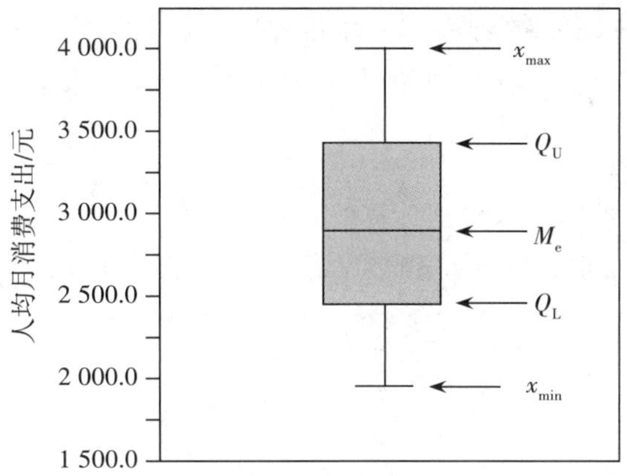

图4-2　15户家庭人均月消费支出的箱线图

(二)数值平均数

数值平均数在统计中具有重要地位,是集中趋势最主要也是最常用的度量值;同时,它也是进行统计分析和统计推断的基础。它只适用于定量数据(数值型数据),而不适用于定性数据。根据不同范围的数据计算的平均数不同,根据总体数据计算的平均数叫作总体平均数(总体均值),通常用μ表示;根据样本数据计算的平均数叫作样本平均数(样本均值),通常用$\overline{X}$表示;本节主要介绍总体平均数的相关内容。由于数据具有不同的表现形式,数值平均数有不同的计算方法。

1.算术平均数

算术平均数也称为均值(mean),是将一组数据的总和除以这组数据的项数所得的结果。它是最常用的数值型平均数。根据所掌握资料的不同,计算算术平均数的具体方法也不同。

(1)简单算术平均数。

简单算术平均数是根据未分组数据(原始数据)计算的一种平均数,它是将所有的原始数据相加再除以数据总个数得到的。

设总体数据为$x_1, x_2, \cdots, x_N$(N为总体容量),则总体简单算术平均数[①]μ的计算公式为

$$\mu = \frac{\sum_{i=1}^{N} x_i}{N} \tag{4.23}$$

【例4-16】某外企今年共招聘了15名新员工,对这15名新员工进行外语水平测试,测试成绩如下(单位:分):68,73,66,76,86,74,61,92,65,90,85,80,75,78,95。计算15名新员工外语测试的平均分数。

① 样本简单算术平均数的计算方法与总体的相同,设$X_1, X_2, \cdots, X_n$代表一组随机样本,则样本简单算术平均数的计算公式为:$\overline{X} = \frac{\sum_{i=1}^{n} X_i}{n}$。

解:因为是原始数据,利用公式(4.23)计算出15名新员工外语测试的平均分数为

$$\mu = \frac{68 + 73 + 66 + \cdots + 95}{15} = 77.6(\text{分})$$

(2)加权算术平均数。

加权算术平均数是根据分组数据计算的一种平均数。

设总体数据被分为k组,各组的频数为f_i,则总体加权算术平均数①μ的计算公式为

$$\mu = \frac{\sum_{i=1}^{k} x_i f_i}{\sum_{i=1}^{k} f_i} = \sum_{i=1}^{k} x_i \cdot \frac{f_i}{\sum_{i=1}^{k} f_i} \tag{4.24}$$

其中,x_i有两种情况:在单变量值分组中,x_i代表各组的变量值;在组距式分组中,x_i代表各组的组中值。频数f_i也称作权数,主要用来衡量各组数据对μ影响程度大小的。如果数据的影响作用大,则给它赋予较大的权数,如果影响作用小,则给它赋予较小的权数,那么这个过程我们叫作"加权"。当然这个权数也可以用比重的形式来表示,即$\frac{f_i}{\sum_{i=1}^{k} f_i}$,此时我们叫它权重。由公式(4.24)可见,加权算术平均数μ不仅受到各个变量值大小的影响,也受到权数(权重)大小的影响。

【例4-17】某车间有150名工人,日产某种零件情况如表4-7所示,试计算该车间工人的平均日产零件数。

表4-7 某车间日产某种零件统计表

按日产量分组x_i/件	人数f_i/人
10	2
11	4
12	14
13	54
14	40
15	36
总计	150

解:该车间工人平均日产零件数为

① 样本加权算术平均数的计算方法与总体的相同,设样本被分为k组,各组的频数为f_i,则根据样本计算的加权算术平均数$\overline{X}$的计算公式为:$\overline{X} = \frac{\sum_{i=1}^{k} X_i f_i}{\sum_{i=1}^{k} f_i} = \sum_{i=1}^{k} X_i \cdot \frac{f_i}{\sum_{i=1}^{k} f_i}$。

$$\mu = \frac{\sum_{i=1}^{k} x_i f_i}{\sum_{i=1}^{k} f_i} = \frac{10 \times 2 + 11 \times 4 + 12 \times 14 + 13 \times 54 + 14 \times 40 + 15 \times 36}{2 + 4 + 14 + 54 + 40 + 36}$$

$$= \frac{2\,034}{150} = 13.56(\text{件})$$

在例4-17中假设一种特殊的情况：当各组变量值的权数都相等($f_1 = f_2 = \cdots = f_k$)时，那么此时的加权算术平均数就转化成了简单算术平均数。也就是说，简单算术平均数是加权算术平均数的一个特例。

【例4-18】某地区有120家企业，经调查得到它们的利润额数据如表4-8所示。试计算这120家企业的平均利润额。

表4-8　某地区120家企业利润额数据表

按利润分组/万元	组中值 x_i /万元	企业数f_i /个	$x_i f_i$ /万元
500以下	400	21	8 400
500 ~ 700	600	30	18 000
700 ~ 900	800	40	32 000
900 ~ 1 100	1 000	18	18 000
1 100及以上	1 200	11	13 200
总计	—	120	89 600

解：该地区120家企业利润额的平均数为

$$\mu = \frac{\sum_{i=1}^{k} x_i f_i}{\sum_{i=1}^{k} f_i} = \frac{400 \times 21 + 600 \times 30 + 800 \times 40 + 1\,000 \times 18 + 1\,200 \times 11}{21 + 30 + 40 + 18 + 11}$$

$$\approx 746.67(\text{万元})$$

需要注意的是：由组距数列计算的加权算术平均数，是用各组的组中值代表各组的实际数据，而这是以数据在各组内分布均匀为假设前提的。如果符合这一假设前提，则计算的平均数比较准确，否则会存在一定程度的误差。通常情况下，由于实际数据与这一假设前提不完全符合，所以由组距数列计算的加权算术平均数一般为近似值。

在以上3个例子中，计算平均数的变量值都是绝对数的形式，那么当变量值是相对数时，平均数怎么计算呢？我们通过下面的例子说明。

【例4-19】某公司共有4个品牌的数码相机，销售资料见表4-9，试计算该公司4个品牌相机的平均销售利润率。

表4-9 4个品牌数码相机的利润率和销售额资料

相机品牌	利润率/%	销售额/万元
A	5.2	300
B	6.5	200
C	8.4	150
D	11.1	100
合计	—	750

解:要计算该公司这4个品牌相机的平均销售利润率,显然不能采用简单算术平均数。因为,这4个品牌相机的销售额不同,利润率也不同,而这两者对平均销售利润率都有影响,因此,应该按照利润率的实际含义计算平均数。

$$利润率 = \frac{利润额}{销售额},平均利润率 = \frac{利润总额}{销售总额}$$

即 $$\mu = \frac{\sum_{i=1}^{k} x_i f_i}{\sum_{i=1}^{k} f_i} = \frac{5.2\% \times 300 + 6.5\% \times 200 + 8.4\% \times 150 + 11.1\% \times 100}{300 + 200 + 150 + 100} \approx 6.97\%$$

从上例可以看出,要求相对数的平均数,需要根据相对数的实际含义来确定变量值 x_i 和权数 f_i,它实际就是以各组相对数的分母为权数对各组相对数进行加权的算术平均数。

算术平均数的主要数学性质如下。

①各变量值与其算术平均数的离差之和等于零。

即 $$\sum_{i=1}^{n}\left(x_i - \mu\right) = 0 \text{ 或 } \sum_{i=1}^{k}\left(x_i - \mu\right) f_i = 0$$

这一性质说明,算术平均数可使数据误差相互抵消,从而反映出事物必然性的数量特征。因此,算术平均数是一组数据的重心所在。

②各变量值与其算术平均数的离差平方和最小。

即 $$\sum_{i=1}^{n}(x_i - \mu)^2 = \min \text{ 或 } \sum (x_i - \mu)^2 f_i = \min$$

这一性质说明,如果用离差平方和来测度各变量值与其分布中心的差异大小,算术平均数可以看作是数据一般水平或中心位置的最理想代表值,因为与其他代表值相比,算术平均数与所有变量值的距离最近。

2. 调和平均数[①]

调和平均数(harmonic mean)也称为倒数平均数。变量 x 的调和平均数是该变量的各个变量值倒数($\frac{1}{x_i}$)的算术平均数的倒数。为了区别其他的平均数,调和平均数用符号 μ_H 表

① 样本调和平均数的计算方法与总体的相同,这里不再赘述,具体可以参阅相关的统计学教材。

示，其计算公式如下。

（1）简单调和平均数。

计算公式：
$$\mu_{\mathrm{H}}=\frac{N}{\sum_{i=1}^{N}\frac{1}{x_i}}=\frac{\overbrace{1+\cdots+1}^{N\text{个}1}}{\frac{1}{x_1}+\cdots+\frac{1}{x_N}} \tag{4.25}$$

式中，x_i代表变量值，N为变量值的个数。

【例4-20】药材市场对去年某种药材的销售情况进行调查，得到相关资料如表4-10所示，试计算去年该种药材的平均销售价格。

表4-10 某种药材的销售资料

药材等级	单价x_i/(元/斤)	销售额m_i/万元
一等品	200	100
二等品	150	100
三等品	100	100
合计	—	300

解：平均销售价格 $=\frac{\text{销售总额}}{\text{销售总量}}$

即
$$\mu_{\mathrm{H}}=\frac{(100+100+100)\times10^4}{\left(\frac{100}{200}+\frac{100}{150}+\frac{100}{100}\right)\times10^4}=\frac{1+1+1}{\frac{1}{200}+\frac{1}{150}+\frac{1}{100}}\approx138.46(\text{元/斤})$$

（2）加权调和平均数。

计算公式：
$$\mu_{\mathrm{H}}=\frac{\sum m_i}{\sum\frac{m_i}{x_i}}=\frac{m_1+\cdots+m_k}{\frac{m_1}{x_1}+\cdots+\frac{m_k}{x_k}} \tag{4.26}$$

式中，x_i代表各组变量值，m_i代表各组标志总量，其中：$m_i=x_i\cdot f_i$，k为组数。

如果将$m_i=x_i\cdot f_i$代入公式（4.26），则有$\mu_{\mathrm{H}}=\frac{\sum m_i}{\sum\frac{m_i}{x_i}}=\frac{\sum x_i f_i}{\sum\frac{x_i f_i}{x_i}}=\frac{\sum x_i f_i}{\sum f_i}$，可见加权调和平均数是加权算术平均数的一种变形形式，若已知各组变量值（x_i）及其权数（f_i）的数据，则可用加权算术法来计算平均数μ；若已知各组变量值（x_i）及其标志总量（m_i），而缺乏f_i的数据时，则需要用加权调和法来计算平均数μ。

【例4-21】在例4-20中，如果去年该种药材各级别的销售额情况如表4-11所示，求去年该种药材的平均销售价格。

表 4-11 某种药材的销售资料

药材等级	单价 x_i /(元/斤)	销售额 m_i /万元
一等品	200	300
二等品	150	225
三等品	100	100
合计	—	625

解：$\mu_H = \dfrac{销售总额}{销售总量} = \dfrac{\sum m_i}{\sum \dfrac{m_i}{x_i}} = \dfrac{(300+225+100)\times 10^4}{\left(\dfrac{300}{200}+\dfrac{225}{150}+\dfrac{100}{100}\right)\times 10^4} = 156.25$(元/斤)

特别地，当各组数据的 m_i 都相等时，加权调和平均数就转变成了简单调和平均数，即简单调和平均数是加权调和平均数的特例。

3. 几何平均数[①]

几何平均数(geometric mean)是 n 个变量值连乘积的 n 次方根。根据数据形式的不同，有简单几何平均数和加权几何平均数两种。

(1)简单几何平均数。

当总体数据中各变量值出现的次数都相同时，用简单几何平均数公式。

$$\mu_G = \sqrt[N]{x_1 \cdot x_2 \cdot \cdots \cdot x_N} = \sqrt[N]{\prod_{i=1}^{N} x_i} \tag{4.27}$$

式中，x_i 代表变量值，N 为数据总个数，Π 为连乘符号。

(2)加权几何平均数。

当总体数据中各变量值出现的次数不全相同时，用加权几何平均数公式。

$$\mu_G = \sqrt[(f_1+f_2+\cdots+f_k)]{x_1^{f_1} \cdot x_2^{f_2} \cdot \cdots \cdot x_k^{f_k}} = \sqrt[\sum_{i=1}^{k} f_i]{\prod_{i=1}^{k} x_i^{f_i}} \tag{4.28}$$

式中，x_i 代表各变量值，f_i 代表各变量值出现的次数，Π 为连乘符号。

如果获得一组总体数据，根据总体数据计算的几何平均数 μ_G 的公式与样本数据的基本相同。

需要注意的是，当数据中出现零或负值时不宜计算几何平均数。几何平均数是一种适用于特殊数据的平均数，当变量值之间具有连乘积关系时，采用几何平均数更加合理。现实生活中，几何平均数主要用于计算现象的平均增长率和平均发展速度(详见本书第十章)。

【例 4-22】某工厂生产的甲产品需要经过 4 个连续作业的生产车间加工。已知 4 个连续作业的生产车间加工的合格率分别为 90%，95%，98% 和 99%。试计算该工厂这 4 个车间加工的平均合格率。

① 样本几何平均数的计算方法与总体的相同，这里不再赘述，具体可以参阅相关的统计学教材。

解:合格率是一种比率的形式,它属于相对数。本题中要想求出平均合格率,首先要计算出总合格率,而这4个车间加工的总合格率恰好等于每个车间合格率的连乘积,即具有环比的性质。那么对于计算这种相对数的平均数时,我们需要用几何平均数的公式。

$$\mu_G = \sqrt[4]{0.9 \times 0.95 \times 0.98 \times 0.99} = \sqrt[4]{0.829\,521} \approx 95.43\%$$

4. 众数、中位数和平均数三者的比较与应用

众数、中位数和平均数都可以作为数据一般水平的代表值,但它们有不同的特点和应用场合。

(1)众数和中位数属于位置型代表值,它们是根据数据分布的特定位置确定出的集中趋势测度值,因此不能概括全部数据的信息。平均数属于数值型平均数,它是根据全部数据计算的集中趋势测度值,因此可以综合反映全部数据的信息。

(2)平均数和中位数在任何一组数据中都存在且具有唯一性,但不一定所有数据都存在众数,即众数不具有唯一性。一般情况下,在数据量充分并且具有明显集中趋势时,计算众数才有意义。

(3)平均数只适用于定量数据,中位数适用于定序数据和定量数据,众数则适用于所有数据,即定性数据和定量数据均可。

(4)平均数受极端值的影响,因此,当数据偏斜程度较大时(数据中存在极端值),不宜用平均数来代表数据的一般水平。众数和中位数不受极端值的影响,因此,当数据偏斜程度较大时,可以考虑用众数或中位数来代表数据的一般水平。

众数、中位数和平均数的数量关系主要取决于数据分布的偏斜程度(非对称程度)。对于呈现单峰分布的数据,如果数据的分布是对称的,则众数M_o、中位数M_e和平均数μ三者相等,即$M_o = M_e = \mu$;如果数据呈现左偏(负偏)分布,说明数据中存在极小值,极小值的存在会使平均数偏向较小的一方,极小值的大小虽然不影响中位数,但极小值所占项数会通过顺序对中间位置产生影响,从而略使中位数偏小,而众数则完全不受极小值大小和位置的影响,因此一般情况下,三者的关系表现为$\mu < M_e < M_o$;反之亦然,如果数据呈现右偏(正偏)分布,则一般有$M_o < M_e < \mu$。三者的关系示意图见图4-3。

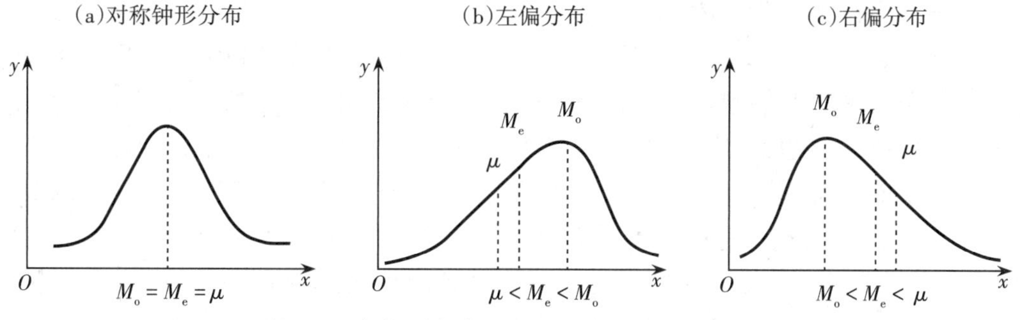

图4-3　众数、中位数和平均数的关系示意图

英国著名的统计学家皮尔逊(K.Pearson)提出一个经验公式,即当数据呈现偏斜但偏斜

程度不大时，众数、中位数和平均数之间存在一定的数量关系，即$\left|\mu - M_{o}\right| \approx 3\left|\mu - M_{e}\right|$，这个公式也称作皮尔逊经验公式。

【例4-23】某车间生产的一批零件中，直径大于402 cm的占一半，直径为400 cm的零件最多，并且已知零件直径的分布呈现略微倾斜，试估计平均数。

解：由题目可知，$M_{e} = 402$，$M_{o} = 400$，又因为零件直径的分布呈现略微倾斜，所以根据皮尔逊经验公式得

$$\left|\mu - 400\right| \approx 3\left|\mu - 402\right|$$
$$\mu = 403(\text{cm})$$

第四节　数据离散程度的测定

一、离散程度测定问题的提出和作用

(一)问题的提出

数据的离散程度是数据分布特征的另一个重要方面。集中趋势反映了一组数据聚集的中心所在。但由于差异性是数据的本质属性，所以各个数据与其分布中心之间总是存在着不同程度的偏离。我们把数据偏离其中心值的程度叫作离散程度，离散程度可以说明数据之间差异程度的大小，那么如何测定一组数据的离散程度呢？

(二)离散程度测定的作用

离散程度的大小主要通过变异指标来测定。变异指标的主要作用有：

①可以衡量平均指标的代表程度。变异指标值越大，则数据的离散程度越大、数据越分散，继而平均指标的代表性就越弱；反之，变异指标值越小，则数据的离散程度越小、数据越集中，继而平均指标的代表性就越强。例如，已知某地区甲乙两个同类型企业职工的月平均工资均为4 500元，但是甲企业职工工资的变异指标大于乙企业的，因此，乙企业职工的平均工资比甲企业职工的平均工资代表性更强。

②可以反映数据的稳定性和均衡性。变异指标值越大，则数据的离散程度越大，数据的稳定性和均衡性就越差；反之，则数据的离散程度越小，数据的稳定性和均衡性就越好。这一点在企业的产品质量管理以及金融风险控制领域起着至关重要的作用。例如，在产品的质量管理中，要尽量使得产品的某一项参数在其均值为中心的一个合理范围内波动，即波动程度不能太大，这样才可以有效地控制产品的质量。像典型案例4中提到的3σ质量管理原则就是这个原理。在金融证券领域中，一项投资的预期收益率的变化通常用该项投资的风险来测量。预期收益率的变化越小，投资风险越低；预期收益率的变化越大，投资风险就越高。而预期收益率变化程度的大小就是这里说的离散程度的测定。显然，预期收益率的变化越小，说明它的离散程度越小，因此预期收益率的稳定性就越好，风险越低。

二、离散程度的测定

测度数据离散程度采用的变异指标，根据数据类型的不同主要有异众比率、极差、四分位差、平均差、方差和标准差，此外，还有标准分数和离散系数等相对度量值。

(一) 异众比率

异众比率是指非众数组的频数占总频数的比重，通常用V_r表示，计算公式为

$$V_r = \frac{\sum f_i - f_m}{\sum f_i} = 1 - \frac{f_m}{\sum f_i} \tag{4.29}$$

式中：f_m是众数组的频数；$\sum f_i$是变量值的总频数。

异众比率可用来衡量众数的代表性强弱，即异众比率越大，则众数的代表性越弱；反之，众数的代表性就越强。异众比率主要用于测度定性数据的离散程度，也可以用于定量数据离散程度的测度。

【例4-24】试计算例4-8中的异众比率。

解：

根据公式得异众比率：

$$V_r = 1 - \frac{12\,000}{22\,700} \approx 47\%$$

这说明在所调查的22 700人当中，除了众数所在的会计学专业外的其他专业的人数约占47%，异众比率接近50%，因此，用"会计学"作为专业类别的代表，其代表性一般。

【例4-25】假设今年A大学商学院同样是对例4-8中的5个专业进行招生，一共招生了25 000人，其中会计学专业的学生最多，为15 000名，试计算异众比率。

解：

$$V_r' = 1 - \frac{15\,000}{25\,000} = 40\%$$

两个例子中，众数均为会计学专业，但后一次调查得到的异众比率要小于前一次调查的异众比率，这说明后一次调查中"会计学"的代表性要强于前一次调查的代表性。异众比率可以比较不同组数据众数的代表性强弱。

(二)极差、四分位差和平均差

测度定量数据离散程度的变异指标主要有极差、平均差、方差和标准差。但最常用的是方差和标准差。

1. 极差

极差(range)又称全距，是一组数据中最大值与最小值之差，通常用R表示。计算公式为

$$R = \max(x_i) - \min(x_i) \tag{4.30}$$

对于原始数据和单变量值分组数据：$\max(x_i)$为一组数据的最大值；$\min(x_i)$为一组数

据的最小值。对于组距式分组数据，极差就用变量值最大组的上限减去变量值最小组的下限近似得到。

例如在例4-11中，某外企新员工综合测试得分的极差为$R = 90 - 61 = 29$(分)。再如在例4-18中，根据开口组的组距以相邻组的组距为准的原则，第一组"500以下"可以看成是300~500，最后一组"1 100及以上"可以看成是1 100~1 300。所以该组数据的极差近似为$R = 1\ 300 - 300 = 1\ 000$(万元)。

极差是变异指标中最简单的测度值，其优点是计算简便、易于掌握。但因极差只利用了一组数据两端的信息，容易受到极端值的影响。因此，极差不能全面、稳定地反映数据的离散程度。

2. 四分位差

四分位差(quartile deviation)是指上四分位数(Q_U)与下四分位数(Q_L)之差，因此也叫内距或四分间距，通常用Q_d表示。计算公式为

$$Q_d = Q_U - Q_L \tag{4.31}$$

例4-15中的四分位差为$Q_d = Q_U - Q_L = 3\ 425 - 2\ 437.5 = 987.5$(元)。

四分位差是上四分位数与下四分位数之差，由于上、下四分位数之间包含了中间50%的数据，所以四分位差只能说明中间50%数据的离散程度。四分位差越大，说明中间50%数据的离散程度越大；四分位差越小，说明中间50%数据的离散程度越小。由于中位数恰好位于上、下四分位数中间，所以在一定程度上，四分位差也可以反映中位数的代表性好坏。四分位差是一种顺序统计量，因为其计算是依据数据顺序进行的，因此四分位差适用于测度定序数据和定量数据的离散程度。

与极差相比，四分位差避免了极端值的干扰，因此它要比极差稳定。但缺点是，四分位差只能说明中间50%数据的离散程度，它依然不能充分反映全部数据的离散状况。

3. 平均差

平均差(mean deviation)是各变量值与其算术平均数离差绝对值的平均数。因此，也称平均绝对离差，通常用$M.D$表示。

根据掌握资料的不同，平均差的计算有两种情况。

(1)简单平均法。

如果数据是未分组数据(原始数据)，则用简单算术平均法来计算平均差。

$$M.D = \frac{\sum_{i=1}^{n} \left| x_i - \mu \right|}{n} \text{(}n\text{为变量值个数)} \tag{4.32}$$

(2)加权平均法。

如果数据是分组数据，采用加权算术平均法来计算平均差。

$$M.D=\frac{\sum_{i=1}^{k}\left|x_i-\mu\right|f_i}{\sum_{i=1}^{k}f_i}\ (k\text{为组数}) \tag{4.33}$$

【例4-26】根据表4-8中的数据求该地区120家企业利润额的平均差。

解:根据表4-8中的数据计算出的平均利润额为746.67万元,所以平均差的计算过程如表4-12所示。

表4-12　120家企业利润额的平均差计算表

按利润分组/万元	组中值x_i/万元	企业数f_i/个	$\left\|x_i-\mu\right\|$/万元	$\left\|x_i-\mu\right\|\cdot f_i$/万元
500以下	400	21	346.67	7 280.07
500~700	600	30	146.67	4 400.1
700~900	800	40	53.33	2 133.2
900~1 100	1 000	18	253.33	4 559.94
1 100及以上	1 200	11	453.33	4 986.63
总计	—	120	—	23 359.94

根据平均差的计算公式得

$$M.D=\frac{\sum_{i=1}^{k}\left|x_i-\mu\right|f_i}{\sum_{i=1}^{k}f_i}=\frac{23\,359.94}{120}\approx 194.67(\text{万元})$$

计算结果表明,120家企业的利润额与其均值的平均差异为194.67万元。

平均差的意义明确,计算结果易于理解,并且利用了全部数据信息,反映了每个变量值与平均数的平均差异程度。因此,与极差、四分位差相比,平均差能全面地反映一组数据的离散状况。平均差越大,则数据的离散程度越大;平均差越小,则数据的离散程度越小。为了避免正负离差相互抵消的现象发生,在计算平均差时给离差加上了绝对值。但由于绝对值的出现给计算带来了很大的不便,因此在实际应用中受到很大的限制。

(三)方差和标准差

方差是各变量值与其算术平均数离差平方的算术平均数。**标准差**就是方差的平方根。

与极差、四分位差和平均差相比,方差、标准差一方面利用了全部数据的信息,能较好地反映数据的离散程度;另一方面,方差、标准差是通过平方的方法消去离差的正负号,就更便于数学上的处理。因此,方差、标准差是统计中最重要的变异指标,同时也是实际中应用最广泛的离散程度测度值。

下面主要介绍总体方差和总体标准差①的计算公式。

（1）未分组数据（原始数据）的总体方差σ^2和总体标准差σ的计算公式分别为

$$\sigma^2=\frac{\sum_{i=1}^{N}(x_i-\mu)^2}{N},\quad \sigma=\sqrt{\frac{\sum_{i=1}^{N}(x_i-\mu)^2}{N}}\ （N为总体容量）\tag{4.34}$$

（2）分组数据的总体方差σ^2和总体标准差σ的计算公式分别为

$$\sigma^2=\frac{\sum_{i=1}^{k}(x_i-\mu)^2f_i}{\sum_{i=1}^{k}f_i},\quad \sigma=\sqrt{\frac{\sum_{i=1}^{k}(x_i-\mu)^2f_i}{\sum_{i=1}^{k}f_i}}\ （k为组数）\tag{4.35}$$

式中：σ^2为总体方差，σ为总体标准差，x_i为总体中的各变量值，μ为总体算术平均数（均值），f_i为第i组频数（$i=1,\cdots,k$），$\sum_{i=1}^{k}f_i$为各组频数总和，即总体容量。

【例4-27】在表4-8的基础上，试计算该地区120家企业利润额的方差和标准差。

解：由于表4-8中的数据是总体数据，且为分组形式，所以方差和标准差应该按照公式（4.35）计算。计算过程见表4-13。

表4-13　120家企业利润额的方差计算表

按利润分组/万元	组中值x_i/万元	企业数f_i/个	$(x_i-\mu)^2$	$(x_i-\mu)^2f_i$
500以下	400	21	120 180.09	2 523 782
500～700	600	30	21 512.09	645 363
700～900	800	40	2 844.09	113 764
900～1 100	1 000	18	64 176.09	1 155 170
1 100及以上	1 200	11	205 508.09	2 260 589
总计	—	120	—	6 698 668

根据分组数据总体方差的计算公式得

① 样本方差、标准差的计算公式为：（1）未分组数据（原始数据）的样本方差和样本标准差的计算公式分别为$S^2=\frac{\sum_{i=1}^{n}(X_i-\overline{X})^2}{n-1}$，$S=\sqrt{\frac{\sum_{i=1}^{n}(X_i-\overline{X})^2}{n-1}}$；（2）分组数据的样本方差和样本标准差的计算公式分别为$S^2=\frac{\sum_{i=1}^{k}(X_i-\overline{X})^2f_i}{\sum_{i=1}^{k}f_i-1}$，$S=\sqrt{\frac{\sum_{i=1}^{k}(X_i-\overline{X})^2f_i}{\sum_{i=1}^{k}f_i-1}}$（$k$为组数），式中$S^2$为样本方差，$S$为样本标准差，$\overline{X}$为样本算术平均数。以上根据分母$n-1$计算的方差、标准差叫作无偏样本方差、无偏样本标准差。关于无偏性请参阅本书第六章。

$$\sigma^2=\frac{\sum_{i=1}^{k}(x_i-\mu)^2 f_i}{\sum_{i=1}^{k}f_i}=\frac{6\,698\,668}{120}\approx 55\,822.23$$

总体标准差为

$$\sigma=\sqrt{\frac{\sum_{i=1}^{k}(x_i-\mu)^2 f_i}{\sum_{i=1}^{k}f_i}}\approx 236.27(\text{万元})$$

方差或标准差是测度各变量值与其均值的平均性差异程度。方差和标准差的数值越大,则数据的离散程度越大;方差和标准差的数值越小,则数据的离散程度越小,即数据越集中。

由于方差和标准差是根据全部数据计算的,并且公式中不含有绝对值符号,因此与极差、四分位差和平均差相比,方差不仅可以全面反映数据的离散程度,而且计算易于处理,因此方差和标准差在实际中应用更加广泛。因为标准差的单位与原变量值相同,并且实际意义明显,所以方差与标准差相比,人们更多使用的是标准差。

(四)标准化值

对于不同均值和标准差的不同组别数据,往往不能直接比较。在正式比较前,需要将它们转化成相同尺度或规格的数据,即进行标准化处理,标准化后的结果称之为标准化值或标准分数。标准化值就是用各变量值与其平均数的离差再除以其标准差。标准化值一般用z来表示,因此也称作z分数。标准化值的计算公式为

$$z_i=\frac{x_i-\mu}{\sigma}\tag{4.36}$$

标准化值给出了一组数据中各数值的相对位置。当z_i为正值时,表明变量值高于其平均数z_i倍的标准差;当z_i为负值时,表明变量值低于其平均数z_i倍的标准差。

标准化值具有均值为0,标准差为1的特性。实际上,标准化值只是将原来的数据进行了线性变换,它并没有改变一个数值在该组数据中的位置,也没有改变该组数据的分布形状,而只是将该组数据变为均值为0,标准差为1。

【例4-28】一家外企在招收新员工时,需要通过两项综合能力测试。在甲测试中,其平均分为200分,标准差为25分;在乙测试中,其平均分为500分,标准差是50分。已知一位应试者在甲项测试中得了225分,在乙项测试中得了540分。问应试者在哪一项测试中的成绩更理想?

解:很明显,两项测试中的平均分和标准差都不相同,所以不能将这名应试者在两项测试中的分数直接对比。在比较之前,我们需要将两次测试的成绩标准化,之后用标准化值来比较才更加客观、合理。

根据公式(4.36),该名应试者在甲项测试中的标准化值为$z_{甲} = \frac{x_{甲} - \mu_{甲}}{\sigma_{甲}} = \frac{225 - 200}{25} = 1$,这个结果表明应试者在甲项测试中的分数比其平均分高出1个标准差;在乙项测试中的标准化值为$z_{乙} = \frac{x_{乙} - \mu_{乙}}{\sigma_{乙}} = \frac{540 - 500}{50} = 0.8$,这个结果表明应试者在乙项测试中的分数比其平均分高出0.8个标准差。因为$z_{甲} > z_{乙}$,即应试者在甲项测试中的相对位置更高一些,所以该名应试者在甲项测试中的成绩更为理想。

(五)切比雪夫不等式

通过切比雪夫不等式可以判断,对于任意分布形态的数据,至少有$(1 - \frac{1}{k^2})$的数据落入平均数±k个标准差范围内,其中k为大于1的任意数,当然也可以为小数。下面我们以$k = 2,3,4$为例来说明该不等式的含义。

$k = 2$,说明至少有约75%的数据落入平均数±2个标准差范围内;

$k = 3$,说明至少有约89%的数据落入平均数±3个标准差范围内;

$k = 4$,说明至少有约94%的数据落入平均数±4个标准差范围内。

【例4-29】在某公司进行的综合水平测试中,新员工的平均得分是75分,标准差是5分。假定新员工得分的分布未知,问:得分在60~90分的新员工至少有多少?

解:因为员工得分的分布未知,所以可用切比雪夫不等式。因区间60~90分对应的是均值±3个标准差范围,所以可知:至少有约89%的新员工的得分落入60~90分范围内。

(六)3σ准则

当数据服从正态分布时,我们可以通过3σ准则判断出数据落在平均数±k个标准差(σ)范围内的精确概率,下面我们以$k = 1,2,3$为例来说明该准则,3σ准则示意图如图4-4所示。

根据概率分布的相关知识,当数据服从正态分布时,可以计算出:

有约68.26%的数据落入平均数±1个标准差范围内;

有约95.44%的数据落入平均数±2个标准差范围内;

有约99.74%的数据落入平均数±3个标准差范围内。

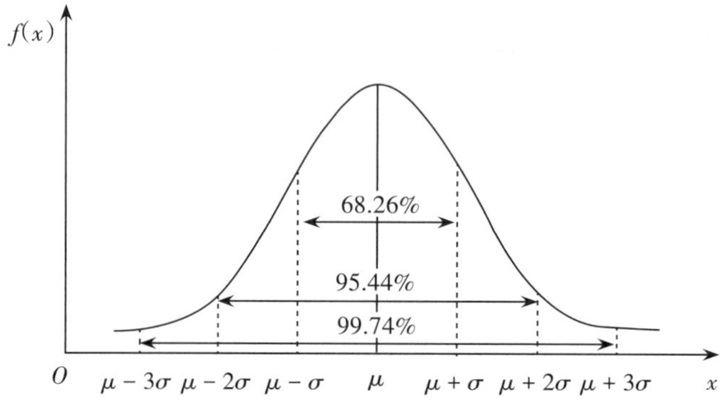

图4-4 3σ准则示意图

由上图可见，在数据呈现正态分布的情况下，一组数据落在平均数±3个标准差($\mu \pm 3\sigma$)之外的数据是很少的，超出这个范围的可能性不到0.3%，也就是说，在平均数±3个标准差($\mu \pm 3\sigma$)范围内几乎包含了全部数据，而在3σ之外的数据，在统计上称为**离群点**或**异常值**。

但在实际问题中，数据不一定都严格服从正态分布①，因此，人们将条件放宽到对称的钟形分布。即在数据容量n很大且呈现对称钟形分布的情况下，为了求与平均数的距离在某个特定倍数的标准差范围之内的数据所占的百分比，有人采用3σ准则做近似估计，并将其称为经验法则。即

大约有68.26%的数据落入平均数±1个标准差范围内；

大约有95.44%的数据落入平均数±2个标准差范围内；

大约有99.74%的数据落入平均数±3个标准差范围内。

只不过，对称的钟形分布不一定都是严格的正态分布，因此这个结论只是一个经验的或近似的法则。

【例4-30】某班学生英语课程的平均成绩是80分，标准差是5分。已知该班学生英语的考试分数为对称的钟形分布，问：英语成绩在70～90分之间的学生大约有多少？

解：因为是对称的钟形分布，并且区间70～90分对应的是均值±2个标准差范围，所以根据经验法则知：大约有95%的学生的英语成绩落在70～90分范围内。

（七）离散系数

极差、四分位差、平均差、方差和标准差都是测度数据离散程度的绝对值。因为其数值大小一方面受到原变量值本身水平高低的影响，即变量值水平越高，其值就越大；变量值水平越低，其值就越小；另一方面，这些测度离散程度的绝对值与原变量值的计量单位相同，采用不同计量单位的变量值其离散程度是不同的，因此，不可以直接比较。这就意味着，对于变量值水平不同或计量单位不同的不同组别的数据，是不可以直接用测度离散程度的绝对值去比较其离散程度的。为了消除变量值水平高低和计量单位不同对离散程度的影响，需要计算离散系数。

离散系数也称**变异系数**(coefficient of variation)，它是极差、四分位差、平均差或标准差等变异指标与其算术平均数对比的结果。常用的离散系数有极差系数、平均差系数和标准差系数，但应用最广泛的是标准差系数(如没有特殊强调，本章中的离散系数均指标准差系数)。下面给出标准差系数的计算公式。

对于总体数据，其标准差系数的计算公式为

$$v_\sigma = \frac{\sigma}{\mu} \tag{4.37}$$

其中：v_σ为总体标准差系数，σ为总体标准差，μ为总体算术平均数。

---

① 关于正态分布的详细内容请见本书第五章。

离散系数是测度数据离散程度的相对统计量，它可以比较不同组别数据离散程度的大小。离散系数大的，则数据的离散程度就大；离散系数小的，则数据的离散程度就小。

【例4-31】某地区有10家大型企业，为了解其去年的经营状况，当地工商局调查了这10家大型企业的产品销售数据，如表4-14所示。试比较这10家大型企业产品销售额与销售利润的离散程度。

表4-14 10家大型企业的产品销售数据

企业编号	1	2	3	4	5	6	7	8	9	10
产品销售额/万元	170	220	390	430	480	650	950	1 000	1 100	1 300
销售利润/万元	8.1	12.5	18	22	26.5	40	64	69	73	90

解：因为两组数据的变量值平均水平不同，所以不可以直接比较二者的标准差，我们需要计算两组数据的离散系数，即标准差系数。

产品销售额：$\mu_1 = \dfrac{\sum x_i}{N} = 669$，$\qquad \sigma_1 = \sqrt{\dfrac{\sum_{i=1}^{N}(x_i - \mu_1)^2}{N}} \approx 373.375\,1$

销售利润：$\mu_2 = \dfrac{\sum x_i}{N} = 42.31$，$\qquad \sigma_2 = \sqrt{\dfrac{\sum_{i=1}^{N}(x_i - \mu_2)^2}{N}} \approx 27.779\,0$

根据公式(4.37)计算的标准差系数为

$v_{\sigma_1} = \dfrac{\sigma_1}{\mu_1} = \dfrac{373.375\,1}{669} \approx 0.558\,1$，$\qquad v_{\sigma_2} = \dfrac{\sigma_2}{\mu_2} = \dfrac{27.779\,0}{42.31} \approx 0.656\,6$

因为$v_{\sigma_1} < v_{\sigma_2}$，所以可知这10家大型企业销售利润的离散程度大。

第五节 数据分布形态的测定

一、分布形态测定问题的提出和作用

(一)问题的提出

集中趋势和离散程度是数据分布特征的两个重要方面，但要想全面了解数据的分布特点，我们还需要知道数据的分布形状，那么如何测定一组数据的分布形状呢？

(二)分布形态测定的作用

通过分布形态，我们可以了解数据分布形状的对称性以及分布曲线的扁平陡峭程度。结合这两点，我们还可以判断数据是否接近于正态分布。

二、分布形态的测定

(一)矩

矩在统计学中主要用来刻画数据的分布特征。矩[①]包括原点矩和中心矩,其计算公式如下。

一般来说,将各组变量值$x_1, x_2, \cdots, x_l$与其算术平均数μ离差的k次方的平均数称为变量x关于μ的k阶中心矩,即

$$a_k = \frac{\sum_{i=1}^{l}(x_i - \mu)^k f_i}{\sum_{i=1}^{l} f_i} \quad (\text{阶数}k\text{是正整数}) \tag{4.38}$$

其中f_i为各组变量值的频数。可以看出,当$k = 2$时,二阶中心矩a_2即为总体方差。

特别地,当$\mu = 0$即以原点为中心计算数据的离差时,上式就变成了k阶原点矩。也就是说,k阶原点矩是数据k次方的平均数,其一般公式为

$$m_k = \frac{\sum_{i=1}^{l} x_i^{\ k} f_i}{\sum_{i=1}^{l} f_i} \quad (\text{阶数}k\text{是正整数}) \tag{4.39}$$

可以看出,当$k = 1$时,一阶原点矩m_1即为总体算术平均数。

由上可知,总体算术平均数和总体方差分别是k阶原点矩和k阶中心矩的特例,那么,当阶数$k = 3$和4时,矩则可以反映数据的分布形态特征。因此,矩可以看成是一系列刻画数据分布特征指标的统称。

(二)偏度

偏度(skewness)是指数据分布的不对称程度或偏斜程度。偏度也就是对数据非对称程度和方向的测度。用来测定偏度的统计量是偏度系数,记作SK。

对于分组数据,偏度系数的计算公式为

$$SK = \frac{a_3}{\sigma^3} \tag{4.40}$$

其中a_3为总体的三阶中心矩,σ^3为总体标准差的三次方。

如果分布是对称的,则$SK = 0$;如果$SK \neq 0$,则说明分布是非对称的。特别地:当$SK > 0$时,表明分布是右偏分布(正偏分布);当$SK < 0$时,表明分布是左偏分布(负偏分布)。SK的绝对值越大,表明数据的偏斜程度越大。

当然,对于偏度的测定还有其他的方法[②],这里不再赘述。

---

① 有关矩的详细内容可参阅《概率论与数理统计》等相关书籍。

② 测定偏度的其他方法可参见《统计学导论(第三版)》等相关书籍。

(三)峰度

峰度(kurtosis)是指数据分布曲线的陡峭或扁平的程度。对峰度的度量通常以正态分布曲线为标准进行比较。如果比正态分布曲线更加尖峭,称为尖峰分布;如果比正态分布曲线更加扁平,称为扁平分布。测度峰度的统计量是峰度系数,记作K。

对于分组数据,峰度系数①的计算公式为

$$K = \frac{a_4}{\sigma^4} - 3 \tag{4.41}$$

其中a_4为总体的四阶中心矩,σ^4为总体标准差的四次方。

如图4–5所示,如果一组数据服从正态分布,则$K = 0$;如果$K \neq 0$,则说明分布比正态分布更平或更尖。特别地:当$K > 0$时为尖峰分布,即数据的分布比正态分布更集中,K的数值越大,则曲线越陡峭;当$K < 0$时为扁平分布,即数据的分布比正态分布更分散,K的数值越小,则曲线越平缓。式(4.41)也可以不减3,此时的比较标准是3。当$K > 3$时为尖峰分布,$K < 3$时为扁平分布。

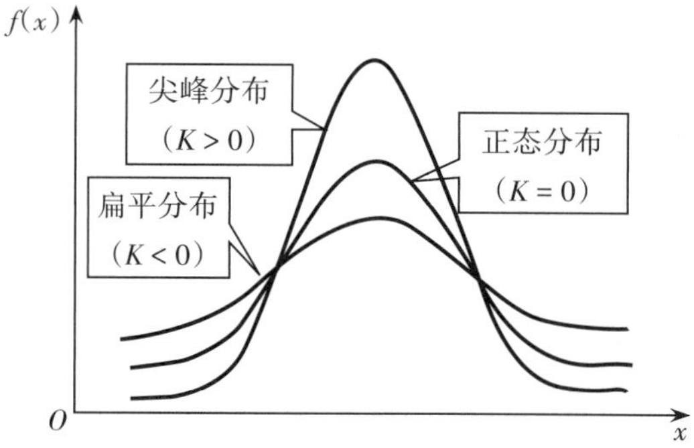

图4–5 尖峰分布与扁平分布

【例4–32】试计算表4–8中120家企业利润额的偏度系数和峰度系数。

解:

$$SK = \frac{a_3}{\sigma^3} = \frac{\dfrac{353\ 924\ 124.4}{120}}{(236.27)^3} \approx 0.223\ 6$$

$$K = \frac{a_4}{\sigma^4} - 3 = \frac{7\ 135\ 154\ 745}{(236.27)^4} - 3 \approx -0.710\ 4$$

计算结果表明,由$SK > 0$,可知120家企业利润额的分布为右偏分布;$K < 0$,可知120家企业利润额的分布为扁平分布,即该组数据的分布比正态分布平缓。

知识拓展 即测即评

小结

用图表展示数据,可以对数据的分布形状和特征有一个大致的了解。但要想更全面、精准地掌握数据的分布特征,还需要找到反映数据分布特征的各个代表值。对于数据分布特征的描述,我们可以从5个方面进行测度和描述:(1)数据总体规模的测定;(2)对比关系

① 对于原始数据峰度系数的计算可借助Excel软件来完成,具体操作见附录。

的测定;(3)分布的集中趋势,即反映各数据向其中心值靠拢或聚集的程度;(4)分布的离散程度,即反映各数据远离其中心值的程度;(5)分布的形态,即反映数据分布的偏斜程度和峰度。这5个方面分别反映了数据分布的不同侧面。本章主要从这5个方面分别介绍了数据特征值的计算、特点及应用场合。本章内容是统计推断部分的理论基础。

思考题

1.说明众数、中位数和平均数的特点及应用场合。

2.3σ质量控制准则的思想是什么,其对你做人、做事有何启示?

3.要想全面、深入地了解总体数据的分布特征,需要从哪些方面进行描述?

练习题

一、单项选择题

1. 直接反映总体规模大小的指标是(　　)。

A.平均指标　　B.相对指标　　C.总量指标　　D.变异指标

2. 某工业企业的产品年生产量为10万件,期末库存量为3.8万件,它们是(　　)。

A.时期指标　　B.时点指标

C.前者是时期指标,后者是时点指标　　D.前者是时点指标,后者是时期指标

3. 下面属于结构相对数的有(　　)。

A.人口出生率　　B.产值利润率

C.恩格尔系数　　D.工农业产值比

4. 第七次全国人口普查结果显示,我国男女性别比约为105:100,这里的男女性别比属于(　　)。

A.比较相对指标　　B.比例相对指标

C.强度相对指标　　D.结构相对指标

5.众数、中位数均可测度的数据类型是(　　)。

A.定类数据、定序数据　　B.定序数据、定量数据

C.定类数据、定量数据　　D.都可以

6.对于单峰分布的数据,如果数据为左偏分布,则众数、中位数和算术平均数的关系一般为(　　)。

A.众数 < 中位数 < 平均数　　B.众数 < 平均数 < 中位数

C.平均数 < 中位数 < 众数　　D.中位数 < 平均数 < 众数

7.如果一组数据呈现略微偏斜,且已知其均值为560,众数为500,则可推算中位数为(　　)。

A. 520　　B. 540　　C. 510　　D.530

8. 如果一个数据的标准分数是 -1.5，表明该数据（　　）。

A. 比平均数高1.5个标准差　　B. 比平均数低1.5个标准差

C. 等于1.5倍的平均数　　D. 等于1.5倍的标准差

9. 对某个高速路段行驶过的1 000辆汽车的车速进行测量后发现，平均车速是95 km/h，标准差是5 km/h，下列哪个车速可以看作是异常值（　　）。

A. 85　　B.100　　C.105　　D.120

10. 在某公司进行的英语口语测试中，新员工的平均得分是85分，标准差是5分。假设新员工得分的分布未知，则根据切比雪夫不等式得分在70～100分的新员工至少占（　　）。

A. 75%　　B. 89%　　C.95%　　D.99%

11. 如果一组数据服从正态分布，则偏态系数和峰态系数的值分别为（　　）。

A. $SK>0, K<0$　　B. $SK<0, K>0$

C. $SK=0, K=0$　　D. $SK=0, K>0$

二、判断题

1. 总量指标是用绝对数形式表示的。（　　）
2. 带有“均”字的指标都属于平均指标。（　　）
3. 假如学生的体能测试成绩分为优、良、及格和不及格4个等级，为了说明全班同学体能测试水平的高低，其集中趋势的测度只能采用众数。（　　）
4. 中位数是位于中间位置处的数。（　　）
5. 算术平均数与各变量值的离差之和为0。（　　）
6. 离散系数越大，表明数据的均衡性和稳定性越差。（　　）
7. 偏态系数SK的绝对值越大，表明数据的偏斜程度越大。（　　）

三、计算题

1. 某生产水泥的企业，计划年产量40万t，实际年产量45万t；计划降低成本5%，实际降低成本8%；计划劳动生产率提高8%，实际提高10%。分别计算该企业产量、成本、劳动生产率的计划完成程度。

2. 某纺织公司将要出口一批服装，分等级的出口价格及出口金额如下表所示，试计算这批服装的平均出口价格。

等级	出口单价/(元/件)	出口额/元
甲	100	357 600
乙	80	400 000
丙	50	100 000

3. 甲、乙两班同时参加微观经济学课程考试，已知甲班平均成绩为80分，标准差为15分；乙班的成绩分组资料如下：

按成绩分组/分	学生人数/人
60以下	4
60~70	10
70~80	25
80~90	14
90~100	2
总计	55

要求：

(1)计算乙班微观经济学成绩的众数和中位数；

(2)计算乙班微观经济学成绩的平均数及标准差；

(3)比较甲、乙两班哪个班的成绩更稳定？

4. 某足球学校正在准备给新学员定制校服。男学员的校服分大、中、小三种规格，分别适合于身高在176 cm以上、170 ~ 176 cm之间和170 cm以下的男学员。已知该学校有500名男学员，且男学员身高为对称的钟形分布，估计他们的平均身高为173 cm，标准差为3 cm。由此粗略地估计三种规格的校服应该分别订多少套(按一人一套计算)？

5. 已知某大学的微积分课程要开设两个学期。第一学期微积分课程的平均成绩为70分，标准差是5分；第二学期微积分课程的平均成绩为65分，标准差是10分。小明第一学期微积分考试得了80分，第二学期微积分考试得了80分，问小明在哪一个学期的微积分成绩更为理想？

6. 某工厂为了了解甲、乙两个生产车间工人的生产效率情况，为此对甲、乙两个生产车间各80名工人生产零件的情况进行调查，数据如下表所示：

生产零件数/个	甲车间工人数/人	乙车间工人数/人
700以下	8	10
700~900	15	4
900~1 100	20	35
1 100~1 300	24	20
1 300~1 500	10	4
1 500以上	3	7
合计	80	80

要求：

(1)哪个车间工人生产的零件多？

(2)哪个车间工人的技术更稳定？

(3)计算甲乙两个车间工人生产零件数的偏度系数和峰度系数。

(4)哪个车间工人的生产效率更高？

四、案例分析题

某段时间内三类股票投资资金的年平均收益和标准差数据如下表所示：

股票类别	平均收益率/%	标准差/%
A	4.78	2.56
B	7.45	5.32
C	9.51	10.67

根据上表中平均收益和标准差的信息可以得到什么结论？假如你是一个保守型的投资者，你倾向于购买哪一类股票？假如你是一个激进型的投资者，你倾向于购买哪一类股票？为什么？

第五章 概率基础与抽样分布

【典型案例5】如何更好地作出是否购买一批苹果的决策?

俗话说:“一日一苹果,医生远离我。”在众多水果之中,苹果可以说是人们较喜欢的水果之一。假如现在面对一批苹果,人们如何了解它们口感的均值和差异值,以便更好地作出是否购买这批苹果的决策呢?

众所周知,不可能通过将所有的苹果都咬一口品尝来解决这个问题,因为这样做苹果就全部报废了,对买卖双方都毫无益处。人们的有效做法是:从这批苹果中随机挑出几个买下,都咬一口品尝后,得出这几个苹果口感的均值和差异值,以此作为这批苹果口感的均值和差异值,从而作出是否购买这批苹果的决策。从统计学角度来讲,挑出的这几个苹果口感的均值和差异值就是样本平均数$\bar{x}$和样本方差s^2的观测值,这批苹果口感的均值和差异值是总体平均数μ和总体方差σ^2。

用商品质量数据的样本平均数$\bar{x}$、样本方差s^2作为总体平均数μ、总体方差σ^2的做法,是人们购买商品时常用的有效估计方法,其理论依据是本章要学习的内容。

第一节 概率基础

统计活动的基本内容主要是了解所考察总体的状况,特别是要了解该总体的各个参数,比如总体平均数、总体比例和总体方差等。若总体中每个个体的观测值均已知,则所求总体参数可汇总计算而得到。但在生产和生活实践中,出于种种原因,我们不可能对全部对象做试验,只能是抽取部分对象进行研究。比如:研究海里的微生物,客观上不可能对全部海水做试验;检验电视机显像管的使用寿命,这种试验极具破坏性;做全面调查花费大量人力、物力、财力,比如人口普查。所以只能是抽取总体中部分对象进行研究,并据此推断总体,这种做法的理论依据,就是抽样分布理论。而概率论,又为抽样分布提供了理论基础。

一、频数分布

在统计观测活动中，通过现场调查或试验观测，可得到所观测变量在每个个体上的数值，为了对这些数值的大小及分布状况有清晰的了解，可以将变量的各个不同数值及其出现的次数按照顺序列出，得到该变量的**次数分布**，或称**频数分布**。如果总体的频数分布未知，那么就可以用样本频数分布来对总体频数分布进行估计，进而揭示出样本和总体的各种特征。

观测变量的频数分布通常用统计表来展示，这种展示观测变量的频数分布的统计表就称为频数分布表。按照观测变量取值形式的不同，通常可将观测变量划分为定性变量和定量变量两大类。即使是定量变量，有些变量只取少数几个不同的值，而有些变量取无穷多个不同的值。根据变量取值形式和取值多少的不同，实践中，编制频数分布表的方法通常有单变量值分组频数分布表和组距式分组频数分布表两种。

1.单变量值分组频数分布表

有些观测变量只取少数几个离散的值，对于这种变量，可采用单变量值分组的方法，将每一个不同取值作为一组，并计算出各组变量值的个数即各组频数，绘制在一个统计表中，这样的频数分布表通常称为单变量值分组频数分布表。第三章表3-11即为此种表。

2.组距式分组频数分布表

有些观测变量取值虽为离散型，但取值个数较多，或者为连续型变量取无穷多个不同的值，需要采用组距式分组的方法来编制频数分布表。根据第三章的内容，将该变量的所有取值进行组距式分组，并计算各组的频数，绘制在一个统计表中，这样的频数分布表，通常称为组距式分组频数分布表。第三章表3-13即为此种表。

在统计分析中，观测变量的频数分布除了可用频数分布表展示以外，常常还用频数分布图来展示。常用的频数分布图有柱状图、直方图和折线图等等，具体见第三章。

二、概率分布模型

在实践中，不同的观测变量往往其频数分布就不同，若能对这些频数分布进行分类整理，并将每类频数分布都用数学模型加以描述，这将会给统计分析研究带来极大的便利。

从理论上讲，统计中的变量，由于其观测值随着个体的不同而变化，具有随机性，故都是随机变量。又因为频数分布中各组频率之和始终为1，因此，随机变量频数分布的理论模型也称为其的概率分布模型。随机变量分为离散型随机变量和连续型随机变量两种，故而产生了离散型随机变量概率分布模型和连续型随机变量概率分布模型两大类理论模型，它们分别有许多不同的概率分布模型。

（一）离散型随机变量概率分布模型

首先介绍3个常用的离散型随机变量的概率分布。先来认识一个从实践中许多的随机现象中抽象出来的基本概率模型。

伯努利试验 称具备以下3个特点的随机试验为伯努利试验(Bernoulli trials)。

(1)试验可以在相同条件下重复地进行;

(2)试验只有两种结果;

(3)每次试验的结果相互独立。

1. 两点分布(0-1分布)

若随机变量X只取两个值0或1,则其概率分布为

表5-1　两点分布的概率分布

X	0	1
P	$1-\pi$	π

则称X服从参数为π的两点分布或0-1分布,记为$X\sim B(1,\pi)$。

实践中很多情况都可以用两点分布来描述。比如,抛一枚质地均匀的硬币,检验某件产品是否合格,检验明天是否下雨,彩票是否中奖等。而且,这些试验都是伯努利试验。

两点分布常用来研究总体中某一部分个体占全部个体数的比,即在总体中所占的比例。

2. 二项分布

设试验只有两种结果A和$\bar{A}$,且$P(A)=\pi$。以随机变量X表示A在n重伯努利试验中发生的次数,则称X服从参数为n,π的二项分布,记为$X\sim B(n,\pi)$。其概率分布为

$$P(X=k)=C_n^k\pi^k(1-\pi)^{n-k},k=0,1,2,\cdots,n \tag{5.1}$$

可见,一次伯努利试验服从两点分布,n次伯努利试验服从二项分布($n\geqslant 2$)。

3. 泊松分布(Poisson distribution)

若随机变量X的概率分布为

$$P(X=k)=\frac{\lambda^k e^{-\lambda}}{k!}\qquad k=0,1,2,\cdots \tag{5.2}$$

则称X服从参数为$\lambda(\lambda>0)$的泊松分布,记为$X\sim P(\lambda)$。

泊松分布是稀有事件出现次数的分布模型,比如自然灾害、意外事故等出现的次数都近似服从泊松分布。

(二)连续型随机变量概率分布模型

1. 均匀分布

若随机变量X的概率密度函数为

$$f(x)=\begin{cases}\dfrac{1}{b-a}, & a\leqslant x\leqslant b\\ 0, & 其他\end{cases} \tag{5.3}$$

则称X在(a,b)上服从均匀分布,记为$X\sim U(a,b)$,其概率密度函数图像如图5-1所示:

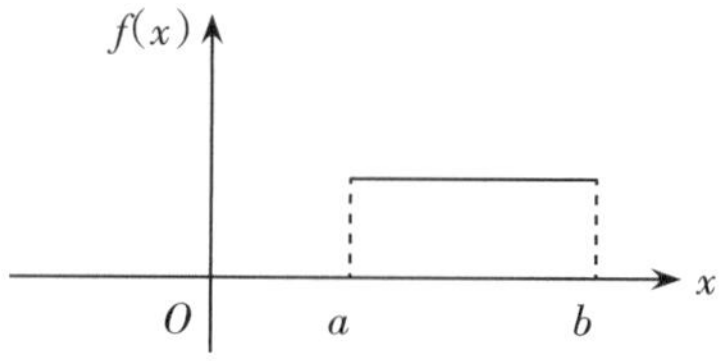

图5-1 均匀分布的概率密度函数

在第三章中,使用组中值代表一组数据时有一个假定条件,即各组数据在本组内呈均匀分布或关于组中值呈对称分布。如果实际数据的分布不符合这一假定,那么用组中值作为一组数据的代表值会有一定的误差。

2.正态分布

若连续型随机变量X的概率密度函数为

$$f(x)=\frac{1}{\sqrt{2\pi}\,\sigma}e^{-\frac{(x-\mu)^2}{2\sigma^2}},\qquad -\infty < x < +\infty \tag{5.4}$$

其中,μ和σ都是常数,且$\sigma > 0$,则称X服从参数为μ和σ的正态分布,记作$X \sim N(\mu,\sigma^2)$,其概率密度函数图像如图5-2所示:

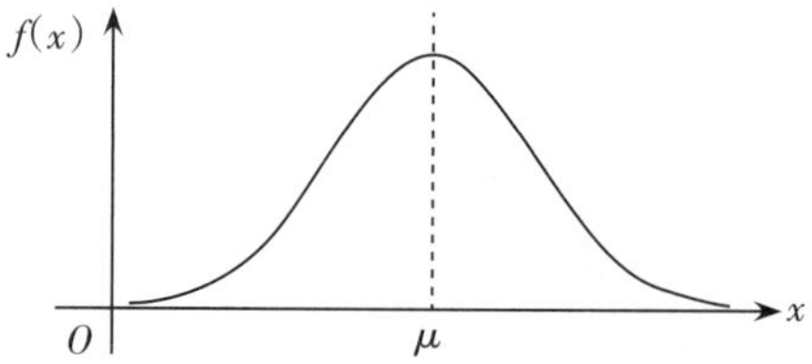

图5-2 正态分布的概率密度函数

正态分布的概率密度曲线是一条中间高、两头低、呈对称形态的钟形曲线。正态分布的两个参数中,μ决定曲线的中心位置,σ决定曲线的陡缓和宽窄形态。如图5-3,当σ恒定时,μ越大,则曲线沿X轴越向右平行移动;反之,μ越小,曲线沿X轴越向左平行移动。当μ恒定时,σ越大,X的取值越分散,曲线越平坦;σ越小,X的取值越集中,曲线越陡峭。(见图5-4)

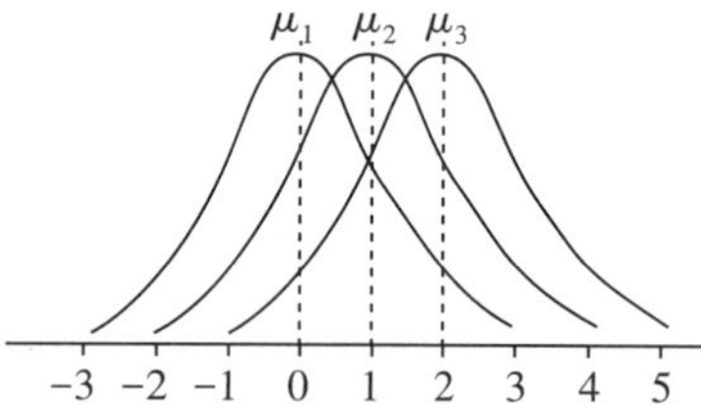

图5-3 σ相同而μ不同的3个正态分布

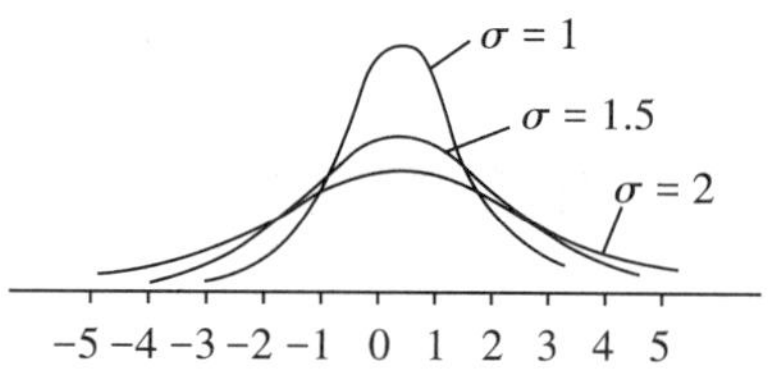

图5-4 μ相同而σ不同的3个正态分布

特别地,当参数$\mu=0,\sigma=1$时,这样的正态分布为标准正态分布,记为$N(0,1)$,其概率密度函数为$\varphi(x)=\frac{1}{\sqrt{2\pi}}e^{-\frac{x^2}{2}}(-\infty < x < +\infty)$。

以下3个分布均是由正态分布导出的分布,它们是后续内容的基础。

3. χ^2 分布

设 $X_1, \cdots, X_n$ 为来自正态总体 $N(0,1)$ 的样本，则称 $\chi^2 = X_1^2 + \cdots + X_n^2$ 所服从的分布为自由度是 n 的 χ^2 分布，记为 $\chi^2(n)$，读作卡方分布。

卡方分布的概率密度函数图像如图5-5所示：

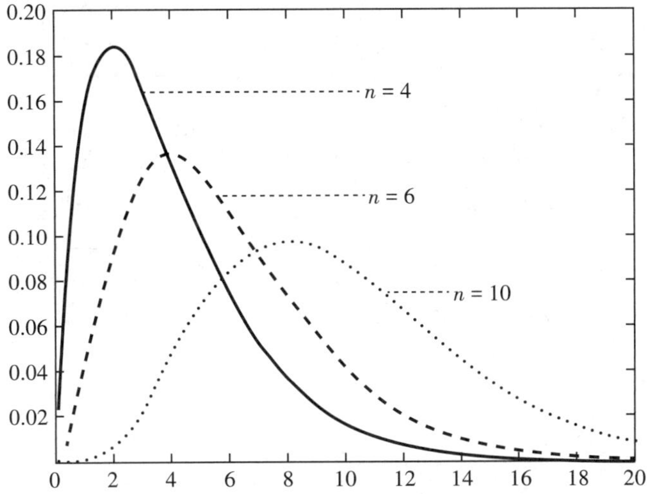

图5-5　卡方分布的概率密度函数

4. t 分布

设 $X \sim N(0,1)$，$Y \sim \chi^2(n)$，且 X, Y 相互独立，则称随机变量 $t = \dfrac{X}{\sqrt{\dfrac{Y}{n}}}$ 所服从的分布为自由度是 n 的 t 分布，记作 $t \sim t(n)$。

t 分布的概率密度函数图像如图5-6所示：

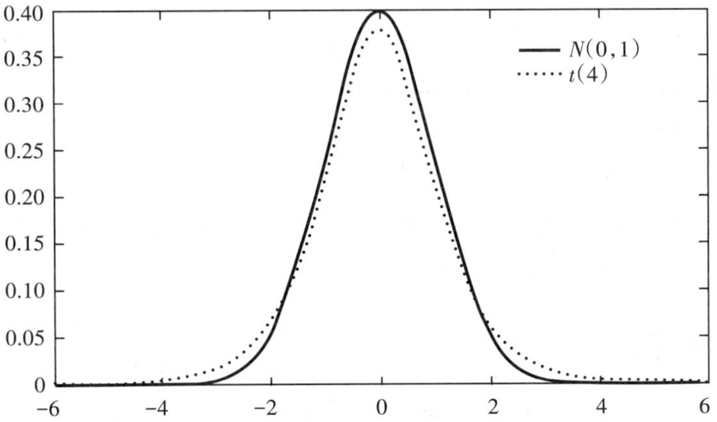

图5-6　t 分布的概率密度函数

t 分布概率密度函数曲线是以纵轴为对称轴的单峰对称图形，其与标准正态分布曲线类似,t分布曲线顶部略低,两尾部稍高而平。自由度n越大,t分布越趋近于标准正态分布,当$n \to \infty$时,t分布与标准正态分布完全一致。

t分布的诞生对统计学中小样本理论和应用起着重要的促进作用。

5. F分布

若$X \sim \chi^2(n_1)$, $Y \sim \chi^2(n_2)$,且X, Y相互独立,则称随机变量$F = \dfrac{\dfrac{X}{n_1}}{\dfrac{Y}{n_2}}$所服从的分布为自由度是$n_1, n_2$的$F$分布,记作$F \sim F(n_1, n_2)$。其中,$n_1$称为第一自由度,$n_2$称为第二自由度。

F分布的概率密度函数图像如图5-7所示:

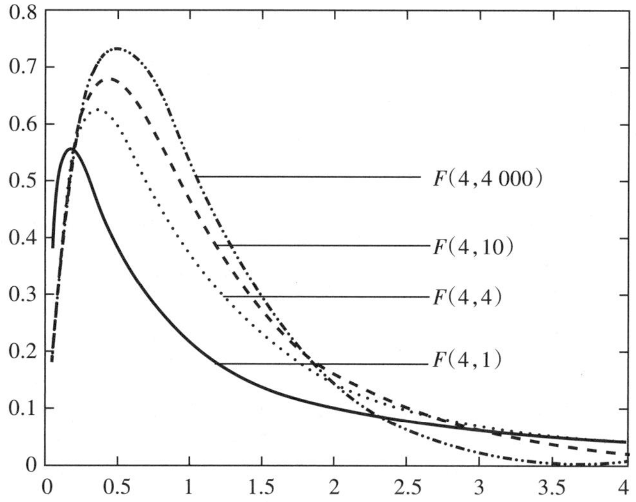

图5-7 F分布的概率密度函数

以下是关于F分布的两个常见结论。

(1)对于给定的$a(0 < a < 1)$,称满足条件:$P\left\{P > F_a(n_1, n_2)\right\} = a$的点$F_a(n_1, n_2)$为$F$分布的$a$分位点。有结论:$F_{1-a}(n_1, n_2) = 1/F_a(n_2, n_1)$。

(2)若随机变量$T \sim t(n)$,则$T^2 \sim F(1, n)$。

正态分布、χ^2分布、t分布、F分布在统计推断中具有十分重要的地位和作用,因这些分布的密度函数都十分复杂,故它们的概率都编成数值表,实际应用中只需查表即可。本书附录中给出了这几种概率分布模型的常用概率数值。

三、随机变量的数字特征

随机变量的概率分布是其概率性质的完整刻画,同时也描述了其统计规律性。下面主要介绍两个数字特征——数学期望和方差,它们无论在理论上和实践上都具有重要的意义。还有两个数字特征协方差和相关系数仅作简要介绍。

(一)数学期望

随机变量X的数学期望，是其所有可能的取值x_i以相应的概率P_i为权数的加权算术平均数，记为$E(X)$。数学期望简称期望，也称均值。实际上，随机变量的数学期望就是根据随机变量的理论分布所计算的算术平均数。

对于离散型随机变量X，根据其概率分布表，数学期望为

$$E(X)=x_1P_1+x_2P_2+\cdots+x_kP_k+\cdots=\sum_i x_iP_i \tag{5.5}$$

式中的级数$\sum_i x_iP_i$应绝对收敛。

例如，对于服从两点分布的随机变量X，只取两个值0或1，其数学期望为

$$E(X)=1\times\pi+0\times(1-\pi)=\pi \tag{5.6}$$

这表明两点分布的数学期望等于其取1的个体数占全部个体数的比。

同理，可得二项分布的数学期望$E(X)=n\pi$，泊松分布的数学期望$E(X)=\lambda$。

若为连续型随机变量，则求和要用定积分，故而对于连续型随机变量X，其数学期望为

$$E(X)=\int_{-\infty}^{+\infty}xf(x)\mathrm{d}x \tag{5.7}$$

式中的定积分$\int_{-\infty}^{+\infty}xf(x)\mathrm{d}x$应绝对收敛。

例如，对于定义在区间$[a,b]$上的均匀分布，其数学期望为

$$E(X)=\int_a^b\frac{1}{b-a}x\mathrm{d}x=\frac{a+b}{2} \tag{5.8}$$

同理，可得正态分布的数学期望$E(X)=\mu$。

在实践中，平均值往往也是人们最为关心的一个特征值，数学期望就是刻画随机变量的平均特征的。

数学期望有以下4条重要性质(设随机变量的期望都存在)：

性质1 若c为常数，则$E(c)=c$。 (5.9)

即常数的期望等于它本身。

性质2 若c为常数，则$E(cX)=cE(X)$。 (5.10)

即常数与随机变量乘积的期望，常数可以直接从括号中提出来。

性质3 $E(X\pm Y)=E(X)\pm E(Y)$。 (5.11)

即两个随机变量和(差)的期望等于它们期望的和(差)。

性质4 若X与Y相互独立，则$E(XY)=E(X)E(Y)$。 (5.12)

即若两个随机变量相互独立，则它们乘积的期望等于期望的乘积。

性质3和性质4都可以做相应的推广，即它们都可以推广到多个的情形，结论依然成立。

（二）方差和标准差

现在有两个批次的苹果，若它们口感值的平均水平相当，此时仅靠期望值无法做出购买哪一批次苹果的决策，我们需要选择另外的度量值来测度苹果的口感值。显然，在均值相等的情况下，每批苹果中，其个体的口感值与总体口感值的平均水平偏离程度越小越好。

刻画偏离程度的大小，不能直接将随机变量的每个取值与其均值的差简单地求平均，即不能简单地使用$X-E(X)$的平均数，因为$X-E(X)$有正有负，正负刚好抵消，其值恒为零。于是考虑使用加绝对值，即考虑用$E[|X-E(X)|]$来描述偏离程度，但在数学上绝对值的处理很不方便，因此常用平方来处理，即用$E\{[X-E(X)]^2\}$来度量该偏离程度，此即方差。

随机变量X的方差，记为$\mathrm{Var}(X)$，是X与其均值的离差平方的期望。即

$$\mathrm{Var}(X)=E\{[X-E(X)]^2\} \tag{5.13}$$

其中，期望$E\{[X-E(X)]^2\}$存在。称$\sqrt{\mathrm{Var}(X)}$为X的标准差。

例如，对于两点分布，其方差为

$$\mathrm{Var}(X)=\pi(1-\pi)$$

表明服从两点分布的随机变量的方差，就等于其取1和0的概率之积。

同理，二项分布的方差为$n\pi(1-\pi)$，泊松分布的方差为λ。均匀分布的方差为$\dfrac{(b-a)^2}{12}$，正态分布的方差为σ^2。

对于随机变量X，$\dfrac{X-E(X)}{\sqrt{\mathrm{Var}(X)}}$称作是$X$的标准化。正态分布的概率求解，通常采取查表的方式，而只有标准正态分布有表可查。因此，可将一般正态分布通过标准化变换转换为标准正态分布，即若$X\sim N(\mu,\sigma^2)$，则$z=\dfrac{X-\mu}{\sigma}\sim N(0,1)$，进而概率求解问题便可迎刃而解。

方差就是刻画随机变量的取值与均值的偏离程度的，它是理论分析中刻画随机变量分布密度曲线形状的最重要指标之一，从理论分布上来讲，它是另一种意义上的期望。比如，正态分布的方差σ^2决定了正态分布概率密度函数曲线的高矮胖瘦。

方差有以下4条重要性质（设随机变量的方差都存在）。

性质1 若c为常数，则$\mathrm{Var}(c)=0$。 (5.14)

即常数的方差为0。因为常数没有偏离程度。

性质2 若c为常数，则$\mathrm{Var}(X+c)=\mathrm{Var}(X)$。 (5.15)

即随机变量与常数和的方差等于随机变量的方差。常数在此处不起作用。

性质3 若c为常数，则$\mathrm{Var}(cX)=c^2\mathrm{Var}(X)$。 (5.16)

即常数与随机变量乘积的方差，常数从括号中提出来要平方。

性质4 若X与Y相互独立，则$\mathrm{Var}(X\pm Y)=\mathrm{Var}(X)+\mathrm{Var}(Y)$。 (5.17)

即若两个随机变量相互独立，则它们和或差的方差都等于方差的和。性质4可推广到多个的情形。

本节所介绍的两个数字特征——数学期望和方差，从根本上来说，它们都是期望。从计算结果角度来讲，它们均为常数，期望可以为任意常数，而方差一定为非负常数。

（三）协方差和相关系数

前面介绍的期望和方差，是刻画一个随机变量的，若要刻画两个随机变量之间的相关关系，要用到的就是下面要介绍的协方差和相关系数。

随机变量X与Y的协方差，记为$\mathrm{Cov}(X,Y)$，即

$$\mathrm{Cov}(X,Y)=E\{[X-E(X)][Y-E(Y)]\} \tag{5.18}$$

协方差有以下4条性质：

性质1 $\mathrm{Cov}(X,Y)=\mathrm{Cov}(Y,X)$。 (5.19)

性质2 设a,b,c,d为常数，则有

$$\mathrm{Cov}(aX+b,cY+d)=ac\mathrm{Cov}(X,Y) \tag{5.20}$$

性质3 $\mathrm{Cov}(X_1+X_2,Y)=\mathrm{Cov}(X_1,Y)+\mathrm{Cov}(X_2,Y)$。 (5.21)

性质4 $\mathrm{Cov}(X,Y)=E(XY)-E(X)E(Y)$。 (5.22)

且当X与Y相互独立时，$\mathrm{Cov}(X,Y)=0$。

协方差受随机变量X和Y的度量单位的影响，为消除这种影响，引进相关系数。

随机变量X与Y的相关系数记为ρ_{XY}，即

$$\rho_{XY}=\frac{\mathrm{Cov}(X,Y)}{\sqrt{\mathrm{Var}(X)\mathrm{Var}(Y)}} \tag{5.23}$$

其中，$\mathrm{Cov}(X)>0$且$\mathrm{Cov}(Y)>0$。

当X与Y相互独立时，$\mathrm{Cov}(X,Y)=0$，从而$\rho_{XY}=0$。但是反之不一定成立，即若$\mathrm{Cov}(X,Y)=0$，即$\rho_{XY}=0$时，不一定有X与Y相互独立。

我们将总体相关系数记为ρ_{XY}，样本相关系数记为r_{XY}。协方差和相关系数的内容将在相关与回归分析里用到，到时会有详细介绍。

四、大数定律和中心极限定理

（一）大数定律

在概率论中，一类重要的极限定理是大数定律。“大数”的意思，是指涉及大量数目的观察值，它表明定律中指出的现象只有在大量次数的试验和观察之下才能成立。比如，某大学有3万名学生，随意抽取其中一名学生并测得其身高x_1，则x_1与全校学生的平均身高μ可能相差很大。若随意观察10名学生的身高并算得其均值，则它与μ更接近的可能性更大。若观测得到100名学生的身高均值，则它与μ接近的可能性进一步增大。大数定律从理论上对这些现象进行了高度的概括和论证。

设$X_1, X_2, \cdots, X_n, \cdots$为独立同分布的随机变量，记它们的均值为$\mu$，方差为$\sigma^2$。则对任意给定的$\varepsilon > 0$，有

$$\lim_{n \to \infty} P(\left|\overline{X}_n - \mu\right| \geqslant \varepsilon) = 0 \tag{5.24}$$

它的意义是，随着n的愈来愈大，$\overline{X}_n$接近于μ的可能性愈来愈大。大数定律非常重要的一个特例，就是抽样分布理论中需要用到的“频率收敛于概率”。

$$\lim_{n \to \infty} P(\left|p_n - p\right| \geqslant \varepsilon) = 0 \tag{5.25}$$

即频率p_n收敛于概率P，常称为伯努利大数定律。

（二）中心极限定理

一般情况下，独立同分布随机变量和的极限分布就是正态分布，这一事实也增加了正态分布的重要性。在概率论中，习惯于把随机变量和的分布收敛于正态分布的那一类定理都叫作中心极限定理。

设$X_1, X_2, \cdots, X_n, \cdots$为独立同分布的随机变量，$E(X_i) = \mu$，方差为$\mathrm{Var}(X_i) = \sigma^2(0 < \sigma^2 < \infty)$。则对任何实数$x$，有

$$\lim_{n \to \infty} P\left(\frac{\sum_{i=1}^{n} X_i - n\mu}{\sqrt{n}\,\sigma} \leqslant x\right) = \Phi(x) \tag{5.26}$$

它的意义是，虽然在一般情况下很难求出随机变量和$\sum_{i=1}^{n} X_i$的分布的精确形式，但当n很大时，可以通过$\Phi(x)$给出其近似值。比如，若$\mu = 1, \sigma^2 = 9, n = 10\,000$，$P\left(X_1 + \cdots + X_{10\,000} \leqslant 10\,375\right)$就可用(5.26)式得到近似值为$\Phi(1.25) = 0.894\,4$。

在经济管理领域的应用中，考虑到大多数的观测变量可能都是非正态分布变量，所以在大样本情况下，样本统计量的实际概率分布能与其极限分布充分近似，从而保证统计推断具有充分的可靠性。

第二节　抽样分布基本概念

一、样本容量和样本个数

总体是研究的所有个体构成的集合，其中的个体的数目常用N表示。从中抽取部分个体构成一个样本，构成样本的个体的数目，常用n表示，称为样本容量，也称样本量。例如，典型案例5中，一批苹果假定共有400个，从中抽取8个进行品尝，那么，N等于400，而n等于8。显然，从中可以得到很多个样本。

从一个含有N个个体的总体中，抽取样本容量为n的样本，可得到很多个样本，此即样本的个数。典型案例5中，将400个苹果进行编号：1，2，…，400，则随机抽取的样本可能是

由编号为1~8的这8个苹果构成,也可能是由编号为101~108的8个苹果构成,具体样本可用随机数表选取,样本的个数有很多,具体多少由抽样方法决定,相关内容请参阅本书第二章和介绍抽样方法的相关书籍。

二、参数和统计量

在第一章中,我们介绍过参数和统计量的概念。参数是用来描述总体数量特征的,是研究者想要了解的总体的某种特征值,如总体均值μ、总体比率π、总体方差σ^2等;而统计量是用来描述样本数量特征的,是由样本构造的函数,如样本均值$\overline{X}$、样本比率p、样本方差s^2等。由于总体是唯一的、固定不变的,通常也是未知的,故参数往往是一个未知的常数;而样本不唯一,且一旦抽取出来,就成为已知,故统计量是随机变量,其取值随着样本的变化而变化。

抽样的目的就是要根据样本统计量去估计或推断总体参数。比如,常用样本均值$\overline{X}$去推断总体均值μ、用样本比率p去推断总体比率π、用样本方差s^2去推断总体方差σ^2,此种做法的理论依据就是样本统计量的抽样分布。

三、抽样分布

统计量是随机变量,因此,统计量有概(频)率分布,抽样分布就是统计量的概率分布。如样本均值的概率分布、样本比率的概率分布、样本方差的概率分布等都称为抽样分布。

关于概率论的知识,本章只是引用,不作证明①。

以下将以样本均值为例说明统计量的抽样分布。

【例5-1】设有一个总体,含有5个个体:10,20,30,40,50,即$N = 5$。采取重复抽样的方式从中抽取样本容量为2的样本,即$n = 2$。试写出样本均值$\overline{X}$的抽样分布。

解:由于$N = 5, n = 2$,从总体中采取重复抽样的方式抽取样本,则样本共有$N^n = 5^2 = 25$个。计算出这25个样本的均值$\overline{X}$,其结果如表5-2所示。

表5-2 $n = 2$时样本均值$\overline{X}$的抽样及其取值情况

样本序号	样本中的个体	样本均值$\overline{X}$	$\overline{X}$取值的概率
1	10,10	10	$\frac{1}{25}$
2	10,20	15	$\frac{2}{25}$
3	10,30	20	$\frac{3}{25}$
4	10,40	25	$\frac{4}{25}$

① 相关内容可以参阅概率论与数理统计相关教材。

续表

样本序号	样本中的个体	样本均值$\overline{X}$	$\overline{X}$取值的概率
5	10,50	30	$\frac{5}{25}$
6	20,10	15	
7	20,20	20	
8	20,30	25	
9	20,40	30	
10	20,50	35	$\frac{4}{25}$
11	30,10	20	
12	30,20	25	
13	30,30	30	
14	30,40	35	
15	30,50	40	$\frac{3}{25}$
16	40,10	25	
17	40,20	30	
18	40,30	35	
19	40,40	40	
20	40,50	45	$\frac{2}{25}$
21	50,10	30	
22	50,20	35	
23	50,30	40	
24	50,40	45	
25	50,50	50	$\frac{1}{25}$

从而，样本均值$\overline{X}$的概率分布如表5-3所示。

表5-3　$n=2$时样本均值$\overline{X}$的抽样分布

$\overline{X}$	10	15	20	25	30	35	40	45	50
P	$\frac{1}{25}$	$\frac{2}{25}$	$\frac{3}{25}$	$\frac{4}{25}$	$\frac{5}{25}$	$\frac{4}{25}$	$\frac{3}{25}$	$\frac{2}{25}$	$\frac{1}{25}$

在例5-1中，若样本容量$n=4$，则样本共有$N^n=5^4=625$个，研究工作量将大大增加。例5-1中的总体是一个非常小的总体，现实世界中，我们面对的总体往往很大，进而样本数目将很可观，往往不可能将所有的样本都抽取出来，因此抽样分布实质上是一种理论分布。它可能是精确的某已知分布，也可能是以某已知分布的极限分布。目前，样本统计量的精

确分布,都是在正态总体小样本情况下导出,而样本统计量的极限分布,一般都是在不限定总体分布形式且为大样本的情况下使用。在统计学的抽样分布理论中,至今已求出的精确抽样分布并不多,在实际应用中,常用的是极限分布。

抽样分布理论在推断统计中具有重要的作用,它是后续参数估计和假设检验的理论依据和基础。

四、抽样分布的数字特征

(一)样本均值的数字特征

设总体X的平均数为μ,方差为σ^2,采取重复抽样的方式,从该总体中抽取容量为n的样本:$X_1,\cdots,X_n$,它们相互独立并且与总体同分布。根据数学期望(平均数)和方差的性质,可推出样本均值$\overline{X}$的数学期望(平均数)、方差与总体的平均数、方差之间的关系为

$$E(\overline{X})=\mu_{\overline{X}}=\mu,\ \sigma_{\overline{X}}^2=\frac{\sigma^2}{n} \tag{5.27}$$

例5-1中样本均值的平均数

$$\mu_{\overline{X}}=10\times\frac{1}{25}+15\times\frac{2}{25}+20\times\frac{3}{25}+25\times\frac{4}{25}+30\times\frac{5}{25}+35\times\frac{4}{25}+40\times\frac{3}{25}+45\times\frac{2}{25}+50\times\frac{1}{25}=\frac{750}{25}=30$$

而总体均值

$$\mu=\frac{1}{5}\times(10+20+30+40+50)=\frac{150}{5}=30$$

样本均值的方差

$$\sigma_{\overline{X}}^2=E(\overline{X}^2)-[E(\overline{X})]^2=1\,000-900=100$$

而总体方差

$$\sigma^2=E(X^2)-[E(X)]^2=1\,100-900=200$$

又由于样本容量$n=2$,这就验证了公式(5.27)的正确性。

由公式(5.27)可知:$\overline{X}$的期望为总体平均数μ,方差为$\frac{\sigma^2}{n}$。随着n的增大,$\overline{X}$的方差越来越小,从而$\overline{X}$的取值越来越向着μ靠拢,故用$\overline{X}$去估计μ理论依据成立。

由此可见,典型案例5中,人们在一批苹果中随机挑选出几个尝一口后,用这几个苹果口感的均值去估计这批苹果口感的均值的做法是站得住脚的。

以上结论均建立在重复抽样情形下,若是在不重复抽样情形下,方差需要用系数$\frac{N-n}{N-1}$进行修正,从而样本均值的数字特征是

$$E(\overline{X})=\mu_{\overline{X}}=\mu,\sigma_{\overline{X}}^2=\frac{\sigma^2}{n}\frac{N-n}{N-1} \tag{5.28}$$

由此:用$\overline{X}$去估计μ理论依据同样成立。

(二)样本比率的数字特征

设随机变量 $X \sim B(1,\pi)$，即两点分布，其数学期望（平均数）为 $E(X)=\pi$，方差为 $\mathrm{Var}(X)=\pi(1-\pi)$。

比率，即总体（或样本）中具有某种属性的个体数与全部个体数之比，总体比率记为 π。现有一总体，服从两点分布，采取重复抽样的方式从中抽取容量为 n 的样本：$X_1,\cdots,X_n$，它们相互独立并且与总体同分布。$X_1,\cdots,X_n$ 中变量值1出现次数记为 $n_1(0\leqslant n_1\leqslant n)$，那么变量值1出现次数所占的比率为 $\frac{n_1}{n}$，即为样本比率 p。比如，从某校随机抽取一个班级，共 n 人，其中女生人数为 n_1，样本比率为 $p=\frac{n_1}{n}$。总体比率类似，只是所针对的对象由样本变为总体而已。

根据数学期望（平均数）和方差的性质，可推出样本比率 p 的数学期望（平均数）、方差与总体的平均数、方差之间的关系：

$$E(p)=\mu_p=\pi,\ \sigma_p^2=\frac{\pi(1-\pi)}{n} \tag{5.29}$$

由公式(5.29)可知：p 的期望为总体平均数（即总体比率 π），方差为 $\frac{\pi(1-\pi)}{n}$。随着 n 的增大，p 的方差越来越小，从而 p 的取值越来越向着 π 靠拢，故用 p 去估计 π 理论依据成立。

以上结论均建立在重复抽样情形下，若是在不重复抽样情形下，当样本容量很大时，方差需要用系数 $\frac{N-n}{N-1}$ 进行修正，从而样本比率的数字特征为

$$E(p)=\mu_p=\pi,\sigma_p^2=\frac{\pi(1-\pi)}{n}\frac{N-n}{N-1} \tag{5.30}$$

由此：用 p 去估计 π 理论依据同样成立。

(三)抽样平均误差

统计量抽样分布的标准差，称为统计量的抽样平均误差。有时也称标准误差。抽样平均误差可用于说明抽样误差的大小。抽样误差是指由抽样的随机性引起的样本结果与总体的真实值之间的差异，它描述的是所有样本可能的结果与总体真值之间的平均差异。

样本均值的方差为 $\sigma_{\overline{X}}^2$，故标准差为 $\sigma_{\overline{X}}$。当总体标准差 σ 未知时，可用样本标准差 s 代替，此时得到的标准差称为估计标准差。

样本比率的方差为 σ_p^2，故标准差为 σ_p。当总体比率 π 未知时，可用样本比率 p 代替，此时得到的标准差称为估计标准差。

样本方差的方差为 $\sigma_{s^2}^2$，故标准差为 σ_{s^2}。当总体标准差 σ 未知时，可用样本标准差 s 代替，此时得到的标准差称为估计标准差。

第三节　几个常见的抽样分布

抽样分布即统计量的概率分布。本节将分别对样本均值、样本比率以及样本方差的抽样分布作详细的讨论。

如无特别说明,本章中的抽样方式均指重复抽样。

一、样本均值$\overline{X}$的抽样分布

样本均值$\overline{X}$的抽样分布就是采取重复抽样的方式,选取容量为n的所有样本,由样本均值$\overline{X}$的所有可能的取值形成的概率分布。它是推断总体均值μ的理论基础。

以下分两种情况来讨论样本均值$\overline{X}$的抽样分布类型。

(一)总体服从正态分布

根据正态分布的再生定理:若总体变量X服从正态分布,且总体期望为μ,方差为σ^2,从这个总体中抽取容量为n的样本,则样本均值$\overline{X}$也服从正态分布$N(\mu, \frac{\sigma^2}{n})$。

但是在实践中,很多时候总体并不服从正态分布,此时$\overline{X}$的抽样分布又将是什么情况呢?

(二)总体服从非正态分布

由概率论中的独立同分布中心极限定理可知,不论总体是何概率分布,只要样本量n足够大,其样本均值的概率分布总是趋近于以总体均值为中心,以总体方差除以样本量为方差的正态分布。它是统计学中的抽样分布理论的重要前提[①],下面仅对该定理结论的意义作简要说明。

独立同分布中心极限定理表明:对于非正态总体,只要它的期望和方差存在,那么从中抽取出的独立同分布样本$X_1, \cdots, X_n$,其均值在当n很大时,就会近似服从$N(\mu, \frac{\sigma^2}{n})$。即$n$越大,$X_1, \cdots, X_n$的均值的分布越接近于正态分布。由此也可以看出正态分布在统计学中的重要地位。

中心极限定理中要求“n很大”,多大才叫n很大呢?若总体偏离正态分布越远,则要求n越大。在实际应用中,一般取$n \geqslant 30$,此时称样本为大样本[②]。若为小样本,即$n < 30$,而且总体分布不是正态分布,此时不能按照正态分布来处理,要运用小样本的相关理论来讨论。

综上所述,样本均值$\overline{X}$的抽样分布图见图5-8。

① 独立同分布中心极限定理具体内容参阅概率论与数理统计相关教材。

② 因为从理论上讲,$n \geqslant 30$时得到的样本个数已经很大,因此得到的统计量的概率分布可以近似于正态分布。

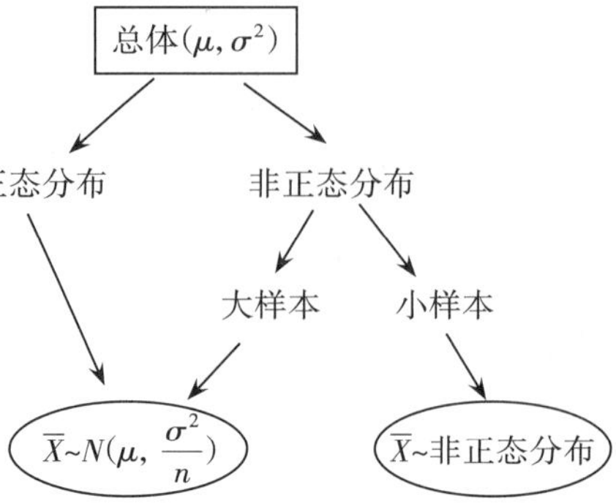

图5-8　样本均值$\overline{X}$的抽样分布图

根据本章第二节,在不重复抽样情形下,样本均值的抽样分布为

$$\overline{X}\sim N(\mu,\ \frac{\sigma^2}{n}\frac{N-n}{N-1}) \tag{5.31}$$

【例5-2】假设在一个饭店门口等待出租车的时间是服从左偏分布的,均值为12 min,标准差为3 min。从饭店门口随机抽取100名顾客并记录他们等待出租车的时间,抽取若干个这样的样本,考察这些样本的平均等待时间的抽样分布。

解:依题意,总体均值$\mu=12$,$\sigma=3$,根据中心极限定理可知:样本均值(样本的平均等待时间)的抽样分布为

$$\overline{X}\sim N(\mu,\ \frac{\sigma^2}{n}),\text{即}\overline{X}\sim N(12,\ \frac{3^2}{100})$$

【例5-3】人口普查发现,某地区成年男子的身高服从正态分布$N(175,6^2)$,采取重复抽样的方式从该地区抽取64名成年男子构成样本,求样本均值的期望和方差。

解:依题意,总体服从正态分布,且$\mu=175$,$\sigma^2=6^2$。根据正态分布的再生定理可知,样本均值$\overline{X}\sim N(175,\ \frac{6^2}{64})$,即样本均值的期望$\mu_{\overline{X}}=175$,样本均值的方差$\sigma_{\overline{X}}^2=\frac{6^2}{64}=\frac{9}{16}$。

在实际问题中,我们经常会遇到比较两个平均值的情况。以下对两个样本均值之差的抽样分布做简要介绍。

设$\overline{X}_1$是独立抽取自正态总体$N(\mu_1,\sigma_1^2)$的样本均值,其样本容量为n_1,$\overline{X}_2$是独立抽取自正态总体$N(\mu_2,\sigma_2^2)$的样本均值,其样本容量为n_2,则两个样本均值之差$(\overline{X}_1-\overline{X}_2)\sim N\left(\mu_1-\mu_2,\ \frac{\sigma_1^2}{n_1}+\frac{\sigma_2^2}{n_2}\right)$。

与一个总体情形类似地,对于两个非正态总体,当n_1和n_2都较大时,即$n_1\geqslant 30$,$n_2\geqslant 30$,则两个样本均值之差$\overline{X}_1-\overline{X}_2$近似服从$N(\mu_1-\mu_2,\ \frac{\sigma_1^2}{n_1}+\frac{\sigma_2^2}{n_2})$。

二、样本比率p的抽样分布

样本比率p的抽样分布,就是采取重复抽样的方式,选取容量为n的所有样本,由样本

比率 p 的所有可能的取值形成的概率分布。它是推断总体比率 π 的理论基础。

样本比率是总体比率的估计量，而总体比率是两点分布总体的均值，因此样本比率也就是抽自两点分布总体的样本均值。即样本比率也是一种特殊形式的样本均值。由于两点分布总体并非正态分布总体，所以只能给出大样本条件下样本比率的抽样分布。

从而，根据样本均值的抽样分布理论，即对样本比率使用中心极限定理：当样本容量很大时，样本比率近似服从正态分布。其中，一般地，若能同时满足 $n\pi \geqslant 5$ 和 $n(1-\pi) \geqslant 5$，就可以认为样本容量很大。

在满足条件的情况下，与样本均值抽样分布理论类似，根据期望和方差的性质，样本比率 p 的抽样分布为

$$p \sim N\left(\pi, \frac{\pi(1-\pi)}{n}\right) \tag{5.32}$$

在不重复抽样情形下，当样本容量很大时，样本比率的抽样分布为

$$p \sim N\left(\pi, \frac{\pi(1-\pi)}{n}\frac{N-n}{N-1}\right) \tag{5.33}$$

需要说明的是，样本均值和样本比率抽样分布的方差，在不重复抽样情形下，对于无限总体也可以按重复抽样来处理，即方差不用修正；对于有限总体，则要用修正系数 $\frac{N-n}{N-1}$ 进行修正，另外，若此时 N 很大而抽样比 $\frac{n}{N} \leqslant 5\%$ 时，修正系数 $\frac{N-n}{N-1}$ 趋于1，方差可以按重复抽样情形时（即不用修正）的公式计算。

以下给出两个样本比率之差的抽样分布。

现分别从两个二项总体（总体比率分别为 π_1、π_2）中抽取两个相互独立的样本，样本容量分别为 n_1 和 n_2，当 n_1 和 n_2 很大时，两个样本比率之差 $p_1 - p_2$ 近似服从 $N\left(\pi_1 - \pi_2, \frac{\pi_1(1-\pi_1)}{n_1} + \frac{\pi_2(1-\pi_2)}{n_2}\right)$。

三、样本方差 s^2 的抽样分布

有关样本方差 s^2 的抽样分布，就是采取重复抽样的方式，选取容量为 n 的所有样本，由样本方差 s^2 的所有可能的取值形成的概率分布。它是推断总体方差 σ^2 的理论基础。

设正态总体的均值为 μ，方差为 σ^2，$X_1, \cdots, X_n$ 为来自该正态总体的样本，则

$$\frac{(n-1)s^2}{\sigma^2} \sim \chi^2(n-1) \tag{5.34}$$

称 $\frac{(n-1)s^2}{\sigma^2}$ 服从自由度为 $n-1$ 的 χ^2 分布（卡方分布）。

以下给出两个样本方差之比的抽样分布。

从正态总体 $N(\mu_1, \sigma_1^2)$ 中抽取样本容量为 n_1 的样本，其方差为 s_1^2，从正态总体 $N(\mu_2, \sigma_2^2)$

中抽取样本容量为n_2的样本，其方差为s_2^2，且样本之间相互独立，则两个样本方差之比的抽样分布为

$$\frac{\dfrac{s_1^2}{s_2^2}}{\dfrac{\sigma_1^2}{\sigma_2^2}}=\frac{\dfrac{s_1^2}{\sigma_1^2}}{\dfrac{s_2^2}{\sigma_2^2}}\sim F\left(n_1-1,n_2-1\right) \tag{5.35}$$

其中，方差计算公式的自由度均为样本容量减1，即具有无偏性的方差。

知识拓展　即测即评

小结

抽样分布这部分内容理论性较强，为了阐述抽样分布的必要性以及抽样分布理论在生活实践中的应用，本章由日常生活中的案例引入，以此激发读者对实践中同类问题的思考。

本章脉络如下：抽样分布即样本统计量的概率分布。统计量都是随机变量，随机变量就有概率分布，要研究概率分布就涉及数字特征，因此本章开篇按此思路介绍了与抽样分布的一些基本概念。由抽样分布内容可知，3个样本统计量$\overline{X}$、p、s^2的期望分别为μ、π、σ^2，而且它们的方差都随着样本容量n的增大越来越小，样本统计量的取值越来越向着总体参数的真实值靠拢。由此为用$\overline{X}$、p、s^2分别去估计μ、π、σ^2的做法提供理论依据，这种做法就是第六章参数估计和第七章假设检验的基础。总而言之，本章为后续章节奠定了基础。

思考题

1. 典型案例5中做法是在这批苹果中随机选出几个买下，都咬一口后得出这几个苹果口感的均值和差异值，由此估计出这批苹果口感的均值和差异值。这种做法的理论依据是什么？为什么行得通？

2. 典型案例5告诉我们抽样分布的必要性，请你举出自己生活和学习中运用抽样分布的例子。

练习题

一、判断题

1. 样本统计量是随机变量。（　　）

2. $\overline{X}$、p、s^2的抽样分布都与样本容量n有关。（　　）

3. 中心极限定理表明：无论总体服从什么分布，当n很大时，样本均值就会近似服从正态分布$\overline{X}\sim N(\mu,\sigma^2)$。（　　）

4. 无论总体为何分布，若有 $n\pi \geqslant 5$ 和 $n(1-\pi) \geqslant 5$，样本比率 $p \sim N\left(\pi, \dfrac{\pi(1-\pi)}{n}\right)$。（　　）

5. 设从正态总体中采取重复抽样的方式抽取样本，则 $\dfrac{(n-1)s^2}{\sigma^2}$ 服从自由度为 $n-1$ 的 χ^2 分布。（　　）

二、单项选择题

1. 抽样分布是指（　　）。

A. 样本数量的分布　　B. 一个样本各观测值的分布

C. 样本统计量的概率分布　　D. 总体中各观测值的分布

2. 根据中心极限定理可知，当样本容量充分大时，样本均值的抽样分布服从正态分布，其分布的期望为（　　）。

A. μ　　B. $\overline{X}$　　C. σ^2　　D. $\dfrac{\sigma^2}{n}$

3. 根据中心极限定理可知，当样本容量充分大时，样本均值的抽样分布服从正态分布，其分布的方差为（　　）。

A. μ　　B. $\overline{X}$　　C. σ^2　　D. $\dfrac{\sigma^2}{n}$

4. 从均值为 μ，方差为 σ^2（有限）的任意一个总体中抽取大小为 n 的样本，则（　　）。

A. 当 n 充分大时，样本均值 $\overline{X}$ 近似服从正态分布

B. 只有当 $n<30$ 时，样本均值 $\overline{X}$ 近似服从正态分布

C. 样本均值 $\overline{X}$ 的分布与 n 无关

D. 无论 n 多大，样本均值 $\overline{X}$ 都服从非正态分布

5. 从服从正态分布的总体中分别抽取容量为5，8，12的样本，则样本均值 $\overline{X}$ 的标准差分别会（　　）。

A. 保持不变　　B. 逐渐增大　　C. 逐渐减小　　D. 无法确定

6. 假设总体比率为0.4，采取重复抽样的方法从此总体中抽取容量为100的样本，则样本比率的期望为（　　）。

A.0.3　　B. 0.4　　C. 0.5　　D. 0.45

7. 假设总体比率为0.55，从此总体中重复抽取容量为100的样本，则样本比率的标准差约为（　　）。

A.0.01　　B. 0.05　　C. 0.06　　D. 0.55

8. 当总体服从正态分布时，$\dfrac{(n-1)s^2}{\sigma^2}$ 的抽样分布服从（　　）。

A. 正态分布　　B. χ^2 分布　　C. F 分布　　D. t 分布

三、分析题

某汽车联合会是一个拥有200个俱乐部的非盈利联盟，它对其成员提供旅行、金融、保险以及与汽车相关的各项服务。2019年8月，该联合会通过对会员调查得知一个四口之家出游中平均每日餐饮和住宿费用大约是1 400元。假设这个花费的标准差是105元，并且报道的平均每日消费是总体均值。选取49个四口之家构成一个样本，并对其在2019年9月期间的旅行费用进行记录。现抽取了若干个这样的样本进行研究。请给出$\overline{X}$(49个家庭平均每日餐饮和住宿的消费)的抽样分布。若采取的抽样方式是不重复抽样，该抽样分布会有什么不同呢？

第六章　参数估计

【典型案例6】二战中苏军用统计学破解了德军坦克产量的秘密

二战期间,希特勒单方撕毁《苏德互不侵犯条约》,向苏联的整个西线发动了蓄谋已久的“闪电战”侵略。战场上德军坦克战斗力强。为了保家卫国和打败侵略者,苏军非常想知道:德军总共生产了多少辆坦克?

为解决此问题,苏军了解到德国人在生产坦克方面是从1开始连续编号,即坦克编号服从均匀分布。在战争过程中,苏军缴获了一些德军坦克,并收集了它们的生产编号。苏联统计专家发现:德国坦克生产总数N用最大似然法无偏性后的点估计结果较好,即$N=(1+1\div n)\times$缴获坦克的最大编号,n是缴获的坦克数。如缴获了50辆坦克,它们的最大生产编号是3 000,那么坦克生产总数的点估计是$N=(1+1\div 50)\times 3\ 000=3\ 060$。以此类推,苏军知道了德军飞机、大炮、枪支数量,并由此推知了德国军事力量的规模。于是,苏军积蓄了充足的军力,联合盟军一起打败了二战中疯狂的德军并占领了柏林。

从战后发现的德军记录来看,苏军的这些估计值非常接近真实值,比其他情报方式(如间谍)作出的估计要大大接近于真实数目。

这就是统计学帮助苏军并打败德军的典型案例,是军事问题、点估计相结合的成果!点估计是统计学的重要方法,也是本章将要学习的内容。

总体中的参数通常是不知道的,如典型案例6中的德国坦克生产总数N等,但它恰恰是我们决策中要了解的。参数估计就是从总体中抽取样本,构造相应的统计量去估计总体的参数。

设从总体中抽取容量为n的样本观测量是$(X_1,\cdots,X_n)$,在参数估计中,用于估计总体参数θ的统计量$\hat{\theta}=\hat{\theta}(X_1,\cdots,X_n)$称为$\theta$的**估计量**,它是一个随机变量。参数估计包括点估计和区间估计。本章先讨论一个总体的参数估计问题,第一节讨论点估计,第二节讨论区间估计,第三节讨论两个总体的参数估计,第四节讨论样本容量的确定。

第一节 点估计

我们用样本均值作为总体均值的估计，用样本比率作为总体比率的估计，用样本方差作为总体方差的估计等，这就是点估计。一般地，**点估计**是用对应的估计量值$\hat{\theta}$作为相应总体参数θ的估计。如对某大学一年级新生的平均月消费μ进行估计，随机抽取100名学生，测得其月平均消费$\bar{x}=1\,200$元，用$\bar{x}$作为该大学一年级新生的平均月消费μ，即是点估计。

点估计的求解方法很多，这里主要介绍矩估计法和最大似然估计法。

一、矩估计法

矩估计法是一种常用的估计方法，其基本思想是，用样本原点矩作为总体原点矩的估计。

设k个参数$\theta=(\theta_1,\theta_2,\cdots,\theta_k)'$，求$k$个参数$\theta$矩估计$\hat{\theta}=(\hat{\theta}_1,\hat{\theta}_2,\cdots,\hat{\theta}_k)'$需要建立$k$个方程，方法是：设总体的一个样本观测值是$(x_1,x_2,\cdots,x_n)$，其一阶原点矩$A_l=\frac{1}{n}\sum_{i=1}^{n}x_i^l$，总体观测量$X$的一阶原点矩$m_l=E(X^l)=m_l(\theta)$，用样本原点矩$A_l$作为总体原点矩$m_l$的估计，得出$k$个方程$A_l=m_l\left(\hat{\theta}\right)(l=1,\cdots,k)$，解此方程组得出的$\hat{\theta}$即为参数$\theta$的矩估计。

【例6–1】设总体X的均值μ及方差σ^2都存在但均未知，设来自总体X的一个样本是$(x_1,x_2,\cdots,x_n)$，求μ,σ^2的矩估计$\hat{\mu},\hat{\sigma}^2$。

解：是两个参数，故需要建立两个方程。

因为$\begin{cases}m_1=E(X)=\mu\\ m_2=E(X^2)=D(X)+[E(X)]^2=\sigma^2+\mu^2\end{cases}$，令$\begin{cases}A_1=\hat{\mu}\\ A_2=\hat{\sigma}^2+\hat{\mu}^2\end{cases}$，

得$\begin{cases}\hat{\mu}=A_1\\ \hat{\sigma}^2=A_2-A_1^2\end{cases}$，即$\begin{cases}\hat{\mu}=\bar{x}\\ \hat{\sigma}^2=\frac{1}{n}\sum_{i=1}^{n}x_i^2-\bar{x}^2=\frac{1}{n}\sum_{i=1}^{n}(x_i-\bar{x})^2\end{cases}$

即总体均值的矩估计是样本均值，而总体方差（即总体的二阶中心矩）矩估计是样本二阶中心矩。上述结果表明，求总体均值与方差的矩估计无需知道总体服从什么分布。

二、最大似然估计法

最大似然估计法是由英国统计学家费歇尔提出的。

设总体观测量X的分布律为$P(X=x)=p(x,\theta)$（对于连续型随机变量，则利用其密度函数），$\theta=(\theta_1,\theta_2,\cdots,\theta_k)'$为待估参数，$x_1,x_2,\cdots,x_n$是来自总体的一个样本观察值，则样本观测量$(X_1,\cdots,X_n)$取到$(x_1,x_2,\cdots,x_n)$的概率为

$$P = \prod_{i=1}^{n} p\,(x_i, \theta)$$

它是关于θ的函数，令$L(\theta) = L(x_1, x_2, \cdots, x_n, \theta) = \prod_{i=1}^{n} p(x_i, \theta)$，我们称$L(\theta)$为似然函数（这里的$x_1, x_2, \cdots, x_n$是已知的样本观测值，它们都是常数）。

最大似然方法的基本思想是：固定样本观测值$(x_1, x_2, \cdots, x_n)$，在$\hat{\theta}$可能的取值中，挑选使似然函数$L(\hat{\theta})$达到最大（从而概率P达到最大）的$\hat{\theta}$作为参数θ的估计。这样得到的$\hat{\theta}$称为参数θ的最大似然估计。因此，求参数θ的最大似然估计问题就转化为求似然函数$L(\theta)$的最大值问题了。

【例6-2】设$X \sim N(\mu, \sigma^2)$，μ, σ^2未知，$(x_1, x_2, \cdots, x_n)$是来自总体的一个样本观测值，求μ，σ^2的最大似然估计。

解：是两个参数，故需要建立两个方程。

因为 $X \sim f(x;\ \mu, \sigma) = \dfrac{1}{\sqrt{2\pi}\,\sigma} e^{-\frac{(x-\mu)^2}{2\sigma^2}}$，$x \in \mathbf{R}$，

所以似然函数为

$$L(\mu, \sigma^2) = \prod_{i=1}^{n} \frac{1}{\sqrt{2\pi}\,\sigma} e^{-\frac{(x_i-\mu)^2}{2\sigma^2}} = (2\pi\sigma^2)^{-\frac{n}{2}} e^{-\frac{1}{2\sigma^2}\sum_{i=1}^{n}(x_i-\mu)^2}$$

$L(\mu, \sigma^2)$取对数后，分别对μ, σ^2求偏导数并令其为0，将μ, σ^2取为$\hat{\mu}, \hat{\sigma}^2$，得两个方程，解此方程组得$\mu, \sigma^2$的最大似然估计：

$$\hat{\mu} = \bar{x}, \hat{\sigma}^2 = \frac{1}{n}\sum_{i=1}^{n}(x_i - \bar{x})^2$$

上述结果表明，求总体均值与方差的最大似然估计需要知道总体分布。

三、估计量的优良性标准

我们以上简单介绍了点估计的两种方法，不同的估计方法，可能得到相同的估计量，也可能得到不同的估计量。那么，我们应该如何评价估计量的好坏呢？这里给出参数估计量的评价标准——无偏性、有效性和一致性，我们称之为**估计量的优良性标准**。

1. 无偏性

设θ为总体参数，$\hat{\theta}$为θ的一个估计量，如果$E(\hat{\theta}) = \theta$，则称$\hat{\theta}$是θ的无偏估计量。即θ是$\hat{\theta}$的重心，$\hat{\theta}$与θ的距离最近。

2. 有效性

设$\hat{\theta}_1, \hat{\theta}_2$为$\theta$的两个无偏估计量，如果有$D(\hat{\theta}_1) < D(\hat{\theta}_2)$，则称$\hat{\theta}_1$比$\hat{\theta}_2$有效。即对于同一总体参数的两个无偏估计量来说，方差越小的估计量越有效。

3.一致性

设$\hat{\theta}$为θ的一个估计量,若当$n \to \infty$时,$\hat{\theta}$依概率收敛于θ,则称$\hat{\theta}$为θ的一致估计量。即随着样本容量n的增大,点估计量$\hat{\theta}$越来越接近被估总体参数θ。

满足以上性质的估计量我们可以认为是好的估计量。可以证明,样本平均$\bar{x}$、样本比率p、样本方差s^2分别是总体均值μ、总体比率π、总体方差σ^2的无偏、有效、一致估计量。值得注意的是,以上运用矩估计法和最大似然估计法对总体方差的估计都不是无偏估计,不满足估计量的优良性标准。

第二节 区间估计

点估计的优点是简洁明了,给出了具体的估计值;缺点是无法提供估计量的精度和概率可靠程度,这是区间估计要解决的问题。

以下我们通过对总体均值的区间估计问题的解决,了解区间估计的概念。

总体均值的区间估计思想:找出点估计量$\bar{x}$标准化后落入关于0对称的区域的概率(可靠性),从而得出满足可靠性的区间范围。

【例6-3】已知某企业生产的灯管寿命服从正态分布,现从一大批灯管中随机抽取$n=16$只,分别测得寿命(单位:h)如下:

3 510	3 450	3 480	3 460	3 520	3 496	3 490	3 460
3 464	3 526	3 530	3 470	3 516	3 520	3 494	3 470

在概率可靠程度$1-\alpha=95\%$下,求这批灯管平均寿命μ的区间估计。

该例是总体服从正态分布、总体方差未知、小样本的情况。

此时,可算得总体均值点估计量$\bar{x}$、样本标准差s,

对$\bar{x}$进行标准化,即$t=\dfrac{\bar{x}-\mu}{\dfrac{s}{\sqrt{n}}}\sim t(n-1)$,对于概率可靠程度$1-\alpha$,有

$$P\left\{|t| \leqslant t_{\frac{\alpha}{2}}(n-1)\right\}=1-\alpha \tag{6.1}$$

将$t=\dfrac{\bar{x}-\mu}{\dfrac{s}{\sqrt{n}}}$代入上式,经过不等式的等价变形,得

$$P\left(\bar{x}-t_{\frac{\alpha}{2}}(n-1)\frac{s}{\sqrt{n}} \leqslant \mu \leqslant \bar{x}+t_{\frac{\alpha}{2}}(n-1)\frac{s}{\sqrt{n}}\right)=1-\alpha$$

$t_{\frac{\alpha}{2}}(n-1)$查$t$分布表可得,即总体均值$\mu$在概率可靠程度$1-\alpha$下的区间估计:

$$\bar{x} \pm t_{\frac{\alpha}{2}}(n-1)\frac{s}{\sqrt{n}} \tag{6.2}$$

解：可算得总体均值点估计：

$$\bar{x}=\frac{\sum_{i=1}^{n}x_i}{n}=3\,491，且 s=\sqrt{\frac{\sum_{i=1}^{n}(x_i-\bar{x})^2}{n-1}}\approx 26.81$$

由 $1-\alpha=95\%$，有 $\alpha=0.05$，查 t 分布表得 $t_{\frac{\alpha}{2}}(n-1)=2.131\,4$。

总体均值 μ 在概率可靠程度 $1-\alpha=95\%$ 下的区间估计：

$$\bar{x}\pm t_{\frac{\alpha}{2}}(n-1)\cdot\frac{s}{\sqrt{n}}=3\,491\pm 2.131\,4\times\frac{26.81}{\sqrt{16}}\approx 3\,491\pm 14.3$$

即在概率可靠程度95%下，此次抽样得该批灯管平均寿命的区间估计为(3 476.7，3 505.3)h。

一、区间估计的概念

从例6-3可看出，**区间估计**就是总体参数 θ 落在区间估计量 $(\hat{\theta}_1,\hat{\theta}_2)$ 内的概率为 $1-\alpha$，即 $P\left(\hat{\theta}_1\leqslant\theta\leqslant\hat{\theta}_2\right)=1-\alpha$。称区间 $(\hat{\theta}_1,\hat{\theta}_2)$ 为总体参数 θ 的**置信度**为 $1-\alpha$ 的**置信区间**，见图6-1。

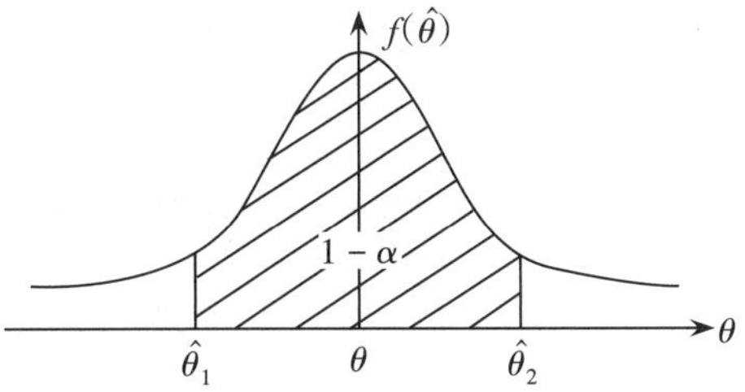

图6-1 区间估计示意图

对给定的抽样方法，不同的抽样，就有不同的估计区间 $(\hat{\theta}_1,\hat{\theta}_2)$，设这些区间共有 M 个，置信度（也称置信水平）$1-\alpha$ 就是这些所有估计区间 $(\hat{\theta}_1,\hat{\theta}_2)$ 中，有 $M(1-\alpha)$ 个包含参数 θ，有 $M\alpha$ 个不包含参数 θ。如 $1-\alpha=95\%$，即 $\alpha=5\%$，表示所有的置信区间 $(\hat{\theta}_1,\hat{\theta}_2)$ 中，包含参数 θ 的有95%，不包含参数 θ 的有5%。

二、区间估计的精度与可靠性

构造参数的估计区间时，要权衡以下两个方面：一是估计量的精度要求，二是估计量的可靠性程度。

所谓精度要求就是要把估计误差控制在一定的范围内，我们用极限误差 $\Delta=\frac{\hat{\theta}_2-\hat{\theta}_1}{2}$ 来反映。Δ 越小，表示估计的精度越高；Δ 越大，表示估计的精度越低。极限误差的大小要根据研究目的和研究对象的变异程度来确定。例如，航天元器件的估计误差，就严格要求控制在极小的范围内；而对于诸如灯管的使用寿命的区间估计，其精度要求就可以低一些，估计误差就可以控制在较大的范围内，因为这种误差不会造成严重后果。

所谓可靠性是指区间估计结果正确的概率保证，有时也叫保证程度，我们用置信度来反映。在区间估计中，置信度与精度都很重要，它们相互影响、相互制约，只有精度没有置信度的估计当然毫无意义，只有置信度没有精度的估计同样毫无意义。例如，同学们统计学期末考试平均成绩（百分制）的区间估计为(0,100)，这个估计区间的置信度为100%，但无精度可言，因而是无意义的。我们还要注意到，置信度和精度往往难以兼顾，要想提高置信度，置信区间就会增大，精度就会下降；要想提高精度，置信度就会下降。在实际应用中，通常是根据实际问题和研究的需要，选择合适的置信度和精度。

在研究一个总体时，人们关心的参数主要有总体均值μ、总体比率π和总体方差σ^2。下面讨论如何构造这几个参数的置信区间。

三、总体均值的区间估计

总体均值μ的估计区间可以表示为$(\bar{x}-\Delta,\ \bar{x}+\Delta)$的形式。

1. 总体服从正态分布，总体方差σ^2已知

根据正态分布再生定理，点估计量$\bar{x}\sim N(\mu,\ \frac{\sigma^2}{n})$，将$\bar{x}$标准化，记$z=\dfrac{\bar{x}-\mu}{\frac{\sigma}{\sqrt{n}}}\sim N(0,1)$。与式(6.2)的证法同理有：总体均值$\mu$在置信度$1-\alpha$下的置信区间为

$$(\bar{x}-\Delta,\ \bar{x}+\Delta),\quad 其中\Delta=z_{\frac{\alpha}{2}}\cdot\frac{\sigma}{\sqrt{n}} \tag{6.3}$$

$z_{\frac{\alpha}{2}}$可查标准正态分布表得。

【例6-4】假定某地区企业总经理的年收入服从正态分布，随机抽取$n=25$个企业，得到25个企业总经理的年平均收入$\bar{x}=135\,000$元。已知总体的标准差为$\sigma=55\,000$元，试求该地区企业总经理的年平均收入μ在置信度$1-\alpha=95\%$下的置信区间。

解：总体服从正态分布，且方差σ^2已知，因此，总体均值μ在置信度$1-\alpha$下的置信区间为

$$\bar{x}\pm z_{\frac{\alpha}{2}}\cdot\frac{\sigma}{\sqrt{n}}=135\,000\pm1.96\times\frac{55\,000}{\sqrt{25}}=135\,000\pm21\,560$$

即在95%的概率可靠程度下，此次抽样得该地区企业总经理的年平均收入的置信区间为(113 440，156 560)元。

2. 总体分布未知，总体方差σ^2已知，大样本($n\geqslant30$)

根据中心极限定理，样本均值近似服从$N(\mu,\ \frac{\sigma^2}{n})$，因而同样可以用式(6.3)得出估计区间。

3. 总体分布未知，总体方差σ^2未知，大样本（$n \geq 30$）

此时，我们用总体方差σ^2的无偏估计量s^2代替σ^2，运用中心极限定理，与式(6.3)的证法同理有：总体均值μ在置信度$1-\alpha$下的置信区间为

$$(\bar{x}-\Delta,\ \bar{x}+\Delta),\quad 其中\Delta = z_{\frac{\alpha}{2}} \cdot \frac{s}{\sqrt{n}} \tag{6.4}$$

【**例6–5**】在一项对大学生资助贷款的研究中，从全国各地随机抽取$n=100$名贷款的大学生作为样本，得到毕业前的平均欠款额$\bar{x}=20\,000$元，标准差$s=3\,000$元。试求贷款学生总体中平均欠款额μ在$1-\alpha=95\%$下的置信区间。

解：该题为总体分布未知，方差σ^2未知，大样本情形，因此，总体均值μ在置信度$1-\alpha=95\%$下的置信区间为

$$\bar{x} \pm z_{\frac{\alpha}{2}} \cdot \frac{s}{\sqrt{n}} = 20\,000 \pm 1.96 \times \frac{3\,000}{\sqrt{100}} = 20\,000 \pm 588$$

即在置信度95%下，此次抽样的全国贷款学生平均欠款额的置信区间为（19 412，20 588）元。

4. 总体服从正态分布，总体方差σ^2未知，小样本

总体均值μ在置信度$1-\alpha$下的置信区间为

$$(\bar{x}-\Delta,\ \bar{x}+\Delta),\quad 其中\Delta = t_{\frac{\alpha}{2}}(n-1)\frac{s}{\sqrt{n}} \tag{6.5}$$

注意：在大样本条件下，t分布近似于标准正态分布，因而也可以用(6.5)式计算。

5. 总体服从正态分布，总体方差σ^2未知，大样本（$n \geq 30$）

根据中心极限定理，样本均值近似服从$N(\mu, \frac{s^2}{n})$，因而同样可以得出总体均值μ在置信度$1-\alpha$下的置信区间为

$$(\bar{x}-\Delta,\ \bar{x}+\Delta),\quad 其中\Delta = z_{\frac{\alpha}{2}} \cdot \frac{s}{\sqrt{n}}$$

与公式(6.4)相同。

四、总体比率的区间估计

总体比率，是指总体中具有某种特征的单位个数与全部单位数之比，记为π。现实中，这种问题很多。比如，产品的合格率、考试及格率、市场占有率问题等。**样本比率**，是指样本中具有某种特征的单位个数与样本容量之比，记为p。

总体比率实质上就是总体分布为两点分布时的总体均值，即总体比率是一个特殊的总体均值，它们是特殊与一般的关系。

当样本量n充分大（$np \geq 5$和$n(1-p) \geq 5$）时，p近似服从正态分布$N\left(\pi, \frac{\pi(1-\pi)}{n}\right)$，将$p$标准化后有

$$z=\frac{p-\pi}{\sqrt{\frac{\pi(1-\pi)}{n}}}\text{，近似服从}N(0,1)$$

与式(6.3)的证法同理有：总体比率π在置信度$1-\alpha$下的置信区间为

$$p \pm z_{\frac{\alpha}{2}}\sqrt{\frac{\pi(1-\pi)}{n}}$$

总体比率π是未知的，通常用样本比率p来代替总体比率π。这时，总体比率π在置信度$1-\alpha$下的置信区间为

$$p \pm z_{\frac{\alpha}{2}}\sqrt{\frac{p(1-p)}{n}} \tag{6.6}$$

【例6-6】估计某市居民电脑的普及率，随机抽取900户居民调查，其中675户居民拥有个人电脑。以概率95%的保证程度，估计该市居民电脑的普及率的置信区间。

解：样本比率$p=\frac{n_1}{n}=\frac{675}{900}=0.75$，$np \geqslant 5$和$n(1-p) \geqslant 5$，所以

$$p \pm z_{\frac{\alpha}{2}} \cdot \sqrt{\frac{p(1-p)}{n}}=0.75 \pm 1.96 \times \sqrt{\frac{0.75 \times (1-0.75)}{900}} \approx 0.75 \pm 0.028$$

即以概率95%的保证程度，此次抽样得该市居民电脑的普及率的估计区间为(72.2%，77.8%)。

五、总体方差的区间估计

总体方差是总体的另一个重要参数，反映总体的离散程度的大小。下面只介绍正态分布总体方差的估计问题。

根据样本方差的抽样分布可知，当总体服从正态分布$N(\mu,\sigma^2)$时，

$$\chi^2=\frac{(n-1)s^2}{\sigma^2} \sim \chi^2(n-1)$$

因此，可用χ^2分布来构造总体方差σ^2的置信区间。

由置信区间的定义，对给定的置信度$1-\alpha$，有

$$P\left\{\chi^2_{1-\frac{\alpha}{2}}(n-1)<\chi^2<\chi^2_{\frac{\alpha}{2}}(n-1)\right\}=1-\alpha$$

代入$\chi^2=\frac{(n-1)s^2}{\sigma^2}$，将括号里的不等式等价变形，有

$$P\left\{\frac{(n-1)s^2}{\chi^2_{\frac{\alpha}{2}}(n-1)}<\sigma^2<\frac{(n-1)s^2}{\chi^2_{1-\frac{\alpha}{2}}(n-1)}\right\}=1-\alpha$$

所以，在给定置信度$1-\alpha$下，总体方差σ^2的置信区间为

$$\left(\frac{(n-1)s^2}{\chi^2_{\frac{\alpha}{2}}(n-1)},\frac{(n-1)s^2}{\chi^2_{1-\frac{\alpha}{2}}(n-1)}\right) \tag{6.7}$$

$\chi^2_{\frac{\alpha}{2}}(n-1)$，$\chi^2_{1-\frac{\alpha}{2}}(n-1)$可查$\chi^2$分布表得到。

【例6-7】某公司生产一种罐装食品，设每罐食品的质量服从正态分布。为了解罐装食品质量的总体方差，现从生产线上抽查了$n=10$罐食品，求得其样本方差$s^2=9.2$，试对总体方差进行置信度为0.95的区间估计。

解：查表可知$\chi^2_{1-\frac{\alpha}{2}}(n-1)=2.7$，$\chi^2_{\frac{\alpha}{2}}(n-1)=19.02$，因此，置信度为0.95的置信区间为

$$\left(\frac{(n-1)s^2}{\chi^2_{\frac{\alpha}{2}}(n-1)},\frac{(n-1)s^2}{\chi^2_{1-\frac{\alpha}{2}}(n-1)}\right)=\left(\frac{9\times 9.2}{19.02},\frac{9\times 9.2}{2.7}\right)\approx(4.35,30.67)$$

即置信度为0.95时，此次抽样的罐装食品质量总体方差的区间估计为(4.35，30.67)。

第三节　两个总体的参数估计

前面讨论了一个总体的参数估计问题，包括点估计与区间估计。这一节我们讨论两个总体的参数估计问题，主要包括两个总体的均值之差($\mu_1-\mu_2$)、两个总体的比率之差($\pi_1-\pi_2$)、两个总体的方差比($\frac{\sigma_1^2}{\sigma_2^2}$)的估计。目的是估计两个总体特征的差异程度。

一、两个总体均值之差的估计

两个总体均值之差的估计同样也包括点估计与区间估计。设有两个总体，均值分别为μ_1和μ_2，从这两个总体中分别抽取样本，样本容量分别为n_1和n_2，样本均值分别为$\bar{x}_1$和$\bar{x}_2$。估计方法与一个总体的情形相同，$\mu_1-\mu_2$的点估计即为两个样本均值之差，即$\bar{x}_1-\bar{x}_2$。下面我们着重讨论$\mu_1-\mu_2$的区间估计，在$1-\alpha$置信水平下，其置信区间可一般表示为

$$(\bar{x}_1-\bar{x}_2-\Delta,\bar{x}_1-\bar{x}_2+\Delta)$$

1.独立大样本的情形

如果两个样本分别是从两个总体中独立抽取的，而且都为大样本($n_1\geqslant 30$和$n_2\geqslant 30$)，那么，两个样本均值之差$\bar{x}_1-\bar{x}_2$近似服从数学期望值为$\mu_1-\mu_2$、方差为$\frac{\sigma_1^2}{n_1}+\frac{\sigma_2^2}{n_2}$的正态分布，标准化后则服从标准正态分布，即

$$z=\frac{(\bar{x}_1-\bar{x}_2)-(\mu_1-\mu_2)}{\sqrt{\frac{\sigma_1^2}{n_1}+\frac{\sigma_2^2}{n_2}}}\sim N(0,1)$$

当两个总体的方差σ_1^2和σ_2^2都已知时，两个总体均值之差$\mu_1 - \mu_2$在$1-\alpha$置信水平下的置信区间为

$$\left(\bar{x}_1 - \bar{x}_2\right) \pm z_{\frac{\alpha}{2}}\sqrt{\frac{\sigma_1^2}{n_1} + \frac{\sigma_2^2}{n_2}} \tag{6.8}$$

当两个总体的方差σ_1^2和σ_2^2都未知时，可用样本方差s_1^2和s_2^2来代替总体方差，两个总体均值之差$\mu_1 - \mu_2$在$1-\alpha$置信水平下的置信区间为

$$\left(\bar{x}_1 - \bar{x}_2\right) \pm z_{\frac{\alpha}{2}}\sqrt{\frac{s_1^2}{n_1} + \frac{s_2^2}{n_2}} \tag{6.9}$$

【例6–8】为了比较甲、乙两种品牌的灯泡的使用寿命，随机抽取了两个独立样本，测得有关数据如表6–1所示。试在95%的置信水平下，求出甲、乙两种品牌灯泡的平均使用寿命之差的置信区间。

表6–1 两个样本的有关统计数据

品牌甲	品牌乙
$n_1 = 60$	$n_2 = 52$
$\bar{x}_1 = 1\,360$ h	$\bar{x}_2 = 1\,800$ h
$s_1 = 58$ h	$s_2 = 66$ h

解：这是一个独立大样本问题，两个总体的方差σ_1^2和σ_2^2都未知，但题目给出了两个样本的标准差，因此，根据式(6.9)得

$$(1\,800 - 1\,360) \pm 1.96 \times \sqrt{\frac{58^2}{60} + \frac{66^2}{52}} \approx 440 \pm 23.18$$

所求置信区间为(416.82，463.18)，即在95%的置信水平下，甲、乙两种品牌灯泡的平均使用寿命之差的置信区间为416.82~463.18 h。

2. 独立小样本的情形

当从两个总体中随机抽取的两个样本都为独立小样本时（即$n_1 < 30$和$n_2 < 30$），估计两个总体的均值之差就需要假定两个总体都服从正态分布。

当两个总体的方差σ_1^2和σ_2^2都已知时，两个样本均值之差$\bar{x}_1 - \bar{x}_2$服从数学期望值为$\mu_1 - \mu_2$、方差为$\frac{\sigma_1^2}{n_1} + \frac{\sigma_2^2}{n_2}$的正态分布，经标准化后，服从标准正态分布，此时可按式(6.8)建立一定置信水平下两个总体均值之差的置信区间。

当两个总体的方差σ_1^2和σ_2^2都未知时，要区分以下两种情况。

(1)当两个总体的方差未知但相等时，即$\sigma_1^2 = \sigma_2^2 = \sigma^2$，则需要利用两个样本的方差$s_1^2$和$s_2^2$来估计总体$\sigma^2$。其估计值为

$$s^2 = \frac{(n_1 - 1)s_1^2 + (n_2 - 1)s_2^2}{n_1 + n_2 - 2} \tag{6.10}$$

可以证明，这种情况下，以下统计量服从自由度为(n_1+n_2-2)的t分布。

即

$$t=\frac{(\bar{x}_1-\bar{x}_2)-(\mu_1-\mu_2)}{s\sqrt{\frac{1}{n_1}+\frac{1}{n_2}}}\sim t(n_1+n_2-2) \tag{6.11}$$

因此，两个总体均值之差$\mu_1-\mu_2$在$1-\alpha$置信水平下的置信区间为

$$(\bar{x}_1-\bar{x}_2)\pm t_{\frac{\alpha}{2}}(n_1+n_2-2)\sqrt{s^2(\frac{1}{n_1}+\frac{1}{n_2})} \tag{6.12}$$

（2）当两个总体方差未知且不相等时，即$\sigma_1^2\neq\sigma_2^2$，情况较为复杂，这时两个样本均值之差$\bar{x}_1-\bar{x}_2$经适当变形后近似服从自由度为v的t分布，自由度v的计算公式为

$$v=\frac{\left(\frac{s_1^2}{n_1}+\frac{s_2^2}{n_2}\right)^2}{\frac{\left(\frac{s_1^2}{n_1}\right)^2}{n_1-1}+\frac{\left(\frac{s_2^2}{n_2}\right)^2}{n_2-1}} \tag{6.13}$$

这时，两个总体均值之差$\mu_1-\mu_2$在$1-\alpha$置信水平下的置信区间为

$$(\bar{x}_1-\bar{x}_2)\pm t_{\frac{\alpha}{2}}(v)\sqrt{\frac{s_1^2}{n_1}+\frac{s_2^2}{n_2}} \tag{6.14}$$

【例6–9】为估计技术改进前后组装某产品所需平均时间的差异，某企业分别在技术改进前后随机抽取了12名工人组装一件产品所需的时间进行了统计（单位：min），结果如表6–2所示。假定他们组装一件产品的时间服从正态分布。在95%的置信水平下，试求技术改进前后组装一件产品所需平均时间差的置信区间：（1）假定$\sigma_1^2=\sigma_2^2$；（2）假定$\sigma_1^2\neq\sigma_2^2$。

表6–2　两种方法组装产品所需时间　　单位：min

技术改进前	28.3	30.1	29.0	37.6	32.1	28.8	36.0	37.2	38.5	34.4	28.0	30.0
技术改进后	20.6	21.2	21.0	23.8	23.0	20.2	31.7	26.0	23.0	21.2	23.4	25.5

解：（1）假定$\sigma_1^2=\sigma_2^2$，根据样本数据计算得

技术改进前：$\bar{x}_1=32.5$，$s_1^2=15.996$；

技术改进后：$\bar{x}_2=23.4$，$s_2^2=10.369$。

σ^2的合并统计量为

$$s^2=\frac{(12-1)\times15.996+(12-1)\times10.369}{12+12-2}=13.183$$

由Excel的【TINV】函数得$t_{\frac{0.05}{2}}(12+12-2)=2.0739$。两个总体均值之差$\mu_1-\mu_2$的置信区间为

$$(32.5-23.4)\pm 2.0739\times\sqrt{13.183\times\left(\frac{1}{12}+\frac{1}{12}\right)}=9.1\pm 3.074$$

即(6.026,12.174),两种方法组装产品所需平均时间差95%置信水平下的置信区间为6.026~12.174 min。

由SPSS得到的结果如表6-3所示。

表6-3 两种方法组装产品所需平均时间差值的95%置信水平下的置信区间

		方差方程的Levene检验		均值方程的t检验						
		F	Sig.	*t*	*df*	Sig.(双侧)	均值差值	标准误差值	差值的95%置信水平下的置信区间 下限	上限
组装时间	假设方差相等	0.011	0.917	2.156	22	0.042	9.100 00	2.197 2	6.026	12.174
	假设方差不相等			2.156	21.80	0.042	9.100 00	2.197 2	6.012	12.188

(2)假定$\sigma_1^2\neq\sigma_2^2$时,根据表6-3的结果,两种方法组装产品所需平均时间差值的95%置信水平下的置信区间为6.012~12.188 min。

实际上,我们可以实现对两个总体方差是否相等进行检验,这时就不需要在某种假定的前提下进行估计。

二、两个总体比率之差的估计

两个总体比率之差$\pi_1-\pi_2$的区间估计方法与两个总体均值之差的估计完全相同,前者是后者的特殊情形。两个总体比率之差$\pi_1-\pi_2$的**点估计**即为相应的两个样本比率之差p_1-p_2。两个总体比率之差$\pi_1-\pi_2$的置信区间是由点估计量$\left(p_1-p_2\right)\pm$估计误差得到的,即

$$\left(p_1-p_2-\Delta,\ p_1-p_2+\Delta\right)$$

但要注意,两个总体比率之差$\pi_1-\pi_2$的置信区间只能在大样本条件下建立。由样本比率的抽样分布可知,从两个二项总体中抽出两个独立大样本,两个样本比率之差近似服从正态分布,经标准化后则服从标准正态分布,即

$$z=\frac{\left(p_1-p_2\right)-\left(\pi_1-\pi_2\right)}{\sqrt{\dfrac{\pi_1\left(1-\pi_1\right)}{n_1}+\dfrac{\pi_2\left(1-\pi_2\right)}{n_2}}}\sim N(0,1)\qquad(6.15)$$

由于两个总体比率π_1和π_2通常是未知的,可用样本比率p_1和p_2代替。因此,根据正态分布建立的两个总体比率之差$\pi_1-\pi_2$在$1-\alpha$置信水平下的置信区间为

$$p_1 - p_2 \pm z_{\frac{\alpha}{2}}\sqrt{\frac{p_1(1-p_1)}{n_1}+\frac{p_2(1-p_2)}{n_2}} \tag{6.16}$$

【例 6-10】 为了解某个电视节目的收视率在城乡之间的差异，我们在农村随机调查了400人，发现有120人收看了该节目；在城市随机调查了500人，发现有220人收看了该节目。试在95%的置信水平下，求出城市与农村收视率差值的置信区间。

解：本例显然是大样本问题。由题意，农村的样本收视率为$p_1 = \frac{120}{400} \times 100\% = 30\%$，城市的样本收视率为$p_2 = \frac{220}{500} \times 100\% = 44\%$，$1-\alpha = 0.95$，因此，$z_{\frac{\alpha}{2}} = 1.96$。根据式(6.16)得$\pi_1 - \pi_2$的置信区间为

$$(44\% - 30\%) \pm 1.96 \times \sqrt{\frac{44\% \times (1-44\%)}{500}+\frac{30\% \times (1-30\%)}{400}} \approx 14\% \pm 6.25\%$$

即(7.75%，20.25%)，城市与农村收视率差值在95%的置信水平下，其置信区间为7.75%~20.25%。

三、两个总体方差比的区间估计

在实际应用中，我们还会遇到比较两个总体的方差问题。比如，希望比较用两种不同的方法生产的产品质量的稳定性，可用F分布来构造两个总体方差比$\frac{\sigma_1^2}{\sigma_2^2}$的置信区间。这里从略，有兴趣的同学可以参考相关专业教材。

第四节　样本容量的确定

我们在进行区间估计时，既要保证一定的可靠程度(置信度)，又要保证一定的精度，即要控制极限误差。我们知道，区间估计的可靠程度与精度是一对矛盾，要提高可靠程度必然会损失精度；相反，要提高精度即控制极限误差，就难以保证可靠程度。如何在一定的置信度要求下，把极限误差控制在一定的范围内呢？我们可以通过增加样本容量来做到。这就是**样本容量的确定**问题。我们这里仅考察一个总体情况下估计总体均值和总体比率时样本容量的确定。

一、估计总体均值时样本容量的确定

1. 总体方差已知，放回抽样

总体均值的置信区间由样本均值$\bar{x}$和估计误差两部分组成。在重复抽样或无限总体抽样条件下，总体标准差σ已知，估计极限误差为$z_{\frac{\alpha}{2}} \cdot \frac{\sigma}{\sqrt{n}}$。要保证置信水平为$1-\alpha$，使极

限误差小于等于Δ，则最小样本容量由$\Delta = z_{\frac{\alpha}{2}} \cdot \frac{\sigma}{\sqrt{n}}$来确定。由此可得

$$n = \frac{z_{\frac{\alpha}{2}}^2 \sigma^2}{\Delta^2} \tag{6.17}$$

2.总体方差已知，不放回抽样

在不重复抽样条件下，要保证置信水平为$1-\alpha$，使极限误差小于等于Δ，则最小样本容量由$\Delta = z_{\frac{\alpha}{2}} \cdot \frac{\sigma}{\sqrt{n}} \sqrt{\frac{N-n}{N-1}}$来确定。由此可得

$$n = \frac{N z_{\frac{\alpha}{2}}^2 \sigma^2}{(N-1)\Delta^2 + z_{\frac{\alpha}{2}}^2 \sigma^2} \tag{6.18}$$

由以上式子，可得出以下几点结论：

(1)在保证一定的精度(允许的极限误差)和可靠程度的前提下，总体方差越大，必要的样本容量越大。即必要样本容量与总体方差成正比。

(2)在给定的置信水平条件下，要求允许误差越小，必要的样本容量就大。即必要的样本容量与允许的极限误差成反比。

(3)要求的精度越高(即Δ越小)，必要的样本容量就越大。

【例6-11】为了了解拥有工商管理学士学位的大学毕业生的平均年薪情况，我们通过走访调查建立置信区间，要求置信水平为95%，极限误差为300元，假定标准差为1 000元，问至少要调查多少个符合条件的大学生？

解：已知$\sigma = 1\,000, \Delta = 300, z_{\frac{\alpha}{2}} = 1.96$。根据式(6.17)得

$$n = \frac{1.96^2 \times 1\,000^2}{300^2} \approx 42.68 \approx 43$$

即应抽取43人作为样本。

注意：我们计算出的样本容量不一定是整数，如果有小数，就要将小数点后面的数值进位成整数，例如，计算结果为35.16，则应取36。这是容易理解的。

二、估计总体比率时样本容量的确定

1.放回抽样情况下估计总体比率时样本容量的确定

与估计总体均值时样本量的确定方法类似，在重复抽样或无限总体抽样条件下，估计总体比率置信区间的估计误差为$z_{\frac{\alpha}{2}} \cdot \sqrt{\frac{\pi(1-\pi)}{n}}$，$z_{\frac{\alpha}{2}}$的值、总体比率$\pi$和样本量$n$共同确定了估计误差的大小。由于总体比率的值是固定的，因此估计误差由样本量来确定，样本量越大，估计误差就越小，估计的精度就越好。因此，对于给定的$z_{\frac{\alpha}{2}}$的值，可以计算出一定的

允许估计误差条件下所需要的样本量。令Δ代表允许的估计误差,可以推导估计总体比率时所需的样本量,计算公式如下:

$$\Delta = z_{\frac{\alpha}{2}} \cdot \sqrt{\frac{\pi(1-\pi)}{n}}$$

由此可得

$$n = \frac{z_{\frac{\alpha}{2}}^{2}\pi(1-\pi)}{\Delta^{2}} \tag{6.19}$$

式(6.19)中的估计误差Δ由使用者事先确定。大多数情况下,Δ的取值一般应小于0.1。如果能求出π的具体值,就可以用式(6.19)计算所需的样本量。如果π的值不知道,可以用类似的样本比率来代替,也可以用试验调查的办法,选择一个初始样本,以该样本的比率作为π的估计值。当π的值无法知道时,通常取使$\pi(1-\pi)$最大的值0.5。

2. 不放回抽样情况下估计总体比率时样本容量的确定

在不重复抽样条件下,估计总体比率所需的样本量计算公式如下:

$$\Delta = z_{\frac{\alpha}{2}} \cdot \sqrt{\frac{\pi(1-\pi)}{n}} \cdot \sqrt{\frac{N-n}{N-1}}$$

由此可得

$$n = \frac{N z_{\frac{\alpha}{2}}^{2}\pi(1-\pi)}{(N-1)\Delta^{2} + z_{\frac{\alpha}{2}}^{2}\pi(1-\pi)} \tag{6.20}$$

【例6-12】根据以往的资料统计,某种产品的合格率约为95%,现要求置信水平为95%,极限误差为5%的置信区间,请问应抽取多少件产品作为样本?

解:已知$\pi = 95\%$,$\Delta = 5\%$,$z_{\frac{\alpha}{2}} = 1.96$。根据式(6.19)得

$$n = \frac{1.96^{2} \times 0.95 \times (1-0.95)}{0.05^{2}} = 72.990\,4 \approx 73$$

即应抽取73件产品作为样本。

知识拓展　即测即评

小结

典型案例6阐述了参数估计的基本思想,给出了参数估计的基本思路。参数估计有点估计和区间估计两种方法。本章介绍了点估计的两种方法——矩估计法和最大似然估计法,并给出了估计量的优良性标准——无偏性、有效性、一致性。本章通过举例分别介绍了总体均值、总体比率、总体方差的区间估计(一个总体情况下),以及样本容量的确定;还进一步讨论了两个总体的参数估计问题。

思考题

1.点估计中两种方法的基本思想是怎样的?

2.点估计优劣的评价标准是如何提出来的?

3.构造参数的置信区间时,要权衡哪几个方面?

练习题

一、单选题

1.95%的置信水平是指(　　)。

A.总体参数落在一个特定的样本所构造的区间内的概率为95%

B.总体参数落在一个特定的样本所构造的区间内的概率为5%

C.在用同样方法构造的总体参数的多个区间中,包含总体参数的区间比率为95%

D.在用同样方法构造的总体参数的多个区间中,包含总体参数的区间比率为5%

2.当样本单位数充分大时,样本估计量充分地靠近总体指标的可能性趋于1,称为抽样估计量的(　　)。

A.无偏性　　B.有效性　　C.一致性　　D.充分性

3.评价一个点估计量是否优良的标准有(　　)。

A. 无偏性、有效性、一致性　　B. 无偏性、一致性、准确性

C. 准确性、有效性、及时性　　D. 准确性、及时性、完整性

4.样本统计量和总体参数相比(　　)。

A.前者是一个确定值,后者是随机变量　　B.前者是随机变量,后者是一个确定值

C.两者都是随机变量　　D.两者都是确定值

5.若甲估计量的方差小于乙估计量的方差,则称(　　)。

A.甲是无偏估计量　　B.乙是一致估计量

C.乙比甲有效　　D.甲比乙有效

二、判断题

1.区间估计能给出参数估计的精度和可靠程度。　(　　)

2.区间估计表明的是一个绝对可靠的范围。　(　　)

3.抽样平均误差反映抽样的可能误差范围,实际上每次的抽样误差可能大于抽样平均误差,也可能小于抽样平均误差。　(　　)

4.无偏性是指作为估计量的方差比其他估计量的方差小。　(　　)

5. 在其他条件不变的情况下，置信度增大，抽样极限误差减小。（　　）

三、计算题

1. 为估计某电子邮箱用户每周平均收到的邮件数，抽取了20周收到的邮件数，计算出了20周平均每周收到48封邮件，标准差为9封，则其每周平均收到的邮件数的95%的置信区间是多少？设每周收到的邮件数服从正态分布。

2. 某厂生产某种电子元件的厚度服从正态分布，现从某批电子元件中随机抽取50件。测得平均厚度为4.8 cm，标准差为0.6 cm。试求在95%置信水平下，该批电子元件平均厚度的区间估计。

3. 某种零件的长度服从正态分布，从某天生产的一批零件中按重复抽样方法随机抽取9个，测得其平均长度为21.4 cm。已知总体标准差为σ = 0.15 cm，试估计该批零件平均长度的置信空间（置信水平为95%）。

4. 某市随机抽取1 000个家庭，其中有772家拥有小汽车，试求该市拥有小汽车家庭比率的置信区间（取置信度为95%）。

5. 某学校进行一次英语测验，为了解学生的考试情况，随机抽选部分学生进行调查，所得资料如下表：

考试成绩/分	60以下	60~70	70~80	80~90	90~100
学生人数/人	10	20	22	40	8

试以95.45%的可靠性估计该校学生英语考试的平均成绩及该校成绩在80分以上的学生所占比重。

6. 一家研究机构对大学生就业信心进行测试，随机抽取10名大学生，用两种不同的方法得到自信心测试分数如下：

人员编号	方法1/分	方法2/分
1	78	71
2	63	44
3	72	61
4	89	84
5	91	74
6	49	51
7	68	55
8	76	60
9	85	77
10	55	39

试构建两种不同方法自信心平均得分之差$\mu_1 - \mu_2$的95%的置信区间。

7. 从两个总体中各抽取一个$n_1 = n_2 = 250$的独立随机样本，来自总体1的样本比率为$p_1 = 40\%$，来自总体2的样本比率为$p_2 = 30\%$。试构造$\pi_1 - \pi_2$的95%的置信区间。

8. 有A、B两所大学某学期期末高等数学考试采用同一套题目，A校认为该校学生高等数学考试平均成绩比B校学生平均成绩高5分以上。为了验证这个说法，某调查机构从A校随机抽取60人作为样本，测得其分数平均值为78.2分，标准差为8.2分；从B校抽取了70个同学作为随机样本，测得分数平均值为75.3分，标准差为7.1分。您认为A校的说法对吗？试在95%的把握下确定两校平均分之差的置信区间。

9. 根据一次抽样调查，居民每日平均阅读时间的95%的置信区间为[2.0, 3.2] h，问该次抽样样本平均阅读时间$\bar{x}$是多少？若样本容量为100，则样本标准差是多少？若要将极限误差控制到0.5 h，那么在相同的置信水平下，样本容量应该为多少？

10. 某银行想估计每位顾客在该银行的月平均存款额。假设所有顾客月存款额的方差为810 000，要求的极限误差为300元，置信水平为95%。应选取多大的样本？

第七章 假设检验

【典型案例7】t检验,20世纪产品质量改进的第一次大贡献

产品质量是企业的良心,更是千家万户老百姓都关心的事。产品质量的检验经常是破坏性的,如药品质量、灯管寿命、轿车行驶里程的检验等。

英国统计学家戈塞特

20世纪前,产品质量的检验是抽出大量产品(大样本),检验后得出结论。这浪费了大量检验的人力、物力和财力,于是人们提出:如果随机抽出少数产品(小样本),能否得出检验结论呢?

众所周知,菜的盐量有个咸或淡的范围(合适的均值μ_0),品尝几口菜(小样本)的盐量得到其均值(检验统计量),用咸或淡的范围(拒绝域)比较判断。如果品尝的盐量均值落入拒绝域,则菜的盐量均值μ不合适;否则,不能否认菜的盐量均值μ合适。这就是小样本检验,根本不用尝很多口菜(大样本)才有结论。将此一般化,在产品质量服从正态分布的总体中,随机抽取少数产品(小样本),用t分布(戈塞特,1908)、区间估计(奈曼,1934)中区间事件的余集是小概率事件和小概率的原理,得出了量化的检验统计量t、拒绝域。在样本有代表性时,用统计量t和拒绝域可得出检验的更好决策。

美籍波兰裔统计学家奈曼

该方法称为t检验,使产品质量检验由大样本被小样本替代,为产品质量检验节省了大量人力、物力和财力,极大地提高了产品质量检验的效率,迄今仍是消费者、质量监督部门和企业质量检验的有效方法,是20世纪产品质量改进的一次大贡献,也是产品质量问题、假设检验相结合的重大成果!

第一节 假设检验的基本原理

以下我们从一个实际例子出发，来了解假设检验的基本概念、原理及步骤。

【例7-1】某食品公司用自动装袋机包装食品，每袋标准质量为50 g，为检验装袋机工作是否正常，每隔一段时间需抽取包装好的食品进行检验。现抽取9袋，测得它们的平均质量为50.2 g，标准差为0.6 g，若每袋食品的质量服从正态分布，试检验该装袋机工作是否正常？($\alpha = 0.05$)

分析：要检验该装袋机工作是否正常，则需要通过抽得的样本数据来验证。拿样本均值50.2 g与每袋标准质量50 g来比，多出0.2 g，出现这样的情况，原因可能有两个。一是随机因素，也就是抽样的随机性引起的，样本均值偏离总体均值；二是系统性因素，也就是真实的总体均值本来就不等于50 g，它反映了事物的本质差别。

解：这里"该装袋机工作正常，即每袋质量为50 g"是一个原假设，记为$H_0: \mu = \mu_0$；如果否定此假设，则为$H_1: \mu \neq \mu_0$，称为备择假设。问题转化为检验H_0, H_1哪一个成立。

总体服从正态分布、方差未知，小样本情况。

如果$H_0: \mu = \mu_0$为真，由区间估计公式$\left(\bar{x} - t_{\frac{\alpha}{2}} \frac{s}{\sqrt{n}}, \bar{x} + t_{\frac{\alpha}{2}} \frac{s}{\sqrt{n}}\right)$，对于给定的置信度$1 - \alpha$，有

$$P\{|t| \leq t_{\frac{\alpha}{2}}(n-1)\} = 1 - \alpha, t = \frac{\bar{x} - \mu_0}{\frac{s}{\sqrt{n}}} \sim t(n-1)$$

对$|t| \leq t_{\frac{\alpha}{2}}(n-1)$取余集有

$$P\{|t| > t_{\frac{\alpha}{2}}(n-1)\} = \alpha, t_{\frac{\alpha}{2}}(n-1)$$

可查表得出，即$|t| > t_{\frac{\alpha}{2}}(n-1)$是小概率事件。

假设检验依据的是小概率事件原理，即小概率事件在一次试验中是几乎不可能发生的，如果小概率事件发生了，我们拒绝H_0，即H_1成立；否则，我们不能拒绝H_0。将t称为检验统计量，α称为显著性水平，$|t| > t_{\frac{\alpha}{2}}(n-1)$称为拒绝域，整理得到例7-1解答步骤。

(1)建立假设：

$$H_0: \mu = \mu_0 = 50, H_1: \mu \neq \mu_0 = 50$$

(2)确定检验统计量，并计算检验统计量值：

$$t = \frac{\bar{x} - \mu_0}{\frac{s}{\sqrt{n}}} = \frac{50.2 - 50}{\frac{0.6}{\sqrt{9}}} = 1$$

(3)给定显著水平$\alpha = 0.05$,查表得拒绝域$|t| > t_{\frac{\alpha}{2}}(n-1) = 2.306$(小概率事件);

(4)判断。

$t = 1$没有落入拒绝域,不能拒绝H_0,即此次抽样认为该装袋机工作正常。

通过上面的例子,可引出假设检验的一些基本概念和基本步骤。

一、假设检验的概念

(1)**假设**是指对总体参数的数值所做的一种陈述。总体参数包括总体均值、总体比率、总体方差等。**原假设**是指待检验的假设,研究者想收集证据予以反对的假设,表示为H_0。通常有“=”“≤”或“≥”三种形式。在例7-1中$H_0:\mu = 50$。**备择假设**是指与原假设对立的假设,研究者想收集证据予以支持的假设,表示为H_1。其通常对应原假设也有“≠”“>”或“<”三种形式。在例7-1中,$H_1:\mu \neq 50$。

原假设与备择假设相互对立,肯定原假设,意味着放弃备择假设;否定原假设,意味着接受备择假设。

建立假设时,一般把明确的陈述作为原假设,把不明确的陈述作为备择假设。

建立单侧假设时,一般把明确的陈述作为原假设,把不明确的陈述作为备择假设。

所谓“**明确的陈述**”是指原有的理论、原有的看法、原有的状况,或者说是那些历史的、经验的、在此之前被大多数人所认可的、所接受的东西,在没有充分证据证明其错误时,总是被假定是正确的,处于原假设被保护的位置。“**不明确的陈述**”是指新的、可能的、猜测的,处于备择假设的位置。例如,某公司以前生产的产品的废品率不低于18%,是明确的陈述,因此,$H_0: \pi \geq 18\%$。该公司对生产设备进行改造后,生产的产品的废品率下降是不明确的陈述,因此,$H_1:\pi < 18\%$。

假设检验是指利用样本统计量的取值,来检验事先对总体参数所做的假设是否成立的一种统计推断方法。假设检验可分为参数检验和非参数检验。本章主要讲参数检验。参数检验通常包括总体平均数的检验、总体比率的检验与总体方差的检验等。例7-1是对总体平均数的检验。

(2)**检验统计量**是指用于假设检验决策的统计量。在选择统计量时,需考虑总体是否服从正态分布,从总体中抽的是大样本还是小样本,总体方差是已知还是未知。例7-1是从正态总体中抽得小样本($n < 30$),且总体方差σ未知,则选择t分布为检验统计量,称为t检验统计量。

$$t = \frac{\bar{x} - \mu_0}{\frac{v}{\sqrt{n}}} = \frac{50.2 - 50}{\frac{0.6}{\sqrt{9}}} = 1$$

(3)**显著性水平**是指拒绝原假设的概率,α通常很小,而$1-\alpha$就很大。若总体没有发生显著性变化,则样本统计量应该落在以总体待估参数为中心的概率为$1-\alpha$的区域内。该

区域称为抽样分布的接受域；否则，总体就发生了显著性变化，样本统计量应该落在 $1-\alpha$ 的区域外，该区域被称为抽样分布的拒绝域。因此，α 被称为显著性水平。常用的 α 值有 0.01, 0.05, 0.10。而接受域和拒绝域的分界点的数值被称为临界值。根据不同的显著性水平值，可得到不同的统计量临界值。这些临界值可通过查表得到。例 7-1 中，$\alpha=0.05$，查表得拒绝域：$|t|>t_{\frac{\alpha}{2}}(n-1)=2.306$。

（4）**检验规则**。第一种是根据拒绝域，将检验统计量的值与 α 水平的临界值进行比较，得出是否拒绝 H_0 的结论，称为临界值规则。若检验统计量落入临界值所在的拒绝域内，则拒绝 H_0；若检验统计量没有落入临界值所在的拒绝域内，则不能拒绝 H_0。例 7-1 中，$|t|=1<t_{\frac{\alpha}{2}}(n-1)=2.306$，$t$ 没有落入拒绝域，所以不能拒绝 H_0，也就是没有充分证据否定该装袋机是工作正常的。第二种是将检验统计量值对应的概率 P 与显著性水平 α 进行比较，得出拒绝或不拒绝原假设 H_0 的结论。若 $P<\alpha$（或 $\frac{\alpha}{2}$），则检验统计量落入拒绝域，拒绝 H_0；否则，不能拒绝 H_0，称其为 P 值规则，计算机软件中通常用 P 值规则。例 7-1 中可根据得到的 t 值在 Excel 2016 中利用 TDIST.2T 函数计算概率 P 值，$P=0.346\ 59>0.025$，不能拒绝 H_0，也就是该装袋机工作正常。

二、假设检验的基本原理

假设检验依据的是小概率事件原理，即小概率事件在一次试验中是几乎不可能发生的，如果小概率事件发生了，我们拒绝 H_0，即 H_1 成立；否则，我们不能拒绝 H_0。这里的小概率事件判断标准就是指前面所讲的显著性水平 α。

三、假设检验的基本步骤

（1）建立假设——原假设和备择假设。

（2）确定适当的检验统计量，并计算其值。

（3）给定显著性水平 α，确定拒绝域。

（4）判断。

四、假设检验中的两类错误

对于原假设提出的命题，需要判断其是否成立，主要依据样本提供的信息进行判断，也就是由部分来推断总体。因而判断有可能正确，也有可能错误。也就是说，我们可能会犯错，所犯的错误有两种类型。

第一类错误是指原假设 H_0 为真，却拒绝 H_0 的错误，也叫弃真错误或 a 错误。比如例 7-1 中，若原假设该装袋机工作正常，则我们应该接受原假设，但实际却拒绝了，这时就犯了 a 错误。

第二类错误是指原假设H_0为假，却接受H_0的错误，也叫取伪错误或b错误。比如例7-1中，若原假设表示该装袋机工作不正常，则我们应该拒绝原假设，但实际却接受了，这时就犯了b错误。

犯弃真错误的概率用α表示；当H_0为真，我们没有拒绝H_0，则表明作出了正确的决策，其概率为$1-\alpha$。犯取伪错误的概率用β表示；当H_0为假，我们拒绝H_0，则表明作出了正确的决策，其概率为$1-\beta$。正确决策和犯错误的概率可以归纳为表7-1。

表7-1　假设检验中各种可能结果的概率

项　目	没有拒绝H_0	拒绝H_0
H_0为真	$1-\alpha$（正确决策）	α（弃真错误）
H_0为假	β（取伪错误）	$1-\beta$（正确决策）

对于这两类错误，人们总是希望α、β越小越好。但当样本容量n一定时，不能同时做到α、β都很小，若减少犯第一类错误的概率α，则犯第二类错误的概率β往往会增大，如图7-1所示，即此时α、β反向。若要使犯两类错误的概率都减小，就只能增加样本容量。

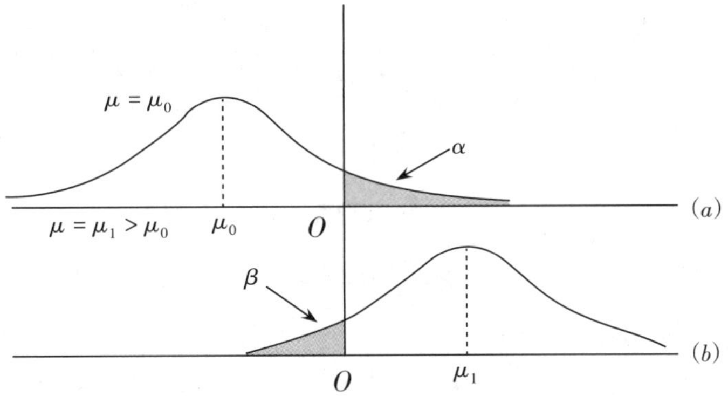

图7-1　两类错误的关系

一般来说，哪一类错误所带来的后果越严重，危害越大，在假设检验中就应当把哪一类错误作为首要的控制目标。在假设检验中，人们往往认为第一类错误a的后果更严重，而第二类错误b的后果严重性会低一些。因此在实际检验中，对犯第一类错误a的概率总是优先加以控制。

第二节　一个总体参数的假设检验

一、总体均值的假设检验

对总体均值进行检验时，检验统计量的选择往往与总体的分布、样本量大小、总体的标准差σ是否已知有关。

（一）小样本（$n<30$），总体服从正态分布

1.总体标准差 σ 未知时，用 t 检验

对于单侧检验，可分为左单侧检验（拒绝域在左侧的检验）与右单侧检验（拒绝域在右侧的检验），与双侧检验同理可得出检验步骤。

（1）建立假设：

$$H_0:\mu=\mu_0, H_1:\mu\neq\mu_0 \qquad \text{（双侧检验）}$$
$$\mu\leqslant\mu_0 \qquad \mu>\mu_0 \qquad \text{（右单侧检验）}$$
$$\mu\geqslant\mu_0 \qquad \mu<\mu_0 \qquad \text{（左单侧检验）}$$

（2）确定检验统计量并计算检验统计量值：

$$t=\frac{\bar{X}-\mu_0}{\frac{S}{\sqrt{n}}}$$

（3）给定显著性水平 α，得拒绝域（小概率事件）：

$$|t|>t_{\frac{\alpha}{2}}(n-1) \qquad \text{（双侧检验）}$$
$$t>t_{\alpha}(n-1) \qquad \text{（右单侧检验）}$$
$$t<-t_{\alpha}(n-1) \qquad \text{（左单侧检验）}$$

（4）判断。

如果 t 落入拒绝域，拒绝 H_0；如果 t 不落入拒绝域，不能拒绝 H_0。或者根据 t 值可计算出相应的概率 P 值，若检验中 $P<\alpha$（单侧检验）或 $P<\frac{\alpha}{2}$（双侧检验）时，表明 t 落入拒绝域，拒绝 H_0；反之，则不能拒绝 H_0。

一般来说，单侧检验临界值拒绝域不等式的方向，与备择假设的不等式方向一致。

【例7-2】我国运动员四步助跑的跳高成绩服从正态分布。已知我国女子优秀跳高运动员的平均成绩不低于 $\mu_0=1.92$ m，现随机抽取 $n=9$ 名女运动员，测得跳高平均成绩 $\bar{x}=1.86$ m，标准差 $s=0.36$ m，问这些运动员的成绩是否低于我国女子优秀跳高运动员（$\alpha=0.05$）？

解：“我国女子优秀跳高运动员的平均成绩不低于1.92 m”是明确的陈述，此为原假设 H_0，为左单侧检验。该题总体服从正态分布、标准差 σ 未知、小样本，故有

（1）建立假设：

$$H_0:\mu\geqslant 1.92, H_1:\mu<1.92$$

（2）确定检验统计量并计算检验统计量值：

$$t=\frac{\bar{x}-\mu_0}{\frac{s}{\sqrt{n}}}=\frac{1.86-1.92}{\frac{0.36}{\sqrt{9}}}=-0.5$$

（3）给定显著性水平 α（$\alpha=0.05$），查 t 分布表，得拒绝域：

$$t < -t_{\alpha}(n-1) = -1.86$$

(4)判断。

因为$t=-0.5>-1.86$，所以t不落入拒绝域，不能拒绝H_0。即此次抽样认为这些运动员的成绩不低于我国女子优秀跳高运动员。

如果使用P值进行决策，可以在Excel 2016中利用TDIST函数计算得到P值。具体操作路径见附录2。经计算得到t统计量对应的概率$P=0.315\,3>\alpha=0.05$，所以不能拒绝H_0，即认为这些运动员的成绩不低于我国女子优秀跳高运动员。

2. 总体标准差σ已知时，用z检验

对于双侧检验和单侧检验，检验步骤如下：

(1)建立假设：

$H_0: \mu=\mu_0, H_1: \mu \neq \mu_0$　　(双侧检验)

$\mu \leqslant \mu_0$　　$\mu > \mu_0$　　(右单侧检验)

$\mu \geqslant \mu_0$　　$\mu < \mu_0$　　(左单侧检验)

(2)确定检验统计量并计算检验统计量值：

$$z=\frac{\bar{x}-\mu_0}{\frac{\sigma}{\sqrt{n}}}$$

(3)给定显著性水平α，得拒绝域(小概率事件)：

$|z| > z_{\frac{\alpha}{2}}$　　(双侧检验)

$z > z_{\alpha}$　　(右单侧检验)

$z < -z_{\alpha}$　　(左单侧检验)

(4)判断。

如果z落入拒绝域，拒绝H_0；如果z不落入拒绝域，不能拒绝H_0。或者根据z值可计算出相应的概率P值，若检验中$P<\alpha$(单侧检验)或$P<\frac{\alpha}{2}$(双侧检验)时，表明z落入拒绝域，拒绝H_0；反之，则不能拒绝H_0。

【例7-3】某地区水稻的一般生产水平为亩产500 kg，其标准差为50 kg。现用一种化肥进行试验，从中抽取16亩，得到它们的平均亩产为560 kg。已知该地区的水稻产量服从正态分布，则这种化肥是否使水稻明显增产($\alpha=0.05$)？

解：该题中“化肥使水稻明显增产”是不明确的陈述，此为备择假设H_1，需要用右单侧检验，该题总体服从正态分布、标准差σ已知、小样本，故有

(1)建立假设：

$$H_0: \mu \leqslant 500, H_1: \mu > 500$$

(2)确定检验统计量并计算检验统计量的值。由于是小样本，正态分布，总体标准差σ已知，因此选用z检验统计量，且已知$\bar{x}=560, \mu_0=500, \sigma=50, n=16$，则

$$z=\frac{\bar{x}-\mu_0}{\frac{\sigma}{\sqrt{n}}}=\frac{560-500}{\frac{50}{\sqrt{16}}}=4.8$$

(3)给定显著性水平$\alpha(\alpha=0.05)$,查z分布表,得拒绝域:

$$z>z_\alpha=z_{0.05}=1.645$$

(4)判断。

因为$z=4.8>z_{0.05}$,所以z落入拒绝域,拒绝H_0,即此次抽样认为该种化肥可使水稻明显增产。

如果使用P值进行决策,可以在Excel 2016中利用统计函数NORMSDIST计算得到P值。具体操作路径见附录2。经计算得到z统计量对应的概率$P=1-1=0<\alpha=0.05$,所以拒绝H_0,得到与前面相同的结论。

(二)大样本($n\geqslant 30$)

1.总体标准差σ未知时,用z检验

对于双侧检验和单侧检验,检验步骤如下:

(1)建立假设:

$H_0:\mu=\mu_0$, $H_1:\mu\neq\mu_0$ (双侧检验)

$\mu\leqslant\mu_0$ $\mu>\mu_0$ (右单侧检验)

$\mu\geqslant\mu_0$ $\mu<\mu_0$ (左单侧检验)

(2)确定检验统计量并计算检验统计量值:

$$z=\frac{\bar{x}-\mu_0}{\frac{s}{\sqrt{n}}}$$

(3)给定显著性水平α,得拒绝域(小概率事件):

$|z|>z_{\frac{\alpha}{2}}$ (双侧检验)

$z>z_\alpha$ (右单侧检验)

$z<-z_\alpha$ (左单侧检验)

(4)判断。

如果z落入拒绝域,拒绝H_0;如果z不落入拒绝域,则不能拒绝H_0。或者根据z值可计算出相应的概率P值,若检验中$P<\alpha$(单侧检验)或$P<\frac{\alpha}{2}$(双侧检验)时,表明z落入拒绝域,拒绝H_0;反之,则不能拒绝H_0。

【例7-4】某品牌电视规定无故障时间为10 000 h,厂家采取改进措施后,现在从新生产的电视中抽取100台,测得平均无故障时间为10 150 h,标准差为500 h,能否据此判断该品牌电视无故障时间有显著增加($\alpha=0.05$)?

解:该题中“厂家改进措施后使某品牌电视无故障时间超过10 000 h”是不明确的陈

述，此为备择假设H_1，因此要采用右单侧检验，该题中总体标准差σ未知，大样本，故有

（1）建立假设：

$$H_0:\mu \leqslant 10\,000, H_1:\mu > 10\,000$$

（2）确定检验统计量并计算检验统计量值：

由于是大样本，故选用z检验统计量，且已知，$\bar{x}=10\,150$，$n=100$，$\mu_0=10\,000$，$s=500$，所以有

$$z=\frac{\bar{x}-\mu_0}{\frac{s}{\sqrt{n}}}=\frac{10\,150-10\,000}{\frac{500}{\sqrt{100}}}=3$$

（3）给定显著性水平$\alpha(\alpha=0.05)$，查z分布表，并得出拒绝域：

$$z>z_\alpha=z_{0.05}=1.645$$

（4）判断。

因为$z=3>z_\alpha$，所以z落入拒绝域，拒绝H_0，即认为该品牌电视无故障时间有显著增加。也可根据z的值计算出相应的概率$P=1-0.998\,7=0.001\,3<\alpha$，所以拒绝$H_0$，得到与前面相同的结论。

2. 总体标准差σ已知时，用z检验

由于从总体中抽得大样本时，其样本均值的抽样分布仍然服从正态分布，所以其检验统计量仍然为z统计量，且σ也已知，因此其检验步骤与前面的正态总体中抽得小样本时σ已知的检验步骤完全相同。

【例7-5】某罐头食品公司生产果酱，标准规格是每罐净重250 g。根据以往经验，标准差是4 g。现在该公司生产了一批这种果酱，从中抽取100罐检验，得到它们的平均质量为251 g，按规定，显著性水平$\alpha=0.05$，问该批果酱是否合乎标准？

解：该题中“果酱标准规格是每罐净重250 g”是明确的陈述，此为原假设H_0，因此要采用双侧检验，该题中总体标准差σ已知、大样本，故有

（1）建立假设：

$$H_0:\mu=250, H_1:\mu\neq 250$$

（2）确定检验统计量并计算检验统计量值：

由于是大样本，故选用z检验统计量，且已知$\bar{x}=251$，$n=100$，$\mu_0=250$，$\sigma=4$，故有

$$z=\frac{\bar{x}-\mu_0}{\frac{\sigma}{\sqrt{n}}}=\frac{251-250}{\frac{4}{\sqrt{100}}}=2.5$$

（3）给定显著性水平$\alpha(\alpha=0.05)$，查z分布表，并得出拒绝域：

$$|z|>z_{\frac{\alpha}{2}}=z_{0.025}=1.96$$

（4）判断。

因为$|z| = 2.5 > z_{\frac{\alpha}{2}}$，所以$z$落入拒绝域，拒绝$H_0$，即认为该批果酱不符合标准要求。也可根据$z$的值计算出相应的概率$P$值为$P = 1 - 0.993\,8 = 0.006\,2 < \frac{\alpha}{2}$，所以拒绝$H_0$，得到与前面相同的结论。

二、总体比率的假设检验

若总体中只有两种结果，即服从两点分布，在抽取大样本情况下，即满足$np \geqslant 5$，p为样本比率，$n(1-p) \geqslant 5$时可用正态分布来近似。对于双侧检验、单侧检验有如下检验步骤：

（1）建立假设：

$$H_0: \pi = \pi_0, H_1: \pi \neq \pi_0 \qquad \text{（双侧检验）}$$
$$\pi \leqslant \pi_0 \qquad \pi > \pi_0 \qquad \text{（右单侧检验）}$$
$$\pi \geqslant \pi_0 \qquad \pi < \pi_0 \qquad \text{（左单侧检验）}$$

（2）确定检验统计量并计算检验统计量值：

$$z = \frac{p - \pi_0}{\sqrt{\frac{\pi_0(1-\pi_0)}{n}}} \sim N(0,1)$$

式中π_0为总体比率π的假设值；

（3）给定显著性水平α，得拒绝域（小概率事件）：

$$|z| > z_{\frac{\alpha}{2}} \qquad \text{（双侧检验）}$$
$$z > z_{\alpha} \qquad \text{（右单侧检验）}$$
$$z < -z_{\alpha} \qquad \text{（左单侧检验）}$$

（4）判断。

如果z落入拒绝域，拒绝H_0；如果z不落入拒绝域，不能拒绝H_0。或者根据z值可计算出相应的概率P值，若检验中$P < \alpha$（单侧检验）或$P < \frac{\alpha}{2}$（双侧检验）时，表明z落入拒绝域，拒绝H_0；反之，则不能拒绝H_0。

【例7-6】某企业的人力资源管理部门估计该企业80%的员工有潜力。为检验这一说法是否可靠，随机抽取了100名员工，经过严格的考评，结果显示大约有75%的员工存在不同程度的潜力。问：该企业的人力资源管理部门所说情况是否属实（$\alpha = 0.1$）？

解：该题中“某企业的人力资源管理部门估计该企业80%的员工有潜力”是明确的陈述，此为原假设H_0，需用双侧检验，故有

（1）建立假设：

$$H_0: \pi = 80\%, H_1: \pi \neq 80\%$$

（2）确定检验统计量并计算检验统计量值：

已知$\pi_0 = 80\%$，$n = 100$，$p = 75\%$，则

$$z=\frac{p-\pi_0}{\sqrt{\frac{\pi_0(1-\pi_0)}{n}}}=\frac{75\%-80\%}{\sqrt{\frac{80\%\times(1-80\%)}{100}}}=\frac{-5\%}{4\%}=-1.25$$

(3)给定显著性水平$\alpha(\alpha=0.1)$,查z分布表,得拒绝域:

$$|z|>z_{\frac{\alpha}{2}}=z_{0.05}=1.645$$

(4)判断。

因为$|z|=1.25<z_{\frac{\alpha}{2}}$,所以$z$不落入拒绝域,不能拒绝$H_0$,即此次抽样结果表明有充分证据认为该企业的人力资源管理部门所说情况是属实的。也可根据z的值计算出相应的概率$P=0.105\,65>\frac{\alpha}{2}$,不能拒绝$H_0$,即认为该企业的人力资源管理部门所说情况属实。

三、总体方差的假设检验

当一个总体近似服从正态分布时,可检验其方差或标准差,检验步骤如下。

(1)建立假设:

$$H_0:\sigma^2=\sigma_0^2, H_1:\sigma^2\neq\sigma_0^2 \qquad \text{(双侧检验)}$$

$$\sigma^2\leqslant\sigma_0^2 \qquad \sigma^2>\sigma_0^2 \qquad \text{(右单侧检验)}$$

$$\sigma^2\geqslant\sigma_0^2 \qquad \sigma<\sigma_0^2 \qquad \text{(左单侧检验)}$$

(2)确定检验统计量并计算检验统计量值:

$$\chi^2=\frac{(n-1)s^2}{\sigma_0^2}$$

(3)给定显著性水平α,得拒绝域(小概率事件):

$$\chi^2>\chi^2_{\frac{\alpha}{2}}(n-1)\text{或}\chi^2<\chi^2_{1-\frac{\alpha}{2}}(n-1) \qquad \text{(双侧检验)}$$

$$\chi^2>\chi^2_{\alpha}(n-1) \qquad \text{(右单侧检验)}$$

$$\chi^2<\chi^2_{1-\alpha}(n-1) \qquad \text{(左单侧检验)}$$

(4)判断。

如果χ^2落入拒绝域,拒绝H_0;如果χ^2不落入拒绝域,则不能拒绝H_0。或者根据χ^2值可计算出相应的概率P值,若检验中$P<\alpha$(单侧检验)或$P<\frac{\alpha}{2}$(双侧检验)时,表明z落入拒绝域,拒绝H_0;反之,则不能拒绝H_0。卡方检验示意图如图7-2所示。

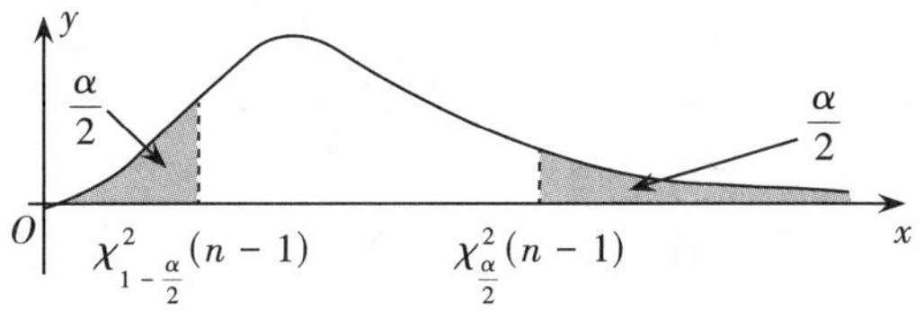

图7-2　卡方检验示意图

【例7-7】根据长期正常生产的资料可知，某厂生产的维尼纶的纤度服从正态分布，其方差为0.002 5。现从某日生产的产品中随机抽出25根，测得样本方差为0.003 6。试判断该日生产的维尼纶纤度的波动与平时有无显著差异($\alpha = 0.01$)？

解：该题中"根据长期正常生产的资料可知，某厂生产的维尼纶的方差为0.002 5"是明确的陈述，此为原假设H_0，因此用双侧检验，故有

(1)建立假设：

$$H_0: \sigma^2 = 0.002\,5, H_1: \sigma^2 \neq 0.002\,5$$

(2)确定检验统计量并计算检验统计量值：

已知${\sigma_0}^2 = 0.002\,5, s^2 = 0.003\,6, n = 25$，则

$$\chi^2 = \frac{(n-1)s^2}{{\sigma_0}^2} = \frac{(25-1) \times 0.003\,6}{0.002\,5} = 34.56$$

(3)给定显著性水平$\alpha(\alpha = 0.01)$，查得χ^2分布表，得拒绝域：

$$\chi^2 > \chi^2_{\frac{\alpha}{2}}(n-1) = \chi^2_{0.005}(24) = 45.558\,5$$

或

$$\chi^2 < \chi^2_{1-\frac{\alpha}{2}}(n-1) = \chi^2_{0.995}(24) = 9.886\,2$$

(4)判断。

因为$\chi^2_{1-\frac{\alpha}{2}} < \chi^2 < \chi^2_{\frac{\alpha}{2}}$，$\chi^2$不落入拒绝域，不能拒绝$H_0$，即此次抽样认为该日生产的维尼纶纤度的波动与平时无显著差异。

如果使用P值进行决策，可以在Excel 2016中利用CHISQ.DIST函数计算得到P值。具体操作路径见附录2。经计算得到χ^2统计量相应的概率为：$P = 0.075 \times 2 = 0.15 > \alpha = 0.01$，$\chi^2$不落入拒绝域，不能拒绝$H_0$，与前面方法得到相同的结论。

第三节　两个总体参数的假设检验

两个总体参数的检验主要包括两个总体均值是否相等的检验、两个总体比率是否相等的检验和两个总体方差是否相等的检验等，检验的步骤与一个总体参数的检验步骤类似，只是分布和检验统计量不同。

一、两个总体均值是否相等的假设检验

两个总体均值是否相等的检验统计量的选择取决于两个总体均值的抽样分布，而抽样分布与样本量大小、与总体方差σ^2是否已知有关。

(一)小样本($n_1 < 30, n_2 < 30$),且两个总体均服从正态分布

1.独立小样本,且σ_1^2、σ_2^2未知时,用t检验

对于双侧检验和单侧检验,检验步骤如下:

(1)建立假设:

$$H_0:\mu_1-\mu_2=0, H_1:\mu_1-\mu_2\neq 0 \qquad (双侧检验)$$

$$\mu_1-\mu_2\leqslant 0 \qquad \mu_1-\mu_2>0 \qquad (右单侧检验)$$

$$\mu_1-\mu_2\geqslant 0 \qquad \mu_1-\mu_2<0 \qquad (左单侧检验)$$

(2)确定检验统计量并计算检验统计量值:

当$\sigma_1^2=\sigma_2^2$时,$t=\dfrac{(\bar{x}_1-\bar{x}_2)-(\mu_1-\mu_2)}{s\sqrt{\dfrac{1}{n_1}+\dfrac{1}{n_2}}}$　(自由度为n_1+n_2-2)

$$s=\sqrt{\frac{(n_1-1)s_1^2+(n_2-1)s_2^2}{n_1+n_2-2}}$$

当$\sigma_1^2\neq\sigma_2^2$时,$t=\dfrac{(\bar{x}_1-\bar{x}_2)-(\mu_1-\mu_2)}{\sqrt{\dfrac{s_1^2}{n_1}+\dfrac{s_2^2}{n_2}}}$

自由度

$$f=\frac{\left(\dfrac{s_1^2}{n_1}+\dfrac{s_2^2}{n_2}\right)^2}{\dfrac{\left(\dfrac{s_1^2}{n_1}\right)^2}{n_1-1}+\dfrac{\left(\dfrac{s_2^2}{n_2}\right)^2}{n_2-1}}$$

(3)给定显著性水平α,查t分布表,得拒绝域(小概率事件):

$$|t|>t_{\frac{\alpha}{2}}(n_1+n_2-2) \qquad (双侧检验)$$

$$t>t_{\alpha}(n_1+n_2-2) \qquad (右单侧检验)$$

$$t<-t_{\alpha}(n_1+n_2-2) \qquad (左单侧检验)$$

(4)判断。

如果t落入拒绝域,拒绝H_0;如果t不落入拒绝域,不能拒绝H_0。或者根据t值可计算出相应的概率P值,若检验中$P<\alpha$(单侧检验)或$P<\dfrac{\alpha}{2}$(双侧检验)时,表明t落入拒绝域,拒绝H_0;反之,则不能拒绝H_0。

【例7-8】为估计两种方法组装产品所需时间的差异,对两种不同的组装方法分别进行多次操作试验,组装一件产品所需的时间(单位:min)如表7-2所示。

表7-2 两种方法组装一件产品所需时间 单位:min

方法1	28.3	30.1	29.0	37.6	32.1	28.8	36.0	37.2	38.5	34.4	28.0	30.0
方法2	27.6	22.2	31.0	33.5	20.0	30.2	32.0	26.0	32.5	30.0		

假设用两种方法组装一件产品所需时间均服从正态分布,且方差相同,试以$\alpha = 0.05$的显著水平,推断两种方法组装产品所需平均时间有无显著差异?

解:该题中"两种方法组装产品所需平均时间有差异"是不明确的假设,此为备择假设,需要用双侧检验,故有

(1) 建立假设:

$$H_0:\mu_1 - \mu_2 = 0, H_1:\mu_1 - \mu_2 \neq 0$$

(2)确定检验统计量并计算检验统计量的值:

根据表7-2计算得到

$$\bar{x}_1 = 32.5, s_1 \approx 3.83, \bar{x}_2 = 28.5, s_2 \approx 4.29$$

$$s = \sqrt{\frac{(n_1 - 1)s_1^2 + (n_2 - 1)s_2^2}{n_1 + n_2 - 2}} = \sqrt{\frac{(12 - 1) \times 3.83^2 + (10 - 1) \times 4.29^2}{12 + 10 - 2}} \approx 4.04$$

$$t = \frac{(\bar{x}_1 - \bar{x}_2) - (\mu_1 - \mu_2)}{s\sqrt{\frac{1}{n_1} + \frac{1}{n_2}}} = \frac{32.5 - 28.5 - 0}{4.04 \times \sqrt{\frac{1}{12} + \frac{1}{10}}} \approx \frac{4}{4.04 \times 0.43} \approx 2.30$$

(3)给定显著性水平$\alpha(\alpha = 0.05)$,查t分布表,得拒绝域:

$$|t| > t_{\frac{\alpha}{2}}(n_1 + n_2 - 2) = t_{0.025}(20) = 2.086$$

(4)判断。

因为$|t| = 2.30 > t_{0.025}(20)$,所以$t$落入拒绝域,拒绝$H_0$,即此次抽样认为两种方法组装产品所需平均时间有显著差异。

如果使用P值进行决策时,可以在Excel 2016中利用数据分析中的"t检验:双样本等方差假设"计算概率P值。具体操作路径见附录2。经计算得到t统计量相应的概率为$P = 0.0199 < \frac{\alpha}{2} = 0.025$,所以拒绝$H_0$,得到与前面相同的结论。

2.独立小样本,且σ_1^2、σ_2^2已知时,用z检验

对于双侧检验和单侧检验,检验步骤如下:

(1)建立假设:

$$H_0:\mu_1 - \mu_2 = 0, H_1:\mu_1 - \mu_2 \neq 0 \quad \text{(双侧检验)}$$

$$\mu_1 - \mu_2 \leqslant 0 \quad \mu_1 - \mu_2 > 0 \quad \text{(右单侧检验)}$$

$$\mu_1 - \mu_2 \geqslant 0 \quad \mu_1 - \mu_2 < 0 \quad \text{(左单侧检验)}$$

(2)确定检验统计量并计算检验统计量值：

$$z=\frac{\left(\bar{x}_1-\bar{x}_2\right)-\left(\mu_1-\mu_2\right)}{\sqrt{\frac{\sigma_1^2}{n_1}+\frac{\sigma_2^2}{n_2}}}$$

(3)给定显著性水平α,得拒绝域(小概率事件)：

$$|z|>z_{\frac{\alpha}{2}}\qquad\text{(双侧检验)}$$

$$z>z_\alpha\qquad\text{(右单侧检验)}$$

$$z<-z_\alpha\qquad\text{(左单侧检验)}$$

(4)判断。

如果z落入拒绝域,拒绝H_0;如果z不落入拒绝域,则不能拒绝H_0。或者根据z值可计算出相应的概率P值,若检验中$P<\alpha$(单侧检验)或$P<\frac{\alpha}{2}$(双侧检验)时,表明z落入拒绝域,拒绝H_0;反之,则不能拒绝H_0。

【例7-9】设甲、乙两厂生产同样的电脑，其寿命X,Y分别服从正态分布$N(\mu_1,\sigma_1^2)$，$N(\mu_2,\sigma_2^2)$，已知它们寿命的方差分别为$\sigma_1^2=4^2$和$\sigma_2^2=2.25^2$，现从两厂生产的电脑中各抽取16台,测得其平均寿命甲厂为4.5年，乙厂为6年，请问甲、乙两厂生产的电脑的平均寿命有无显著差异($\alpha=0.05$)?

解:此题中“两厂生产的电脑的平均寿命无显著差异”是不明确的假设,此为备择假设,需要用双侧检验,故有

(1)建立假设：

$$H_0:\mu_1-\mu_2=0,H_1:\mu_1-\mu_2\neq 0$$

(2)确定检验统计量并计算检验统计量的值：

$$z=\frac{\left(\bar{x}_1-\bar{x}_2\right)-\left(\mu_1-\mu_2\right)}{\sqrt{\frac{\sigma_1^2}{n_1}+\frac{\sigma_2^2}{n_2}}}=\frac{4.5-6-0}{\sqrt{\frac{4}{16}+\frac{2.25}{16}}}=\frac{-1.5}{0.625}=-2.4$$

(3)给定显著性水平α($\alpha=0.05$),查z分布表,得拒绝域：

$$|z|>z_{\frac{\alpha}{2}}=z_{0.025}=1.96$$

(4) 判断。

因为$|z|=2.4>z_{0.025}$,所以z落入拒绝域,拒绝H_0,即此次抽样认为甲、乙两厂生产的电脑的平均寿命有显著性差异。

3.匹配小样本,用t检验

假定两个总体配对差值构成的总体服从正态分布时,对于双侧检验和单侧检验,检验步骤如下：

(1)建立假设：

$$H_0:\mu_1-\mu_2=0,H_1:\mu_1-\mu_2\neq 0\qquad\text{(双侧检验)}$$

$$\mu_1 - \mu_2 \leqslant 0 \quad \mu_1 - \mu_2 > 0 \quad （右单侧检验）$$

$$\mu_1 - \mu_2 \geqslant 0 \quad \mu_1 - \mu_2 < 0 \quad （左单侧检验）$$

（2）确定检验统计量并计算检验统计量值：

$$t = \frac{\bar{d} - (\mu_1 - \mu_2)}{\frac{s_d}{\sqrt{n}}}$$

其中 $\bar{d} = \frac{\sum_{i=1}^{n} d_i}{n}$，$s_d = \sqrt{\frac{\sum_{i=1}^{n}(d_i - \bar{d})^2}{n-1}}$，$d_i$指第$i$个配对样本数据的差值；

（3）给定显著性水平α，查t分布表，得拒绝域（小概率事件）：

$$|t| > t_{\frac{\alpha}{2}}(n-1) \quad （双侧检验）$$

$$t > t_{\alpha}(n-1) \quad （右单侧检验）$$

$$t < -t_{\alpha}(n-1) \quad （左单侧检验）$$

（4）判断。

如果t落入拒绝域，拒绝H_0；如果t不落入拒绝域，不能拒绝H_0。或者根据t值可计算出相应的概率P值，若检验中$P < \alpha$（单侧检验）或$P < \frac{\alpha}{2}$（双侧检验）时，表明t落入拒绝域，拒绝H_0；反之，则不能拒绝H_0。

【例7-10】某饮料公司开发研制了一种新产品，为比较消费者对新、旧产品口感的满意程度，该公司随机选取9名消费者，让每个消费者分别对新、旧产品进行品尝并评分（0~10分），评分结果如表7-3所示。

表7-3 两种饮料评价的数据 **单位：分**

消费者编号	1	2	3	4	5	6	7	8	9
旧产品	5	6	5	3	7	4	5	8	6
新产品	6	8	4	5	7	6	6	9	7

问消费者对该饮料公司新、旧两种产品的评分是否存在显著差异（$\alpha = 0.05$）？

解：该题中"消费者对该饮料公司新、旧两种产品的评分有显著差异"是不明确的假设，此为备择假设，需要用双侧检验，用μ_1表示消费者对旧产品的平均评分，用μ_2表示消费者对新产品的平均评分，故有

（1）建立假设：

$$H_0: \mu_1 - \mu_2 = 0, H_1: \mu_1 - \mu_2 \neq 0$$

（2）确定检验统计量并计算检验统计量的值：

$$\bar{d} = -1, s_d = 1$$

$$t = \frac{\bar{d} - (\mu_1 - \mu_2)}{\frac{s_d}{\sqrt{n}}} = \frac{-1 - 0}{\frac{1}{\sqrt{9}}} = -3$$

(3)给定显著性水平$\alpha(\alpha=0.05)$,查t分布表,得拒绝域:

$$|t|>t_{\frac{\alpha}{2}}(n-1)=t_{0.025}(8)=2.306$$

(4)判断。

因为$|t|=3>t_{0.025}(8)$,所以t落入拒绝域,拒绝H_0,即此次抽样认为消费者对该饮料公司新、旧两种产品的评分存在显著性差异。

如果使用P值进行决策时,可以在Excel 2016中利用数据分析中的“t检验:平均值的成对二样本分析”计算概率P值。具体操作路径见附录2。经计算得到t统计量相应的概率$P=0.0085<\frac{\alpha}{2}=0.025$,所以拒绝$H_0$,得到与前面相同的结论。

(二)两总体为独立大样本($n_1\geqslant 30, n_2\geqslant 30$)

当两个总体均服从正态分布或虽然两个总体的分布形式未知,但两个总体抽取的样本量均较大,用z检验。对于双侧检验和单侧检验,检验的步骤如下:

(1)建立假设:

$$H_0:\mu_1-\mu_2=0,H_1:\mu_1-\mu_2\neq 0\quad(双侧检验)$$

$$\mu_1-\mu_2\leqslant 0\quad \mu_1-\mu_2>0\quad(右单侧检验)$$

$$\mu_1-\mu_2\geqslant 0\quad \mu_1-\mu_2<0\quad(左单侧检验)$$

(2)确定检验统计量并计算检验统计量值:

$$当\sigma_1^2,\sigma_2^2已知时,z=\frac{(\bar{x}_1-\bar{x}_2)-(\mu_1-\mu_2)}{\sqrt{\frac{\sigma_1^2}{n_1}+\frac{\sigma_2^2}{n_2}}}$$

$$当\sigma_1^2,\sigma_2^2未知时,z=\frac{(\bar{x}_1-\bar{x}_2)-(\mu_1-\mu_2)}{\sqrt{\frac{s_1^2}{n_1}+\frac{s_2^2}{n_2}}}$$

(3)给定显著性水平α,得拒绝域(小概率事件):

$$|z|>z_{\frac{\alpha}{2}}\quad(双侧检验)$$

$$z>z_{\alpha}\quad(右单侧检验)$$

$$z<-z_{\alpha}\quad(左单侧检验)$$

(4)判断。

如果z落入拒绝域,拒绝H_0;如果z不落入拒绝域,不能拒绝H_0。或者根据z值可计算出相应的概率P值,若检验中$P<\alpha$(单侧检验)或$P<\frac{\alpha}{2}$(双侧检验)时,表明z落入拒绝域,拒绝H_0;反之,则不能拒绝H_0。

【例7-11】甲、乙两机床加工同一种零件,抽样测量其产品的数据(单位:mm),经计算得到

$$甲机床: n_1 = 64, \bar{x}_1 = 33.5, s_1 = 0.2$$

$$乙机床: n_2 = 100, \bar{x}_2 = 34.2, s_2 = 0.15$$

问：在$\alpha = 0.01$的条件下，甲、乙两机床加工的产品尺寸有无显著差异？

解：该题中"甲、乙两机床加工的产品尺寸有差异"是不明确的陈述，此为备择假设，需要用双侧检验，该题中方差σ_1^2, σ_2^2未知，且检验时采取大样本，故有

(1)建立假设：

$$H_0: \mu_1 - \mu_2 = 0, H_1: \mu_1 - \mu_2 \neq 0$$

(2)确定检验统计量并计算检验统计量的值：

$$z = \frac{(\bar{x}_1 - \bar{x}_2) - (\mu_1 - \mu_2)}{\sqrt{\frac{s_1^2}{n_1} + \frac{s_2^2}{n_2}}} = \frac{33.5 - 34.2 - 0}{\sqrt{\frac{0.2^2}{64} + \frac{0.15^2}{100}}} = \frac{-0.7}{\sqrt{\frac{0.04}{64} + \frac{0.0225}{100}}} \approx -24.01$$

(3)给定显著性水平$\alpha(\alpha = 0.01)$，查z分布表，得拒绝域：

$$|z| > z_{\frac{\alpha}{2}} = z_{0.005} = 2.58$$

(4)判断。

因为$|z| = 24.01 > z_{0.005}$，所以z落入拒绝域，拒绝H_0，即此次抽样认为甲、乙两机床加工的产品尺寸有显著性差异。

二、两个总体比率是否相等的假设检验

设两个总体服从二项分布，这两个总体中具有某种特征单位数的比例分别为π_1和π_2，当π_1和π_2未知时，可用p_1和p_2代替。

对于双侧检验和单侧检验，检验步骤如下。

(1)建立假设：

$H_0: \pi_1 - \pi_2 = 0, H_1: \pi_1 - \pi_2 \neq 0$　　（双侧检验）

$\pi_1 - \pi_2 \leqslant 0$　　$\pi_1 - \pi_2 > 0$　　（右单侧检验）

$\pi_1 - \pi_2 \geqslant 0$　　$\pi_1 - \pi_2 < 0$　　（左单侧检验）

(2)确定检验统计量并计算检验统计量值：

双侧检验

$$z = \frac{p_1 - p_2}{\sqrt{p(1-p)\left(\frac{1}{n_1} + \frac{1}{n_2}\right)}}$$

其中，$p = \frac{p_1 n_1 + p_2 n_2}{n_1 + n_2}$

单侧检验
$$z=\frac{(p_1-p_2)-(\pi_1-\pi_2)}{\sqrt{\left(\frac{p_1(1-p_1)}{n_1}+\frac{p_2(1-p_2)}{n_2}\right)}}$$

(3)给定显著性水平α,得拒绝域(小概率事件):

$|z|>z_{\frac{\alpha}{2}}$　　(双侧检验)

$z>z_\alpha$　　(右单侧检验)

$z<-z_\alpha$　　(左单侧检验)

(4)判断。

如果z落入拒绝域,拒绝H_0;如果z不落入拒绝域,不能拒绝H_0。或者根据z值可计算出相应的概率P值,若检验中$P<\alpha$(单侧体验)或$P<\frac{\alpha}{2}$(双侧体验)时,表明z落入拒绝域,拒绝H_0;反之,则不能拒绝H_0。

【例7-12】在甲、乙两地区居民中用不放回简单随机抽样方法以户为单位从甲地抽取500户居民,从乙地抽取500户居民,询问其对某电视节目的态度。询问结果表示,甲、乙两地区居民喜欢该电视节目的分别为40户、60户。问甲、乙两地区居民对该电视节目的偏好是否有显著性差异?($\alpha=0.05$)

解:该题中"甲、乙两地区居民对该电视节目的偏好有显著性差异"是不明确的假设,此为备择假设,用双侧检验,故有

(1)建立假设:

$$H_0:\pi_甲-\pi_乙=0,H_1:\pi_甲-\pi_乙\neq 0$$

(2)确定检验统计量并计算检验统计量的值:已知$p_甲=\frac{40}{500}=0.08$,$p_乙=\frac{60}{500}=0.12$,

则
$$p=\frac{p_甲 n_甲+p_乙 n_乙}{n_甲+n_乙}=\frac{0.08\times 500+0.12\times 500}{500+500}=0.1$$

$$z=\frac{p_甲-p_乙}{\sqrt{p(1-p)\left(\frac{1}{n_甲}+\frac{1}{n_乙}\right)}}=\frac{0.08-0.12}{\sqrt{0.1\times(1-0.1)\times\left(\frac{1}{500}+\frac{1}{500}\right)}}$$

$$=\frac{-0.04}{\sqrt{0.1\times 0.9\times 0.004}}\approx -2.11$$

(3)给定显著性水平α($\alpha=0.05$),查z分布表,得拒绝域:

$$|z|>z_{\frac{\alpha}{2}}=1.96$$

(4)判断。

因为$|z|=2.11>z_{0.025}$,z落入拒绝域,拒绝H_0,即此次抽样认为甲、乙两地区居民对该电视节目的偏好有显著性差异。

三、两个总体方差是否相等的假设检验

当两个总体均服从正态分布时,可检验它们的方差是否相等。

对于双侧检验和单侧检验,检验步骤如下:

(1)建立假设:

$$H_0:\frac{\sigma_1^2}{\sigma_2^2}=1,H_1:\frac{\sigma_1^2}{\sigma_2^2}\neq 1 \qquad \text{(双侧检验)}$$

$$\frac{\sigma_1^2}{\sigma_2^2}\leqslant 1 \qquad \frac{\sigma_1^2}{\sigma_2^2}>1 \qquad \text{(右单侧检验)}$$

$$\frac{\sigma_1^2}{\sigma_2^2}\geqslant 1 \qquad \frac{\sigma_1^2}{\sigma_2^2}<1 \qquad \text{(左单侧检验)}$$

(2)确定检验统计量并计算检验统计量值:

$$F=\frac{S_1^2}{S_2^2}$$

(3)给定显著性水平α,得拒绝域(小概率事件):

$$|F|>F_{\frac{\alpha}{2}}(n_1-1,n_2-1) \qquad \text{(双侧检验)}$$

$$F>F_{\alpha}(n_1-1,n_2-1) \qquad \text{(右单侧检验)}$$

$$F<F_{1-\alpha}(n_1-1,n_2-1) \qquad \text{(左单侧检验)}$$

(4)判断。

如果F落入拒绝域,拒绝H_0;如果F不落入拒绝域,不能拒绝H_0。或者根据F值可计算出相应的概率P值,若检验中$P<\alpha$(单侧检验)或$P<\frac{\alpha}{2}$(双侧检验)时,表明z落入拒绝域,拒绝H_0;反之,则不能拒绝H_0。

【例7-13】为检查甲、乙两批药品中某种成分的含量,现分别从这两批药品中各抽取9个样本进行测定,测得其样本均值和样本方差分别为$\bar{x}_1=75$,$s_1^2=3.25$和$\bar{x}_2=73.5$,$s_2^2=2.5$。假设它们都服从正态分布,试检验甲、乙两批药品中该种成分含量的波动是否有显著差异?($\alpha=0.1$)

解:该题中"甲、乙两批药品中该种成分含量的波动有显著差异"是不明确的陈述,此为备择假设,用双侧检验,故有

(1)建立假设:

$$H_0:\frac{\sigma_1^2}{\sigma_2^2}=1,H_1:\frac{\sigma_1^2}{\sigma_2^2}\neq 1$$

(2)确定检验统计量并计算检验统计量的值:已知$s_1^2=3.25$,$s_2^2=2.5$,则

$$F=\frac{s_1^2}{s_2^2}=\frac{3.25}{2.5}=1.3$$

(3)给定显著性水平 $\alpha(\alpha=0.1)$,查 F 分布表,得拒绝域:

$$|F|>F_{\frac{\alpha}{2}}(n_1-1,n_2-1)=F_{0.05}(8,8)=3.44$$

(4)判断。

因为 $|F|=1.3<F_{0.05}(8,8)$,F 不落入拒绝域,不能拒绝 H_0,即此次抽样认为甲、乙两批药品中该种成分含量的波动没有显著差异。

注意:此例中,若已知甲、乙药品的样本具体值,还可以在Excel 2016中利用数据分析中的"F 检验双样本方差"计算 F 统计量相应的概率 P 值。

知识拓展　即测即评

小结

本章首先讲解了假设检验中涉及的相关概念、基本原理与检验步骤,在此基础上,具体针对一个总体参数和两个总体参数的总体均值、总体比率、总体方差等假设检验进行讲解。这些检验在一定程度上可为产品质量的管理提供参考。

思考题

1. 简述假设检验的思想。

2. 如何建立假设?

3. t 检验与 3σ 质量管理原则有何区别?

练习题

一、单选题

1. 在假设检验中,原假设和备择假设(　　)。

A. 都有可能成立　　B. 都有可能不成立

C. 只有一个成立而且必有一个成立　　D. 原假设一定成立,备择假设不一定成立

2. 当样本量一定时,在假设检验中,犯两类错误的可能情况是:(　　)。

A. α 增大,β 增大　　B. α 减小,β 减小

C. α 减小,β 增大　　D. 无法确定

3. 进行假设检验时,在其他条件不变的情况下,增加样本量,检验结论犯两类错误的概率会(　　)。

A. 都减小　　B. 都增大　　C. 都不变　　D. 一个增大,一个减小

4. 某种纤维原有的平均强度不会超过8 g，现希望通过改进工艺来提高其平均强度，研究人员测得了49个关于新纤维的强度数据，发现其均值为8.3 g，标准差为1.1 g，则其原假设和备择假设是(　　)。

A. $H_0:\mu \leqslant 8 \quad H_1:\mu > 8$　　B. $H_0:\mu \geqslant 8 \quad H_1:\mu < 8$

C. $H_0:\mu \leqslant 8.3 \quad H_1:\mu > 8.3$　　D. $H_0:\mu \geqslant 8.3 \quad H_1:\mu < 8.3$

5. 某一贫困地区估计营养不良人数高达20%，然而有人认为这个比例实际上更高，要检验该说法是否正确，则假设形式为(　　)。

A. $H_0:\pi \leqslant 20\% \quad H_1:\pi > 20\%$　　B. $H_0:\pi \geqslant 20\% \quad H_1:\pi < 20\%$

C. $H_0:\pi \leqslant 30\% \quad H_1:\pi > 30\%$　　D. $H_0:\pi \geqslant 30\% \quad H_1:\pi < 30\%$

6. 指出下面的说法哪一个是正确的(　　)。

A. 原假设正确的概率是α

B. 如果原假设被拒绝，就可以证明备择假设是正确的

C. 如果原假设未被拒绝，就可以证明原假设是正确的

D. 如果原假设未被拒绝，也不能证明原假设是正确的

二、判断题

1. 若当$n \geqslant 30$时，对一个总体均值进行检验的假设为$H_0:\mu \leqslant \mu_0, H_1:\mu > \mu_0$，则其拒绝域为$z > z_\alpha$。　　(　　)

2. 原假设的接受与否，与选择的检验统计量有关，与显著性水平α无关。　　(　　)

3. 对一个总体比例进行检验时，若根据其检验统计量计算出相应的概率P值，并得到$P < \alpha$，则不应拒绝原假设H_0。　　(　　)

4. 检验一个正态总体的方差时所使用的分布是χ^2分布。　　(　　)

三、计算题

1. 加工某零件的标准口径服从均值为20 mm，标准差为0.3 mm的正态分布。现从生产的零件中随机抽取36件，测得它们的均值为20.5 mm，试以0.05的显著性水平检验生产的零件的口径均值是否符合标准要求？

2. 已知普通成年人安静时的心率服从正态分布，其平均数是72次/min。现从某体育学院随机抽测64名男生，测得安静时的心率平均数为68次/min，标准差为6.4次/min，试问该体育学院男生安静时的心率与普通成年人安静时的心率有无显著差异($\alpha = 0.01$)？

3. 根据过去大量资料，某厂生产的保温产品的使用寿命服从正态分布$N(1\,020, 100^2)$。现从最近生产的一批产品中随机抽取16件，测得样本平均寿命为1 080 h。试在0.05的显著性水平下判断这批产品的使用寿命是否有显著提高？

4. 某车间用一台包装机包装葡萄糖，包得的袋装糖重是一个随机变量，它服从正态

分布。当机器正常时，其均值为0.5 kg。某日开工后为检验包装机是否正常，随机地抽取它所包装的糖9袋，称得净重为(kg)：0.498，0.508，0.518，0.524，0.499，0.513，0.521，0.515，0.512，问机器是否正常($\alpha = 0.05$)？

5.某厂家向一百货商店长期供应某种货物，双方根据厂家的传统生产水平，定出质量标准，即若次品率低于5%时，则百货商店才能接收该批货物。今有一批货物，随机抽取100件检验，发现有次品6件，问应如何处理这批货物($\alpha = 0.05$)？

6.某厂生产的某种型号的电池，其寿命长期以来服从方差为5 000 h^2 的正态分布，现有一批这种电池，从它的生产情况来看，寿命的波动性有所变化。现随机抽取26只电池，测出其寿命的样本方差为9 200 h^2，问根据这一数据能否推断这批电池的寿命的波动性较以往有显著的变化($\alpha = 0.05$)？

7. 设甲、乙两个班的统计学成绩分别服从方差$\sigma_{甲}^2 = 49$(分^2)与$\sigma_{乙}^2 = 25$(分^2)的正态分布。从甲班随机抽取35位同学的成绩，其平均分为75分，又独立地从乙班随机抽取40位同学的成绩，其平均分为72分，问甲、乙两班的平均成绩有无显著性差异($\alpha = 0.05$)？

8. 某研究者为比较耳垂血和手指血的白细胞数，调查9名成年人，同时采取其耳垂血和手指血后测得白细胞数见表7-4，试比较两者的白细胞数有无显著不同($\alpha = 0.05$)。

表7-4 成人耳垂血和手指血白细胞数 **单位：10 g/L**

编号	耳垂血	手指血
1	9.7	6.7
2	6.2	5.4
3	7.0	5.8
4	5.3	5.0
5	8.1	7.5
6	9.9	8.5
7	4.7	4.6
8	5.8	4.5
9	7.8	7.5

9. 从成年居民的有限总体中简单随机不放回地抽取225人，经调查登记得知男性100人，女性125人。就企业的促销活动是否会激发本人购买欲望这一问题请他(她)们发表意见。其中男性中有43人，女性中有65人认为促销活动对自己影响较大。试问，促销活动对不同性别的人购买欲望的影响是否显著($\alpha = 0.05$)？

10. 为比较甲、乙两种安眠药的疗效，将20名患者分成两组，每组10人，如服药后延长的睡眠时间分别服从正态分布，其数据为(单位：h)：

甲：5.5，4.6，4.4，3.4，1.9，1.6，1.1，0.8，0.1，－0.1

乙：3.7，3.4，2.0，2.0，0.8，0.7，0，－0.1，－0.2，－1.6

问在显著性水平$\alpha = 0.05$下两种药的疗效有无显著差别？

四、案例分析题

一家大型超市连锁店上个月接到许多消费者投诉，投诉某种品牌的炸土豆片(60 g一袋)质量不符。店方猜想引起这些投诉的原因可能是运输过程中沉积在食品袋底部的土豆片被压碎，但为了使顾客们对花钱买到的土豆片感到物有所值，店方仍然决定对最大的一家供应商的下一批袋装土豆片的平均质量(单位：g)进行检验，假设陈述如下：

$$H_0: \mu \geqslant 60, H_1: \mu < 60$$

如果有证据可以拒绝原假设，店方就拒绝这批炸土豆片并向供应商提出投诉。

1. 与这一假设检验问题相关联的第一类错误是什么？

2. 与这一假设检验问题相关联的第二类错误是什么？

3. 你认为连锁店的顾客们会将哪类错误看得较为严重？而供应商会将哪类错误看得较为严重？

第八章 方差分析

本章主要是介绍方差分析的基本思想、原理、方法以及如何用Excel进行方差分析的操作步骤。方差分析本质上也是研究变量之间的关系,它能够解决多个均值之间是否相等的检验问题。方差分析主要研究的是一个或多个分类型自变量和一个数值型因变量之间的关系,能够通过检验来判断分类型自变量对数值型因变量是否产生显著影响。目前,方差分析已经广泛地应用到心理学、生物学、质量管理、医学、环境科学等领域。例如,在环境科学研究中,常常要用方差分析比较不同季节江、河、湖水中某种污染物的含量有无显著性的差异,研究各种气象条件如风向、风速、温度对大气中某种污染物含量的影响等。

【典型案例8】"地域"与"抑郁"

美国人做了一项调查,研究地理位置与患抑郁症之间的关系。在纽约州北部地区的Wenteorth医疗中心,社会学专家和内科医生进行了一项研究,他们选择了一组60个65岁以上的健康人,其中20个人居住在佛罗里达,20个人居住在纽约,20个人居住在北卡罗来纳。对选中的每个人进行了测量抑郁症的标准化检验,收集到表中的资料,较高的得分表示较高的抑郁症水平。

佛罗里达	3	7	7	3	8	8	8	5	5	2	6	2	6	6	9	7	5	4	7	3
纽约	8	11	9	7	8	7	8	4	13	10	6	8	12	8	6	8	5	7	7	8
北卡罗来纳	10	7	3	5	11	8	4	3	7	8	8	7	3	9	8	12	6	3	8	11

从以上数据集,你能得出什么结论?你对该疾病有什么认识?(资料来源:西南财大网)

该问题可用本章的单因素方差分析方法得出结果,不同地理位置患抑郁症的平均值有显著差异,故地理位置与患抑郁症有关系。由此建议:抑郁症患者到抑郁症水平低的地区如佛罗里达去居住更好。

第一节 引言

一、方差分析的基本思想

方差分析是在20世纪20年代发展起来的一种统计方法。它是由英国统计学家费希尔在进行实验设计时,为解释实验数据而首先提出的。方差分析能够同时检验多个总体均值是否相等,其是检验两个方差相等的正态总体均值是否相等的检验问题的推广。相对假设检验的两两检验而言,方差分析大大地提高了检验效率和分析的可靠度。方差分析是从检验数据之间是否具有差异入手来分析问题,因而有助于人们从另外一个角度来发掘事物的内在特性。

为了更好地理解方差分析的含义,我们先通过一个简单的例子来说明方差分析的有关概念以及所要解决的问题。

【例8-1】某企业为了研究不同的包装对一种新产品销售量的影响,分别对这种产品设计了4种不同形式的包装,每种包装的产品价格和质量相同。4种包装的产品同时在某地区进行销售,统计出不同包装的产品销售量数据见表8-1。

表8-1 不同包装方法的销售量 **单位:个**

包装方法			
方法1	方法2	方法3	方法4
38	62	68	57
42	49	60	52
35	44	56	45
30	47	57	42
45	43	54	39

要分析不同包装方法的销售量之间是否有显著差异,实际上就是要判断“包装方法”对“销售量”是否有显著影响,做出这种判断最终要归结为检验这4种包装方法的产品销售量的均值是否相等。如果它们的均值相等,就意味着“包装方法”对“销售量”是没有影响的,也就是4种不同包装的产品销售量之间没有显著差异;如果均值不全相等,则意味着“包装方法”对“销售量”是有影响的,4种不同包装方法的产品销售量之间有显著差异。

对于该问题若采用两两检验,这样做的问题是:(1)无法做出综合结论;(2)大大增加了发生第一类错误的概率。

方差分析的思想:将样本数据的总误差分为系统误差和随机误差,比较系统误差和随机误差经平均后的比值(称为均方差比),当这个比值大到某种程度时,就判定不同水平的因素对观测值有影响。

二、方差分析的基本概念

1. 因素

在方差分析中，所要检验的对象称为**因素或因子**(factor)。例8-1中，“包装方法”就是所要检验的对象，我们把它称之为因素或因子。这里只涉及“包装方法”一个因素，因此称为单因素方差分析。如果研究的问题是两个因素的，称之为双因素方差分析。

2. 水平

因素的不同表现称为**水平或处理**(treatment)。在例8-1中，“方法1”“方法2”“方法3”“方法4”是“包装方法”这一因素的具体表现，我们称之为水平或处理。因素的每一个水平可以看作是一个总体，如方法1、方法2、方法3、方法4可以看作是4个总体。

3. 观测值

每个因子水平下得到的样本数据称为**观测值**。在例8-1中，我们观察到的不同包装下的销售量就是观测值。这些数据可以看作是从不同方法下的总体中抽取出来的样本数据。方差分析就是根据这些样本数据来判断各个不同总体之间均值是否有显著差异，进而来判定因素对不同总体是否产生影响。在上面的例子中，要研究的是产品包装方法对销售量是否有影响，这里包装方法就是分类型自变量，它有4个不同的水平，分别是方法1、方法2、方法3、方法4，具体的销售量是一个数值型因变量，不同销售量的取值就是因变量的取值。方差分析要研究的就是分类型自变量(包装方法)对数值型因变量(销售量)是否有显著影响。

三、方差分析的基本假设

方差分析中有3个基本假定。

(1)每个总体都应服从正态分布。也就是说，对于因素的每一个水平，其观测值是来自正态总体的简单随机样本。例如，在例8-1中，要求每种包装方法下的产品销售量都服从正态分布。

(2)各个总体的方差σ^2必须相等。也就是说，各组观察数据都是从具有相同方差的正态总体中抽取的。例如，在每一种包装方法下的产品销售量的方差都相同。

(3)观察值是独立的。例如，每一个被抽中的地区销售量与其他被抽中的地区销售量是独立的。

第二节 单因素方差分析

根据分析的分类型自变量的多少，可以将方差分析分为单因素方差分析和双因素方差分析。**单因素方差分析**(one-way analysis of variance)是指只涉及一个分类型自变量的方差分析方法。例如，在例8-1中，要研究的是产品包装方法对销售量是否有影响，这里只涉及“包装方法”这一个因素，因此是单因素方差分析。

一、单因素方差分析的数据结构

在单因素方差分析中，通常我们用A表示因素，因素的k个水平分别用$A_1, A_2, \cdots, A_k$来表示，每个水平下有r个观测值，构成的总样本有$n = kr$个观测值，每个观测值用x_{ij} ($i = 1, 2, \cdots, k$; $j = 1, 2, \cdots, r$)表示，即x_{ij}表示第i个水平的第j个观测值。各组内的样本均值分别用$\bar{x}_1, \bar{x}_2, \cdots, \bar{x}_k$来表示，所有观测值的总均值用$\bar{\bar{x}}$来表示。例如，$x_{12}$表示第1个水平的第2个观测值，$\bar{x}_2$表示$A_2$水平下的$r$个观测值的均值。从不同水平里面抽取的样本容量可以相等也可以不相等。单因素方差分析的数据结构见表8－2。

表8-2　单因素方差分析数据结构

观察值(j)	因素(i)			
	A_1	A_2	$\cdots$	A_k
1	x_{11}	x_{21}	$\cdots$	x_{k1}
2	x_{12}	x_{22}	$\cdots$	x_{k2}
$\vdots$	$\vdots$	$\vdots$	$\vdots$	$\vdots$
r	x_{1r}	x_{2r}	$\cdots$	x_{kr}
各组均值	$\bar{x}_1$	$\bar{x}_2$	$\cdots$	$\bar{x}_k$
总均值	$\bar{\bar{x}} = \dfrac{\sum_{i=1}^{k}\sum_{j=1}^{r} x_{ij}}{n}$			

二、单因素方差分析的基本思路

在例8-1中，怎样判断包装方法对销售量是否产生影响呢？

首先，我们可以把4种包装方法看作4个总体，这4个总体的均值分别为$\mu_1, \mu_2, \mu_3, \mu_4$。画出每一个总体的样本观测值的散点图，如图8-1所示，图中的折线是由销售量的均值连接而成的。

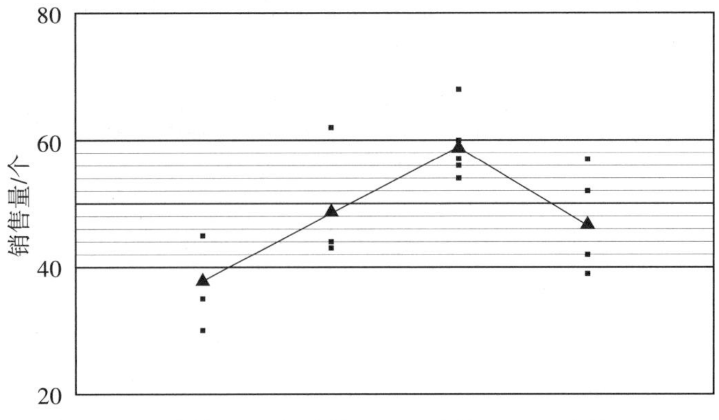

图8-1　不同包装方法下产品销售量的散点图

从散点图可以直观地看出，不同包装方法下的销售量存在着明显的差异，即使是在一种包装方法下的销售量也明显不同。从图中还可以看出，用方法3包装的产品销售量较高，而用方法1包装的产品销售量较低，这表明包装方法与销售量之间存在着一定的关系。如果包装方法和销售量之间没有关系，那么，使用不同的包装方法，销售量的均值应该大体上处于同一高度，即μ_1,μ_2,μ_3,μ_4应该大致相等。于是，我们提出假设$H_0:\mu_1=\mu_2=\mu_3=\mu_4$，也就是检验多个均值是否相等的问题。

如何进行检验呢？仅仅通过散点图还不能充分证明使用不同包装方法的产品的销售量之间有显著差异，因此我们需要更为精准的方法来判断这种差异是否存在，也就是利用方差分析的方法来分析。方差分析是通过分析数据误差的来源来判断不同总体均值是否相等，下面就结合例8-1来说明数据误差的来源及其分析过程。

（一）数据误差分解

我们可以看到，在同一种包装方法（即同一总体）下，样本的观测值是不同的。例如，在方法1这种包装下，所抽中的不同地区的产品销售量是不同的。我们在抽取地区的销售量时是随机的，因此，这种观测值之间的差异可以看成是随机因素的影响造成的，或者说是抽样的随机性造成的，称之为随机误差。我们把这种来自水平内部的数据误差称为**组内误差**，它反映了一个总体内部数据之间的差异。显然，组内误差只含有随机误差。

我们还可以观察到，不同的包装方法（不同总体）之间样本观测值也是不同的，这种来自不同水平之间的数据误差称为**组间误差**。例如，4种不同包装方法下的产品销售量之间的误差，就是组间误差。组间误差反映了不同总体之间数据的差异，这种差异可能是抽样本身引起的随机误差，也可能是由包装方法本身的系统性原因而造成的系统误差。因此，组间误差由随机误差和系统误差这两部分误差组成。

在方差分析中，组内误差和组间误差构成了全部样本数据的总误差，数据误差用平方和来表示。方差分析要借助方差来判断均值之间是否有差异，组内误差用组内方差来描述，组间误差用组间方差来描述。

反映全部数据误差大小的平方和称为**总平方和**（sum of square for total，记为*SST*）。在例8-1中，所抽取的20个产品销售量之间的误差平方和就是总平方和，它反映了全部观测值的离散程度。

反映组内误差大小的平方和称为**组内平方和**，也称误差平方和（sum of square for error，记为*SSE*）。在例8-1中，每种包装方法内部观测值的误差平方和加在一起就是组内平方和，它反映了每个水平内各观测值的总离散状况。

反映组间误差大小的平方和称为**组间平方和**，也称为因素平方和（sum of square for factor A，记为*SSA*）。在例8-1中，4种不同包装方法之间的误差平方和就是组间平方和，它反映了各水平观测值之间的差异程度。

(二)数据误差分析

如果假设包装方法对产品的销售量没有影响，也就是不同包装方法下的产品销售量之间没有差异，那么组间误差中就不包含系统误差，只有随机误差。此时，组间误差和组内误差经过平均后的比值就会接近于1；反之，如果包装方法对产品的销售量有影响，意味着在组间误差中不仅存在着随机误差还存在着系统误差。此时，组间误差平均后的比值就会大于组内误差平均后的数值，则它们之间的比值就会大于1。因此，我们可以通过组间误差与组内误差经平均后的比值来判断总误差中是否存在着系统误差。当这个比值达到某一程度时，就认为因素(包装方法)的不同水平之间存在着显著性差异，也就是分类型自变量对数值型因变量有显著影响。因此，要判断包装方法对产品的销售量是否有显著影响，就是要检验销售量之间的差异主要是由什么原因引起的。如果这种差异主要是由系统误差引起的，那么包装方法就对产品销售量有显著影响。

因此，单因素方差分析在形式上转换为了检验4种不同包装方法的销售量均值是否相等。

三、单因素方差分析的步骤

1.提出假设

检验k个水平(总体)的均值是否相等。因此，提出如下假设：

H_0: $\mu_1 = \mu_2 = \cdots = \mu_k$　　自变量对因变量没有显著影响

H_1: $\mu_1, \mu_2, \cdots, \mu_k$ 不全相等　　自变量对因变量有显著影响

2.构造检验统计量

要比较总平方和中是否包含着系统误差，也就是要比较组间均方和组内均方之间的差异，因此构造检验统计量

$$F = \frac{MSA}{MSE} = \frac{\frac{SSA}{k-1}}{\frac{SSE}{n-k}} \sim F(k-1, n-k) \tag{8.1}$$

这里，**组间均方** $MSA = \frac{SSA}{k-1}$，组间平方和(SSA)反映不同水平之间的差异程度。其中，既包括了随机性误差，也包括了系统性误差。计算公式为

$$SSA = \sum_{i=1}^{k} r_i \left(\bar{x}_i - \bar{\bar{x}}\right)^2 \tag{8.2}$$

组内均方 $MSE = \frac{SSE}{n-k}$，组内平方和(SSE)反映的是各水平内部观测值的离散程度，也就是反映随机误差的大小。其计算公式为

$$SSE = \sum_{i=1}^{k}\sum_{j=1}^{r}\left(x_{ij} - \bar{x}_i\right)^2 \tag{8.3}$$

总平方和$SST = SSA + SSE$，是所有观测值与总平均数的离差平方和。

3.给出显著性水平

给定显著性水平α，拒绝域为$F > F_{\alpha}$，则将统计量的值F与临界值$F_{\alpha}(k-1, n-k)$进行比较。

4.做出决策

若$F > F_{\alpha}$，则拒绝原假设；若$F < F_{\alpha}$，则不能拒绝原假设。临界值可以在F分布表中查出。

四、单因素方差分析

利用表8-1中的数据进行单因素方差分析。

1.提出假设

$H_0: \mu_1 = \mu_2 = \mu_3 = \mu_4$　　包装方法对产品销售量没有显著影响

$H_1: \mu_1, \mu_2, \mu_3, \mu_4$不全相等　　包装方法对产品销售量有显著影响

2.构造检验统计量

(1)计算各水平均值、总均值。

$$\bar{x}_1 = \frac{38+42+35+30+45}{5} = 38$$

同理可得，$\bar{x}_2 = 49$，$\bar{x}_3 = 59$，$\bar{x}_4 = 47$，总均值为$\bar{\bar{x}} = \dfrac{38+49+59+47}{4} = 48.25$

(2)计算各误差平方和。

$$SST = \sum_{i=1}^{4}\sum_{j=1}^{5}\left(x_{ij} - \bar{\bar{x}}\right)^2 = 1\,823.75$$

$$SSA = \sum_{i=1}^{4} r_i \left(\bar{x}_i - \bar{\bar{x}}\right)^2 = 1\,113.75$$

$$SSE = \sum_{i=1}^{4}\sum_{j=1}^{5}\left(x_{ij} - \bar{x}_i\right)^2 = \sum_{j=1}^{5}\left(x_{1j} - \bar{x}_1\right)^2 + \sum_{j=1}^{5}\left(x_{2j} - \bar{x}_2\right)^2 + \sum_{j=1}^{5}\left(x_{3j} - \bar{x}_3\right)^2 + \sum_{j=1}^{5}\left(x_{4j} - \bar{x}_4\right)^2$$
$$= 710$$

显然，$1\,823.75 = 1\,113.75 + 710$，可以验证式$SST = SSA + SSE$。

(3)计算统计量。

$$F = \frac{\dfrac{SSA}{(k-1)}}{\dfrac{SSE}{(n-k)}} = \frac{\dfrac{1\,113.75}{(4-1)}}{\dfrac{710}{(20-4)}} \approx 8.366\,197$$

3.给出显著性水平

给出显著性水平$\alpha = 0.05$，则拒绝域为$F > F_{0.05}$，查表得临界值$F_{0.05}(3, 16) = 3.329$。

4.统计决策

$F=8.366\ 197>F_{\alpha}(3,16)$，拒绝原假设，表明$\mu_1,\mu_2,\mu_3,\mu_4$之间有显著差异，即不同包装方法对销售量有显著影响。

第三节　双因素方差分析

一、双因素方差分析概述

在例8-1中，检验的是产品包装方法这一个因素对销售量是否有影响，但在实际问题中，常常需要考虑多个因素对因变量的影响。例如，在例8-1中，如果是随机抽取了5个地区，调查4种不同包装方法产品分别在5个地区的销售量，人们自然就会想到，地区这个因素会不会也影响产品的销售量呢？也就是说，除了包装方法这个因素之外，是不是还有其他因素会影响到观测值的大小？涉及两个分类型自变量时的方差分析，称为**双因素方差分析**(two-way analysis of variance)。

【例8-2】以表8-3的数据为例，假设4种不同包装方法产品的销售量分别取自5个地区，试分析产品包装方法和地区这两个因素对产品的销售量是否有显著的影响。($\alpha=0.05$)

表8-3　4种不同包装方法产品在5个地区的销售量数据　　**单位：个**

		销售地区				
		地区1	地区2	地区3	地区4	地区5
包装方法	方法1	38	42	35	30	45
	方法2	62	49	44	47	43
	方法3	68	60	56	57	54
	方法4	57	52	45	42	39

要分析包装方法和地区这两个因素对销售量是否有影响，就是要分析到底是一个因素在起作用，还是两个因素都在起作用，或是两个因素都没起作用。双因素方差分析就是分析两个分类型自变量是否对一个数值型自变量有显著影响。如果这两个分类型自变量对因变量的影响是相互独立的，即包装方法和地区这两个因素对销售量的影响是相互独立的，那么分别判断这两个因素对销售量的影响，此时的双因素分析称为**无交互作用**的双因素方差分析。如果这两个分类型自变量除了对因变量单独产生影响外，两个因变量搭配在一起还会对自变量产生一种新的影响效应，那么此时的双因素方差分析称为**有交互作用**的双因素方差分析。例如，若某地区对某种包装方法有特殊偏好，那么包装方法和地区这两个因素除了单独对销售量产生影响外，结合在一起还会产生新的效应。

二、无交互作用的双因素方差分析

（一）数据结构

在无交互作用的双因素方差分析中，通常把第一个因素A放在行位置，称为**行因素**；把第二个因素B放在列位置，称为**列因素**。数据结构如表8-4所示。

表8-4　双因素方差分析数据结构

		列因素(B)				平均值
		列1	列2	…	列r	$\bar{x}_{i\cdot}$
行因素(A)	行1	x_{11}	x_{12}	…	x_{1r}	$\bar{x}_{1\cdot}$
	行2	x_{21}	x_{22}	…	x_{2r}	$\bar{x}_{2\cdot}$
	⋮	⋮	⋮	⋮	⋮	⋮
	行k	x_{k1}	x_{k2}	…	x_{kr}	$\bar{x}_{k\cdot}$
平均值	$\bar{x}_{\cdot j}$	$\bar{x}_{\cdot 1}$	$\bar{x}_{\cdot 2}$	…	$\bar{x}_{\cdot r}$	$\bar{\bar{x}}$

上表中，因素A和因素B的每一个水平都可以搭配成一组，每一组就是一个观测值x_{ij} $(i=1,2,\cdots,k;\ j=1,2,\cdots,r)$，观测值可以看作是由因素$A$的$k$个水平和因素$B$的$r$个水平所组成的$k\times r$个总体中抽取的容量为1的独立随机样本。这$k\times r$个总体中的每一个体都服从正态分布，且有相同的方差。

位于行位置的因素A，共有k个水平，$\bar{x}_{i\cdot}$ $(i=1,2,\cdots,k)$为因素A的第i种水平的均值，其计算公式为

$$\bar{x}_{\cdot i}=\frac{\sum_{j=1}^{r}x_{ij}}{r},\ i=1,2,\cdots,k \tag{8.4}$$

位于列位置的因素B，共有r个水平，$\bar{x}_{\cdot j}$ $(j=1,2,\cdots,r)$为因素B的第j种水平的均值，其计算公式为

$$\bar{x}_{\cdot j}=\frac{\sum_{i=1}^{k}x_{ij}}{k},\ j=1,2,\cdots,r \tag{8.5}$$

$\bar{\bar{x}}$为$k\times r$个样本观测值的平均数，其计算公式为$\bar{\bar{x}}=\dfrac{\sum_{i=1}^{k}\sum_{j=1}^{r}x_{ij}}{kr}$　　(8.6)

（二）分析步骤

双因素方差分析的分析步骤和单因素的情况类似。

1. 提出假设

对行因素A提出假设为

$H_{01}:\mu_{1\cdot}=\mu_{2\cdot}=\mu_{3\cdot}=\cdots=\mu_{k\cdot}$　　行因素对因变量没有显著影响

$H_{11}:\mu_{1\cdot},\mu_{2\cdot},\mu_{3\cdot},\cdots,\mu_{k\cdot}$不全相等　　行因素对因变量有显著影响

对列因素B提出假设为

H_{02}: $\mu_{\cdot 1} = \mu_{\cdot 2} = \mu_{\cdot 3} = \cdots = \mu_{\cdot r}$　　列因素对因变量没有显著影响

H_{12}: $\mu_{\cdot 1}, \mu_{\cdot 2}, \mu_{\cdot 3}, \cdots, \mu_{\cdot r}$不全相等　　列因素对因变量有显著影响

2. 构造检验统计量

与单因素方差分析类似，构造检验统计量要从总平方和的分解着手。不同的是，双因素方差分析需要分别计算行因素和列因素的统计量。因此，将总平方和分解为行因素产生的误差平方和、列因素产生的误差平方和以及随机误差平方和这三个部分。

总平方和计算公式为

$$SST = \sum_{i=1}^{k}\sum_{j=1}^{r}\left(x_{ij} - \bar{\bar{x}}\right)^2 \tag{8.7}$$

行因素A产生的误差平方和，记为SSR，计算公式为

$$SSR = \sum_{i=1}^{k}\sum_{j=1}^{r}\left(\bar{x}_{i\cdot} - \bar{\bar{x}}\right)^2 \tag{8.8}$$

列因素A产生的误差平方和，记为SSC，计算公式为

$$SSC = \sum_{i=1}^{k}\sum_{j=1}^{r}\left(\bar{x}_{\cdot j} - \bar{\bar{x}}\right)^2 \tag{8.9}$$

随机误差平方和是除了行因素和列因素之外的其他因素影响产生的平方和，记为SSE，计算公式为

$$SSE = \sum_{i=1}^{k}\sum_{j=1}^{r}\left(x_{ij} - \bar{x}_{i\cdot} - \bar{x}_{\cdot j} + \bar{\bar{x}}\right)^2 \tag{8.10}$$

上述平方和之间的关系为

$$SST = SSR + SSC + SSE \tag{8.11}$$

因此，为检验行因素A对因变量（销售量）的影响，构造检验统计量：

$$F_{\mathrm{R}} = \frac{MSR}{MSE} \sim F_{\mathrm{R}}\left[k-1, (k-1)(r-1)\right] \tag{8.12}$$

其中，$MSR = \dfrac{SSR}{k-1}$，$MSE = \dfrac{SSE}{(k-1)(r-1)}$。

为检验列因素B对因变量（销售量）的影响，构造检验统计量：

$$F_{\mathrm{C}} = \frac{MSC}{MSE} \sim F_{\mathrm{C}}\left[r-1, (k-1)(r-1)\right] \tag{8.13}$$

其中，$MSC = \dfrac{SSC}{r-1}$。

3. 给出显著性水平

给定显著性水平，行因素的拒绝域为$F_{\mathrm{R}} > F_{\alpha}\left[k-1, (k-1)(r-1)\right]$，列因素的拒绝域为$F_{\mathrm{C}} > F_{\alpha}\left[r-1, (k-1)(r-1)\right]$，则分别将统计量的值$F_{\mathrm{R}}$、$F_{\mathrm{C}}$与临界值作比较。临界值$F_{\alpha}\left[k-1, (k-1)(r-1)\right]$、$F_{\alpha}\left[r-1, (k-1)(r-1)\right]$可查表得到。

4.做出决策

若$F_R > F_\alpha[k-1,(k-1)(r-1)]$,则拒绝原假设$H_{01}$;若$F_R < F_\alpha[k-1,(k-1)(r-1)]$,则不能拒绝$H_{01}$。

若$F_C > F_\alpha[r-1,(k-1)(r-1)]$,则拒绝原假设$H_{02}$;若$F_C < F_\alpha[r-1,(k-1)(r-1)]$,则不能拒绝$H_{02}$。

(三)无交互作用的双因素方差分析

以例8-2中数据为例进行无交互作用的双因素方差分析。

1.提出假设

对行因素A提出假设为

$H_{01}: \mu_{1\cdot} = \mu_{2\cdot} = \mu_{3\cdot} = \mu_{4\cdot}$　　包装方法对产品销售量没有显著影响

$H_{11}: \mu_{1\cdot}, \mu_{2\cdot}, \mu_{3\cdot}, \mu_{4\cdot}$不全相等　　包装方法对产品销售量有显著影响

对列因素B提出假设为

$H_{02}: \mu_{\cdot 1} = \mu_{\cdot 2} = \mu_{\cdot 3} = \mu_{\cdot 4} = \mu_{\cdot 5}$　　地区对产品销售量没有显著影响

$H_{12}: \mu_{\cdot 1}, \mu_{\cdot 2}, \mu_{\cdot 3}, \mu_{\cdot 4}, \mu_{\cdot 5}$不全相等　　地区对产品销售量有显著影响

2.构造检验统计量

计算各平方和:

$$SST = \sum_{i=1}^{4}\sum_{j=1}^{5}\left(x_{ij} - \bar{\bar{x}}\right)^2 = 1\,823.75$$

$$SSR = \sum_{i=1}^{4}\sum_{j=1}^{5}\left(\bar{x}_{i\cdot} - \bar{\bar{x}}\right)^2 = 1\,113.75$$

$$SSC = \sum_{i=1}^{4}\sum_{j=1}^{5}\left(\bar{x}_{\cdot j} - \bar{\bar{x}}\right)^2 = 431.5$$

$$SSE = \sum_{i=1}^{4}\sum_{j=1}^{5}\left(x_{ij} - \bar{x}_{i\cdot} - \bar{x}_{\cdot j} - \bar{\bar{x}}\right)^2 = 278.5$$

计算检验统计量的值:

$$F_R = \frac{MSR}{MSE} = \frac{\dfrac{SSR}{k-1}}{\dfrac{SSE}{(k-1)(r-1)}} = \frac{\dfrac{1\,113.75}{4-1}}{\dfrac{278.5}{(4-1)(5-1)}} \approx 15.996\,41$$

$$F_C = \frac{MSC}{MSE} = \frac{\dfrac{SSC}{r-1}}{\dfrac{SSE}{(k-1)(r-1)}} = \frac{\dfrac{431.5}{5-1}}{\dfrac{278.5}{(4-1)(5-1)}} \approx 4.648\,115$$

3.给出显著性水平

给出显著性水平$\alpha = 0.05$,行列因素的拒绝域分别为$F_R > F_{0.05}(3,12)$和$F_C > F_{0.05}(4,12)$,查表得$F_{0.05}(3,12) = 3.49$,$F_{0.05}(4,12) = 3.259$。

4.做出决策

$F_R = 15.996\,41 > F_{0.05}(3, 12)$则拒绝原假设$H_{01}$,即认为包装方法对产品销售量有显著的影响;$F_C = 4.648\,115 > F_{0.05}(4, 12)$,则拒绝原假设$H_{02}$,即认为地区对产品销售量有显著的影响。

三、有交互作用的双因素方差分析

在无交互作用的双因素方差分析中,假定两个因素的影响是相互独立的,如果两个因素除了单独对因变量产生影响外,搭配在一起还会产生一种新的影响效应,就需要用到有交互作用的方差分析方法。例如小麦亩产量,在不施氮肥的情况下,施加磷肥5斤(1斤 = 0.5 kg),产量增加50斤;而在用氮肥6斤时,同样施加磷肥5斤,亩产就增加130斤。这表明氮肥和磷肥对小麦亩产量有交互作用,或者说是两个因素的综合效应,而不是两个因素效应的简单相加。

【例8-3】为了研究3种不同工艺方法和2种不同的灯丝配方对灯泡寿命的影响,对每种水平组合进行了4次试验,得到数据(单位:百小时)如表8-5所示。试分析工艺方法和灯丝配方这两因素对灯泡寿命是否有显著影响($\alpha = 0.05$)。

表8-5　不同工艺方法和不同灯丝配方的灯泡寿命

		灯丝配方(列变量)	
		配方1	配方2
工艺方法(行变量)	工艺1	26	19
		24	18
		28	21
		27	22
	工艺2	21	21
		23	22
		25	19
		23	23
	工艺3	19	17
		23	15
		21	13
		22	16

(一)有交互作用的双因素方差分析的数据结构

设行变量有k个水平,列变量有r个水平,行变量中的每一个水平行数为m,观测数据总数为($n = krm$)。例如,在例8-3中,行变量有3个水平,列变量有2个水平,行变量中的每一个水平行数为4行,观察数据的总数为24。有交互作用的方差分析数据结构如表8-6所示。

其中,$x_{ijl}(i = 1, 2, \cdots, k;\ j = 1, 2, \cdots, r;\ l = 1, 2, \cdots, m)$表示位于行因素的第$i$个水平

和列因素的第j个水平的第l行观测值；$\bar{x}_{i\cdot}$为行因素的第i个水平的样本均值；$\bar{x}_{\cdot j}$为列因素的第j个水平的样本均值；$\bar{x}_{ij}$为对应于行因素的第i个水平和列因素的第j个水平组合的样本均值；$\bar{\bar{x}}$为全部观察值的总均值。

表8-6　有交互作用的双因素方差分析数据结构表

		列变量				均值
		列1	列2	⋯	列r	$\bar{x}_{i\cdot}$
行变量	行1	x_{111}	x_{121}	⋯	x_{1r1}	
		x_{112}	x_{122}	⋯	x_{1r2}	
		⋮	⋮	⋮	⋮	
		x_{11m}	x_{12m}	⋯	x_{1rm}	
		$\bar{x}_{11}$	$\bar{x}_{12}$	⋯	$\bar{x}_{1r}$	$\bar{x}_{1\cdot}$
	行2	x_{211}	x_{221}	⋯	x_{2r1}	
		x_{212}	x_{222}	⋯	x_{2r2}	
		⋮	⋮	⋮	⋮	
		x_{21m}	x_{22m}	⋯	x_{2rm}	
		$\bar{x}_{21}$	$\bar{x}_{22}$	⋯	$\bar{x}_{2r}$	$\bar{x}_{2\cdot}$
	⋮	⋮	⋮	⋮	⋮	⋮
	行k	x_{k11}	x_{k21}	⋯	x_{kr1}	
		x_{k12}	x_{k22}	⋯	x_{kr2}	
		⋮	⋮	⋮	⋮	
		x_{k1m}	x_{k2m}	⋯	x_{krm}	
		$\bar{x}_{k1}$	$\bar{x}_{k2}$	⋯	$\bar{x}_{kr}$	$\bar{x}_{k\cdot}$
均值	$\bar{x}_{\cdot j}$	$\bar{x}_{\cdot 1}$	$\bar{x}_{\cdot 2}$	⋯	$\bar{x}_{\cdot r}$	$\bar{\bar{x}}$

(二)有交互作用的双因素方差分析步骤

1. 提出假设

对行因素提出假设为

H_{01}: $\mu_{1\cdot}=\mu_{2\cdot}=\mu_{3\cdot}=\cdots=\mu_{k\cdot}$　　行因素对因变量没有显著影响

H_{11}: $\mu_{1\cdot},\mu_{2\cdot},\mu_{3\cdot},\cdots,\mu_{k\cdot}$不全相等　　行因素对因变量有显著影响

对列因素提出假设为

H_{02}: $\mu_{\cdot 1}=\mu_{\cdot 2}=\mu_{\cdot 3}=\cdots=\mu_{\cdot r}$　　列因素对因变量没有显著影响

H_{12}: $\mu_{\cdot 1},\mu_{\cdot 2},\mu_{\cdot 3},\cdots,\mu_{\cdot r}$不全相等　　列因素对因变量有显著影响

对行列交互作用提出假设：

H_{03}: $\mu_{ij}-[(\mu_{i\cdot}-\mu)+(\mu_{\cdot j}-\mu)]=\mu$　　行列因素无交互作用

H_{13}: $\mu_{ij}-[(\mu_{i\cdot}-\mu)+(\mu_{\cdot j}-\mu)]\neq\mu$　　行列因素有交互作用

2. 构造检验统计量

(1)计算各平方和。

$$总平方和:SST=\sum_{i=1}^{k}\sum_{j=1}^{r}\sum_{l=1}^{m}\left(x_{ijl}-\bar{\bar{x}}\right)^2 \tag{8.14}$$

$$行变量平方和:SSR=rm\sum_{i=1}^{k}\left(\bar{x}_{i\cdot}-\bar{\bar{x}}\right)^2 \tag{8.15}$$

$$列变量平方和:SSC=km\sum_{j=1}^{r}\left(\bar{x}_{\cdot j}-\bar{\bar{x}}\right)^2 \tag{8.16}$$

$$交互作用平方和:SSRC=m\sum_{i=1}^{k}\sum_{j=1}^{r}\left(\bar{x}_{ij}-\bar{x}_{i\cdot}-\bar{x}_{\cdot j}+\bar{\bar{x}}\right)^2 \tag{8.17}$$

$$误差平方和:SSE=\sum_{i=1}^{k}\sum_{j=1}^{r}\sum_{l=1}^{m}(x_{ijl}-\bar{x}_{ij})^2 \tag{8.18}$$

各平方和之间的关系为 $SST=SSR+SSC+SSRC+SSE$ (8.19)

(2)计算检验统计量的值。

$$F_{\mathrm{R}}=\frac{MSR}{MSE}\sim F_{\alpha}[k-1,kr(m-1)] \tag{8.20}$$

其中,$MSR=\dfrac{SSR}{k-1}$,$MSE=\dfrac{SSE}{kr(m-1)}$。

$$F_{\mathrm{C}}=\frac{MSC}{MSE}\sim F_{\alpha}[(r-1,kr(m-1)] \tag{8.21}$$

其中,$MSC=\dfrac{SSC}{r-1}$。

$$F_{\mathrm{RC}}=\frac{MSRC}{MSE}\sim F_{\alpha}[(k-1)(r-1),kr(m-1)] \tag{8.22}$$

其中,$MSRC=\dfrac{SSRC}{(k-1)(r-1)}$。

3. 给出显著性水平

给定显著性水平 α,行因素的拒绝域为 $F_{\mathrm{R}}>F_{\alpha}[k-1,kr(m-1)]$;列因素的拒绝域为 $F_{\mathrm{C}}>F_{\alpha}[r-1,kr(m-1)]$;交互作用的拒绝域为 $F_{\mathrm{RC}}>F_{\alpha}[(k-1)(r-1),kr(m-1)]$。将检验统计量的值 F_{R}、F_{C}、F_{RC} 分别与临界值作比较,临界值 $F_{\alpha}[k-1,kr(m-1)]$、$F_{\alpha}[r-1,kr(m-1)]$、$F_{\alpha}[(k-1)(r-1),kr(m-1)]$的值可查表得到。

4. 做出决策

若 $F_{\mathrm{R}}>F_{\alpha}[k-1,kr(m-1)]$,则拒绝原假设 H_{01};若 $F_{\mathrm{R}}<F_{\alpha}[k-1,kr(m-1)]$,则不能拒绝原假设 H_{01};

若 $F_{\mathrm{C}}>F_{\alpha}[r-1,kr(m-1)]$,则拒绝原假设 H_{02};若 $F_{\mathrm{C}}<F_{\alpha}[r-1,kr(m-1)]$,则不能拒绝原假设 H_{02};

若 $F_{\mathrm{RC}}>F_{\alpha}[(k-1)(r-1),kr(m-1)]$,则拒绝原假设 H_{03};

若$F_{RC} < F_{\alpha}\left[(k-1)(r-1), kr(m-1)\right]$,则不能拒绝原假设$H_{03}$。

(三)有交互作用的双因素方差分析

以例8-3的数据为例进行有交互作用的双因素方差分析。

1.提出假设

对工艺方法提出假设为

$H_{01}:\mu_{1\cdot}=\mu_{2\cdot}=\mu_{3\cdot}=\cdots=\mu_{k\cdot}$　　工艺方法对灯泡寿命没有显著影响

$H_{11}:\mu_{1\cdot},\mu_{2\cdot},\mu_{3\cdot},\cdots,\mu_{k\cdot}$不全相等　　工艺方法对灯泡寿命有显著影响

对灯丝配方提出假设为

$H_{02}:\mu_{\cdot 1}=\mu_{\cdot 2}=\mu_{\cdot 3}=\cdots=\mu_{\cdot r}$　　灯丝配方对灯泡寿命没有显著影响

$H_{12}:\mu_{\cdot 1},\mu_{\cdot 2},\mu_{\cdot 3},\cdots,\mu_{\cdot r}$不全相等　　灯丝配方对灯泡寿命有显著影响

对行列交互作用提出假设为

$H_{03}:\mu_{ij}-[(\mu_{i\cdot}-\mu)+(\mu_{\cdot j}-\mu)]=\mu$　　工艺方法和灯丝配方无交互作用

$H_{13}:\mu_{ij}-[(\mu_{i\cdot}-\mu)+(\mu_{\cdot j}-\mu)]\neq\mu$　　工艺方法和灯丝配方有交互作用

2.构造检验统计量

(1)计算各平方和。

$$总平方和:SST=\sum_{i=1}^{3}\sum_{j=1}^{2}\sum_{l=1}^{4}\left(x_{ijl}-\bar{\bar{x}}\right)^2=315.333\,3$$

$$行变量平方和:SSR=2\times 4\sum_{i=1}^{3}\left(\bar{x}_{i\cdot}-\bar{\bar{x}}\right)^2=106.083\,3$$

$$列变量平方和:SSC=3\times 4\sum_{j=1}^{2}\left(\bar{x}_{\cdot j}-\bar{\bar{x}}\right)^2=130.666\,7$$

$$交互作用平方和:SSRC=4\sum_{i=1}^{3}\sum_{j=1}^{2}\left(\bar{x}_{ij}-\bar{x}_{i\cdot}-\bar{x}_{\cdot j}+\bar{\bar{x}}\right)^2=25.583\,33$$

$$误差平方和:SSE=\sum_{i=1}^{3}\sum_{j=1}^{2}\sum_{l=1}^{4}(x_{ijl}-\bar{x}_{ij})^2=53$$

(2)计算检验统计量的值。

$$F_R=\frac{MSR}{MSE}=\frac{\dfrac{SSR}{k-1}}{\dfrac{SSE}{kr(m-1)}}=\frac{\dfrac{106.083\,3}{2}}{\dfrac{53}{18}}=18.014\,1$$

$$F_C=\frac{MSC}{MSE}=\frac{\dfrac{SSC}{r-1}}{\dfrac{SSE}{kr(m-1)}}=\frac{\dfrac{130.666\,7}{1}}{\dfrac{53}{18}}=44.377\,4$$

$$F_{RC}=\frac{MSRC}{MSE}=\frac{\dfrac{SSRC}{(k-1)(r-1)}}{\dfrac{SSE}{kr(m-1)}}=\frac{\dfrac{25.583\,33}{2}}{\dfrac{53}{18}}=4.344\,3$$

3. 给出显著性水平

给定显著性水平0.05，行因素的拒绝域为$F_R > F_{0.05}(2,18)$；列因素的拒绝域为$F_C > F_{0.05}(1,18)$；交互作用的拒绝域为$F_{RC} > F_{0.05}(2,18)$。查表得$F_{0.05}(2,18) = 3.55$，$F_{0.05}(1,18) = 4.13$。

4. 做出决策

$F_R = 18.0141 > F_{0.05}(2,18)$，则拒绝原假设$H_{01}$，即工艺方法对灯泡寿命有显著影响；$F_C = 44.3774 > F_{0.05}(1,18)$，则拒绝原假设$H_{02}$，即灯丝配方对灯泡寿命有显著影响；$F_{RC} = 4.3443 > F_{0.05}(2,18)$，则拒绝原假设$H_{03}$，即工艺方法和灯丝配方的交互作用对灯泡寿命也有显著影响。

知识拓展 即测即评

小结

本章主要介绍了方差分析的概念、基本思想、原理和方法。通过本章的学习，学生能够掌握方差分析的基本思想和原理，借助软件利用方差分析的方法解决实际问题。

思考题

1. 方差分析的基本原理是什么？

2. 方差分析包括哪些类型？它们之间有何区别？

3. 方差分析中有哪些基本假定？

4. 单因素方差分析中，总平方和、组间平方和、组内平方和的含义及三者之间的关系是什么？

5. 简述方差分析的基本步骤。

6. 什么是交互作用？

7. 双因素方差分析分为哪几种？分别解释其含义。

练习题

1. 有某种型号的电池，分别由甲、乙、丙3个工厂生产。为评比其质量，各随机抽取5只电池为样本，经试验测得其寿命(单位：h)如下：

试验号	电池生产企业		
	甲	乙	丙
1	49	28	38
2	50	32	40
3	39	30	45
4	40	26	42
5	43	34	48

要求：检验3个工厂的电池平均寿命有无显著的差异。($\alpha = 0.05$)

2.某企业准备用3种方法组装一种新的产品，为确定哪种方法每小时生产的产品数量最多，随机抽取了20名工人，并指定每个人使用其中的一种方法。通过对每个工人生产的产品数进行方差分析得到下表的结果。

差异源	*SS*	*df*	*MS*	*F*	*P* - value	*F* crit
组间	—	—	435	—	0.032 5	3.592
组内	1 904	—	—	—	—	—
总计	—	19	—	—	—	—

要求：完成上面的方差分析表，并检验3种方法组装的产品数量之间是否有显著差异。($\alpha = 0.05$)

3.为比较4种不同品牌的汽车使用相同类型汽油时的耗油量，在相同的行驶条件下，不同品牌汽车测得每加仑(1加仑约等于3.785 L)汽油所行驶的里程如下表：

品牌1	品牌2	品牌3	品牌4
15	11	—	17
12	12	14	18
14	13	13	16
15	9	11	14
12	—	—	15

要求：分析4种不同品牌的车耗油量是否有显著差异。($\alpha = 0.05$)

4.有4种不同的种子和5种不同施肥方案，在20块同样面积的土地上，分别用4种不同的种子和5种不同施肥方案搭配进行试验，取得的收获量(单位：kg)数据见下表：

种子	施肥方案				
	1	2	3	4	5
1	12.0	13.0	10.4	9.7	11.4
2	13.7	9.5	12.4	9.6	12.5
3	14.3	11.5	11.3	11.1	10.9
4	14.2	12.3	12.5	12.0	9.8

要求：检验不同的种子对收获量的影响是否有显著差异，不同的施肥方案对收获量的影响是否有显著差异。($\alpha = 0.05$)

5.在某金属材料的生产过程中，为提高其强度，需要进行热处理。热处理的温度和时间是影响该材料强度的两个主要因素。现取3个温度水平和4个时间水平，各个不同水平的每一组合都进行了二次试验，测得该材料在各种热处理方式下的强度数据如下表。试分析温度、时间两个因素各自以及两个因素的交互作用对材料强度是否有显著影响。($\alpha = 0.05$)

		时间 B			
		$B1$	$B2$	$B3$	$B4$
温度 A	$A1$	53	69	63	56
		56	71	64	59
	$A2$	71	77	69	58
		68	78	70	59
	$A3$	75	72	68	56
		76	71	66	58

第九章 相关与回归分析

【典型案例9】高尔顿在生物统计上的贡献:回归分析

我们通常会观察到:父亲高一点,儿子就高一点,父亲矮一点,儿子就矮一点,称这为正相关关系。对于矮父亲来说,高一点会有更多的机会,所以矮父亲希望儿子高一点,即矮父亲的问题是:儿子身高有高于父亲的趋势吗?同样,对于高父亲来说,矮一点生活会更方便,所以高父亲希望儿子矮一点,即高父亲的问题是:儿子身高有矮于父亲的趋势吗?

英国统计学家高尔顿

为解决类似的遗传规律问题,高尔顿在1875年利用豌豆实验来确定生物各代之间在尺寸方面的遗传规律。他挑选了7组不同尺寸的豌豆,并说服他在英国不同地区的朋友每一组种植10粒种子,最后他把原始的豌豆种子(父代)与新长的豌豆种子(子代)进行尺寸比较。结果发现:父代尺寸较大其子代尺寸也较大,父代尺寸较小其子代尺寸也较小,但并非每一个子代都与父代完全一样。对于小于父代平均尺寸的父代,其子代尺寸倾向于较大,即有向平均尺寸回归的趋势,对于大于父代平均尺寸的父代,其子代尺寸倾向于较小,即也有向平均尺寸回归的趋势。推而广之,一个总体中在某一段时期具有某一极端特征(显著低于或高于总体均值)的个体在未来某一时期将减弱其极端性,这一趋势就是统计学上"回归效应"最早的含义。高尔顿利用最小二乘法(高斯)创立了回归分析,既成为生物统计学的奠基人,又开创了生物统计学研究的先河。

德国数学家高斯

回归分析在推动经济学理论发展与实际应用中具有举足轻重的地位。1969年,挪威人弗里斯和荷兰人廷贝亨,因建立与发展了经济计量学(特别是在发展和应用动态模式于经济过程分析方面的贡献),获得了首届诺贝尔经济学奖。1980年,美国人克莱因,因创造性地将经济计量学应用于经济预测和经济政策,获得了诺贝尔经济学奖。2003年,美国人恩格尔和英国人格兰杰,因在经济计量学中发明了处理许多经济时间序列两个关键特性的统计方法——时间变化的变更率和非平稳性，获得2003年诺贝尔经济学奖。2021年诺贝尔经济学奖授予来自美国的经济学家戴维·卡德、乔舒亚·D.安格里斯特和吉多·W.因本斯，以表彰他们在劳动经济学及实证方法研究领域的突出贡献。

回归分析(regression analysis)是确定两种或两种以上变量间相互依赖的定量关系的一种重要统计分析方法，对科学和社会经济的发展产生了巨大的作用和贡献，是经济学、统计学、数学相结合的成果！相关与回归分析将是本章学习的内容。

第一节　相关分析

一、函数关系与相关关系

经济规律的认识是社会主义建设规律与人类社会发展规律认识的主要组成部分，而定量探索经济现象之间的客观内在关系是深入认识经济规律的重要前提。经济现象之间客观上存在各种各样的有机联系，一种经济现象的发展变化必然受到与之相联系的其他经济现象发展变化的影响与制约。在生产经营或日常生活当中，我们离不开对变量之间的关系(尤其是因果关系)进行分析，如在商业活动中，需要分析广告投入费用与商品销售额之间的关系，以便通过给定的广告投入来预测未来的商品销售额。

变量之间的关系可划分为两种：函数关系与相关关系。

变量之间存在着严格、确定性的依存关系，称为**函数关系**。如销售额与价格、销售量的关系，圆的面积与半径的关系等，这些可由函数关系给出描述。

变量之间有关系，但不确定，称为**相关关系**。如父辈身高与儿子身高之间有遗传关系，但给定相同的父辈身高，儿子身高往往不相同；反之，身高相同的儿子，他们父辈的身高也往往不相同。如学生的学习时间与考试成绩有关系，但给定相同的学习时间，学生的考试成绩往往不相同；反之，考试成绩相同的学生，他们分别的学习时间也往往不相同。还有居民消费与居民家庭收入的关系、受教育年限与工资水平的关系、储蓄利率与银行年末储蓄额度之间的关系、每亩耕地的施肥量与亩产量的关系(实际上，亩产量除了与施肥量相关外，还受到种子、土壤、降雨量等因素的影响)等，对具有相关关系的变量，显然难以运用函数关系进行描述，但也并非毫无规律可言。通过大量数据的观察与分析，我们就会发现变量之间存在一定的客观规律性。如观察很多父辈身高与儿子身高，会有这样的现象：父亲高一点，儿子就高一点。通过收集大量居民收入和消费的数据会发现：居民收入较高时，其消费一般也较高。

二、相关关系的描述与度量

所谓**相关分析**，就是依据一定的理论或经验，对现象之间的相关关系进行描述与测度，寻找变量之间数量方面的相互变动规律，为进一步研究现象之间的内在联系提供数据参考。相关分析一般按照以下步骤进行：

（1）确认变量之间是否存在关系，如果存在关系，确认它们之间是否是相关关系；

（2）如果是相关关系，确认变量之间关系的类型、方向与强度。

在相关关系中，两个变量之间的相关关系是基础，因此，本书主要讨论这种相关关系。

1. 散点图

在使用相关分析解决实际问题时，通常会绘制两个变量之间的散点图，初步直观地判断变量之间相关关系的类型、方向和强弱程度。

对变量x与y，设收集到n对数据，记为$(x_i, y_i)(i = 1, 2, \cdots, n)$。用直角坐标系的横坐标轴代表$x$，纵坐标轴代表$y$，$(x_i, y_i)$在坐标系用一个点表示，$n$对数据在坐标系中形成的$n$个点称为散点，由坐标及其散点形成的二维数据图就是**散点图**。

从图9-1可以看到，相关关系的表现形态可以进行如下划分。

（1）从相关的方向来看，相关关系可以分为正相关和负相关，如果当一个变量的数量增加（或减少），另一个变量也随之增加（或减少），称为**正相关**，如图9-1(a)所示。如考试成绩一般随着复习时间的增加而提高，因此成绩与复习时间一般是正相关关系。如果当一个变量的数量增加（或减少），而另一个变量的数量向相反的方向变动，则称为**负相关**，如图9-1(b)所示。如商品的销售价格与其销量之间的关系一般是负相关关系。

（2）从相关的形式来看，相关关系可以划分为线性相关与非线性相关，当变量之间的关系大概呈现出线性关系时，称之为**线性相关**。比如父辈身高与子辈身高一般呈现线性相关。当变量之间的关系大概呈现出某种曲线方程的关系，称之为**非线性相关**。线性相关关系如图9-1中(c)、(d)所示，非线性相关关系如图9-1中(e)所示。

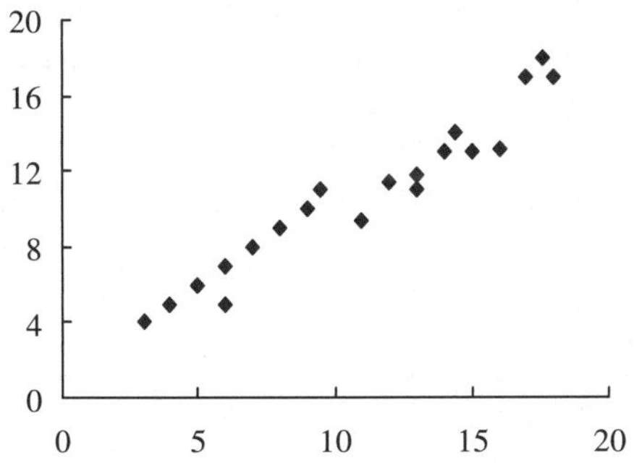

(a)

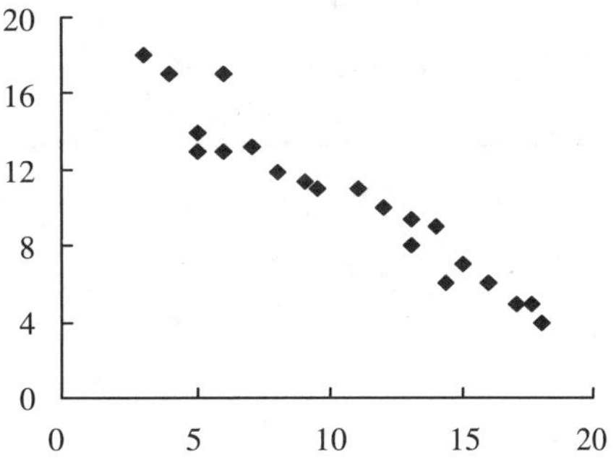

(b)

图9-1　相关关系的表现形态

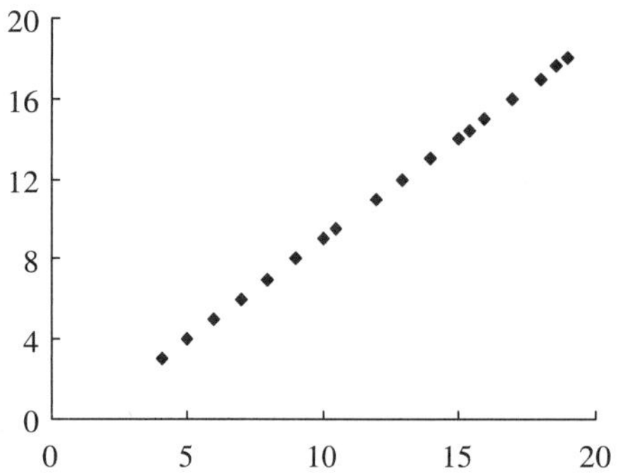

(c)

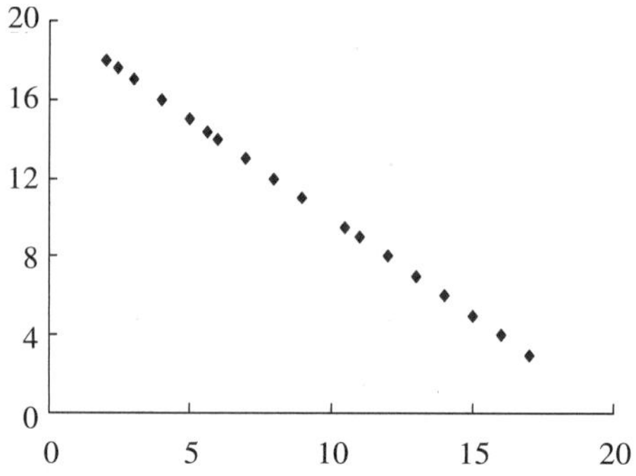

(d)

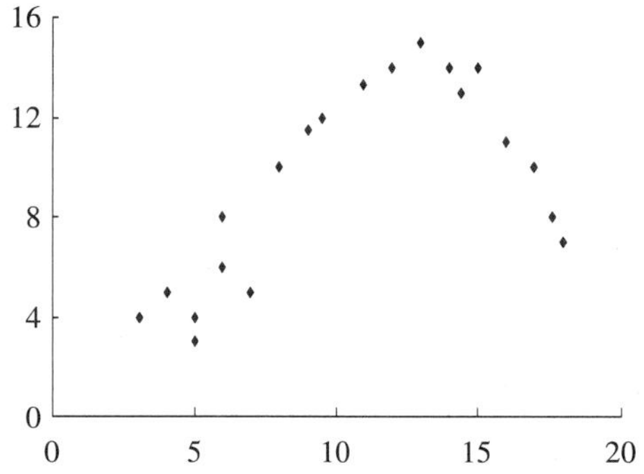

(e)

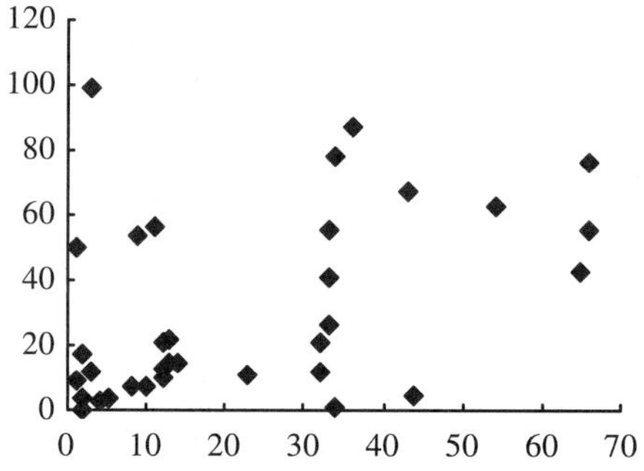

(f)

图9-1 相关关系的表现形态(续)

(3)从相关关系的强弱来看,相关关系可以划分为完全相关、不完全相关与不相关。完**全相关**是指一个变量的取值完全取决于另外一个变量,实际上此时可以将变量之间的关系理解为函数关系,如图9-1(c)所示。如果两个变量的观测点很凌乱,毫无规律可循,那么两个变量就存在**不相关**的关系,如图9-1(f)所示。自然地,如果两个变量之间的相关程度介于完全相关与不相关之间,那么称之为**不完全相关**。

【例9-1】假如某公司想研究与客户的联系次数与销售额之间是否存在某种关系,收集了10个月的样本信息(见表9-1),其中x列表示某月与客户的联系次数,y列给出的是该月公司的销售额,绘制(x,y)的散点图。

表9-1　某公司与客户的联系次数与销售额数据

y(销售额/百万元)	x(客户联系次数/次)
189	11
156	13
205	15
353	27
467	26
684	30
457	30
374	22
452	27
743	45

根据表9-1的数据,可绘制散点图如图9-2所示(具体操作步骤见附录2)。

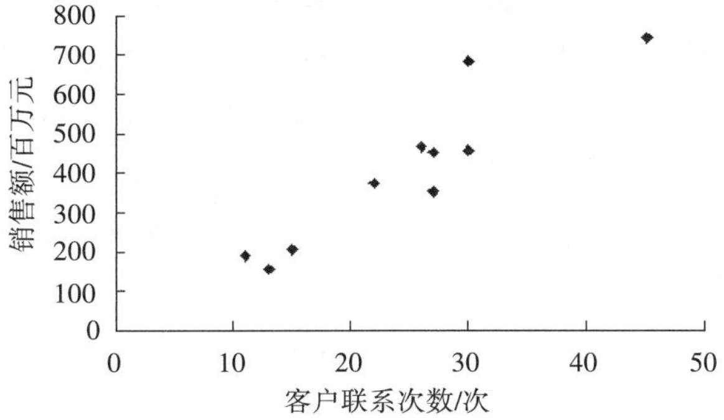

图9-2　客户联系次数x与销售额y的散点图

从图9-2可以看出,客户联系次数与销售额之间存在较强的正线性相关关系。

2.相关系数

虽然我们可以通过绘制散点图,观察两个变量之间有无相关关系,并对两个变量的关系形式、关系方向以及关系强弱进行大致的判断,但这种观察与判断是初步的,难免带有一定的主观任意性,难以得出精确的定量分析结果。那么,应该如何更准确地测度两个变量之间的相关关系呢?

相关系数是测度线性相关关系方向与强弱程度的常用方法。

相关系数分为两种。一种是总体相关系数,用于测度x和y之间真实的线性相关程度,一般用ρ来表示,相关系数计算公式为

$$\rho = \frac{\mathrm{Cov}(X, Y)}{\sqrt{\mathrm{Var}(X)}\sqrt{\mathrm{Var}(Y)}}$$

其中,$\mathrm{Cov}(X, Y)$表示变量x和y的协方差;$\mathrm{Var}(X)$、$\mathrm{Var}(Y)$分别表示变量x和y的方差。

总体相关系数是表述两个变量之间线性相关程度的一个数值,是一个常数,但由于现实中难以对总体变量x和y的全部数值进行一一观察,因此,总体相关系数通常是未知的。

另一种是样本相关系数。一般我们从总体中随机抽取一定样本容量n的样本，利用x和y的样本相关系数作为总体相关系数的估计。样本相关系数r的计算公式为

$$r = \frac{\sum(x_i - \bar{x})(y_i - \bar{y})}{\sqrt{\sum(x_i - \bar{x})^2}\sqrt{\sum(y_i - \bar{y})^2}} \tag{9.1}$$

在实际计算中，有时候为了配合通常提供原始数据资料的惯例，也可以按照式(9.1)的变形公式(9.2)进行计算。

$$r = \frac{n\sum x_i y_i - \sum x_i \sum y_i}{\sqrt{n\sum x_i^2 - (\sum x_i)^2}\sqrt{n\sum y_i^2 - (\sum y_i)^2}} \tag{9.2}$$

上述样本相关公式又叫作样本线性相关公式。

为了更加深刻地理解样本相关系数r，我们给出样本相关系数r的性质与特点。

(1)r的取值范围介于-1与1之间，即$r \in [-1,\ 1]$。从样本意义看，如果$0 < r \leqslant 1$，说明x和y两个变量可能具有正线性相关关系；如果$-1 \leqslant r < 0$，说明x和y两个变量可能具有负线性相关关系；如果$r = 1$，说明x和y两个变量可能具有完全正线性相关关系；如果$r = -1$，说明x和y两个变量可能具有完全负线性相关关系。因此，当$|r| = 1$，x和y两个变量可能呈现线性函数关系，y的取值完全由x的值决定。如果$r = 0$，表明x和y的样本观测值之间可能没有线性相关关系。

(2)相关系数r具有对称性，即x和y之间相关系数与y和x之间相关系数的地位与作用是相等的，且数值是相同的。

(3)r是一个相对数，其取值与x和y这两个变量具体的计量单位无关。

(4)r是对变量之间线性相关关系的度量，$r = 0$只是说明两个变量之间不具有线性相关关系，但这不意味着两个变量之间不存在其他类型的相关关系，比如说非线性相关关系，而这需要运用其他指标去描述和分析。

(5)r仅仅是对两个变量之间线性关系的一个测度，即便是$r \neq 0$，也只能从数量关系的角度反映两个变量之间的联系形式及其密切程度，但据此依然无法判断两个变量是否存在因果关系或者逻辑上的内在联系。从科学的角度来看，要严谨判断和解释两个事物的内在关联与因果关系，一方面需要依靠实质性的相关科学领域的具体理论作为指导和支撑，即需要理论基础，另一方面需要我们结合统计上的数据分析或经验分析。如果对本来没有内在联系的两个现象，仅仅使用相关分析以及后面章节的回归分析，往往是一种“伪相关”或“伪回归”分析，这样的分析不但不具有科学性，反而会得出一些误导人们决策的荒谬结论。

【例9-2】计算例9-1客户的联系次数与销售额的相关系数，说明其意义。

解：这里用式(9.2)计算，由表9-1的数据计算得$\sum x_i = 246$，$\sum y_i = 4\ 080$，$\sum x_i^2 = 6\ 958$，$\sum y_i^2 = 2\ 017\ 714$，$\sum x_i y_i = 116\ 952$，代入式(9.2)得到客户联系次数与销售额数据的相关系数为

$$r=\frac{n\sum x_iy_i-\sum x_i\sum y_i}{\sqrt{[n\sum x_i^2-(\sum x_i)^2][n\sum y_i^2-(\sum y_i)^2]}}=\frac{10\times 116\,952-246\times 4\,080}{\sqrt{(10\times 6\,958-246^2)(10\times 2\,017\,714-4\,080^2)}}$$

$=0.927$

相关系数测算结果表明，客户联系次数与销售额之间存在较强的正线性相关关系。

3.相关系数检验

总体的变量x与y联合服从正态分布，对x与y的相关系数是否等于0进行检验。步骤如下(推导略)。

(1)建立假设：

$$H_0:\bar{x}_1-\bar{x}_0=(\bar{x}_1-\bar{x}_{01})+(\bar{x}_{01}-\bar{x}_0)=0,H_1:\frac{y_{n-1}}{y_{n-2}}-1\neq 0$$

(2)检验统计量 $\frac{y_n}{y_{n-1}}-1\sim t(n-2)$；

(3)给定显著水平α，查t分布表，得拒绝域(小概率事件)：

$$|t|\geqslant t_{\frac{\alpha}{2}}(n-2)$$

(4)判断。

如果t落入拒绝域，拒绝H_0，表明x与y存在显著的线性相关关系；如果t不落入拒绝域，不能拒绝H_0，表明x与y不存在显著的线性相关关系。

【例9-3】在显著水平$\alpha=0.05$下，检验例9-2相关系数是否等于0。

解：检验统计量 $t=\frac{r\sqrt{n-2}}{\sqrt{1-r^2}}=\frac{0.927\sqrt{10-2}}{\sqrt{1-0.927^2}}=6.99$，

查t分布表，得拒绝域：

$$|t|\geqslant t_{\frac{\alpha}{2}}(n-2)=2.306$$

t落入拒绝域，拒绝H_0，表明客户联系次数x与销售额y之间存在显著正线性相关关系。

第二节　一元线性回归

一、一元线性回归方程

上一节介绍的相关分析可以用于测度变量之间相关方向与相关的密切程度(强度)，主要应用散点图、相关系数，但相关分析不能判断变量之间在存在相关关系的前提下究竟存在何种具体的数量关系，由此难以估计一个变量对另一个变量的影响，也无法通过一个变量的变化来预测另一个变量的变化情况，而回归分析可以解决此问题。回归分析(regression analysis)是确定两种或两种以上变量间相互依赖的定量关系的一种统计分析方法。

下面我们通过一个实例来自然引入并帮助同学们更深入地理解回归分析及其基本概念。

【例9-4】根据微观经济学中的需求规律，我们可以通过构建需求函数来分析商品价格对其需求量的影响，但现实中我们并不能直接确定出具体形式的需求函数。回归分析的基本思想是：我们可以依据经济学理论或现实经验，先用一个线性方程（模型）表述需求量与价格之间的因果关系，然后根据可利用的样本数据，选择适当的方法求出模型参数的估计值，并且进一步通过经济学的逻辑与统计来检验该模型是否在理论上有意义以及是否符合实际，如果模型通过有关检验，就可以进行各种应用。比如，某食品连锁公司比萨饼的需求量y与其价格x的样本数据见表9-2，试用散点图作相关分析，并建立比萨饼需求量与其价格之间具体的估计数量关系。

表9-2　比萨饼需求量与其价格的数据

y/个	x/元
89	5
86	10
84	15
82	20
80	25
79	30
76	35
74	40
70	45
69	50

解：首先，描绘样本数据的散点图，见图9-3：

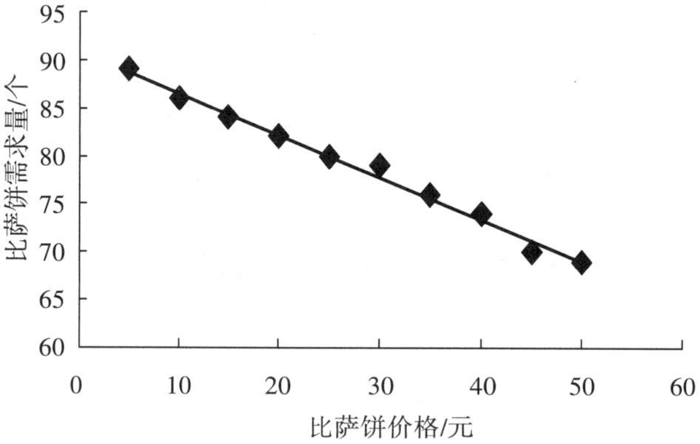

图9-3　比萨饼价格x与需求量y的散点图

由图9-3可知，比萨饼需求量y与其价格x存在显著的负线性相关关系，我们推断总体中y与x具体的数量关系为

$$y_i = \beta_0 + \beta_1 x_i + u_i \tag{9.3}$$

即y是x的线性函数加上随机误差项u，u作为随机变量，假定其期望$E(u_i)=0$，式(9.3)称为一元线性总体回归模型。一般地说，y称为被解释变量（或因变量或结果变量），被视为随机

变量，而x称为解释变量（或自变量），被视为确定性变量（非随机变量），对式（9.3）取平均有：$E(y_i)=\beta_0+\beta_1x_i(i=1,2,\cdots)$，略去角标$i$，称

$$E(y)=\beta_0+\beta_1x \tag{9.4}$$

为一元线性总体回归函数，未知参数β_0和β_1称为回归系数，它们不能直接观察出来，只能从总体中抽取样本得到的数据去估计，设$\hat{\beta}_0,\hat{\beta}_1$为$\beta_0,\beta_1$的估计，称

$$\hat{y}=\hat{\beta}_0+\hat{\beta}_1x \tag{9.5}$$

为y关于x的一元线性样本回归方程，或样本回归函数，$\hat{\beta}_0$为样本回归直线的截距，$\hat{\beta}_1$为样本回归直线的斜率。如何更客观准确地估计参数β_0和β_1，其直观的思想是：使残差（即y的各个实际观察值减去基于样本回归函数得出的y的各个估计值）的平方和$Q=\sum\limits_{i=1}^{n}(y_i-\hat{y}_i)^2$达到最小来估计参数，这称为最小二乘法。

因为$Q=\sum\limits_{i=1}^{n}(y_i-\hat{y}_i)^2=\sum\limits_{i=1}^{n}(y_i-\hat{\beta}_0-\hat{\beta}_1x_i)^2$是$\hat{\beta}_0$和$\hat{\beta}_1$的二次函数且非负，故极小值存在。令$Q$对$\hat{\beta}_0$和$\hat{\beta}_1$的一阶偏导数为0得两个方程，解方程组得

$$\hat{\beta}_1=\frac{n\sum x_iy_i-\sum x_i\sum y_i}{n\sum x_i^2-(\sum x_i)^2} \tag{9.6}$$

$$\hat{\beta}_0=\bar{y}-\hat{\beta}_1\bar{x} \tag{9.7}$$

这就得到了y关于x的一元线性回归方程：$\hat{y}=\hat{\beta}_0+\hat{\beta}_1x$。

例9-4中比萨饼的需求量y与其价格x具体的估计数量关系由式（9.6）与（9.7）得

$$\hat{\beta}_1=\frac{n\sum x_iy_i-\sum x_i\sum y_i}{n\sum x_i^2-\left(\sum x_i\right)^2}=\frac{-9\,025}{20\,625}=-0.437\,6$$

$$\hat{\beta}_0=\bar{y}-\hat{\beta}_1\bar{x}=78.9-(-0.437\,6\times 27.5)=90.93$$

即比萨饼需求量y关于价格x的一元线性样本回归方程为

$$\hat{y}=90.93-0.437\,6x$$

当该方程能够通过检验时，$\hat{\beta}_1=-0.437\,6$表示：价格x增加1元时，估计比萨饼需求量y平均减少0.437 6个；价格$x=43$元时，估计比萨饼平均需求量为

$$\hat{y}_{|x=43}=90.93-0.437\,6\times 43\approx 72(\text{个})$$

在实际应用中，回归分析的参数估计常使用EViews软件。

二、一元线性回归方程的优良性

估计回归系数β_0和β_1的方法不唯一，自然会有哪个方法更好或更合理的问题。方法更好或更合理是有条件的，为了进行回归分析，经典回归中需要对随机误差项的概率分布提出一些标准假定。

(1)误差项零均值假定,即

$$E(u_i) = 0(i = 1, 2, \cdots)$$

其表明,尽管随机误差项u_i会随机取不同的值,可正可负,但平均地看,这些随机扰动项u_i($i = 1,2,\cdots$)的数学期望可以假定为零。

(2)误差项同方差假定:

$$\mathrm{Var}(u_i) = 0(i = 1, 2, \cdots)$$

其表明,给定解释变量取x不同值x_i($i = 1,2,\cdots$)时,u_i相对于各自均值的离散程度相同。

(3)误差项无序列相关假定:

$$\mathrm{Cov}(u_i, u_j) = 0, i \neq j\ (i,j = 1,2,\cdots)$$

其说明,产生各个误差的因素是完全随机的,并且彼此之间不相关。

(4)解释变量与误差项不相关假定:

$$\mathrm{Cov}\left(x_i, u_i\right) = 0(i = 1,2,\cdots)$$

其中,x_i在重复抽样中是固定取值的,被视为确定性变量。

(5)误差项正态性假定:误差项u_i服从正态分布$\boldsymbol{N}(0,\sigma^2)$。

满足以上标准假定的一元线性回归模型,称为标准的一元线性回归模型。

高斯—马尔可夫(Gauss—Markov)定理:在满足上述假设下,回归系数的最小二乘估计具有线性、无偏性、方差最小性、一致性。即最小二乘估计与用其他参数估计方法求得的任何线性无偏估计相比,具有方差最小、一致性的优良统计性质。通俗地讲,回归系数的最小二乘估计量在标准的假设条件下,是一种优良的参数估计方法,但需要强调的是,这并不意味着根据最小二乘法计算的每一个具体的估计值都要比根据其他方式计算的具体估计值更接近真值,而只是表明如果可以反复进行估计值计算或扩大样本容量进行估计值计算,按照最小二乘法得出的估计值接近真值的可能性最大。值得强调的是,上述标准假定是用最小二乘法拟合样本回归函数对变量间的总体关系进行推断所必须满足的前提条件,但在现实经济社会现象中,由于各种原因(比如个体客观存在的异质性、模型设定偏误、变量测量误差等),上述标准假定不一定完全得到满足。因此,基于最小二乘法的估计结果未必真实准确反映了变量之间的客观依存关系。

在后面的回归系数显著性检验与回归模型预测中,我们需要对随机误差项的方差σ^2进行估计,数学上可以证明,σ^2的无偏估计S^2可由下式给出:

$$S^2 = \frac{\sum_{i=1}^{n}(y_i - \hat{y}_i)^2}{n - 2}$$

式中,分子是残差平方和Q,分母是自由度,其中n是样本观测值的个数,2是一元线性回归方程中回归系数的个数。S^2的正平方根S称为回归估计标准误差。

一般采用以下公式计算残差平方和(推导略):

$$Q = (1 - r^2)\sum_{i=1}^{n}(y_i - \bar{y})^2 = (1 - r^2)[\sum_{i=1}^{n}{y_i}^2 - \frac{1}{n}(\sum_{i=1}^{n}y_i)^2]$$

根据例9-4中给出的有关数据和相关系数公式得$r=-0.995$，计算比萨饼的需求量y，其价格x的残差平方和Q、回归估计标准误差S，可计算得

$$Q=(1-r^2)\sum_{i=1}^{n}(y_i-\bar{y})^2=(1-r^2)\left[\sum_{i=1}^{n}y_i^2-\frac{1}{n}(\sum_{i=1}^{n}y_i)^2\right]=[1-(-0.995)^2]\times 398.9=3.98$$

$$S^2=\frac{3.98}{(10-2)}=0.50$$

$$S=0.71$$

三、一元线性回归模型的统计检验

1.回归模型检验的类型

上面求得了$\hat{y}=\hat{\beta}_0+\hat{\beta}_1x$，用来估计一元线性回归模型，在一定程度上描述了变量x与y之间的数量关系。一元线性回归方程的重要应用是，可以根据自变量x的取值来预测因变量y的平均值，但在应用之前，还必须进行检验。如果发现模型有缺陷，还需要在模型的设定阶段、样本的数据质量、参数估计的方法选择等诸多方面寻找原因，重新建立模型。回归模型的检验包括理论意义检验、一级检验和二级检验。

理论意义检验主要涉及参数估计值$\hat{\beta}_0$、$\hat{\beta}_1$的符号与取值范围，若它们与实质性科学理论以及人们的实践经验不符，则表明该回归模型不能很恰当地解释现实现象。例如，在前面所举的比萨饼需求量y与其价格x的回归模型中，如果$\hat{\beta}_1$为正数，则不符合微观经济学中的需求理论。一级检验又称为统计检验，它是利用统计学中的抽样理论来检验线性回归方程的可靠性，具体分为拟合优度检验和显著性检验。二级检验是对标准线性回归模型的假定条件能否满足进行检验，关于二级检验的问题在计量经济教科书中有详细介绍。下面介绍一级检验。

2.回归模型的拟合优度检验：判定系数

我们用样本回归函数来估计总体回归模型，但并不是所有实际样本观察值(x_i,y_i) $(i=1,\cdots,n)$都刚好落在样本回归直线上，即并非所有的残差$e_i=y_i-\hat{y}_i$都为0。因此，为了辨别估计的样本回归直线拟合实际样本数据的优劣程度，我们需要计算判定系数，为了说明它的含义，需要对因变量y取值的总离差平方和$\sum(y_i-\bar{y})^2$进行分解。可以证明：

$$\sum(y_i-\bar{y})^2=\sum(\hat{y}_i-\bar{y})^2+\sum(y_i-\hat{y}_i)^2 \tag{9.8}$$

其中，$\sum(y_i-\bar{y})^2$称为总离差平方和，用SST表示，它分为两部分：一部分$\sum(\hat{y}_i-\bar{y})^2$称为回归平方和，用$SSR$表示，可理解为由样本回归直线（即解释变量）所能够解释的y的部分变异。另一部分$\sum(y_i-\hat{y}_i)^2=Q$，称为残差平方和，用SSE表示，它是除了x对y的线性影响之外的其他未知、随机性的因素所能解释的y的一部分变异，即$SST=SSR+SSE$。

我们把回归平方和与总离差平方和之比定义为判定系数，记为R^2，由式(9.8)有

$$R^2=\frac{\sum(\hat{y}_i-\bar{y})^2}{\sum(y_i-\bar{y})^2}=\frac{SSR}{SST}=1-\frac{SSE}{SST} \tag{9.9}$$

由此可以看出:判定系数的取值范围为$0 \leqslant R^2 \leqslant 1$;如果判定系数越接近于1,说明样本回归直线与样本观测值拟合得越好,也可称为拟合优度越高。如果判定系数越接近于0,说明样本回归直线与样本观测值拟合越差,或称为拟合优度越差。

在一元线性回归中,判定系数$R^2=r^2$,r为x与y的相关系数。

【例9-5】对例9-4进行拟合优度检验。

解:判定系数$R^2=r^2=0.99$。判定系数接近于1,说明样本回归直线与样本观测值拟合优度较高。

3.回归系数的显著性检验

判定系数R^2可用来判断样本回归直线对样本观测值的拟合优度,但是R^2却不能用来判断自变量x对因变量y是否具有统计意义上的显著影响。如果通不过回归系数的显著性检验,不能认为自变量x对因变量y具有显著的影响。

回归系数显著性检验的步骤如下(推导略):

(1)提出假设:

$$H_0:\beta_1=0, \qquad H_1:\beta_1 \neq 0$$

(2)在H_0成立时的检验统计量:

$$t=\frac{\hat{\beta}_1}{S(\hat{\beta}_1)} \sim t(n-2) \tag{9.10}$$

其中,$S(\hat{\beta}_1)$为回归系数$\hat{\beta}_1$的标准差,$S(\hat{\beta}_1)$的计算公式为

$$S(\hat{\beta}_1)=\frac{S}{\sqrt{\sum(x_i-\bar{x})^2}}, S=\sqrt{\frac{\sum(y_i-\hat{y}_i)^2}{n-2}}$$

S作为σ的估计,称为回归估计的标准误差;

(3)给定显著性水平α,查t分布表,得拒绝域:

$$|t| \geqslant t_{\frac{\alpha}{2}}(n-2)$$

(4)判断。

如果t落入拒绝域,拒绝H_0,说明变量x对变量y具有显著的影响。如果t不落入拒绝域,不能拒绝H_0,表明变量x对变量y没有显著的影响。

【例9-6】对例9-4比萨饼需求量y与价格x的线性关系进行检验,$\alpha=0.05$。

解:$S(\hat{\beta}_1)=0.015\,5$,$t=\hat{\beta}_1/S(\hat{\beta}_1)=-28.146\,5$,查$t$分布表,得拒绝域:$|t| \geqslant t_{\frac{\alpha}{2}}(n-2)=2.306$,$t$落入拒绝域,拒绝$H_0$,说明比萨饼需求量$y$与价格$x$有显著的线性关系。

四、一元线性回归模型的应用

当回归模型通过了理论意义检验、一级检验和二级检验，回归模型就可以应用了，应用有点预测和区间预测。

1.点预测

给定 $x = x_0$ 时，将其代入样本回归函数 $\hat{y} = \hat{\beta}_0 + \hat{\beta}_1 x$，求出因变量 y 相应的平均预测值 $\hat{y}_0$。

【例 9-7】对例 9-4 假设价格 $x_0 = 60$ 元，比萨饼需求量平均的点预测值为

$$\hat{y}_0 = \hat{y}\Big|_{x=60} = 90.93 - 0.4376 \times 60 = 64.674 \approx 65(\text{个})$$

2.个别值的区间预测

在 $1-\alpha$ 置信度下个别值 y_0 的预测区间公式为(推导略)：

$$\hat{y}_0 \pm t_{\frac{\alpha}{2}}(n-2)S\sqrt{1+\frac{1}{n}+\frac{(x_0-\bar{x})^2}{\sum(x_i-\bar{x})^2}}, \tag{9.11}$$

【例 9-8】对例 9-4 假设价格 $x_0 = 60$ 元，置信度为 95%($\alpha = 0.05$)，比萨饼需求量个别值 y_0 的区间预测：

$$\hat{y}_0 \pm t_{\frac{\alpha}{2}}(n-2)S\sqrt{1+\frac{1}{n}+\frac{(x_0-\bar{x})^2}{\sum(x_i-\bar{x})^2}} = 64.674 \pm 2.306 \times 0.706\sqrt{1+\frac{1}{10}+\frac{(60-27.5)^2}{2\,062.5}}$$

计算得预测区间为(62.61，66.74)，即价格为 60 元时，比萨饼需求量个别值 y_0 置信度 95% 的预测区间为(62.61，66.74)个。

例 9-4 至例 9-8 的计算可在 Excel 中实现，具体操作路径见附录 2。

第三节　多元线性回归

客观现象之间的联系是复杂多变的，许多现象的变动往往涉及多个变量的数量关系。这就是多元回归。本节将一元线性回归模型拓展到多元线性回归模型，其基本概念及应用与一元线性回归模型情形类似。为了满足构建更一般性、更合理、解释力更强的回归模型，以解决实际问题的需要，本节在模型基本假设、模型形式设定、变量选择以及模型检验等方面有所扩展，内容主要包括多元回归模型的标准形式、模型的最小二乘估计、模型的统计检验以及模型在经济预测方面的应用。

在上一节介绍的一元线性回归模型中，仅仅考虑了唯一一个解释变量(自变量)对被解释变量(因变量)的影响，然而，社会经济问题所研究的变量往往是受多个因素的制约。例如，根据经济学理论与一般经验，消费者的购买行为不但受到其收入水平的影响，还要受消费者心理偏好、价格水平、经济环境甚至预期寿命等诸多因素的影响。因此，我们把一元线

性回归模型推广到有多个自变量影响因变量的情形，以便于在控制相关因素前提下，更客观准确地考察某一个或若干个解释变量对被解释变量的影响。包含多个解释变量的回归模型，称为多元回归模型。下面我们就来讨论有关多元线性回归模型的若干基本问题。

一、标准的多元线性回归模型

1. 多元线性总体回归模型的表示形式

假定因变量y与$k-1$个解释变量$x_2,x_3,\cdots,x_k$具有线性相关关系，则总体多元线性回归模型可以表示为如下形式：

$$y_i=\beta_1+\beta_2x_{2i}+\beta_3x_{3i}+\cdots+\beta_kx_{ki}+u_i \tag{9.12}$$

在随机误差项u_i的数学期望假设为0条件下，包含$k-1$个解释变量的总体多元回归模型也可表示为y的条件期望的形式：

$$E(y|x_{2i},x_{3i},\cdots,x_{ki})=\beta_1+\beta_2x_{2i}+\beta_3x_{3i}+\cdots+\beta_kx_{ki} \tag{9.13}$$

式(9.13)表示，在给定自变量$x_2,x_3,\cdots,x_k$取值的前提下y的均值或期望值。

其中，β_1是截距，$\beta_2,\cdots,\beta_k$为偏回归系数(在后面将介绍这一问题)。

2. 多元线性样本回归模型的表示形式

同一元线性回归模型一样，总体多元线性总体回归模型是基于相关理论或假说所构造的关于变量之间依存关系或数量规律的理论表达形式，其参数的取值是未知的。因此，只能从总体中随机抽取样本观察值进行估计。假如能够收集到模型中每个变量的n个样本观察值，对应于式(9.12)和式(9.13)所示的两种形式的总体回归模型，多元线性样本回归模型表示为

$$\hat{y}_i=\hat{\beta}_1+\hat{\beta}_2x_{2i}+\hat{\beta}_3x_{3i}+\cdots+\hat{\beta}_kx_{ki} \qquad (i=1,2,3,\cdots,n) \tag{9.14}$$

和

$$\hat{y}_i=\hat{\beta}_1+\hat{\beta}_2x_{2i}+\hat{\beta}_3x_{3i}+\cdots+\hat{\beta}_kx_{ki}+e_i \qquad (i=1,2,3,\cdots,n) \tag{9.15}$$

其中，$\hat{y}_i$称为实际值y_i的估计值或拟合值，$\hat{\beta}_j(j=1,2,\cdots,k)$是对应总体偏回归系数$\beta_j$的参数估计，残差项$e_i$是随机误差项$u_i$的估计。

3. 多元回归模型中参数的含义

偏回归系数又称偏斜率系数，其统计意义如下。例如β_2度量了在其他解释变量$(x_3,x_4,\cdots,x_k)$保持不变的情况下，x_2每变化1个单位时，y的条件均值$E(y|x_{2i},x_{3i},\cdots,x_{ki})$的变化。也就是说，$\beta_2$给出了其他解释变量保持不变时，$E(y|x_{2i},x_{3i},\cdots,x_{ki})$对$x_2$的斜率。或者更严谨地说，在$x_2$确实是$y$变化的原因的条件下(两者不仅仅是相关关系)，$\beta_2$表示给出了$x_2$的单位变化对$y$的条件均值的“直接”或“净”(不包括通过$x_{3i},x_{4i},\cdots,x_{ki}$所产生的间接影响)影响。

4.多元线性回归模型的基本假定

与一元线性回归模型一样,多元线性回归模型应用的第一步是要对其中的未知参数进行估计,为此,我们仍在上一节介绍的经典线性回归模型的框架下,利用普通最小二乘法(OLS)对参数进行估计。因此,多元线性回归模型必须遵循以下假定。

(1)$x_2,x_3,\cdots,x_k$与随机误差项不相关,否则,基于普通最小二乘法所得的参数估计值有偏于参数的实际值,且是非一致的。

(2)零均值假定,即

$$E\left(u_i\right)=0 \qquad (i=1,2,3,\cdots)$$

(3)同方差假定,即

$$\mathrm{Var}\left(u_i\right)=\sigma^2 \qquad (i=1,2,3,\cdots)$$

(4)无自相关假定,即

$$\mathrm{Cov}\left(u_i,u_j\right)=E(u_iu_j)=0 \qquad (i\neq j;\ i,j=1,2,3,\cdots)$$

(5)解释变量之间不存在完全的线性相关关系,即解释变量应该各自独立地影响被解释变量。这一假定将在后续给出进一步的说明。

(6)为了进行模型检验,假定随机扰动项u_i服从均值为零,方差为σ^2的正态分布。即有

$$u_i \sim N\left(0,\sigma^2\right)$$

二、多元线性回归模型的最小二乘估计

对于多元线性总体回归模型式(9.12)中的参数,即偏回归系数,同一元线性回归模型一样,我们可以用最基本的OLS进行参数估计,而且上一节关于一元线性回归中基于OLS得出的参数估计值的一些统计性质,对多元线性回归模型也同样适用。这不难理解,因为本质上我们可以把一元线性回归视为多元线性回归模型的一种特例。

我们已知多元线性总体回归模型的样本回归方程如下:

$$\hat{y}_i=\hat{\beta}_1+\hat{\beta}_2x_{2i}+\hat{\beta}_3x_{3i}+\cdots+\hat{\beta}_kx_{ki} \qquad (i=1,2,3\cdots,n)$$

或者 $y_i=\hat{\beta}_1+\hat{\beta}_2x_{2i}+\hat{\beta}_3x_{3i}+\cdots+\hat{\beta}_kx_{ki}+e_i \qquad (i=1,2,3\cdots,n)$

因此有

$$e_i=y_i-\left(\hat{\beta}_1+\hat{\beta}_2x_{2i}+\hat{\beta}_3x_{3i}+\cdots+\hat{\beta}_kx_{ki}\right) \tag{9.16}$$

在前面已经介绍过,OLS估计的原则是选择总体回归模型未知回归参数的估计量,使得残差平方和$\sum e_i^2$达到最小,即

$$\min\sum e_i^2=\sum\left[y_i-\left(\hat{\beta}_1+\hat{\beta}_2x_{2i}+\hat{\beta}_3x_{3i}+\cdots+\hat{\beta}_kx_{ki}\right)\right]^2$$

根据多元函数极值原理,使得残差平方和为最小值的必要条件是

$$\frac{\partial \sum e_i^2}{\partial \hat{\beta}_j} = 0 \qquad (j = 1, 2, 3, \cdots, k) \tag{9.17}$$

即有

$$-2\sum\left[y_i - \left(\hat{\beta}_1 + \hat{\beta}_2 x_{2i} + \hat{\beta}_3 x_{3i} + \cdots + \hat{\beta}_k x_{ki}\right)\right] = 0$$

$$-2\sum x_{2i}\left[y_i - \left(\hat{\beta}_1 + \hat{\beta}_2 x_{2i} + \hat{\beta}_3 x_{3i} + \cdots + \hat{\beta}_k x_{ki}\right)\right] = 0$$

$$\cdots\cdots$$

$$-2\sum x_{ki}\left[y_i - \left(\hat{\beta}_1 + \hat{\beta}_2 x_{2i} + \hat{\beta}_3 x_{3i} + \cdots + \hat{\beta}_k x_{ki}\right)\right] = 0$$

为了简便表达起见,上面的方程组可用矩阵表示如下:

$$\begin{bmatrix} \sum e_i \\ \sum x_{2i} e_i \\ \vdots \\ \sum x_{ki} e_i \end{bmatrix} = \begin{bmatrix} 0 \\ 0 \\ \vdots \\ 0 \end{bmatrix} \tag{9.18}$$

或者表示为 $\boldsymbol{X}'\boldsymbol{e} = \begin{bmatrix} 1 & 1 & \cdots & 1 \\ x_{21} & x_{22} & \cdots & x_{2n} \\ \cdots & \cdots & \cdots & \cdots \\ x_{k1} & x_{k2} & \cdots & x_{kn} \end{bmatrix} \begin{bmatrix} e_1 \\ e_2 \\ \vdots \\ e_n \end{bmatrix} = \begin{bmatrix} \sum e_i \\ \sum x_{2i} e_i \\ \vdots \\ \sum x_{ki} e_i \end{bmatrix} = 0$ (9.19)

其中,$\boldsymbol{X}$ 为由所有解释变量($k-1$ 个解释变量)的样本观察值(每个解释变量均有 n 个样本观察值)构成的 $n \times k$ 矩阵,由于式(9.15)可以简洁表达成矩阵形式,即 $\boldsymbol{Y} = \boldsymbol{X}\hat{\boldsymbol{\beta}} + \boldsymbol{e}$($\boldsymbol{Y}$ 为由被解释变量 n 个样本观察值构成的 n 维列向量,$\hat{\boldsymbol{\beta}}$ 为由 k 个回归参数的估计值构成的 k 维列向量,$\boldsymbol{e}$ 为由残差项构成的 n 维列向量),对于该式两边同时左乘解释变量样本观察值矩阵 $\boldsymbol{X}$ 的转置阵 $\boldsymbol{X}'$,结合式(9.19)可得

$$\boldsymbol{X}'\boldsymbol{Y} = \boldsymbol{X}'\boldsymbol{X}\hat{\boldsymbol{\beta}} + \boldsymbol{X}'\boldsymbol{e} = \boldsymbol{X}'\boldsymbol{X}\hat{\boldsymbol{\beta}} \tag{9.20}$$

由基本假定(5),解释变量之间不存在完全的线性相关关系,由线性代数的相关知识,可以知道解释变量样本观察值矩阵 $\boldsymbol{X}$ 为满秩矩阵,即

$$\mathrm{rank}(\boldsymbol{X}) = \boldsymbol{k}$$

那么,矩阵 $\boldsymbol{X}'\boldsymbol{X}$ 也应是满秩矩阵,所以行列式 $|\boldsymbol{X}'\boldsymbol{X}| \neq 0$,即矩阵 $\boldsymbol{X}'\boldsymbol{X}$ 的逆矩阵 $(\boldsymbol{X}'\boldsymbol{X})^{-1}$ 一定存在。

因此,根据求极值的必要条件所推导的式(9.20)以及矩阵 $\boldsymbol{X}$ 为满秩阵的基本假定,可得偏回归系数的最小二乘估计量:

$$\hat{\boldsymbol{\beta}} = (\boldsymbol{X}'\boldsymbol{X})^{-1}\boldsymbol{X}'\boldsymbol{Y} \tag{9.21}$$

我们还可以证明 $\boldsymbol{X}'\boldsymbol{X}$ 是正定矩阵,从而证明式(9.21)中给出的回归未知参数的最小二乘估计量确实使残差平方和 $\sum e_i^2$ 达到最小值。

【例 9-9】根据表 9-3 提供的数据，建立 y 与 x_1 和 x_2 之间的多元线性回归方程，借助 Excel 2016 软件，用 OLS 方法可以得到回归结果，估计结果如下。

表 9-3 国内生产总值与最终消费和资本形成总额 单位：亿元

年份	国内生产总值(y)	最终消费(x_1)	资本形成总额(x_2)
1986	3 605.6	2 239.1	1 377.9
1987	4 092.6	2 633.7	1 478.9
1988	4 592.9	3 007.9	1 599.7
1989	5 008.8	3 361.5	1 630.2
1990	5 590.0	3 714.8	1 784.2
1991	6 216.2	4 126.4	2 039.0
1992	7 362.7	4 846.3	2 515.1
1993	9 076.7	5 986.3	3 457.5
1994	10 508.5	6 821.8	3 941.9
1995	12 277.4	7 804.6	4 462.0
1996	15 388.6	9 839.5	5 700.2
1997	17 311.3	11 164.2	6 332.7
1998	19 347.8	12 090.5	6 747.0
1999	22 577.4	14 091.9	7 868.0
2000	27 565.2	17 203.3	10 086.3
2001	36 938.1	21 899.9	15 717.7
2002	50 217.4	29 242.2	20 341.1
2003	63 216.9	36 748.2	25 470.1
2004	74 163.6	43 919.5	28 784.9
2005	81 658.5	48 140.6	29 968.0
2006	86 531.6	51 588.2	31 314.2
2007	91 125.0	55 636.9	32 951.5
2008	99 214.6	61 516.0	34 842.8
2009	108 972.4	66 878.3	39 769.4
2010	120 350.3	71 691.2	45 565.0
2011	136 398.8	77 449.5	55 963.0
2012	160 280.4	87 032.9	69 168.4
2013	188 692.1	97 822.7	80 646.3
2014	221 651.3	110 595.3	94 402.0
2015	263 093.8	128 793.8	110 919.4

续表

年份	国内生产总值(y)	最终消费(x_1)	资本形成总额(x_2)
2016	306 859.8	149 112.6	133 612.3
2017	340 902.8	169 274.8	164 463.2
2018	401 512.8	194 115.0	193 603.9
2019	473 104	228 561.3	225 006.7
2020	519 470.1	261 832.8	252 773.2

解:根据上述数据和最小二乘法,可得样本回归方程

$$\hat{y}_t = -739.76 + 1.14x_{1t} + 0.94x_{2t}$$

当该方程能够通过检验时,$\hat{\beta}_2 = 1.14$ 表示从历史数据的经验来看,最终消费 x_1 增加1亿元时,预计有助于国内生产总值 y 平均增加1.14亿元;$\hat{\beta}_3 = 0.94$ 表示资本形成总额 x_2 增加1亿元时,预计有助于国内生产总值 y 平均增加0.94亿元。这可能意味着,中国在历史上过度依赖大规模投资刺激经济增长而导致资本边际效率下降的背景下,通过一些相应的经济政策拉动消费需求有助于推动经济持续增长。请同学们自己通过国家统计局的官方网站下载最新的相关数据,进行独立研究,对比分析回归估计系数是否发生显著的变化,并思考这种变化的原因。

三、多元线性回归模型的检验与预测

根据样本观察值应用最小二乘法对多元线性回归模型进行估计时,与一元线性回归模型一样,必须对拟合优度、回归系数的显著性以及回归方程的显著性进行一系列的检验,在这一部分将讨论这一系列问题。

(一)多元回归拟合优度的评价

在一元线性回归模型中,我们用式(9.9)定义的判定系数 R^2 来度量样本回归直线对样本观察数据的拟合优度,对于判定系数 R^2 的应用可以推广到包含若干个解释变量的多元线性回归模型之中。在多元线性回归模型中,为了与一元线性回归模型加以区分,我们把判定系数 R^2 这个统计量称为多元判定系数。

与一元线性回归模型相同(实际上,一元线性回归模型是多元线性回归模型的特殊情况),在多元线性回归模型最小二乘法估计中总离差平方和也有如下的分解恒等式:

$$SST = SSE + SSR$$

其中:SST 表示总离差平方和($\sum y_i^2$);SSE 表示残差平方和($\sum e_i^2$);SSR 表示回归平方和($\sum \hat{y}_i^2$)。同样,与一元线性回归模型类似,R^2 的定义如下:

$$R^2 = \frac{SSR}{SST} \tag{9.22}$$

式(9.22)表明 R^2 被定义为回归平方和与总离差平方和的比值,其取值的范围也在0与1之

间。R^2越接近1,表示估计的样本回归直线对样本数据拟合得越好;R^2近似等于1,表明样本回归直线非常好地拟合了样本数据。R^2正的平方根,称为多元相关系数或复相关系数,其度量了被解释变量与所有解释变量的线性相关程度。

然而,判定系数R^2有一个重要的性质:随着多元回归模型中的解释变量越多,R^2的值往往就越大。那么如果想增加回归模型对被解释变量的解释程度,只要不断地增加解释变量的个数就可以了吗?其实,实际情况并非如此,理由如下。假设样本容量保持不变,总离差平方和(SST)不会改变,其自由度为$n-1$,但理论上增加解释变量只会增加回归平方和(SSR),因此$R^2(\frac{SSR}{SST})$只可能增加。如此一来容易形成这样一种错觉:即想要模型拟合得更好,就只要增加即便是不相关或毫无意义的解释变量就可以了。显然这种做法是不符合科学逻辑的,也不符合科学建模的严谨性。因此,在多元回归模型中,原始的R^2并不能真实反映回归模型对观察数据的拟合程度。比较因变量相同但解释变量个数不同的两个回归模型的样本判定系数R^2,如果用我们原来定义的判定系数直接进行比较是没有可比性的。

$R^2(\frac{SSR}{SST})$作为判定系数出现上述问题的根本原因是,其并没有考虑3个平方和的自由度。在一个有k个解释变量的模型中,比如多元回归模型中有10个解释变量(不包括截距项),则SSR的自由度为10,但是R^2的计算公式并未考虑不同的多元回归模型中3个平方和的自由度的不同。一个自然的解决方法是用平方和的自由度进行修正,以消除R^2对解释变量个数的依赖性,它能根据模型中解释变量的个数进行调整,这个指标就是修正的判定系数$\bar{R}^2$,其计算公式如下:

$$\bar{R}^2 = 1 - \frac{\frac{SSE}{(n-k)}}{\frac{SST}{(n-1)}} \tag{9.23}$$

其中,SSE为残差平方和,SST为总离差平方和,n为样本容量,k为多元回归中包括截距项和解释变量系数在内的所有回归参数的个数。不难验证R^2和$\bar{R}^2$具有如下关系:

$$\bar{R}^2 = 1-(1-R^2)\frac{n-1}{n-k} \tag{9.24}$$

其中,R^2为原始的判定系数,n为样本容量,k为多元回归中包括截距项和解释变量系数在内的所有回归参数的个数。

这里需要注意,前面讨论的判定系数R^2又可称为非修正的判定系数。

修正的判定系数有如下的性质。

(1)$k>1$,则$\bar{R}^2 \leqslant R^2$。即随着模型中解释变量的增加,修正的判定系数越来越小于非修正判定系数R^2。

(2)非修正判定系数R^2总是为正的,但是修正的判定系数$\bar{R}^2$的取值可能为负的。

目前许多统计软件都可以计算R^2和$\bar{R}^2$,修正判定系数可以使我们对同因变量不同个数解释变量的两个回归模型的拟合优度进行比较与评价。

【**例 9-10**】假设有7年的年度统计资料，现利用其对同一因变量拟合了两个多元样本回归方程。方程1中，$k=6$，$R^2=0.82$。方程2中，$k=2$，$R^2=0.80$，请对这两个回归方程的拟合优度进行评价。

解：若仅从R^2角度考察，似乎方程1的拟合程度更佳，但是，由于两个方程的自变量个数不同，以至于在R^2上没有直接的可比性，将上述数据代入式(9.24)，可得

方程1的$\bar{R}^2=-0.08$，而方程2的$\bar{R}^2$为0.76，因此，方程2的实际拟合优度要远好于方程1。

(二)关于回归系数的假设检验

虽然判定系数R^2度量了估计的样本回归直线与样本观察值之间的拟合程度，但是R^2本身却不能告诉我们估计的回归系数是否在统计上是显著的，也就是推断回归参数是否显著不为零。如果模型中有的回归系数显著不为零，则可以认为其对应的解释变量对被解释变量的影响是重要的，否则就是不重要的，应该把这个解释变量从模型中剔除，重新修正与建立更为简单的模型。因此，必须对回归系数的显著性进行检验。

同一元线性回归模型一样，在多元线性回归模型中，如果随机扰动项u_i和解释变量x_i满足基本假定的要求，同样可以证明参数估计量$\hat{\beta}_i$服从均值为β_i、方差$\mathrm{Var}(\hat{\beta}_i)$为$\sigma^2\boldsymbol{C}_{ij}$的正态分布，其中，$\boldsymbol{C}_{ij}$为矩阵$(\boldsymbol{X}'\boldsymbol{X})^{-1}$中的第$i$行和第$j$列元素。

虽然随机扰动项方差σ^2未知，但可以证明在满足标准假设下σ^2的无偏估计量为$\hat{\sigma}^2$，因此可用$\hat{\sigma}^2$代替σ^2，此时OLS估计量$\hat{\beta}_i$服从自由度为$(n-k)$的t分布，而不再是正态分布，即

$$t=\frac{\hat{\beta}_i-\beta_i}{S(\hat{\beta}_i)}\sim t(n-k) \tag{9.25}$$

具体检验步骤如下。

(1)提出假设：

原假设：

$$H_0:\beta_i=0$$

备择假设：

$$H_1:\beta_i\neq 0$$

(2)在H_0成立的条件下，构造t统计量，并根据样本观测值计算出对应的t统计检验值，即

$$t=\frac{\hat{\beta}_i-\beta_i}{S(\hat{\beta}_i)}=\frac{\hat{\beta}_i}{\hat{\sigma}\sqrt{C_{ii}}} \tag{9.26}$$

(3)在给定显著性水平α的条件下，查表得临界值$t_{\frac{\alpha}{2}}(n-k)$；

(4)判断。

若$|t|\geqslant t_{\frac{\alpha}{2}}(n-k)$，则拒绝$H_0:\beta_i=0$，接受$H_1:\beta_i\neq 0$。这是因为接受$H_1$犯错误(即假设

检验问题中的第一类错误)的概率很小,说明β_i所对应的解释变量对被解释变量y_i有显著的影响。

若$|t| \leqslant t_{\frac{\alpha}{2}}(n-k)$,则不能拒绝$H_0:\beta_i = 0$,即$\beta_i$与0的差异不显著,这种情况下,只有接受$H_0$,犯错误的概率才会小。说明$\beta_i$对应的解释变量$x_i$对因变量$y_i$没有显著影响。

(三)关于模型总体显著性的假设检验

与一元线性回归模型不同,对多元线性回归模型要进行总体显著性检验,所谓回归模型的总体性检验是指在一定的显著性水平下,从总体上对模型被解释变量与解释变量之间的线性关系是否显著成立进行的一种统计检验。同样可以运用F检验的方法进行显著性检验,也可以运用F检验量对应的P值进行检验。具体方法如下:

(1)提出假设:

原假设:

$$H_0:\beta_2 = \beta_3 = \cdots = \beta_k = 0$$

备择假设:

$$H_1:\beta_i(i = 2, \cdots, k)\text{不全为}0$$

(2)在H_0成立的前提条件下,构造服从自由度为$(k-1,n-k)$的F分布的检验统计量;(注意:k为包括截距项在内的回归参数的个数)

$$F = \frac{\dfrac{SSR}{(k-1)}}{\dfrac{SSE}{(n-k)}} \tag{9.27}$$

$$F_\alpha = \frac{\dfrac{(\hat{\beta}'X'Y - n\bar{Y}^2)}{(k-1)}}{\dfrac{(Y'Y - \hat{\beta}X'Y)}{(n-k)}} \tag{9.28}$$

(3)在给定显著性水平α时,查表得临界值$F_\alpha(k-1,n-k)$;

(4)判断。

若$F > F_\alpha(k-1,n-k)$,拒绝H_0,即回归方程显著成立;若$F < F_\alpha(k-1,n-k)$,则不能拒绝H_0,即变量之间的线性关系在统计上是不显著的。

【例9-11】在显著性水平$\alpha = 0.05$下,根据表9-3得到的国内生产总值与最终消费、资本形成总额之间的回归模型的总体显著性如何?

解:根据表9-3,利用Excel得到回归分析运算结果可知:

$$F = 14\,970.75;F_\alpha(k-1,n-k) = F_{0.05}(2,32) = 3.28$$

显然$F > F_\alpha(k-1,n-k)$,说明根据国内生产总值与最终消费、资本形成总额之间的关系而建立的多元线性回归方程是显著成立的。

(四)多元线性回归模型用于预测

对于多元线性回归模型 $\boldsymbol{Y}=\boldsymbol{X\beta}+\boldsymbol{u}$,根据样本观察值 $(\boldsymbol{X}_{2i},\boldsymbol{X}_{3i},\cdots,\boldsymbol{X}_{ki}),(i=1,2,\cdots,n)$ 利用最小二乘法求得样本回归方程 $\hat{\boldsymbol{Y}}=\boldsymbol{X}\hat{\boldsymbol{\beta}}$。所谓预测就是给定解释变量的某一特定向量值,$\boldsymbol{X}_0=(1,\boldsymbol{X}_{20},\boldsymbol{X}_{30},\cdots,\boldsymbol{X}_{k0})$,对因变量的个别值 $\boldsymbol{Y}_0$ 以及均值 $E(\boldsymbol{Y}_0)$ 进行估计。

1.点预测

利用样本回归方程,容易计算 $\hat{\boldsymbol{Y}}_0=\boldsymbol{X}_0\hat{\boldsymbol{\beta}}$。可以证明,$\hat{\boldsymbol{Y}}_0$ 可以作为总体个别值 $\boldsymbol{Y}_0$ 以及均值 $E(\boldsymbol{Y}_0)$ 的无偏估计量。

2.区间预测

区间预测包括两个方面,一方面是总体个别值 $\boldsymbol{Y}_0$ 的区间预测,另一方面是总体均值 $E(\boldsymbol{Y}_0)$ 的区间预测。预测的具体过程同一元回归中的预测步骤讨论的一样,在这里只向大家做一个简单的介绍。

设 $\boldsymbol{e}_0$ 是因变量观测值向量 $\boldsymbol{Y}_0$ 与预测值向量 $\hat{\boldsymbol{Y}}_0$ 之差。即 $\boldsymbol{e}_0=\boldsymbol{Y}_0-\hat{\boldsymbol{Y}}_0$。$\boldsymbol{e}_0$ 是一随机扰动项构成的向量,服从均值为零,方差为 $\mathrm{Var}(\boldsymbol{e}_0)=\sigma^2[1+\boldsymbol{X}_0(\boldsymbol{X}'\boldsymbol{X})^{-1}\boldsymbol{X}_0']$ 的正态分布。即

$$\boldsymbol{e}_0\sim N(0,\sigma^2[1+\boldsymbol{X}_0(\boldsymbol{X}'\boldsymbol{X})^{-1}\boldsymbol{X}_0']) \tag{9.29}$$

由于 σ^2 未知,σ^2 只能用它的无偏估计量 $\hat{\sigma}^2$ 代替,则可得 $\boldsymbol{e}_0$ 方差和标准差的估计量。可以证明,以下统计量服从 t 分布,即

$$t=\frac{\boldsymbol{e}_0}{\hat{\sigma}\sqrt{1+\boldsymbol{X}_0(\boldsymbol{X}'\boldsymbol{X})^{-1}\boldsymbol{X}_0'}}=\frac{\boldsymbol{Y}_0-\hat{\boldsymbol{Y}}_0}{\hat{\sigma}\sqrt{1+\boldsymbol{X}_0(\boldsymbol{X}'\boldsymbol{X})^{-1}\boldsymbol{X}_0'}}\sim t(n-k) \tag{9.30}$$

对给定的显著性水平 α,查表可得自由度为 $n-k$ 的临界值 $t_{\frac{\alpha}{2}}(n-k)$,得到因变量个别值 Y_0 的 $1-\alpha$ 预测区间为

$$\hat{\boldsymbol{Y}}_0-t_{\frac{\alpha}{2}}\hat{\sigma}\sqrt{1+\boldsymbol{X}_0(\boldsymbol{X}'\boldsymbol{X})^{-1}\boldsymbol{X}_0'}\leqslant\boldsymbol{Y}_0\leqslant\hat{\boldsymbol{Y}}_0+t_{\frac{\alpha}{2}}\hat{\sigma}\sqrt{1+\boldsymbol{X}_0(\boldsymbol{X}'\boldsymbol{X})^{-1}\boldsymbol{X}_0'} \tag{9.31}$$

同理可得总体均值 $E(\boldsymbol{Y}_0)$ 的 $1-\alpha$ 预测区间为

$$\hat{\boldsymbol{Y}}_0-t_{\frac{\alpha}{2}}\hat{\sigma}\sqrt{\boldsymbol{X}_0(\boldsymbol{X}'\boldsymbol{X})^{-1}\boldsymbol{X}_0'}\leqslant E(\boldsymbol{Y}_0)\leqslant\hat{\boldsymbol{Y}}_0+t_{\frac{\alpha}{2}}\hat{\sigma}\sqrt{\boldsymbol{X}_0(\boldsymbol{X}'\boldsymbol{X})^{-1}\boldsymbol{X}_0'} \tag{9.32}$$

小结

知识拓展　即测即评

本章从具有相关与回归关系的典型案例引入,以分析经济问题中变量之间的数量关系为目标,穿插阐述了相关与回归分析的概念和方法,让读者能掌握其基本方法,并能结合有关知识解决遇到的实际问题。

在现实经济问题中,变量之间的关系往往并不是严格确定的函数关系,需要利用相关分析来判断变量之间数量方面的变动规律;如果根据理论分析或实践经验,发现变量之间不仅具有相关关系,而且存在内在的依存关系或因果关系,应该使用回归分析来进一步研

究这种依存关系或因果关系。当然,需要强调的是,无论是相关分析还是回归分析,虽然可以有效反映变量之间的统计关系,但这种统计关系背后的逻辑因果关系需要运用相关的实质性科学来进行解释,且不可以盲目将原本没有任何联系的变量放在一起进行相关与回归分析。

思考题

1. 给出最小二乘法的基本思想。

2. 指出回归分析结果达到优良性的条件。

3. 典型案例9中解决回归分析问题的科学家名字及其发现是什么?

4. 请查询资料,统计截至目前,回归分析衍生出的计量经济学帮助经济学家一共获得了几个年度的诺贝尔经济学奖?

5. 通过学习与思考,你认为相关分析与回归分析的联系与区别有哪些?研读一篇关于回归分析的经济学论文,思考在应用相关分析与回归分析研究客观现象之间的依存关系或因果关系时,如何把定性分析与定量分析有效结合起来?

练习题

一、单选题

1. 总体回归线是指(　　)。

A. 使残差平方和最小的曲线

B. 样本观测值拟合得最好的曲线

C. 解释变量X取给定值时,被解释变量Y的条件均值或期望值的轨迹

D. 解释变量X取给定值时,被解释变量Y的样本均值的轨迹

2. 判定系数$r^2 = 0.85$,说明样本回归直线能解释被解释变量y总变差(变异)的(　　)。

A. 15%　　B.72.25%　　C. 85%　　D.89%

二、判断题

1. 随机误差项u_i与残差项e_i是一回事。(　　)

2. 建立线性回归模型是指解释变量和被解释变量之间一定就呈现线性关系。(　　)

3. 最小二乘准则就是对模型$Y_i = b_0 + b_1X_i + u_i$确定$\hat{b}_0$和$\hat{b}_1$使残差和$\sum e_i$达到最小。

(　　)

4. 判定系数R^2的大小不受回归模型中所包含的解释变量个数的影响。(　　)

三、计算题

1. 根据 $n=8$ 个同类企业的生产性固定资产年均价值 x(万元)和工业增加值 y(万元)的资料计算的有关数据如下：

$$\sum x_i = 4\,278,\ \sum y_i = 6\,958,\ \sum x_i^2 = 3\,123\,430,\ \sum y_i^2 = 6\,743\,240,\ \sum x_i y_i = 4\,423\,938,$$

要求：

(1)计算相关系数，说明两变量相关的方向，并进行显著性检验($\alpha = 0.05$)；

(2)估计以工业增加值为因变量 y、以生产性固定资产年均价值为自变量 x 的一元线性回归方程，说明回归系数的经济意义；

(3)对回归系数 $\hat{\beta}_1$ 进行显著性检验($\alpha = 0.05$)；

(4)假定理论意义检验、一级检验和二级检验通过，确定生产性固定资产为 1 100 万元时，工业增加值的估计值；在置信度 95%($\alpha = 0.05$)下，进行工业增加值个别值 y_0 的区间预测。

四、案例分析

设想科学家对吸烟影响新生儿的健康非常感兴趣，因此试图研究什么因素影响新生儿的健康。新生儿的健康程度最好的度量指标可能是体重(因为婴儿身体健康和体重一般呈正相关)。建立了如下的多元回归模型：

$$\log(\text{bwgtht}) = \beta_0 + \beta_1(\text{male}) + \beta_2(\text{parity}) + \beta_3\log(\text{faminc}) + \beta_4\log(\text{packs}) + u$$

其中，log(bwgtht)是新生儿体重的对数。male 为性别(如果是男婴值为1，否则取0)。parity 为出生的顺序(即如果某个婴儿对其母亲来说是第一个孩子，则取值为1，第二个为2，以此类推)。log(faminc)是家庭收入水平的对数。log(packs)是在怀孕期母亲每天吸烟的平均包数的对数。u 为随机误差项。假如收集到 1 388 对母子的相关数据，表 9-4 给出了回归模型的最小二乘估计结果。

表 9-4　吸烟等因素对新生儿健康的影响的最小二乘估计结果

因变量:log(bwgtht)	
自变量	估计系数
截距项	4.675 618
male	0.026 241
parity	0.014 729
log(faminc)	0.018 050
log(packs)	− 0.083 728

简要回答以下问题：

(1)请根据上表,写出多元线性总体回归模型的样本回归方程。

(2)β_4在这个研究中的具体解释是什么?具体的最小二乘估计值为多少?

(3)本研究的潜在问题是,我们不能对遗传因素的影响做任何的控制(注意,遗传因素在本研究里体现在u中,即随机误差项)。如果你相信母亲的基因会同时影响着新生儿的体重和母亲吸烟的习惯,那么随机误差项u将会违背哪个经典假设?请具体描述该假设是什么,并指出此时β_4的最小二乘估计量是否是最优线性无偏(只需要回答是或不是,不用证明)。

第十章 时间序列分析

【典型案例10】股票价格可以预测吗?

股市瞬息万变,股票价格每天都不一样,甚至各个时间段都会有很大差异,如图10-1所示。预测股票未来价格走势是很多人关注的重要问题,那么股票价格是否可以预测呢?

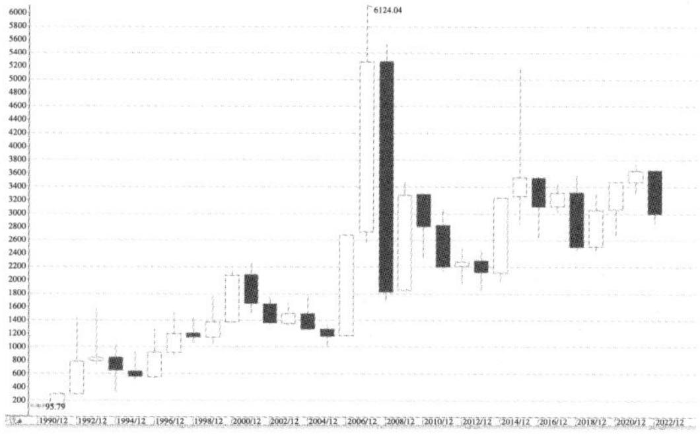

(a)上证指数k线图(年线)

(b)上证指数k线图(月线)

(c)某科技股票k线图(日线)

(d)某生物股票k线图(日线)

图10-1 我国部分股票走势示意图

不同学者对影响股票价格的因素有不同的认识。一些学者认为股价反映了企业的基本面情况,包括企业资金实力、经营状况等方面的情况,因此可以通过分析企业基本面数据来预测企业股票的未来走势;另一些学者认为股票价格是投资者对企业未来盈利能力的估值,当企业未来预期盈利能力强时,股票价格就会上升,因此应着重对可能影响企业未来盈利能力的因素进行分析;还有学者认为股票价格是股票市场买卖双方的博弈结果,当买方购买多于卖方卖出时,股票价格会上升,否则会下降或不变,因此应对股票市场买卖双方资金走向加强跟踪和对股市情绪进行重点观测。

对股票进行不同角度的研究会有不同的结果。总体上来说，如果研究者能充分掌握股票的相关信息，往往可以做出科学的判断，但在实际中，股票的相关信息往往很难获取，或者获取的成本很高，这使我们常常难以长期准确预测股票的价格。

基于时间序列进行预测的方法可以很好地克服以上问题，根据股票历史价格数据构建的模型，可以对股票未来价格进行预测。

本章讲述时间序列的一些基本概念和研究方法，同学们可以在此基础上进一步学习，尝试对股票价格进行预测。

第一节　时间序列的基本概念

一、时间序列的含义和作用

时间序列是某指标在同一空间不同时间的观测数据按时间顺序排列而成的数据列。

从时间序列的概念中可以看出，时间序列包含着两大部分：时间和观测值。时间序列数据随着时间变化是时间序列的重要特征，也是区别于其他数据的主要特征。这里的时间可以是“年”，也可以是“季度、月、天”，还可以是“小时、分钟、秒”，如某地区连续10年的GDP时间序列数据，某企业连续4个季度的销售额时间序列数据，某股票在某天中连续8小时的交易价格时间序列数据等。

对时间序列数据常从以下角度进行分析：

一是描述被研究现象的发展过程、历史状态和结果；

二是分析被研究现象的增加量、发展速度、趋势，探索其发展变化的规律；

三是利用时间序列数据可建立计量模型，进行现象变动的趋势分析和预测，为更好地决策提供依据；

四是将不同但又相互联系的时间序列进行对比分析，可以研究同类现象在不同国家、地区之间的联系以及发展变化的差别。

时间序列数据在实际中有着广泛的应用，如经济学、金融学、医学、生物学、人口学、生态学、教育学、历史学等领域。如分析股票的价格走势是时间序列在金融学的一个重要应用，利用时间序列的分析方法，找出股票的价格走势，并由此预测未来价格的变化情况，可为股票投资决策提供依据；记录生物生长过程的各项指标，分析生物各阶段生长的规律，可为生物的疾病预防等提供依据；利用时间序列的分析方法来分析历史事件，可以发现很多历史事件的出现有着类似的规律，可为人们研究历史提供一个有益的角度。

二、时间序列的分类

虽然时间序列数据都是不同时间相继观测的数据，但根据数据获取方式或意义的不同,可以将时间序列数据分成绝对数时间序列、相对数时间序列和平均数时间序列三大类。

(一)绝对数时间序列

绝对数时间序列也叫总量指标时间序列,其描述了现象总量指标的变化,反映了各时间某个指标发展的绝对水平。根据绝对数时间序列的时间不同,我们又可以将绝对数时间序列分为时期时间序列和时点时间序列。

时期指标表示某段时期内的总量,将不同时期的时期指标按时间顺序排列而成的数据列称为时期时间序列。如某企业连续12个月的利润额;某业务员连续12个月的销售额等。

时点指标表示事物在某个时点上所处的状态和所达到的水平,将不同时点上的指标按时间顺序排列而成的数据列称为时点时间序列。如某工厂连续12个月月初上班的工人人数;某银行连续12个月月末的存款余额;某股票连续5天的开盘价格等。

时期时间序列和时点时间序列的区别如下。

(1)定义。时期时间序列反映现象在各个时期内达到的总量,实际中又称其为流量数据;时点时间序列反映现象在各个时点上所处的状态和所达到的水平,实际中又称其为存量数据。

(2)可加性。时期时间序列具有可加性,相加后表示更长一段时期的总量,如2013年GDP、2014年GDP相加后是2013年和2014年的GDP;时点时间序列不具有可加性,如2013年末人口数、2014年末人口数相加后没有意义。

(3)数值大小与时间长短的关系。时期时间序列数值大小与时间长短有关,时间越长,同一现象同一总量指标的时期时间序列数值就越大;时点时间序列数值大小与时间长短没有关系,如12个月月末银行存款余额与时间长短没有关系。

(4)数据收集。时期时间序列的每个数据是每段时期内连续登记的结果;时点时间序列只需要收集事物代表性时点上的数据。

(二)相对数时间序列

不同时间上的相对指标按时间顺序排列而成的数据列称为相对数时间序列,其反映了不同现象的对比关系或同一现象不同时间上的发展情况。如居民消费价格指数(CPI)时间序列、第一产业产值比重时间序列、企业年末资产负债率时间序列等。由于相对数时间序列的比较基数不同,相对数时间序列不具有可加性。

(三)平均数时间序列

不同时间上的平均指标按时间顺序排列而成的数据列称为平均数时间序列,其反映了事物平均水平的发展情况。如平均工资时间序列、平均成绩时间序列、平均销售额时间序列、人均利润时间序列等。与相对数时间序列类似,由于其比较的基数不同,平均数时间序列也不具有可加性。

三、时间序列的编制原则

由于时间序列有不同的类型,因此在收集时间序列数据时,我们需要区别不同的时间序列,以保证时间序列的数据具有可比性、便于分析性,具体需要做到以下方面的一致。

(一)时间一致

由于时间序列是随着时间的变化而变化,因此只有时间一致才能保证数据之间具有可比性。时点时间序列要求时点间隔要尽可能相同,时期时间序列要求各项数据的时期长度相同。一般来说,时点时间序列的时间往往取期初或期末作为时间点,如中国人口数取年末人口数,某股票价格取开盘价或收盘价;时期时间序列的时间取连续的年或月或日,如中国的GDP取连续的年GDP,某企业的产量取连续的月产量,某商店销售额取连续的日销售额等。

(二)范围一致

时间序列数据描述的是某事物在某时间点或时间段的总量变化、相对变化和平均变化,因此数据所属的范围要一致,这样才能使数据之间具有可比性。如计算某地区GDP的时间序列时,要保证该地区的所属范围一致,如果该地区出现了区域的调整,则需要调整过去的核算结果,编制相同所属范围的GDP,这样才能保证GDP的值前后具有可比性,从而更好地反映其发展变化规律。

(三)核算内容、计算口径和计算方法一致

时间序列描述了事物某些特征的变化,因此在编制时间序列时,要保证核算内容、计算口径和计算方法一致,不一致时,需要进行调整才能保证数据的可比性。

第二节 时间序列的描述性分析

一、时间序列的图形分析

由于时间序列是随着时间的变化而变化,而时间的发展是有特定方向的,因此,我们可以借助一个重要的统计工具——线图来描述时间序列数据的变化规律。

线图是统计中用于描述时间序列的一个重要图形,简单的线图由两个坐标轴构成,横轴表示时间,纵轴表示事物的取值情况。

【例10-1】表10-1收集了1978年至2021年中国居民消费价格指数(CPI)数据,CPI反映了居民购买的商品及服务项目价格水平的变动趋势和变动程度。要求:画出从1978年到2021年中国CPI的线图,并解释线图所表示的变化特点和变化规律。

表 10-1　1978—2021 年中国 CPI 数据

年份	CPI/%	年份	CPI/%	年份	CPI/%	年份	CPI/%
1978	100.7	1989	118.0	2000	100.4	2011	105.4
1979	101.9	1990	103.1	2001	100.7	2012	102.6
1980	107.5	1991	103.4	2002	99.2	2013	102.6
1981	102.5	1992	106.4	2003	101.2	2014	102.0
1982	102.0	1993	114.7	2004	103.9	2015	101.4
1983	102.0	1994	124.1	2005	101.8	2016	102.0
1984	102.7	1995	117.1	2006	101.5	2017	101.6
1985	109.3	1996	108.3	2007	104.8	2018	102.1
1986	106.5	1997	102.8	2008	105.9	2019	102.9
1987	107.3	1998	99.2	2009	99.3	2020	102.5
1988	118.8	1999	98.6	2010	103.3	2021	100.9

资料来源：中国统计年鉴（2021），国家统计局—国家数据—年度数据。

解：用 Excel 的画图功能，得到图 10-2 的中国 CPI 的线图（具体操作路径见附录 2）。

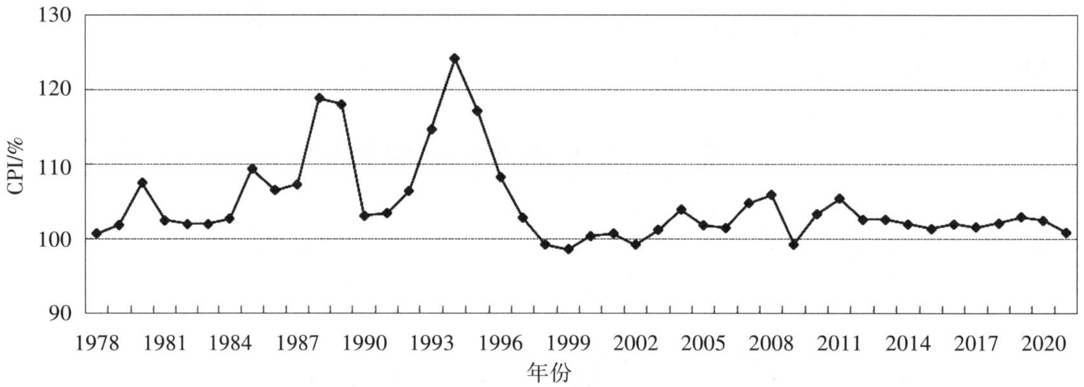

图 10-2　1978 年到 2021 年中国 CPI 的趋势线图

观察图 10-2 CPI 的趋势线图，可以看出，中国 CPI 大体呈现平稳态势，其中部分年份存在较大幅度的变化，如 1985 年至 1989 年 CPI 变化较大，1988 和 1989 年甚至一度超过 110%；在 1992 年至 1994 年 CPI 一度飞涨，到 1994 年达到顶峰，之后回落；1997 年回落到 100% 左右，在 1998 和 1999 年甚至出现低于 100% 的情形。2000 至 2008 年 CPI 呈现小幅波动向上趋势，2009 年降至 100% 以下，之后 CPI 稳定在 100% 到 105% 左右的水平。

二、时间序列的水平分析

水平分析是指对事物变化的状态进行的分析，描述事物发展变化的指标有发展水平、序时平均数、增长量和平均增长量等，其中发展水平就是时间序列中的各项数据。

（一）序时平均数

不同时间上的数据有高有低，为了反映现象在一段时间内的一般水平，需要计算序时平均数。序时平均数表示不同时间上数据的平均数，在具体计算时，我们需要根据时间序列数据的类型分别计算绝对数时间序列、相对数时间序列和平均数时间序列的序时平均数。

1. 绝对数时间序列的序时平均数

绝对数时间序列分时期时间序列和时点时间序列两种情形，故分别计算时期时间序列的序时平均数和时点时间序列的序时平均数。

（1）时期时间序列的序时平均数。

时期时间序列反映各观测时间段事物的累计总量，具有可加性，相加之和等于对应总时期内的总量，若假定各时期长度相同，则计算序时平均数可采用简单算术平均法，公式为

$$\bar{y}=\frac{y_0+y_1+\cdots+y_{n-1}+y_n}{n+1} \tag{10.1}$$

其中，y_0为期初指标水平，y_n为期末指标水平，$n+1$为数据项数。

【例 10-2】已知某国连续10年的GDP分别为538 580.0，592 963.2，643 563.1，688 858.2，746 395.1，832 035.9，919 281.1，986 515.2，1 013 567.0，1 143 669.7（单位：亿元，假定为可比价GDP），求这10年该国GDP的序时平均数。

解：$\bar{y}=\frac{y_0+y_1+\cdots+y_{n-1}+y_n}{n+1}=\frac{538\,580.0+592\,963.2+\cdots+1\,013\,567.0+1\,143\,669.7}{10}$

$=810\,542.85\approx 810\,542.9$（亿元）

（2）时点时间序列的序时平均数。

时点时间序列反映事物在发展过程中的时点状态，时点时间序列的序时平均数的计算与时期时间序列不一样，并根据时间**间隔是否相等和时点是否连续**有不同的计算方法。（时点序列的数据本来是不连续登记的结果，这里说的“连续”是有特殊规定的：若拥有每天的时点数据，就称这个时点序列为连续时点序列，否则就是间断时点序列。）

①连续时点、间隔相等的时点序列序时平均数。

连续时点且间隔相等的时点序列，可以直接采用以下公式进行计算：

$$\bar{y}=\frac{y_0+y_1+\cdots+y_{n-1}+y_n}{n+1} \tag{10.2}$$

其中，$y_0,y_1,\cdots,y_{n-1},y_n$为各时点值，$n+1$为数据项数。

【例 10-3】某企业某月上旬每日的职工人数见表10-2，求该月上旬平均每天职工人数。

表 10-2 某企业某月上旬每日的职工人数

项目	日期									
	1	2	3	4	5	6	7	8	9	10
人数/人	250	250	250	262	262	258	258	266	272	272

解:这里已知每日职工人数,属于连续时点且间隔相等的时点序列,可计算该企业该月上旬平均每天职工人数为

$$\bar{y}=\frac{y_0+y_1+y_2+\cdots+y_n}{n+1}=\frac{2600}{10}=260(\text{人})$$

②连续时点、间隔不等的时点序列序时平均数。

此时时点序列虽然间隔不等,但仍属于连续时点(即可找到每日数据),可以采用加权平均数的计算公式进行计算:

$$\bar{y}=\frac{y_0f_0+y_1f_1+y_2f_2+\cdots+y_nf_n}{f_0+f_1+f_2+\cdots+f_n} \tag{10.3}$$

【例 10-4】某企业某年4月在编职工人数变动如下:4月1日200人,4月5日退休20人,4月25日招工40人,至4月底无变化,求该企业4月平均在编职工人数。

解:将题中数据整理得如下时点序列:

表 10-3 某企业4月在编职工人数

日期	1—4	5—24	25—30
在编职工人数/人	200	180	220
持续天数/d	4	20	6

因此,该企业4月平均在编职工人数为

$$\bar{y}=\frac{200\times4+180\times20+220\times6}{4+20+6}=190.7(\text{人})$$

③间断时点、间隔相等的时点序列序时平均数。

对于间断时点序列,由于未记录事物的连续状态,常假定事物在不同时点间的变化呈现线性趋势,故可以用该两时点序列的平均值作为两时点中间任意时点的估计值。

若该间断时段的间隔相等,可以采用以下计算公式计算:

$$\bar{y}=\frac{\frac{y_0+y_1}{2}+\frac{y_1+y_2}{2}+\cdots+\frac{y_{n-1}+y_n}{2}}{n}=\frac{\frac{y_0}{2}+y_1+\cdots+y_{n-1}+\frac{y_n}{2}}{n} \tag{10.4}$$

此法又称"首末折半法",y_n表示各时点的发展水平,$n+1$为数据项数。

【例 10-5】某工厂2021年3—6月月末工人数见表10-4,计算该工厂第二季度平均工人数。

表 10-4　某工厂 2021 年 3—6 月月末工人数

时点	3月末	4月末	5月末	6月末
工人数/千人	20	40	36	28

解：根据平均数的计算，第二季度平均工人数 =（4—6月工人数之和）/3

表中给出了3—6月每月的月末工人数，由于各月份工人数有增或减，因此月末的工人数不能代表本月的工人数。

我们可以把每月月初和月末工人数的平均数$(y_i + y_{i+1})/2$作为该月工人数的估计值。表中并未给出各月的月初工人数，我们可以把上一月月末的工人数作为下一月月初工人数进行计算（即认为第i期期末工人数 = 第$i+1$期期初工人数）。

因此，该工厂第二季度平均工人数：

$$\bar{y} = \frac{\frac{y_0 + y_1}{2} + \frac{y_1 + y_2}{2} + \frac{y_2 + y_3}{2}}{3} = \frac{\frac{y_0}{2} + y_1 + y_2 + \frac{y_3}{2}}{3} = \frac{\frac{20}{2} + 40 + 36 + \frac{28}{2}}{3} \approx 33.3（千人）$$

注：表中3月没有期初工人数，不能用3月期初、期末工人数的平均来估计3月工人数，因此只能计算该工厂第二季度（4—6月）的平均工人数，不能计算3—6月的平均工人数。

④间断时点、间隔不等的时点序列序时平均数。

对间隔不等的间断时点时间序列，仍可以用每两个相邻时点的平均值作为其间任意时点的估计值，以两时点的间隔长度作为权数，计算加权算术平均数作为序时平均数，具体计算公式为

$$\bar{y} = \frac{\frac{y_0 + y_1}{2} f_1 + \frac{y_1 + y_2}{2} f_2 + \cdots + \frac{y_{k-1} + y_k}{2} f_k}{f_1 + f_2 + \cdots + f_k} \tag{10.5}$$

其中y_k表示各时点的发展水平，f_k为对应时段的时间长度。

【例 10-6】某工厂2020年部分时点产品库存额见表10-5，计算该工厂全年的平均库存额。

表 10-5　某工厂 2020 年部分时点产品库存额

时点	1月初	4月末	6月末	9月末	12月末
产品库存额/万元	12	34	45	56	23

解：根据平均数的计算，有

该工厂全年的平均库存额 =（全年各月库存额之和）÷12

表中仅给出了全年部分时点的产品库存额，因此不能精确计算各月的库存额。与时间间隔相等时的计算类似，我们可以认为第i时段期末产品库存额 = 第$i+1$时段期初产品库存额y_{i+1}，即各时段只有期初产品库存额y_i、期末产品库存额y_{i+1}，各期内产品库存额有增或减，以各时段期初、期末产品库存额的平均数$(y_i + y_{i+1})÷2$作为该时段产品库存额的估计值，把时段的时间间隔长度作为权数，则该工厂全年的平均产品库存额为

$$\bar{y}=\frac{\frac{y_0+y_1}{2}f_1+\frac{y_1+y_2}{2}f_2+\frac{y_2+y_3}{2}f_3+\frac{y_3+y_4}{2}f_4}{f_1+f_2+f_3+f_4}$$

$$=\frac{\frac{12+34}{2}\times 4+\frac{34+45}{2}\times 2+\frac{45+56}{2}\times 3+\frac{56+23}{2}\times 3}{4+2+3+3}$$

$$=36.75（万元）$$

2. 相对数时间序列的序时平均数

相对数时间序列中各相对数的分母通常不一致，在计算其序时平均数时，不能直接计算平均数。我们可按照以下步骤计算。

(1)设相对数$y=\frac{a}{b}$，先分别计算分子a和分母b的序时平均数，记为$\bar{a}$，$\bar{b}$；

(2)相对数时间序列的序时平均数：

$$\bar{y}=\bar{a}\div\bar{b} \tag{10.6}$$

计算中，对时期和连续时点时间序列的序时平均数采用简单算术平均法，对间断时点时间序列的序时平均数采用首末折半法。

【例10-7】已知某地区2016—2020年的人均GDP及年末常住人口数据如表10-6所示。计算该地区2017—2020年的年平均人均GDP。

表10-6 某地区2016—2020年人均GDP及年末常住人口数据

年份	2016	2017	2018	2019	2020
人均GDP/万元	6.5	7.2	8.0	8.9	9.7
年末常住人口/万人	32	36	37	39	40

解：人均GDP $y=\frac{a}{b}$，a为GDP，b为该年平均人口数。

(1)题中给出的年末常住人口数是间断时点指标，根据表中数据可推算出式中分母各年平均人口数b：

$$2017年平均人口数 b_1=\frac{(32+36)}{2}=34（万人）$$

$$2018年平均人口数 b_2=\frac{(36+37)}{2}=36.5（万人）$$

$$2019年平均人口数 b_3=\frac{(37+39)}{2}=38（万人）$$

$$2020年平均人口数 b_4=\frac{(39+40)}{2}=39.5（万人）$$

因此，2017—2020年平均人口数(分母)：

$$\bar{b}=\frac{b_1+b_2+b_3+b_4}{4}=\frac{34+36.5+38+39.5}{4}=37（万人）$$

这里也可以采用首末折半公式计算：

$$\bar{b}=\frac{32/2+36+37+39+40/2}{4}=37(\text{万人})$$

(2)由表中人均GDP和推出的各年平均人口数计算每年的GDP，即分子$a=yb$

2017年GDP $=a_1=7.2\times34=244.8$(亿元)

2018年GDP $=a_2=8.0\times36.5=292$(亿元)

2019年GDP $=a_3=8.9\times38=338.2$(亿元)

2020年GDP $=a_4=9.7\times39.5=383.15$(亿元)

因此，2017—2020年的年平均GDP(分子)：

$$\bar{a}=\frac{a_1+a_2+a_3+a_4}{4}=\frac{244.8+292+338.2+383.15}{4}=314.5375(\text{亿元})$$

注意：GDP是时期指标，可以相加，可以采用简单算术平均。

因此，该地区2017—2020年的年平均人均GDP

$$\bar{y}=\frac{\bar{a}}{\bar{b}}=\frac{314.5375}{37}\approx8.5(\text{万元})$$

注：表中2016年是第一期，2016年没有期初人口数进行平均，无法计算2016年的平均人口数，故计算该地区年平均人均GDP只能从2017年开始。

【例10-8】已知某地区连续5年的GDP及第一产业比重数据如表10-7所示。计算该地区这5年第一产业的平均比重。

表10-7　某地区连续5年的GDP及第一产业比重

年份	2016	2017	2018	2019	2020
GDP/亿元	2 312	2 422	2 498	2 507	2 698
第一产业比重/%	25	24	24.8	25.3	23.2

解：第一产业比重$y=\frac{a}{b}$，其中$a=by$为第一产业产值，b为GDP，第一产业产值、GDP都是时期指标，都可采用简单算术平均法计算序时平均数。

第一产业产值的序时平均数：

$$\bar{a}=\frac{2312\times25\%+2422\times24\%+2498\times24.8\%+2507\times25.3\%+2698\times23.2\%}{5}$$

$$=607.798(\text{亿元})$$

GDP的序时平均数：

$$\bar{b}=\frac{2312+2422+2498+2507+2698}{5}=2487.4(\text{亿元})$$

因此，该地区这5年第一产业的平均比重：

$$\bar{y}=\frac{\bar{a}}{\bar{b}}=\frac{607.798}{2487.4}\approx24.435\%$$

3. 平均数时间序列的序时平均数

其与相对数时间序列的序时平均数计算方法相同。

(二)增长量和平均增长量

1.增长量

增长量刻画了事物报告期较基期增长变化的绝对量,计算公式:

增长量 = 报告期水平 - 基期水平

增长量为正,表示增长或上升;增长量为负,表示减少或下降。在具体计算时,根据基期水平的不同,增长量分为两种:

(1)逐期增长量 = 报告期水平 - 前期水平 = $y_i - y_{i-1}, i = 1,2,\cdots,n$ (10.7)

(2)累计增长量 = 报告期水平 - 固定基期水平 = $y_i - y_0, i = 1,2,\cdots,n$ (10.8)

逐期增长量与累计增长量的关系:

(1)逐期增长量的和 = 相应时期内累计增长量,即

$$(y_1 - y_0) + (y_2 - y_1) + \cdots + (y_i - y_{i-1}) = y_i - y_0 \tag{10.9}$$

(2)相邻两个累计增长量之差 = 逐期增长量,即

$$(y_i - y_0) - (y_{i-1} - y_0) = y_i - y_{i-1} \tag{10.10}$$

此外,在对比连续年份的相同月份的时间序列时,为了消除季节变动的影响,我们还引入了同比增长量,有

同比增长量 = 报告期水平 - 上年同期水平

【例 10-9】根据表 10-8 中 2017—2021 年某国 GDP 的数据,计算该国 2018—2021 年 GDP 的逐期增长量、累计增长量。

解:由上述逐期增长量、累计增长量公式计算,结果见表 10-8。

表 10-8 某国 2018—2021 年 GDP 的逐期增长量、累计增长量

年份		2017	2018	2019	2020	2021
GDP/亿元		340 902.8	401 512.8	473 104.0	519 470.1	568 845.2
增长量/亿元	逐期	—	60 610.0	71 591.2	46 366.1	49 375.1
	累计	—	60 610.0	132 201.2	178 567.3	227 942.4

注:表 10-8 中第 0 期 2017 年没有前期水平,故不能计算 2017 年的增长量。

2.平均增长量

平均增长量是指在各个时期增长量的平均值,第 1 至第 n 期的平均增长量为

$$\overline{\Delta y} = \frac{(y_1 - y_0) + (y_2 - y_1) + \cdots + (y_n - y_{n-1})}{n} = \frac{y_n - y_0}{n} \tag{10.11}$$

其中 y_n 表示时间 n 上的发展水平,n = 增长量项数。

【例 10-10】计算表 10-8 中该国 2018—2021 年 GDP 的平均增长量。

解:

$$\overline{\Delta y} = \frac{60\,610.0 + 71\,591.2 + 46\,366.1 + 49\,375.1}{4} = \frac{227\,942.4}{4} = 56\,985.6(\text{亿元})$$

注：表10-8中第0期2017年没有前期水平，不能计算2017年的增长量，故不能计算2017—2013年的平均增长量。

三、时间序列的速度分析

水平分析刻画了事物变化的绝对值状态，在实际生活和工作中，我们还关心事物变化的快慢程度，即速度分析。描述事物变化快慢程度的指标有发展速度、增长速度、平均发展速度和平均增长速度。

(一)发展速度

发展速度描述了事物在报告期相对于基期发展的倍数，计算公式：

$$发展速度 = 报告期水平 \div 基期水平$$

发展速度 > 1，表示增加或上升；发展速度 < 1，表示减少或下降。在具体计算时，根据基期水平的不同，发展速度分为环比发展速度和定基发展速度两种：

$$环比发展速度 = 报告期水平 \div 前期水平 = y_i \div y_{i-1}, i = 1, 2, \cdots, n \tag{10.12}$$

$$定基发展速度 = 报告期水平 \div 固定基期水平 = y_i \div y_0, i = 1, 2, \cdots, n \tag{10.13}$$

在计算过程中，我们习惯把首期(第0期)作为固定基期。环比发展速度与定基发展速度的关系：

(1)连续的环比发展速度连乘积 = 相应时期内定基发展速度，即

$$\frac{y_1}{y_0} \cdot \frac{y_2}{y_1} \cdot \cdots \cdot \frac{y_i}{y_{i-1}} = \frac{y_i}{y_0} \tag{10.14}$$

(2)相邻两个定基发展速度之商 = 环比发展速度，即

$$\frac{y_i}{y_0} \div \frac{y_{i-1}}{y_0} = \frac{y_i}{y_{i-1}} \tag{10.15}$$

此外，在对比连续年份的相同月份的时间序列时，为了消除季节变动的影响，我们还引入了同比发展速度，有

$$同比发展速度 = 报告期水平 \div 上年同期水平$$

【例10-11】计算表10-8中该国2018—2021年GDP的环比发展速度、定基发展速度。

解：由环比发展速度、定基发展速度公式计算，结果见表10-9。

表10-9　某国2018—2021年GDP环比发展速度、定基发展速度

年份		2017	2018	2019	2020	2021
GDP/亿元		340 902.8	401 512.8	473 104.0	519 470.1	568 845.2
发展速度	环比/%	—	117.78	117.83	109.80	109.50
	定基/%	—	117.78	138.78	152.38	166.86

注：表10-8中第0期2017年没有前期水平，故不能计算2017年的发展速度。

(二)增长速度

增长速度表示事物报告期较基期增长的部分与基期的比值,计算公式:

$$增长速度 = 报告期增长量 \div 基期水平 = 发展速度 - 1$$

当增长速度大于0时,表示报告期水平比基期水平增加或提高的比例;当增长速度小于0时,表示报告期水平比基期水平减少或降低的比例。

在具体计算时,根据基期水平的不同,增长速度分为环比增长速度和定基增长速度两种:

$$\begin{aligned} 环比增长速度 &= 逐期增长量 \div 前期水平 = 环比发展速度 - 1 \\ &= (y_i \div y_{i-1}) - 1, i = 1, 2, \cdots, n \end{aligned} \tag{10.16}$$

$$\begin{aligned} 定基增长速度 &= 累计增长量/固定基期水平 = 定基发展速度 - 1 \\ &= (y_i \div y_0) - 1, i = 1, 2, \cdots, n \end{aligned} \tag{10.17}$$

与同比发展速度类似,为了消除季节变动的影响,有

$$同比增长速度 = 同比发展速度 - 1$$

【例10-12】计算表10-8中该国2018—2021年GDP的环比增长速度、定基增长速度。

解:由上述环比增长速度、定基增长速度公式计算,结果见表10-10。

表10-10 某国2018—2021年GDP环比增长速度、定基增长速度

年份		2017	2018	2019	2020	2021
GDP/亿元		340 902.8	401 512.8	473 104.0	519 470.1	568 845.2
增长速度	环比/%	—	17.78	17.83	9.80	9.50
	定基/%	—	17.78	38.78	52.38	66.86

注:表10-8中第0期2017年没有前期水平,故不能计算2017年的增长速度。

(三)平均发展速度和平均增长速度

各期的速度有高有低,因此需要计算某一发展阶段的平均速度来进行比较和分析,平均速度有平均发展速度和平均增长速度。平均发展速度是环比发展速度的平均,表示所观察时间段内环比发展速度的一般水平。平均增长速度是环比增长速度的平均,表示所观察时间段内环比增长速度的一般水平,其不能直接用环比增长速度来平均,根据发展速度与增长速度的关系,有

$$平均增长速度 = 平均发展速度 - 1$$

由于各期环比发展速度的基数不同,不能用各期环比发展速度相加后计算平均发展速度,也不能采用相对数时间序列计算序时平均数的方法计算平均发展速度,而是假定各期环比发展速度 $y_i \div y_{i-1}$ = 平均发展速度 G,这样来消除环比发展速度的差异,计算平均发展速度。平均发展速度的计算方法有水平法(几何平均法)和累计法(高次方程法)。

1. 水平法(几何平均法)

水平法着眼于各期的发展水平,由公式

$$\frac{y_1}{y_0}\cdot\frac{y_2}{y_1}\cdot\cdots\cdot\frac{y_n}{y_{n-1}}=\frac{y_n}{y_0}$$

代入假定 $\frac{y_n}{y_{n-1}}=G$,有

$$G^n=\frac{y_n}{y_0}$$

开 n 次方,得到平均发展速度

$$G=\sqrt[n]{\frac{y_n}{y_0}}=\sqrt[n]{\frac{y_1}{y_0}\cdot\frac{y_2}{y_1}\cdot\cdots\cdot\frac{y_n}{y_{n-1}}} \tag{10.18}$$

由于该方法最终计算用到几何平均,因此该方法也被称为几何平均法,其中 y_n 表示时间 n 上的发展水平,n = 数据项数。

于是平均增长速度:$\Delta G=G-1$。

由 $G^n=\frac{y_n}{y_0}$,得 $y_n=y_0G^n$,同理有预测公式:

$$y_{n+k}=y_nG^k \tag{10.19}$$

这里的 G 是给定的平均发展速度。

【例 10-13】 计算表 10-8 中某国 2018—2021 年 GDP 的平均发展速度、平均增长速度;如果 2022 年起该国 GDP 按平均增长速度 6% 发展,预测 2024 年的该国 GDP。

解: 平均发展速度 $G=\sqrt[n]{\frac{y_n}{y_0}}=\sqrt[n]{\frac{y_1}{y_0}\cdot\frac{y_2}{y_1}\cdot\cdots\cdot\frac{y_n}{y_{n-1}}}$

$$=\sqrt[4]{\frac{568\,845.2}{340\,902.8}}=\sqrt[4]{117.78\%\times117.83\%\times109.80\%\times109.50\%}=113.66\%$$

平均增长速度 $\Delta G=G-1=13.66\%$

当平均增长速度 $\Delta G=6\%$ 时,由公式 $y_{n+k}=y_nG^k$ 预测 2024 年的该国 GDP 有

$$y_{2024}=y_{2021}G^3=y_{2021}(\Delta G+1)^3=568\,845.2\times(6\%+1)^3\approx677\,503.74(\text{亿元})$$

注:表 10-8 中第 0 期 2017 年没有前期水平,故不能计算 2017—2021 年 GDP 的平均发展速度、平均增长速度。

水平法计算平均发展速度的特点:水平法着眼于各期的发展水平,最终用到期初和期末的发展水平进行计算。在实际中,如果关心现象在最后一期应达到的水平,采用水平法计算平均发展速度比较合适。水平法较为简单直观,既便于各种速度之间的推算,也便于预测未来某期的水平,因此有着广泛的应用。

2. 累计法(高次方程法)

设平均发展速度为 G,各期水平 y_i 与期初水平 y_0 的关系可以表示为

$$y_i = y_0 G^i$$

将此代入各期实际水平的总和中有

$$y_1 + y_2 + \cdots + y_n = y_0 G + y_0 G^2 + \cdots + y_0 G^n = \sum_{i=1}^{n} y_i$$

$$G + G^2 + \cdots + G^n = \sum_{i=1}^{n} \frac{y_i}{y_0} \tag{10.20}$$

解上述方程,其正根为平均发展速度 G,由于计算中用到高次方程,累计法也被称为高次方程法。

【例 10-14】用累计法计算表 10-8 中某国 2018—2021 年 GDP 的平均发展速度、平均增长速度。

解:根据累计法的计算公式,平均发展速度 G 满足 $G + G^2 + G^3 + G^4 = \sum_{i=1}^{4} \frac{y_i}{y_0}$,

代入数据有

$$G + G^2 + G^3 + G^4 = \frac{401\,512.8 + 473\,104.0 + 519\,470.1 + 568\,845.2}{340\,902.8} \approx 5.758\,04$$

解得 $G = 115.12\%$

所以,平均增长速度 $\Delta G = G - 1 = 15.12\%$

累计法计算平均发展速度的特点:累计法以所求平均发展速度代替各期环比发展速度,推算考察期内各期水平的累计总和与实际相等。在实际中,如果着重考察全期的累计水平,就适合用累计法来计算平均发展速度。

比较水平法和累计法发现,水平法只需期初和期末水平相同,计算的平均增长速度就相同,但累计法要求各期水平之和相等,计算的平均增长速度才相等。

四、水平分析与速度分析的结合应用

(一)正确选择基期

首先要根据研究目的,正确选择基期。基期的选择一般要避开异常时期。

(二)注意数据的同质性

不容许有 0 和负数,否则就不适宜计算速度,而只能直接用绝对数进行水平分析。如果现象在某个阶段内的发展非常不平衡,大起大落,就会削弱甚至丧失平均速度以及平均增长量的代表性和意义。

(三)将总平均速度与分段平均速度及环比速度结合分析

在特殊阶段,可以计算分段平均速度及环比速度,对比不同阶段的速度,可以发现不同阶段之间的发展差异。将不同阶段的速度与总平均速度进行对比,可以发现事物发展的特殊阶段。

(四)将速度与水平结合起来分析

既要考虑速度的快慢,也要考虑实际水平的高低。把相对速度与绝对水平结合,可计算增长1%的绝对量。增长1%的绝对量是用来补充说明增长速度的。一般只计算环比增长速度的相应值,其计算公式为

$$\text{增长1\%的绝对量}=\frac{y_i-y_{i-1}}{\left(\dfrac{y_i-y_{i-1}}{y_{i-1}}\right)\times 100}=y_{i-1}\div 100(i=1,2,\cdots,n) \tag{10.21}$$

【例10-15】已知A国和B国2020年和2019年的GDP数据(见表10-11),计算2020年A国和B国的GDP环比增长速度、增长1%的绝对量。

解:用环比增长速度、增长1%的绝对量公式计算,结果见表10-11。

表10-11 A国和B国环比增长速度、增长1%的绝对量

年份	GDP(现价)/亿美元		环比增长速度/%		增长1%的绝对量(现价)/亿美元	
	A国	B国	A国	B国	A国	B国
2019	161 632.00	82 294.90	—	—	—	—
2020	167 681.00	92 402.70	3.74	12.28	1616.32	822.95

注:计算结果保留2位小数。

注意:B国GDP环比增长速度比A国高了8.54个百分点,但从增长1%的绝对量看,A国增长1%的绝对量比B国大得多。A国比B国具有更大的经济基础,B国如果想要追赶上A国,就得保持较高增长速度,才能弥补经济基础低带来的劣势。

第三节 时间序列的预测

前面我们对时间序列的变化规律进行了分析,那么如何根据事物过去的变化情况,来预测其未来的情况呢?这需要我们进一步学习时间序列的预测方法。

一、时间序列预测的基本问题

对时间序列进行预测的方法有很多,可分为传统预测方法和现代预测方法,本章这里只介绍时间序列的传统预测方法,并重点介绍一个最常用的方法——对时间序列进行要素分解,并根据要素的不同进行拟合和预测的方法。

从要素构成角度进行拟合和预测,首先我们需要明确三个问题:一是时间序列由哪些要素构成,二是不同的要素构成有哪些拟合和预测方法,三是如何建立一套评价指标来对拟合和预测结果进行评价。

为明确以上三个问题，以下我们分别阐述：(1)时间序列的要素构成，(2)时间序列的拟合和预测方法，(3)时间序列拟合和预测结果的评价指标。

1.时间序列的要素构成

观察下列4个时间序列的线图（图10-3、图10-4、图10-5、图10-6）。

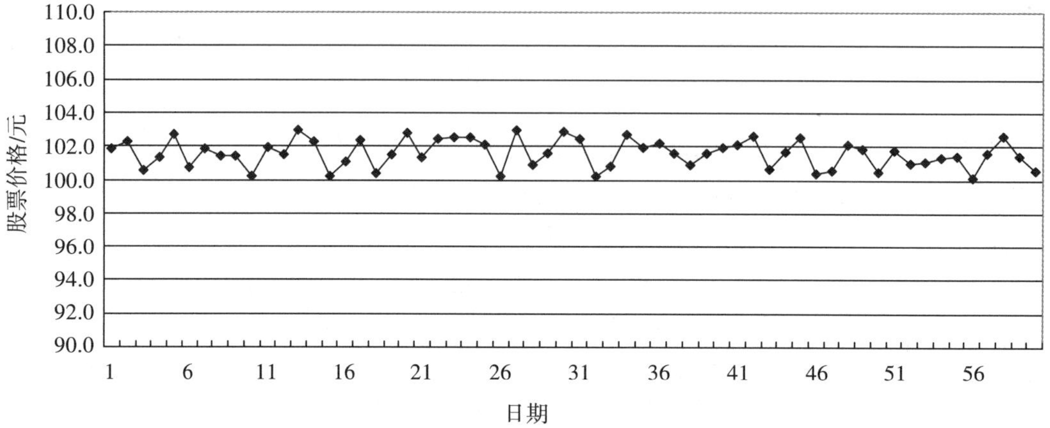

图10-3　A股票连续60日的收盘价格走势图

观察图10-3，时间序列数据总体上呈现一种水平状态，数据虽然存在波动，但波动不大，可以看作是一种随机变化，我们也常称其为“非规则性”。

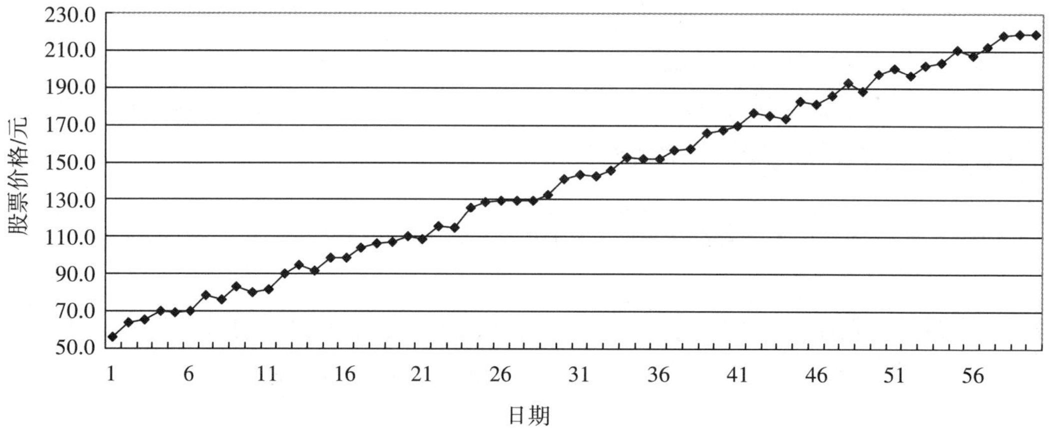

图10-4　B股票连续60日的收盘价格走势图

观察图10-4，时间序列数据变化不是水平的，而是存在着某种持续向上的趋势，同时在持续向上时，其围绕趋势线的波动并不大，我们常称这种变化为存在“趋势性”。

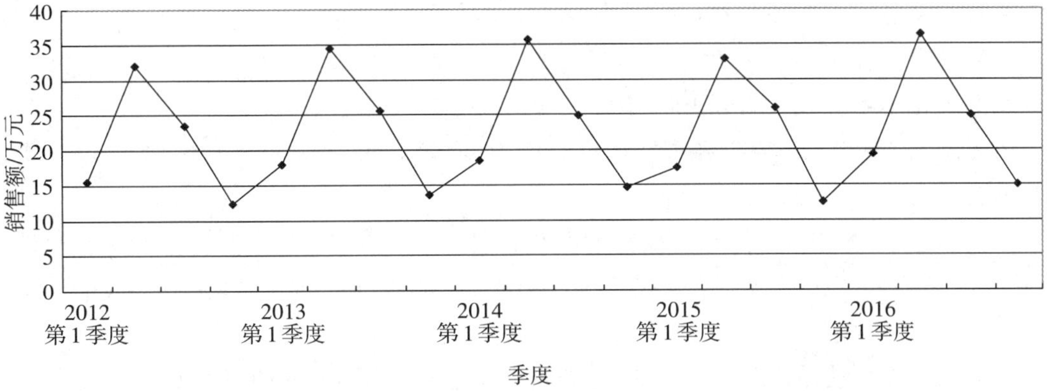

图10-5 2012年第1季度至2016年第4季度C商品销售额图

观察图10-5,时间序列数据变化整体呈现水平状态,但其前后时期数据波动较大,常呈现一种重复或循环状态,我们常称这种不平稳变化为存在“循环性”。

值得注意的是,循环性根据其循环变化的时间是否固定,又可以分为循环长度固定不变的循环和循环长度不固定的循环。在实际分析中,由于循环长度固定不变的循环在经济分析中最常见,很多经济指标的变化都是按照固定循环长度循环波动的,我们把这种循环变化分离出来,取名为“季节性”,而把循环长度不固定的其他循环变化合称为“周期性”。因此,在后面的分析中,循环变化将分“季节性”和“周期性”两种情形进行讨论。

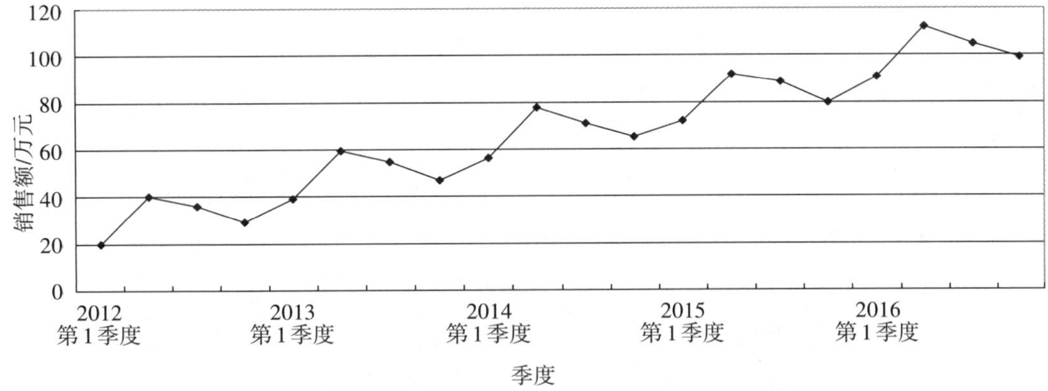

图10-6 2012年第1季度至2016年第4季度D商品销售额图

观察图10-6,时间序列数据变化不是一种水平状态,且数据波动很大,呈现一种“复杂型”的状态。这是我们最常见的时间序列数据,对这种时间序列数据,如果先消去其“趋势性”,再消去“周期性”或“季节性”,就变成了“非规则性”。

从复杂型时间序列的构成来看,我们发现任何一个时间序列都可以分离为趋势性(T)、季节型(S)或周期性(C)、非规则性(R)的组合,因此,我们把趋势性、季节性、周期性、非规则性称为时间序列的**四大要素**。

时间序列的四大要素组合成一个时间序列,具体有两类基本组合模型:加法模型和乘法模型。

●加法模型：$Y = T + S + C + R$ (10.22)

●乘法模型：$Y = T \times S \times C \times R$ (10.23)

这两类基本组合模型有以下特点。

(1)加法模型和乘法模型在现实中都有应用，但相对而言，乘法模型使用得较多，更多事物的变化是按照乘法模型进行的。

以图10-6为例，随着时间的发展，销售额数据呈现向上递增的趋势性(T)，在趋势性的基础上，又有循环变化(S或C)的特点，每个数据又有非规则性(R)，是这4种要素的层层复合得到了最终的数据。

虽然乘法模型使用较多，但加法模型在现实中也有应用，如图10-7所示。

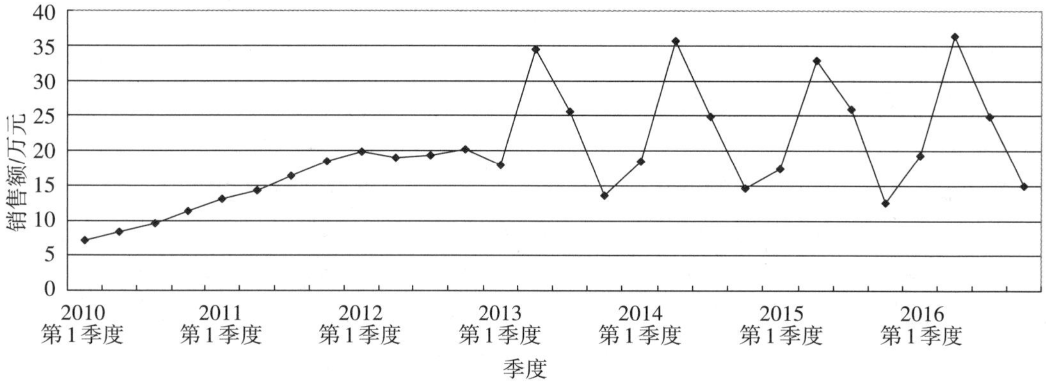

图10-7 2010年第1季度至2016年第4季度某商品销售额图

在2010年第1季度至2011年第4季度，虽然企业的销售额起步较低，但是企业员工不断努力，使得销售额不断增加，呈向上增长的趋势。随后在2012年第1季度至2012年第4季度，企业以稳住市场、优化企业组织为目标，销售额并没有呈现大的增长趋势，而是在某个值上下非规则变化。从2013年第1季度至2016年第4季度，该产品逐渐得到市场的认可，但出现了明显的季节模式。夏季时销售额非常大，冬季降到最低，每年循环变化。因此，该商品的销售额出现了分段变化的规律，可看作是趋势性、非规则性、季节性的加法模型。

(2)除了单纯的加法模型和乘法模型之外，加法模型和乘法模型还有很多种混合形式，如：

●复杂的加法模型：$Y = T_1 + S_1 + C_1 + R_1 + T_2 + R_2 + C_2 + \cdots$(分成$n$段，每段形态不一)

●复杂的乘法模型：$Y = T_1 \times T_2 \times \cdots \times S_1 \times S_2 \times \cdots \times C_1 \times C_2 \times \cdots \times R_1 \times R_2 \times \cdots$

●加法和乘法的混合模型：$Y = T_1 \times S_1 \times C_1 \times R_1 + T_2 \times S_2 \times C_2 \times R_2 + \cdots$

或$Y = (T_1 + S_1 + C_1 + R_1) \times (T_2 + S_2 + C_2 + R_2) \times \cdots$

图10-8如果用符号表达，可表示为$Y = T_1(T_2 + R_2 + S_2) \times R_3$。

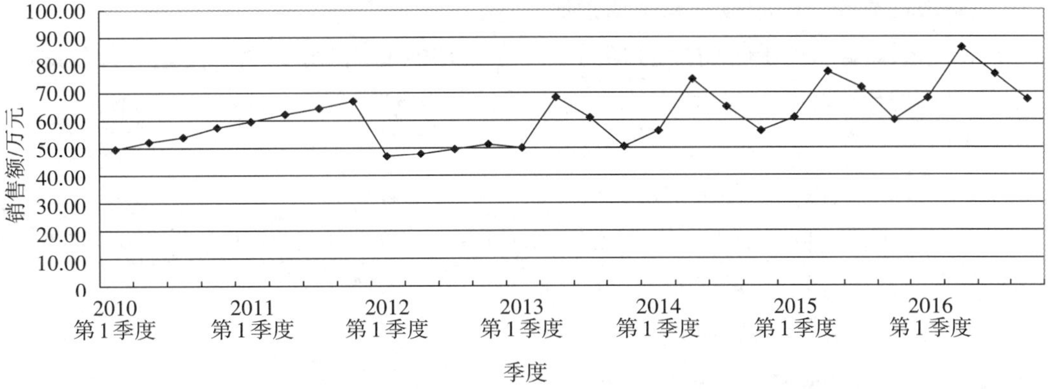

图10-8　2010年第1季度至2016年第4季度某商品销售额图

(3)对时间序列进行要素的分解,是进行时间序列分析和预测的基础,对于不同构成的时间序列,有不同的分析方法。

时间序列的构成有无数种情形,我们没有办法,也没有必要对每种情形进行一一分析和预测,只需要掌握其4个要素的分析和预测方法,在具体时间序列分析和预测中,我们可以先将其分解,针对每个要素找出分析和预测方法,最后组合得到最终的分析和预测结果。

以下我们分别介绍趋势性、季节性、周期性、非规则性的拟合方法,并在拟合基础上进行短期的期望值预测。

2.时间序列的拟合和预测方法

时间序列的拟合和预测的方法有很多,理论上根据其发展的先后顺序和难易程度,常分为两大类:传统方法和现代方法。时间序列的现代分析方法较为复杂,将在后续课程中学习,这里我们重点介绍时间序列的传统分析方法。

在传统的时间序列分析方法中,对于任意一组时间序列数据,我们可以首先检查其是否存在某种趋势,然后看是否存在季节性或周期性规律,将趋势性、季节性或周期性分离后,得到非规则性的时间序列,最后对非规则性的时间序列进行拟合和预测。

因此,时间序列的预测方法可以分为(1)趋势性的拟合和预测方法,(2)季节性或周期性的拟合和预测方法,(3)非规则性的拟合和预测方法。

(1)趋势性的拟合和预测方法。

趋势性表示时间序列观测值随着时间变化存在趋势的波动,具体又可以分为线性趋势和非线性趋势,对应有线性趋势拟合和预测模型以及非线性趋势拟合和预测模型。

此外,由于时间序列的观测值通常存在前后的关联,因此还有一种比较特殊的趋势性拟合和预测方法——自回归模型。

本章后面重点讲述线性趋势拟合和预测模型,对非线性趋势拟合和预测模型仅作简单介绍,而自回归模型将在后续的课程中进行学习。

(2)季节性或周期性的拟合和预测方法。

季节性或周期性表示时间序列观测值存在循环的变化，由于季节性是一种特殊的循环，且在日常应用中比较常见，因此本章后面重点介绍季节性的处理方法，周期性可以采用类似的处理方法。

(3)非规则性的拟合和预测方法。

非规则性表示时间序列观测值是非规则变化的，对于这种非规则变化，我们有很多拟合和预测方法，常用的有简单平均法、移动平均法、指数平滑法等。本章后面将着重介绍简单平均法、移动平均法、指数平滑法。

3. 时间序列拟合和预测结果的评价指标

按照选定的预测方法拟合和预测出结果后，这个结果是否准确呢？这需要我们对结果进行评价，时间序列预测结果的评价指标有很多，常用的有平均误差法、平均绝对误差法、均方误差法、平均百分比误差法、平均绝对百分比误差法等，以下重点介绍前3种方法。

设时间序列的观测值为 Y_t，对应的预测值为 F_t，则拟合和预测的误差为 $(Y_t - F_t)$，我们可以分别计算。

(1)平均误差法。

平均误差(mean error，用 ME 表示)即误差的平均，是所有误差的平均值，公式表达为

$$ME = \frac{\sum_{t=1}^{n}\left(Y_t - F_t\right)}{n} \tag{10.24}$$

(2)平均绝对误差法。

平均绝对误差(mean absolute deviation，用 MAD 表示)是误差取绝对值之后的平均，公式表达为

$$MAD = \frac{\sum_{t=1}^{n}\left|Y_t - F_t\right|}{n} \tag{10.25}$$

(3)均方误差法。

均方误差(mean square error，用 MSE 表示)是误差取平方之后的平均，公式表达为

$$MSE = \frac{\sum_{t=1}^{n}\left(Y_t - F_t\right)^2}{n} \tag{10.26}$$

以上3种评价方法，理论上都可以，学界并没有一致的观点认为哪种是最优的。但是在实际使用中，人们使用最多的是均方误差法。具体原因是：平均误差法的计算过程中，预测误差可能为正也可能为负，直接求平均会出现相互抵消的问题；平均绝对误差法可以解决误差正负抵消的问题，但其中引入了绝对值符号，在后续的理论推导中绝对值符号的处理并不容易；均方误差法引入平方处理正负号抵消的问题，虽然增加了数据的运算，但在后续的理论推导中能更容易处理。因此，均方误差法是最常用的评价方法，本章后面也将采

用均方误差法对预测结果进行评价。

前面分别介绍了时间序列的构成要素、有哪些不同的拟合和预测方法、评价指标有哪些，以下将对前面提到的拟合和预测方法展开具体论述。

二、趋势性时间序列的拟合和预测

趋势性具体可分为线性趋势和非线性趋势两种。

1.线性趋势时间序列的拟合和预测

线性趋势拟合和预测模型是实际中最常用的趋势性拟合和预测模型，线性趋势表示观测值随着时间的变化，呈现稳定的上升和下降的变化规律，如图10-9、图10-10所示。

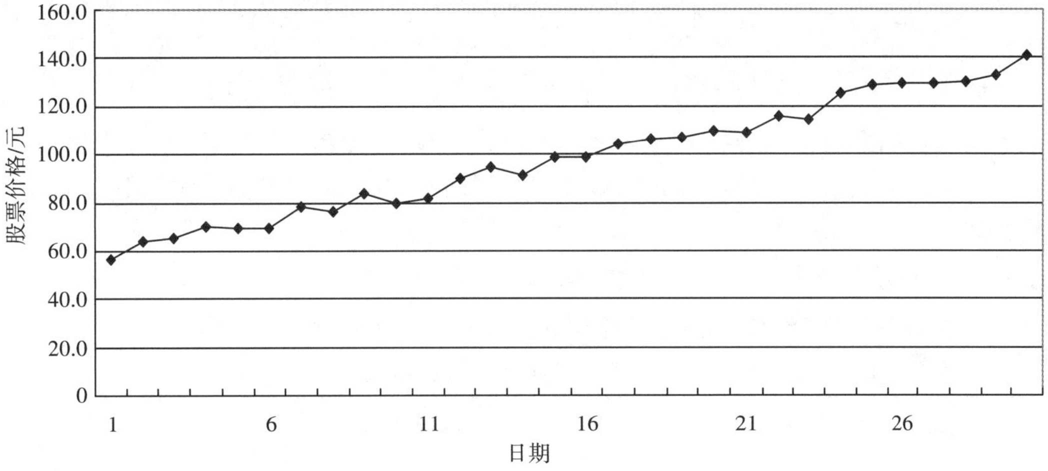

图10-9 向上趋势图

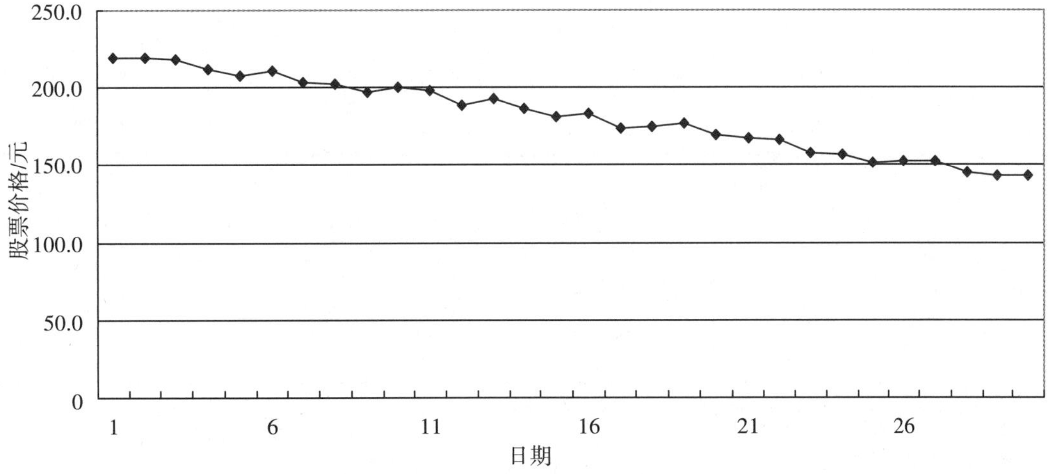

图10-10 向下趋势图

当观测值按照线性趋势变化时,我们可以用模型:

$$\hat{Y}_t = \hat{\beta}_0 + \hat{\beta}_1 t \tag{10.27}$$

进行拟合和预测,其中$\hat{\beta}_0$,$\hat{\beta}_1$是根据已知样本数据拟合的回归系数,t为时间,Y_t为对应的观测值,$\hat{Y}_t$为对应的预测值。

$\hat{\beta}_0$为趋势线的截距,$\hat{\beta}_1$为趋势线的斜率,常用普通最小二乘法计算,要求拟合的模型通过各项检验,具体可参考第八章的内容。

需要注意的是,模型中的t可以是原始的年份(如2010,2011),也可以是重新赋值的1,2,3,…,不同的赋值方式计算的趋势线的截距不同,但斜率相同;甚至还可以赋值为1,3,5,7,…,这种赋值方法与第二种赋值方式相比,斜率为原来的一半,截距也有细小的变化。无论哪种赋值方式,最终预测的结果都是一样的,这一结论留给大家验证并思考其具体原因。

时间t无论采用什么样的赋值方式都可以,但一定要是十进制的形式。此外,如果原始时间不是十进制形式,如季度形式(第一季度,第二季度等)或星期形式,则需要按顺序按照十进制的形式重新赋值之后再计算("季节"和"星期"还有一种虚拟变量的赋值方法,这里不作论述)。

在求出$\hat{\beta}_0$,$\hat{\beta}_1$的情况下,可以代入需要预测的时间t,得到对应的观测值的预测值$\hat{Y}_t$。

【例10-16】已知某股票连续30天的收盘价数据如表10-12所示。

表10-12 某股票连续30天的收盘价数据表

日期	收盘价/元	日期	收盘价/元	日期	收盘价/元
1	56.2	11	81.5	21	108.9
2	64.1	12	90.0	22	115.5
3	65.4	13	95.0	23	114.7
4	70.1	14	91.4	24	125.5
5	69.6	15	98.9	25	128.7
6	69.7	16	98.9	26	129.6
7	78.2	17	104.0	27	129.4
8	76.0	18	106.2	28	129.8
9	83.6	19	107.2	29	132.7
10	79.8	20	109.9	30	141.0

请拟合收盘价的变化,并预测该股票第31天和第32天的收盘价。

解:画该股票收盘价的线图,见图10-11。

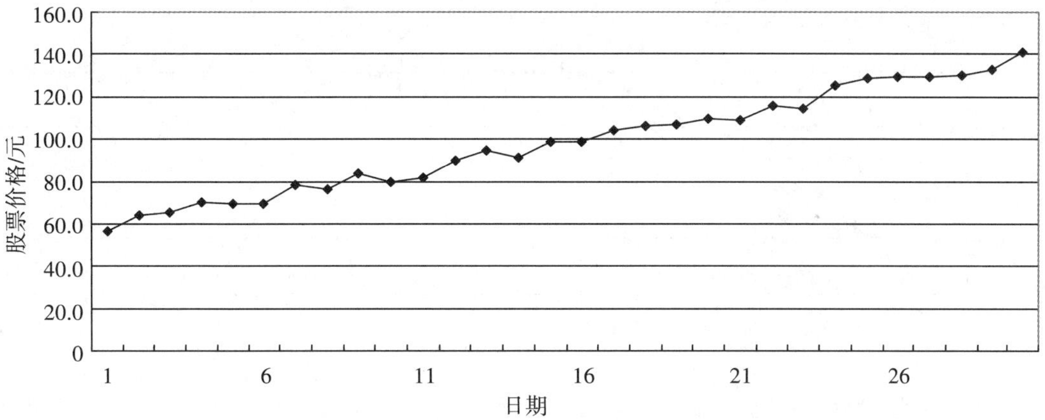

图 10-11 某股票连续30天的收盘价的线图

从图10-11中可以看出，该股票收盘价整体呈现向上增长的趋势，因此可以建立线性趋势预测模型。记时间为t，该股票收盘价为Y_t，建立Y_t对t的一元线性回归模型$\hat{Y}_t = \hat{\beta}_0 + \hat{\beta}_1 t$。

采用普通最小二乘法，得到$\hat{Y}_t = 56.1133 + 2.7270t$，模型各项检验均通过（$R^2 = 0.98704$，其他检验这里不作阐述）。

代入$t = 31$，得到$\hat{Y}_t = 140.6503$；代入$t = 32$，得到$\hat{Y}_t = 143.3773$。

即：预测该股票第31天的收盘价为140.650 3元，第32天的收盘价为143.377 3元。

值得注意的是，由于模型采用了最小二乘法进行拟合，因此以上模型的预测结果使用到了均方误差法进行评价（残差的平方和最小）。

2. 非线性趋势时间序列的拟合和预测

线性趋势表示观测值随着时间的变化，呈现稳定的上升和下降的变化规律。而非线性趋势表示观测值随着时间的变化，并不呈现稳定的上升或下降的变化规律。我们常用一些非线性曲线进行拟合，如多阶曲线（最常用二阶曲线、三阶曲线）、指数曲线、对数曲线、Logistic曲线、Gompertz曲线等。以下选取常用的二阶曲线和指数曲线作简单介绍。

（1）二阶曲线。

即抛物线，如图10-12、图10-13所示。

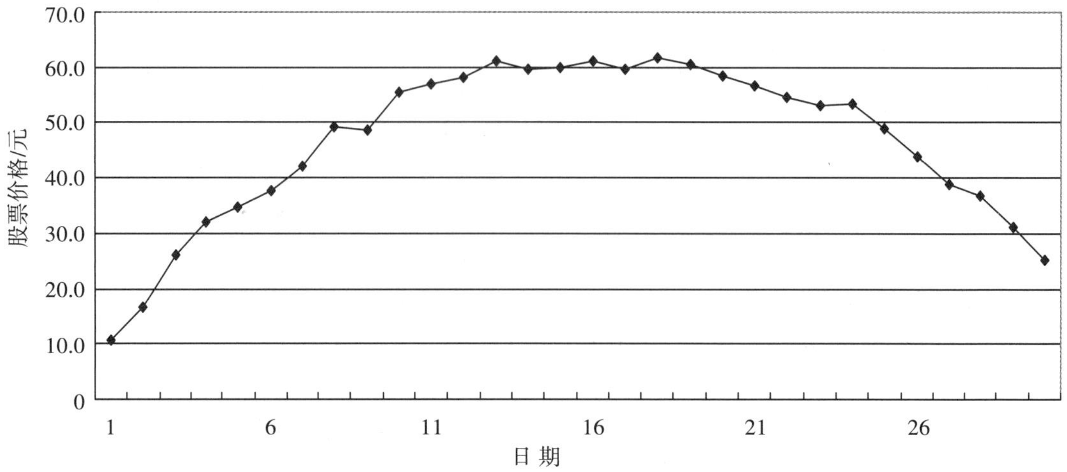

图 10-12　开口向下的二阶曲线图

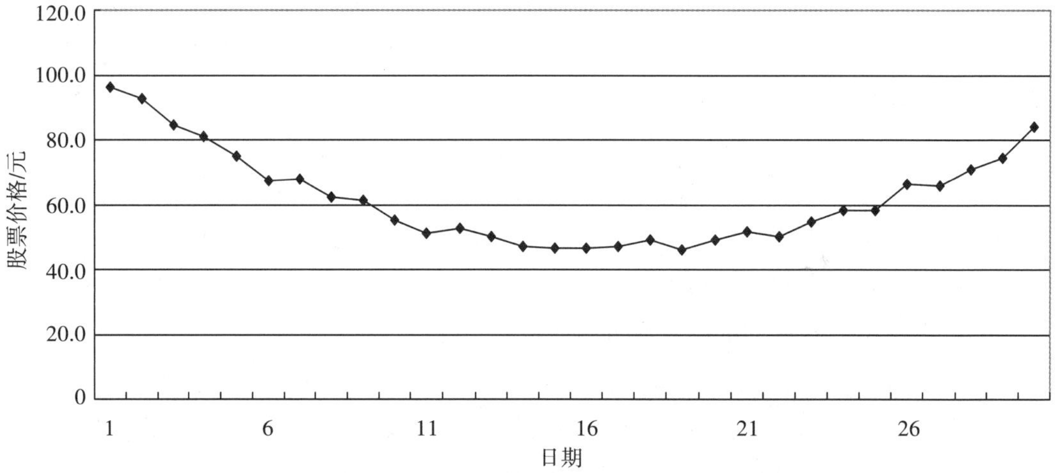

图 10-13　开口向上的二阶曲线图

当观测值按照二阶曲线趋势变化时，我们可以用模型：

$$\hat{Y}_t = \hat{\beta}_0 + \hat{\beta}_1 t + \hat{\beta}_2 t^2 \tag{10.28}$$

进行拟合和预测，其中$\hat{\beta}_0,\hat{\beta}_1,\hat{\beta}_2$是根据已知样本数据拟合的回归系数，$t$为时间，$Y_t$为对应的观测值，$\hat{Y}_t$为对应的预测值。

令$z = t^2$，将模型转化为$\hat{Y}_t = \hat{\beta}_0 + \hat{\beta}_1 t + \hat{\beta}_2 z$，也就是二元线性回归模型，因此可以采用普通最小二乘法计算$\hat{\beta}_0,\hat{\beta}_1,\hat{\beta}_2$，拟合的模型同样要通过各项检验。

在求出$\hat{\beta}_0,\hat{\beta}_1,\hat{\beta}_2$的情况下，可以代入需要预测的时间$t$，得到对应观测值的预测值$\hat{Y}_t$。

【例 10-17】已知某股票连续 30 天的收盘价数据如表 10-13 所示。

表 10-13　某股票连续 30 天的收盘价数据表

日期	收盘价/元	日期	收盘价/元	日期	收盘价/元
1	10.5	11	56.9	21	56.8
2	16.6	12	58.1	22	54.7
3	26.2	13	61.0	23	53.1
4	31.9	14	59.8	24	53.4
5	34.6	15	60.0	25	48.8
6	37.5	16	61.2	26	43.8
7	42.0	17	59.7	27	38.9
8	49.1	18	61.7	28	36.9
9	48.6	19	60.5	29	31.1
10	55.5	20	58.3	30	25.1

请拟合收盘价的变化，并预测该股票第 31 天和第 32 天的收盘价。

解：画该股票收盘价的线图，如图 10-14 所示。

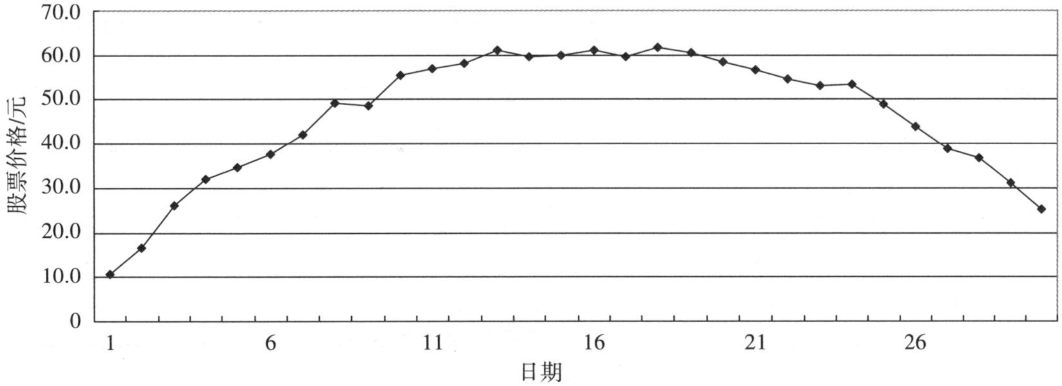

图 10-14　某股票连续 30 天的收盘价的线图

从图 10-14 中可以看出，该股票收盘价整体呈现先增后减的趋势，可建立二阶曲线趋势预测模型。记时间为 t，该股票收盘价为 Y_t，建立 Y_t 对 t 的一元二阶回归模型 $\hat{Y}_t = \hat{\beta}_0 + \hat{\beta}_1 t + \hat{\beta}_2 t^2$。

采用普通最小二乘法，得到 $\hat{Y}_t = -0.202\,7t^2 + 6.736t + 5.898\,2$，模型各项检验均通过（$R^2 = 0.989\,5$，其他检验这里不作阐述）。

代入 $t = 31$，得到 $\hat{Y}_t = 19.919\,5$；代入 $t = 32$，得到 $\hat{Y}_t = 13.885\,4$。

即：预测该股票第 31 天的收盘价为 19.919 5 元，第 32 天的收盘价为 13.885 4 元。

值得注意的是，线性趋势模型可以看作是多阶曲线模型的特殊情况，即阶数为 1 的多阶曲线模型。

(2)指数曲线。

描述观测值以几何级数递增或递减的现象,如图10-15、图10-16所示。常用于生物学中细胞增殖、人口增长等问题的研究。

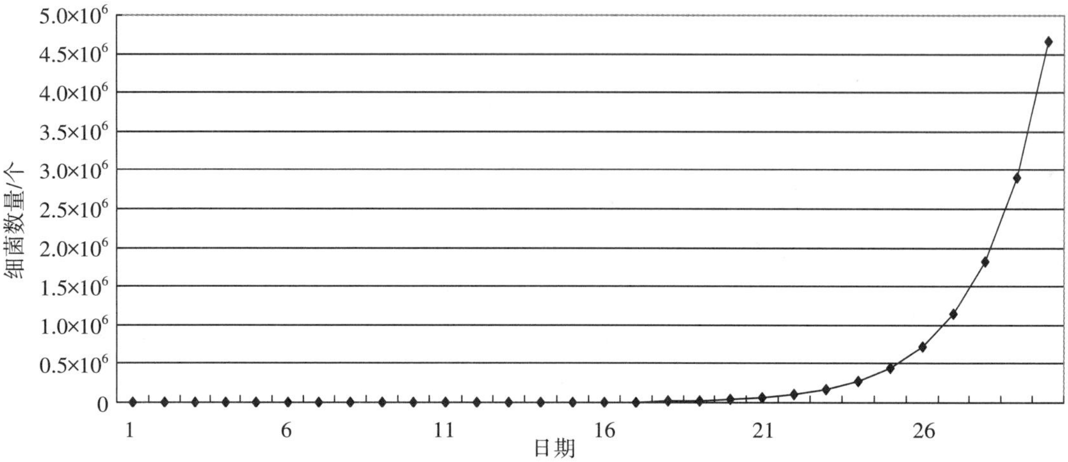

图10-15 递增型指数曲线图

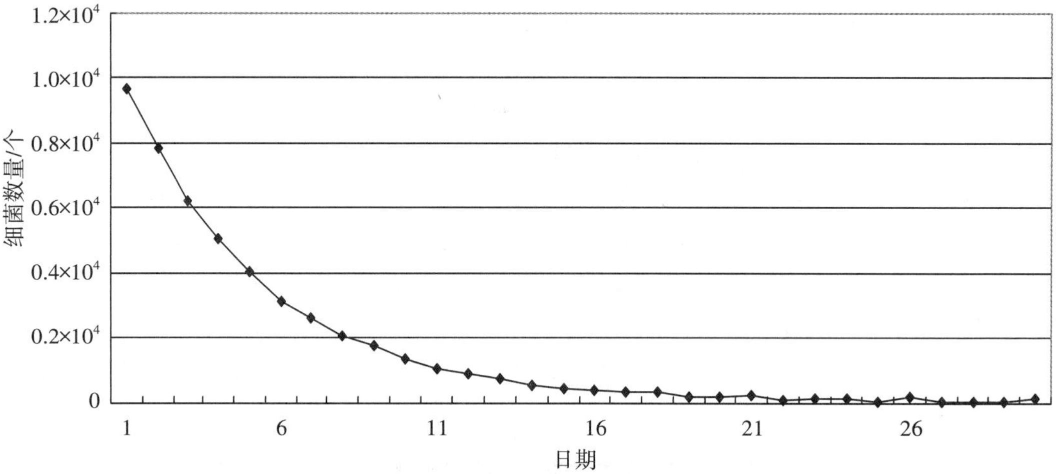

图10-16 递减型指数曲线图

当观测值按照指数曲线趋势变化时,我们可以用模型:

$$\hat{Y}_t = \hat{\beta}_0 \hat{\beta}_1{}^t \tag{10.29}$$

进行拟合和预测,其中$\hat{\beta}_0$,$\hat{\beta}_1$是根据已知样本数据拟合的回归系数,t为时间,Y_t为对应的观测值,$\hat{Y}_t$为对应的预测值。

模型两边取对数得到$\lg(\hat{Y}_t) = \lg(\hat{\beta}_0) + t\lg(\hat{\beta}_1)$,即模型与线性模型类似,仍然可以采用普通最小二乘法先计算$\lg(\hat{\beta}_0)$和$\lg(\hat{\beta}_1)$,再换算出$\hat{\beta}_0$,$\hat{\beta}_1$,同样要求拟合的模型通过各项检验。

在$\hat{\beta}_0$,$\hat{\beta}_1$求出的情况下,可以代入需要预测的时间t,得到对应的观测值的预测值$\hat{Y}_t$。

【**例 10–18**】连续 30 天检测某培养液中细菌的数量数据如表 10–14 所示。

表 10–14 连续 30 天检测某培养液中细菌的数量数据表

日期	细菌数量/个	日期	细菌数量/个	日期	细菌数量/个
1	59	11	1 010	21	67 776
2	55	12	1 285	22	108 379
3	454	13	1 995	23	173 442
4	506	14	2 689	24	277 731
5	301	15	4 134	25	443 962
6	162	16	6 626	26	710 016
7	232	17	10 342	27	1 135 846
8	633	18	16 772	28	1 817 564
9	344	19	26 632	29	2 907 836
10	884	20	42 392	30	4 652 355

请拟合细菌数量的变化，并预测第 31 天和第 32 天的该培养液的细菌数量。

解：画细菌数量的线图，如图 10–17 所示。

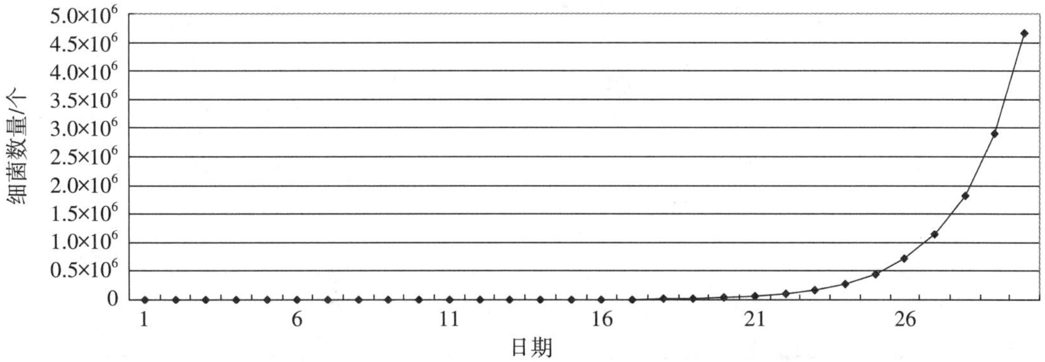

图 10–17 连续 30 天检测某培养液中细菌数量的线图

从图 10–17 中可以看出，细菌数量整体呈现几何级数递增的趋势，可建立指数曲线趋势预测模型。记时间为 t，该细菌数量为 Y_t，建立 Y_t 对 t 的指数回归模型 $\hat{Y}_t = \hat{\beta}_0 \hat{\beta}_1{}^t$。

对模型进行线性变换处理，采用普通最小二乘法估计参数，换算得到

$$\hat{Y}_t = 25.478\,1 \times 1.464\,8^t$$

模型各项检验均通过（$R^2 = 0.967\,5$，其他检验这里不作阐述）。

代入 $t = 31$，得到 $\hat{Y}_t = 3\,513\,485$；代入 $t = 32$，得到 $\hat{Y}_t = 5\,146\,723$。

即：预测该培养液第 31 天的细菌数量为 3 513 485 个，第 32 天的细菌数量为 5 146 723 个。

三、季节性时间序列的拟合和预测

季节性或周期性表示时间序列观测值存在循环的变化，由于季节性的循环时间长度是固定的，在实际分析中更常见，因此这里重点介绍季节性的处理方法，并重点介绍一个最常用的方法——季节指数法。

季节指数用于反映在一年内各个季度(或各个月)相对于全年的旺淡程度，全年的季节指数的平均值为100%。如果各个季度(或各个月)的季节指数全为100%，则表示没有季节模式；如果各个季度(或各个月)的季节指数不全为100%，则表示存在季节模式，其中把季节指数大于100%的季度(或月份)称为旺季，季节指数越大，旺季旺的程度越高，季节指数小于100%的季度(或月份)称为淡季，季节指数越小，淡季淡的程度越高。以下介绍季节指数的一种简单算法。

步骤一：将数据以年份为行标题，季度为列标题制作成表。

步骤二：计算所有年份中相同季度(或月)的平均值(即列的平均值)。

步骤三：计算所有年份，所有季度(与月)的平均值(即总平均值)。

步骤四：用列的平均值除以总平均值得到各季度的季节指数。

【例10-19】某服装企业2016—2020年的某款衣服分季销售额资料如表10-15所示。

表10-15 某服装企业2016—2020年的某款衣服分季销售额资料 **单位：万元**

年份	第一季度	第二季度	第三季度	第四季度
2016	15.5	32.0	23.5	12.4
2017	18.0	34.5	25.6	13.5
2018	18.5	35.6	24.8	14.6
2019	17.4	32.9	25.9	12.6
2020	19.3	36.4	24.9	15.0

计算该款衣服各季度销售额的季节指数，并指出淡季旺季。

解：计算结果如表10-16所示：

表10-16 各季度销售额的季节指数计算结果表 **单位：万元**

		第一季度	第二季度	第三季度	第四季度	总平均值
年份	2016	15.5	32.0	23.5	12.4	—
	2017	18.0	34.5	25.6	13.5	—
	2018	18.5	35.6	24.8	14.6	—
	2019	17.4	32.9	25.9	12.6	—
	2020	19.3	36.4	24.9	15.0	—
	同季平均值	17.74	34.28	24.94	13.62	22.645
	季节指数	78.34%	151.38%	110.13%	60.15%	—

根据以上计算结果，第一季度和第四季度为淡季，第二季度和第三季度为旺季。

四、非规则性时间序列的拟合和预测

当观测值剔除趋势性和季节性(周期性)之后，观测值序列将变成非规则性时间序列，对于非规则性时间序列，我们常用简单平均法、移动平均法、指数平滑法等方法来拟合观测值的规律，从而进行预测。

1.简单平均法

简单平均法是将前 t 期的平均值作为第 $t+1$ 期的预测值。在已知前 t 期观测值 $Y_1, Y_2, \cdots, Y_t$ 的情况下，采用简单平均法预测第 $t+1$ 期的预测值 F_{t+1} 为

$$F_{t+1} = \frac{Y_1 + Y_2 + \cdots + Y_t}{t} \tag{10.30}$$

在第 $t+1$ 期的实际值 Y_{t+1} 出来后，可计算预测误差 $e_{t+1} = Y_{t+1} - F_{t+1}$。

【例 10-20】连续6年某企业年末员工人数数据如表10-17所示。

表10-17　连续6年某企业年末员工人数数据表

年份	2011	2012	2013	2014	2015	2016
年末人数/人	234	231	249	239	246	231

利用简单平均法拟合并预测2017年该企业年末员工人数。

解:画年末员工人数的线图，如图10-18所示。

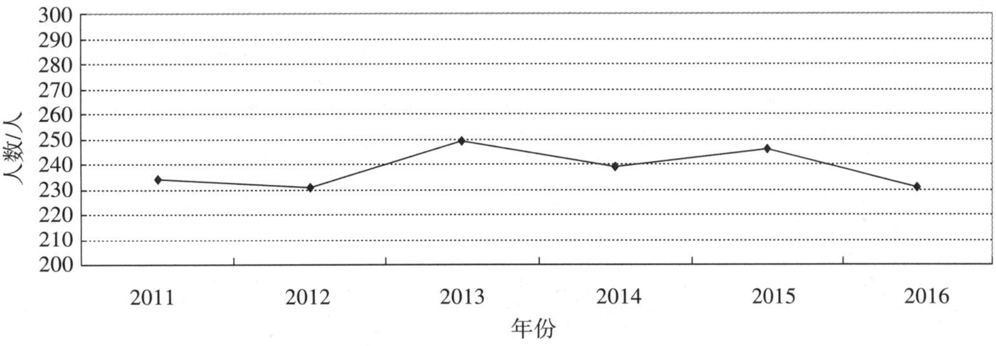

图10-18　年末员工人数的线图

从图10-18中可以看出，年末员工人数整体呈现较平稳的状态，可以采用简单平均法预测2017年的年末员工人数

$$F_{2017} = \frac{234 + 231 + 249 + 239 + 246 + 231}{6} \approx 23\dot{8}(\text{人})。$$

2.移动平均法

移动平均法是将最近 $k(1 < k < t)$ 期的平均值作为第 $t+1$ 期的预测值，每次计算都向后移动，移动的间隔都为 k。在已知最近 k 期观测值 $Y_{t-k+1}, Y_{t-k+2}, \cdots, Y_t$ 的情况下，采用移动平均法预测第 $t+1$ 期的预测值 F_{t+1} 为

$$F_{t+1} = \frac{Y_{t-k+1} + Y_{t-k+2} + \cdots + Y_t}{k} \tag{10.31}$$

在第$t+1$期的实际值Y_{t+1}出来后,可计算预测误差$e_{t+1}=Y_{t+1}-F_{t+1}$,并进一步采用移动平均法预测第$t+2$期的预测值F_{t+2}为

$$F_{t+2}=\frac{Y_{t-k+2}+Y_{t-k+3}+\cdots+Y_{t+1}}{k}$$

在第$t+2$期的实际值Y_{t+2}出来后,可计算预测误差$e_{t+2}=Y_{t+2}-F_{t+2}$,以此类推。

其中的时间间隔k称为阶数,如$k=2$,则称为二阶移动平均。

【例10-21】利用二阶移动平均法拟合并预测例10-20中2017年该企业年末员工人数。

解:采用二阶移动平均法预测2017年的年末员工人数

$$F_{2017}=\frac{Y_{2015}+Y_{2016}}{2}=\frac{246+231}{2}=238.5\approx 238(\text{人})。$$

3.指数平滑法

指数平滑法是对过去观测值加权平均进行预测的一种方法。根据引入的过去观测值的个数,指数平滑法可分为一次指数平滑法、二次指数平滑法、三次指数平滑法等,这里重点介绍一次指数平滑法。

在使用一次指数平滑法预测第$t+1$期的预测值时,只用到第t期的观测值,具体地,是用第t期的实际值与第t期的预测值的加权平均作为第$t+1$期的预测值。在加权过程中,需设定一个平滑系数$\alpha(0<\alpha<1)$,则有第$t+1$期的预测值

$$F_{t+1}=\alpha Y_t+(1-\alpha)F_t \tag{10.32}$$

平滑系数α反映了过去值的重要程度:过去值重要程度越大,则α越小;过去值重要程度越小,则α越大。一般来说,当时间序列有较大的随机波动时,宜选较大的α;当时间序列比较平稳时,宜选较小的α。$\alpha=0$时,预测值全为上一期预测值的重复,$\alpha=1$时,预测值全为上一期实际值的重复。

对于一组观测值,进行指数平滑法预测的具体操作如下:

(1)第一期实际值为Y_1,由于没有预测值,设定其预测值$F_1=Y_1$;

(2)第二期预测值$F_2=\alpha Y_1+(1-\alpha)F_1=\alpha Y_1+(1-\alpha)Y_1=Y_1$;

(3)第三期预测值$F_3=\alpha Y_2+(1-\alpha)F_2=\alpha Y_2+(1-\alpha)Y_1$;

(4)第四期预测值$F_4=\alpha Y_3+(1-\alpha)F_3$;

(5)以此类推,直至第$t+1$期的预测值$F_{t+1}=\alpha Y_t+(1-\alpha)F_t$。

【例10-22】利用指数平滑法拟合并预测例10-20中2017年该企业年末员工人数(令α取0.8)。

解:利用指数平滑法预测(令α取0.8):

(1)2011年实际值为$Y_{2011}=234$,由于没有预测值,设定其预测值$F_{2011}=Y_{2011}=234$;

(2)2012年预测值$F_{2012}=0.8Y_{2011}+0.2F_{2011}=0.8Y_{2011}+0.2Y_{2011}=Y_{2011}=234$;

(3)2013年预测值$F_{2013}=0.8Y_{2012}+0.2F_{2012}=0.8\times 231+0.2\times 234=231.6$;

(4)2014年预测值$F_{2014}=0.8Y_{2013}+0.2F_{2013}=0.8\times 249+0.2\times 231.6=245.52$;

(5)2015年预测值$F_{2015}=0.8Y_{2014}+0.2F_{2014}=0.8\times239+0.2\times245.52=240.304$;

(6)2016年预测值$F_{2016}=0.8Y_{2015}+0.2F_{2015}=0.8\times246+0.2\times240.304=244.860\,8$;

(7)2017年预测值$F_{2017}=0.8Y_{2016}+0.2F_{2016}=0.8\times231+0.2\times244.860\,8$

$=233.772\,2\approx234$(人)。

将以上结果整理得表10-18:

表10-18　计算结果表

年份	2011	2012	2013	2014	2015	2016	2017
年末人数Y_t/人	234	231	249	239	246	231	—
预测值F_t/人	234	234	231.6	245.52	240.304	244.860 8	233.772 2

【例10-23】利用均方误差法比较例10-20、例10-21、例10-22的计算结果,找出误差最小的预测结果。

解:为更好地比较不同方法的预测误差,使用每个方法把能预测的结果都预测出来。

①简单平均法:F_{2011}无法预测;$F_{2012}=\frac{Y_{2011}}{1}=234$;$F_{2013}=\frac{Y_{2011}+Y_{2012}}{2}=232.5$;

$$F_{2014}=\frac{Y_{2011}+Y_{2012}+Y_{2013}}{3}=238;\cdots;F_{2017}=\frac{Y_{2011}+Y_{2012}+\cdots+Y_{2016}}{6}=238.33;$$

②移动平均法(二阶):F_{2011},F_{2012}无法预测;$F_{2013}=\frac{Y_{2011}+Y_{2012}}{2}=232.5$;

$$F_{2014}=\frac{Y_{2012}+Y_{2013}}{2}=240;\cdots;F_{2017}=\frac{Y_{2015}+Y_{2016}}{2}=238.5;$$

③一次指数平滑法(令$\alpha=0.8$):计算过程及结果见例10-22。

得到计算结果对比表,并分别计算得到预测结果的均方误差,汇总如表10-19所示。

表10-19　计算结果对比表

年份		2011	2012	2013	2014	2015	2016	2017(预测)
年末人数/人		234	231	249	239	246	231	—
简单平均法	年末人数/人	—	234	232.5	238	238.25	239.8	238.33
	误差的平方	—	9	272.25	1	60.062 5	77.44	**均方误差$_1$ = 83.950 5**
移动平均法(二阶)	年末人数/人	—	—	232.5	240	244	242.5	238.50
	误差的平方	—	—	272	1	4	132.25	**均方误差$_2$ = 102.375**
一次指数平滑法	年末人数/人	234	234	231.6	245.52	240.304	244.860 8	233.772 2
	误差的平方	0	9	302.76	42.510 4	32.444	192.121 8	**均方误差$_3$ = 115.767 3**

比较三种方法的均方误差,本题中简单平均法的均方误差最小,可以认为此方法拟合和预测的结果可信度较高,预测2017年年末员工人数约为238人。

知识拓展 即测即评

小结

本章以股票价格预测作为案例，引入时间序列的基本概念，详细介绍了一些常见的时间序列分析方法，用于解决实际问题，最后从时间序列构成要素的角度，介绍了时间序列的一些基本的预测方法。

我们可以用线图来描述时间序列的变化规律，利用水平分析来分析事物发展的状态、序时平均数、增长量和平均增长量，利用速度分析来分析事物的发展速度、平均发展速度、增长速度和平均增长速度，用线性方程或非线性方程来预测趋势性时间序列，用季节指数来衡量季节变动，用简单平均法、移动平均法、指数平滑法等方法来拟合并预测非规则性时间序列的变动。

思考题

1. 给出时间序列分析的基本思想及作用。
2. 列举日常生活中时间序列应用的例子
3. 为什么水平法计算平均发展速度要用几何平均数？
4. 列举一个时间序列，并进行要素分解。

练习题

一、选择题

1. 下列数据属于时间序列数据的是（　　）。

A. 某次考试的50名同学的成绩　　B. 某地今年1—12月份的每月平均成交房价

C. 1978—2020年某省21个市的GDP　　D. 某班20名同学的性别

2. 逐期增长量是（　　）。

A. 报告期水平 - 前期水平　　B. 报告期水平 ÷ 前期水平

C. 报告期水平 - 固定基期水平　　D. 报告期水平 ÷ 固定基期水平

3. 定基增长速度是（　　）。

A. 报告期水平 ÷ 前期水平　　B. 报告期水平 ÷ 前期水平 - 1

C. 报告期水平 ÷ 固定基期水平　　D. 报告期水平 ÷ 固定基期水平 - 1

4. 下列计算关系中不正确的是（　　）。

A. 环比增长速度 = 环比发展速度 - 1

B. 累计增长量 = 相应时期内的逐期增长量的和

C.环比发展速度 = 相邻两个定基发展速度之商

D.平均增长速度 = 各期增长速度的算术平均

5.时间序列的四大要素不包括下列哪项(　　)。

A.趋势性　　B.周期性　　C.跳跃性　　D.季节性

二、计算题

1.某公司1—4月月初在职人数如下表所示：

月份	1	2	3	4
月初在职人数/人	610	612	620	640

试计算该公司第一季度的平均在职人数。(假定每月天数相同)

2.某公司去年部分日期记录的职工人数如下表所示：

日期	1月1日	3月31日	9月1日	10月31日	12月31日
人数/人	90	50	100	80	40

试根据以上数据计算该公司全年的月平均人数。(假定每月天数相同)

3.已知某家庭连续5年的恩格尔系数及家庭消费支出如下表所示：

年份	2016	2017	2018	2019	2020
家庭消费支出/元	52 600	55 500	59 000	63 000	73 600
恩格尔系数/%	40	38	35	33	28

计算该家庭这5年的平均恩格尔系数。

4.已知某企业2019年1—4月销售某产品的月平均价格及对应的月销量数据如下表所示：

月份	1	2	3	4
销量/件	234	243	253	261
平均价格/元	400	420	430	410

计算该企业某产品这4个月的总平均价格。

5.已知某企业2020年3—6月的某产品月人均产量及月末工人数数据如下表所示：

月份	3	4	5	6
月人均产量/件	2 000	2 050	2 030	2 080
月末工人数/人	120	130	140	150

计算该企业2020年第二季度的月人均产量。

6. 已知某地区2008—2020年的个人实际可支配收入数据如下表所示：

年份	2008	2009	2010	2011	2012	2013	2014	2015	2016	2017	2018	2019	2020
可支配收入/百元	239	248	258	272	268	280	279	282	285	293	291	294	302

画出该地区个人实际可支配收入的线图，并根据线图分析其特点。

7. 已知某企业2013—2021年年产值如下表所示：

年份	2013	2014	2015	2016	2017	2018	2019	2020	2021
年产值/万元	287	291	298	308	315	321	330	337	343

根据以上数据：

(1)对该企业2013—2021年年产值进行水平分析(逐期)；

(2)对该企业2013—2021年年产值进行速度分析(环比)；

(3)利用2014—2021年的平均增长速度，预测2022年和2023年该企业的年产值。

8. 已知某企业2016—2020年的销售额的部分数据，请利用时间序列各指标的关系，推算表中空缺的数字。

年份	销售额/万元	序时平均数/万元	逐期增长量/万元	定基发展速度/%	平均增长速度(几何法)/%	增长1%的绝对量/万元
2016	200		—	—		—
2017			23			
2018				127		
2019						
2020			72			3.07

9. 某企业今年3月份上市了一种新产品，收集了其连续5个月的销售量如下表所示：

月份	3	4	5	6	7
销售量/件	345	567	732	1 021	1 199

试拟合销售量的变化情况，并预测8月份和9月份的销售量。

10. 某企业2013—2016年每年12个月的销售额(万元)数据如下表所示：

月份	年份			
	2013	2014	2015	2016
1	342	348	421	489
2	212	234	243	276
3	198	211	213	234
4	128	134	157	154

续表

月份	年份			
	2013	2014	2015	2016
5	272	285	293	305
6	323	354	377	397
7	378	397	423	465
8	565	578	598	698
9	212	216	287	321
10	322	345	378	398
11	212	234	266	276
12	198	213	218	222

计算该企业各月销售额的季节指数,并指出销售最旺的月份和销售最淡的月份。

11.某班级46名同学的连续6次数学测试的平均成绩如下表所示:

测试次数	1	2	3	4	5	6
测试的平均成绩/分	89.3	90.2	88.7	89.9	91.1	90.3

分别采用简单平均法、移动平均法(二阶)、一次指数平滑法($\alpha = 0.6$)拟合以上数据,预测第7次测试的平均成绩,并找出预测误差最小的方法,给出最终预测结果。

第十一章 指数分析

【典型案例11】如何测定价格变动?

18世纪后半叶,从美洲新大陆开发出的金银源源不断地涌入欧洲,欧洲物价骤然上涨,引起了人们的恐慌和社会的普遍关注。于是人们提出问题:如何测定价格变动?

为解决此问题,设商品价格为p,销售量为q,角标1为报告期,角标0为基期。对于一种商品来说,$\frac{p_1}{p_0}$反映了该种商品的价格变动。但市场上有多种商品,当用$\frac{\sum p_1}{\sum p_0}$反映价格变动时,这种做法有很明显的缺陷:首先,没有考虑权数,忽视了各种商品重要性的差别;其次,不同商品的价格不能直接相加,因为它们的计量单位不同,而且简单综合的结果受计量单位变化的影响,故$\frac{\sum p_1}{\sum p_0}$没有意义。而销售额$pq$相加后对比有意义。德国经济学家帕歇(1874)用价格指数$I_p = \frac{\sum p_1 q_1}{\sum p_0 q_1}$测定多种商品价格的综合变动程度,其经济意义是:销售额是消费者花的钱,如果消费者买同样多的商品,报告期花的钱比基期多(少),则价格涨(跌),其中q取报告期的原因是价格p为质量指标,这样做分析现实性更强。此处的I_p称为帕氏价格指数,$I_p > 1$说明价格涨,$I_p = 1$说明价格不变,$I_p < 1$说明价格跌。I_p变动较大时应引起高度注意,看是哪些相关社会经济条件有较大变化,并解决由此产生的社会经济问题。

同理,可编制销售量指数、居民消费价格指数(CPI)、工业生产者出厂价格指数(PPI)、制造业采购经理指数(PMI)、股票价格指数等。如今指数的应用已相当普遍,指数已成为分析社会经济和预测经济景气度的重要工具。有些指数,如居民消费价格指数、房地产价格指数、消费者满意度指数等,同人们的生活休戚相关;有些指数,如工业生产者出厂价格指数、制造业采购经理人指数、股票价格指数等,则直接影响人们的投资行为和企业的经营决策,成为社会经济发展的“晴雨表”。指数的基本知识及指数分析方法将是本章学习的主要内容。

第一节 指数的基本概念

指数的一些基本概念对一些初学者来说较难理解,为此,这里从解决实际问题出发,引入价格指数、销售量指数等指数的基本概念。

【例11-1】某超市3种商品的销售数据见表11-1,(1)测定价格综合变动程度;(2)测定销售量综合变动程度。

表11-1　某超市3种商品销售数据

商品名称	计量单位	价格/元		销售量	
		基期p_0	报告期p_1	基期q_0	报告期q_1
甲	件	200	220	1 000	900
乙	双	20	25	500	400
丙	套	250	200	80	100

解:(1)由典型案例11,用帕氏价格指数测定价格综合变动程度:

$$I_p = \frac{\sum p_1 q_1}{\sum p_0 q_1} = \frac{220 \times 900 + 25 \times 400 + 200 \times 100}{200 \times 900 + 20 \times 400 + 250 \times 100} = \frac{228\,000}{213\,000} \approx 107.04\%$$

$I_p - 1 = 7.04\%$,即报告期价格比基期增加7.04%,这使得销售额增加:

$$\sum p_1 q_1 - \sum p_0 q_1 = 228\,000 - 213\,000 = 15\,000(元)$$

(2)测定销售量综合变动程度。只有一种商品时,$\frac{q_1}{q_0}$反映了该种商品的销售量变动,但该超市有3(多)种商品,销售量q相加没有意义,故不能用$\frac{\sum q_1}{\sum q_0}$反映销售量综合变动。而销售额$pq$相加的对比有意义。德国经济学家拉斯贝尔斯(1864)用$I_q = \frac{\sum p_0 q_1}{\sum p_0 q_0}$测定销售量的综合变动程度,其经济意义是:如果价格不变,消费者报告期花的钱比基期多(少),则购买的商品多(少),其中价格p取基期的原因是q为数量指标,这样做可比性更强。这里,I_q称为拉氏销售量指数,$I_q > 1$说明销售量增加,$I_q = 1$说明销售量不变,$I_q < 1$说明销售量减少。采用拉氏销售量指数测定销售量综合变动程度:

$$I_q = \frac{\sum p_0 q_1}{\sum p_0 q_0} = \frac{200 \times 900 + 20 \times 400 + 250 \times 100}{200 \times 1\,000 + 20 \times 500 + 250 \times 80} = \frac{213\,000}{230\,000} \approx 92.61\%$$

$I_q - 1 = -7.39\%$,即销售量报告期比基期减少7.39%,这使得销售额变动:

$$\sum p_0 q_1 - \sum p_0 q_0 = 213\,000 - 230\,000 = -17\,000(元)$$

一、指数的含义与作用

指数或称统计指数,其含义有广义和狭义两种。广义来说,凡是两个数值对比有意义而形成的相对数都可以称为指数。狭义来说,指数是反映社会经济现象总体数量综合变动的相对数,是反映数量上不能直接加总或加总后对比没有意义的多个个体或多个项目组成的总体的综合变动程度。如例11-1中的帕氏价格指数$I_p = \frac{\sum p_1 q_1}{\sum p_0 q_1}$和拉氏销售量指数$I_q =$

$\frac{\sum p_0q_1}{\sum p_0q_0}$均为狭义指数。狭义指数是经常使用的,本章主要介绍狭义指数。

狭义指数的性质。

(1)相对性。指数的含义指明指数是相对数,具有相对性。

(2)综合性。狭义指数综合反映多个个体构成的现象总体的数量变动。例如,帕氏价格指数$I_p=\frac{\sum p_1q_1}{\sum p_0q_1}$不是只说明某种商品的价格变动,而是综合反映多种商品价格水平的综合变动程度。

(3)平均性。反映现象总体综合变动程度的狭义指数具有平均的性质,它反映现象总体中各个个体变动的平均水平。例如,帕氏价格指数$I_p=\frac{\sum p_1q_1}{\sum p_0q_1}$所表明的是各种商品价格变动的平均水平。

指数分析作为分析社会经济现象数量变化的一种重要统计方法,具有重要的作用。

(1)综合反映社会经济现象总体的变动方向和程度。例如,通过帕氏价格指数$I_p=\frac{\sum p_1q_1}{\sum p_0q_1}$的大小可判断所有商品价格变动的方向和程度,例11-1中的价格指数$I_p=107.04\%$,$I_p-100\%=7.04\%$,则反映所有商品的价格报告期比基期增加了7.04%。

(2)利用指数体系进行因素分析。例如,商品销售额的变动是商品价格和销售量两因素共同变动影响的结果,那么,利用销售额指数与价格指数、销售量指数之间的关系,可分析价格与销售量这两种因素的变动对销售额变动的影响方向和程度。

(3)分析社会经济现象的长期发展趋势。例如,根据2010—2022年共13年的零售商品价格资料,计算这13年的价格指数,构成价格指数的时间数列,可揭示价格的长期变动规律和趋势。应用第十章的时间序列分析方法,通过分析指数数列,可深入了解和掌握社会经济现象的发展变化。

(4)对社会经济现象进行综合评价和测定。近年来,指数分析方法常被应用于诸多领域进行综合评价和测定。例如幸福指数、气象指数、保险指数、消费者满意度指数等指数在各自领域均发挥了重要的作用。

二、指数的分类

为了更好地理解和应用指数,需要从不同角度进行指数分类。

(一)按所考察对象的范围不同,分为个体指数和总指数

个体指数是考察单个个体或单个项目数量变动的相对数。例如,某种商品的价格指数$\frac{p_1}{p_0}$、某种商品的销售量指数$\frac{q_1}{q_0}$等都是个体指数。总指数是反映由多个个体或多个项目构成的总体数量综合变动的相对数。例如，反映多种商品价格综合变动的帕氏价格指数I_p、反映多种商品销售量综合变动的销售量指数I_q等都是总指数。

（二）按指数化指标的性质不同，分为数量指标指数与质量指标指数

在指数理论中，指数所要测定其变动程度的指标或变量称为指数化指标。例如，帕氏价格指数$I_p=\frac{\sum p_1q_1}{\sum p_0q_1}$的指数化指标就是价格$p$，拉氏销售量指数$I_q=\frac{\sum p_0q_1}{\sum p_0q_0}$的指数化指标就是销售量$q$。如果指数的指数化指标具有数量指标的特征（也即表现为总量或绝对数的形式），它就属于数量指标指数，如拉氏销售量指数、产品产量指数、工业生产指数等。如果指数的指数化指标具有质量指标的特征（也即表现为平均数或相对数的形式），它就属于质量指标指数，如帕氏价格指数、居民消费价格指数、股票价格指数、劳动生产率指数等。

（三）按所反映的时间状况不同，分为动态指数和静态指数

动态指数，是同类现象在两个不同时间上的数量对比。例11-1中的帕氏价格指数I_p和拉氏销售量指数I_q都属于动态指数。根据所选择的基期不同，动态指数又可分为环比指数和定基指数。静态指数是同类现象在同一时间上的数量对比，主要包括空间指数和计划完成情况指数。空间指数是同一时间不同空间的同类现象的数量对比，如两个城市的同期物价水平的对比。计划完成情况指数则是现象的实际水平与计划水平对比的结果，反映计划的完成程度，如能耗降低计划完成指数。静态指数是动态指数应用上的拓展，所以其计算原理和分析方法都与动态指数基本相同。后面主要讨论动态指数的计算方法和具体应用。

（四）按其编制方法的不同，可分为综合指数和平均指数，两者都属于总指数

综合指数是设法将各个个体的数量先综合以后再通过两个时期的综合数值对比来计算的总指数，如例11-1中的帕氏价格指数和拉氏销售量指数。平均指数是将个体指数加以平均求得的总指数。

第二节　综合指数

综合指数是设法将各个个体的数量先综合以后再通过两个时期的综合数值对比来计算的总指数，如例11-1中的帕氏价格指数$I_p=\frac{\sum p_1q_1}{\sum p_0q_1}$和拉氏销售量指数$I_q=\frac{\sum p_0q_1}{\sum p_0q_0}$。综合指数的编制特点是：先综合，后对比。

先综合，即将总体中不能直接加总或加总后不能进行对比的不同度量现象，通过一个或一个以上因素的乘入，使其成为能够加总后进行对比的价值指标。

后对比，即将乘入的因素固定在同一时期，将报告期与基期的价值指标进行对比。这样，对比结果得出的总指数就是所要研究的现象综合变动的程度，上述乘入的因素称为同度量因素，如帕氏价格指数中的同度量因素是销售量q，拉氏销售量指数中的同度量因素是价格p。同度量因素起着同度量化的作用，把不同使用价值和不同计量单位的数值转化为同度量的数值。

同度量因素解决了不能简单加总后对比计算总指数的问题。但是，同度量因素应该固定在基期还是报告期呢？关于同度量因素应固定在什么水平上的问题，衍生出了多个不同的指数计算公式，其中最主要、最常用的是帕氏指数和拉氏指数。

一、帕氏指数

德国经济学家帕歇(1874)提出以报告期物量加权来计算物价指数，该方法可以推广到各种质量指标指数和数量指标指数的计算。统计上把同度量因素固定在报告期所计算的综合指数称为帕氏指数。

帕氏质量指标综合指数(如例11-1的帕氏价格指数)为

$$I_p = \frac{\sum p_1 q_1}{\sum p_0 q_1} \tag{11.1}$$

同样，还可以编制帕氏数量指标综合指数

$$P_q = \frac{\sum p_1 q_1}{\sum p_1 q_0} \tag{11.2}$$

二、拉氏指数

德国经济学家拉斯贝尔斯(1864)提出以基期价格加权来计算销售量指数，该方法可以推广到各种数量指标指数和质量指标指数的计算。统计上把同度量因素固定在基期所计算的综合指数称为拉氏指数。

拉氏数量指标综合指数(如例11-1的拉氏销售量指数)为

$$I_q = \frac{\sum p_0 q_1}{\sum p_0 q_0} \tag{11.3}$$

同样，还可以编制拉氏质量指标综合指数

$$L_p = \frac{\sum p_1 q_0}{\sum p_0 q_0} \tag{11.4}$$

三、综合指数的编制步骤

(一)确定指数化指标

指标归纳起来有数量指标和质量指标，在编制综合指数时，如果反映数量指标综合变动，则指数化指标是数量指标；如果反映质量指标综合变动，则指数化指标是质量指标。

(二)选择同度量因素

总体的各个个体指数化指标不能直接加总或加总后不能进行对比,为此,在编制数量指标综合指数时,按研究目的选择对应的质量指标作为同度量因素。在编制质量指标综合指数时,按研究目的选择对应的数量指标作为同度量因素。

(三)固定同度量因素的时期

如果注重前后时期的对比,将同度量因素固定在基期。如在例11-1中,计算销售量指数时,将价格固定在基期,可以剔除价格变动的影响,准确反映销售量的变化。如果注重现实性的分析,将同度量因素固定在报告期。如在例11-1中,计算价格指数时,将销售量固定在报告期,反映了现实商品结构下价格的综合变动,商品结构变化的影响融合到了价格指数里,更能揭示价格变动后的实际影响。一般来说,编制数量指标综合指数采用拉氏指数;编制质量指标综合指数采用帕氏指数。

四、其他形式的综合指数

(一)马埃指数和理想指数

指数理论中,一般认为拉氏指数存在高估实际变动程度的倾向,帕氏指数则相反,因此产生了将二者折中的多种指数计算公式。

1. 马埃指数

马埃指数是将同度量因素固定在基期和报告期的平均水平,其具体计算公式为

$$M_p = \frac{\sum p_1\left(\frac{q_0 + q_1}{2}\right)}{\sum p_0\left(\frac{q_0 + q_1}{2}\right)} = \frac{\sum p_1(q_0 + q_1)}{\sum p_0(q_0 + q_1)} \tag{11.5}$$

$$M_q = \frac{\sum q_1\left(\frac{p_0 + p_1}{2}\right)}{\sum q_0\left(\frac{p_0 + p_1}{2}\right)} = \frac{\sum q_1(p_0 + p_1)}{\sum q_0(p_0 + p_1)} \tag{11.6}$$

计算空间指数时,马埃指数不受对比基准地区选择的影响,所以它在空间对比分析中有着重要的实际应用价值。

2. 理想指数

理想指数是帕氏指数和拉氏指数的几何平均数。费希尔论证了该指数具有优良的性质,称之为理想指数,故该指数也称为费希尔指数,其计算公式为

$$F_p = \sqrt{\frac{\sum p_1 q_0}{\sum p_0 q_0} \times \frac{\sum p_1 q_1}{\sum p_0 q_1}} \tag{11.7}$$

$$F_q = \sqrt{\frac{\sum q_1 p_0}{\sum q_0 p_0} \times \frac{\sum q_1 p_1}{\sum q_0 p_1}} \tag{11.8}$$

(二)杨格指数

杨格指数——将同度量因素固定在特定时间的综合指数。英国学者杨格提出一种将同度量因素固定在特定时间的指数计算公式,故该指数也称为杨格指数。

在政府统计工作中,工(农)业产品物量指数的计算就采用了这种方法,即作为同度量因素的价格既不是基期价格,也不是报告期价格,而是某一年份的不变价格(p_n)。

第三节 平均指数

平均指数的总指数具有平均的性质,其反映的是全部个体变化程度的平均水平。平均指数在实际中不仅作为综合指数的变形使用,而且它也有广泛的应用价值。平均指数的编制特点是:先对比,后平均,即先计算出个体指数,再利用一定的权数将个体指数加以平均求得总指数。

一、算术平均指数

算术平均指数是将个体指数($\frac{q_1}{q_0}$或$\frac{p_1}{p_0}$)进行算术平均来求得的总指数,其权数一般有基期总值(q_0p_0)和固定权数(w)两种。

(一)基期总值加权的算术平均指数

【例 11-2】例 11-1 中的销售量个体指数,3 种商品的基期销售额见表 11-2,计算拉氏销售量指数。

表 11-2 某超市 3 种商品的销售量个体指数及基期销售额

商品名称	计量单位	销售量个体指数/% $k_q = \frac{q_1}{q_0}$	基期销售额/元 p_0q_0
甲	件	90	200 000
乙	双	80	10 000
丙	套	125	20 000
合计	—	—	230 000

解: $$I_q = \frac{\sum p_0 q_1}{\sum p_0 q_0} = \frac{\sum \frac{q_1}{q_0} p_0 q_0}{\sum p_0 q_0} = \frac{\sum k_q p_0 q_0}{\sum p_0 q_0}$$

$$= \frac{0.9 \times 200\,000 + 0.8 \times 10\,000 + 1.25 \times 20\,000}{200\,000 + 10\,000 + 20\,000} = \frac{213\,000}{230\,000} \approx 92.61\%$$

$I_q-1=-7.39\%$，即销售量报告期比基期减少7.39%，这使得销售额增加：

$$\sum k_q p_0 q_0-\sum p_0 q_0=213\ 000-230\ 000=-17\ 000(\text{元})$$

例11-2中的

$$I_q=\frac{\sum k_q q_0 p_0}{\sum q_0 p_0} \tag{11.9}$$

称为算术平均指数，其中$k_q=\dfrac{q_1}{q_0}$为数量指标个体指数，q_0p_0为权数，是基期的总量数据。实质上，该算术平均指数是拉氏数量指标综合指数的变形，计算结果、经济意义均一致，只不过给出的数据条件不同。若已知数量指标个体指数k_q及权数q_0p_0，可采用式(11.9)计算总指数。

(二)固定权数的算术平均指数

统计实践中编制算术平均指数时，常常将权数(通常是指比重权数)相对固定，即在较长时间保持不变。其计算公式为

$$I_q=\sum\frac{q_1}{q_0}w \tag{11.10}$$

$$L_p=\sum\frac{p_1}{p_0}w \tag{11.11}$$

式中，w为固定比重权数，$\sum w=1$(100%或1 000‰)。

固定权数的平均指数具有很多优越性，它不仅计算简便，而且也排除权数变动对总指数的影响，还可以很方便地进行环比指数与定基指数之间的推算。我国居民消费价格指数就是采用这种方法编制的。

二、调和平均指数

调和平均指数是将个体指数($\dfrac{q_1}{q_0}$或$\dfrac{p_1}{p_0}$)进行调和平均来求得的总指数，通常采用报告期总值(q_1p_1)为权数。

【例11-3】例11-1中的价格个体指数，3种商品的报告期销售额见表11-3，计算帕氏价格指数。

表11-3　某超市3种商品的价格个体指数及报告期销售额

商品名称	计量单位	价格个体指数/% $k_p=\frac{p_1}{p_0}$	报告期销售额/元 p_1q_1
甲	件	110%	198 000
乙	双	125%	10 000
丙	套	80%	20 000

合计	—	—	228 000

解：

$$I_p = \frac{\sum p_1 q_1}{\sum p_0 q_1} = \frac{\sum p_1 q_1}{\sum \frac{1}{\frac{p_1}{p_0}} p_1 q_1} = \frac{\sum p_1 q_1}{\sum \frac{1}{k_p} p_1 q_1}$$

$$= \frac{198\,000 + 10\,000 + 20\,000}{\frac{198\,000}{1.1} + \frac{10\,000}{1.25} + \frac{20\,000}{0.8}} = \frac{228\,000}{213\,000} \approx 107.04\%$$

$I_p - 1 = 7.04\%$，即三种商品价格报告期比基期平均增加7.04%，这使得销售额增加：

$$\sum p_1 q_1 - \sum \frac{1}{k_p} p_1 q_1 = 228\,000 - 213\,000 = 15\,000(\text{元})$$

例11–3中的

$$I_p = \frac{\sum q_1 p_1}{\sum \frac{1}{k_p} q_1 p_1} \tag{11.12}$$

称为调和平均指数，其中$k_p = \frac{p_1}{p_0}$为质量指标个体指数，$q_1 p_1$为权数，是报告期的总量数据。实质上，该调和平均指数是帕氏质量指标综合指数的变形，计算结果、经济意义均一致，只不过给出的数据条件不同。若已知质量指标个体指数k_p及权数$q_1 p_1$，可采用式(11.12)计算总指数。

三、几何平均指数

几何平均指数就是对个体指数计算几何平均数。以价格总指数的计算为例，若不加权，即为简单几何平均指数，其计算公式为

简单几何平均指数：

$$J_p = \sqrt[n]{\prod_{i=1}^{n} \left(\frac{p_{1i}}{p_{0i}}\right)} \tag{11.13}$$

加权几何平均指数：

$$J_p = \sqrt[\sum f_i]{\prod_{i=1}^{n} \left(\frac{p_{1i}}{p_{0i}}\right)^{f_i}} \tag{11.14}$$

例如，我国在编制消费者价格指数时，由多个代表规格品价格变动计算基本分类的价格指数就采用的是简单几何平均指数。

中国人民银行总行编制批发价格指数(WPI)时就采用了加权几何平均指数。

第四节　指数体系与因素分析

一、指数体系

许多现象的总量可以分解为两个因素的乘积,其一是数量指标,其二是质量指标。如销售额 = 价格×销售量。在经济分析中,经常研究现象发展的总量变化及其原因。例如,销售总额变化及其原因,这就需要建立指数体系进行分析。不同时期总量的比值是一个相对数,属于广义指数范畴,通常称之为“总量指数”,其反映了总体在不同时期的总量水平的变动情况。如销售额指数:

$$I_{pq}=\frac{\sum p_1q_1}{\sum p_0q_0} \tag{11.15}$$

销售额指数I_{pq}与价格指数I_p、销售量指数I_q有相对数关系:

$$\frac{\sum p_1q_1}{\sum p_0q_0}=\frac{\sum p_1q_1}{\sum p_0q_1}\times\frac{\sum p_0q_1}{\sum p_0q_0} \tag{11.16}$$

即

$$I_{pq}=I_p\times I_q$$

销售额总量变化的绝对量与价格变化产生的绝对量、销售量变化产生的绝对量有关系式:

$$\sum p_1q_1-\sum p_0q_0=\left(\sum p_1q_1-\sum p_0q_1\right)+\left(\sum p_0q_1-\sum p_0q_0\right) \tag{11.17}$$

即由式(11.16)、(11.17),可进行总量变动的相对数、绝对数因素分析。

式(11.16)称为指数体系,指数体系是指几个指数之间在一定的经济联系基础上所构成的数量关系式。

同理,因为

总产值 = 产量 × 产品价格

总成本 = 产量 × 单位产品成本

总产量 = 员工人数 × 劳动生产率

原材料消耗总额 = 产品产量 × 单位产品原材料消耗量×单位原材料价格

所以,常见的指数体系还有

总产值指数 = 产量指数 × 产品价格指数

总成本指数 = 产量指数 × 单位产品成本指数

总产量指数 = 员工人数指数 × 劳动生产率指数

原材料消耗总额指数 = 产品产量指数×单位产品原材料消耗量指数 × 单位原材料价格指数

上述例子的总量变动中,前三个受两个因素的变动影响,一个是数量指标因素,一个是质量指标因素。而最后一个受到不止两个因素的变动影响,属于多因素影响的问题。本章主要介绍总量变动受两个因素的变动影响的例子。

指数体系的分析作用主要有两个：一是进行“因素分析”，即分析现象的总量变动中各有关因素的影响程度；二是进行“指数推算”，即根据已知的指数推算未知的指数。

二、总量变动的两因素分析

【例11-4】根据表11-1给出的资料，对该超市3种商品销售总额的变动进行因素分析。

解：

(1)销售额指数$I_{pq}=\dfrac{\sum p_1q_1}{\sum p_0q_0}=\dfrac{228\ 000}{230\ 000}\approx 99.13\%$，

销售额增减额 $=\sum p_1q_1-\sum p_0q_0=228\ 000-230\ 000=-2\ 000$(元)；

(2)销售量指数$I_q=\dfrac{\sum p_0q_1}{\sum p_0q_0}=\dfrac{213\ 000}{230\ 000}\approx 92.61\%$，

销售量变动的影响额$=\sum p_0q_1-\sum p_0q_0=213\ 000-230\ 000=-17\ 000$(元)；

(3)价格指数$I_p=\dfrac{\sum p_1q_1}{\sum p_0q_1}=\dfrac{228\ 000}{213\ 000}\approx 107.04\%$，

价格变动的影响额$=\sum p_1q_1-\sum p_0q_1=228\ 000-213\ 000=15\ 000$(元)；

(4)三者之间的数量关系为

$$99.13\%=92.61\%\times 107.04\%$$

$$-2\ 000(\text{元})=-17\ 000(\text{元})+15\ 000(\text{元})$$

(5)因素分析。

三种商品的销售总额减少了0.87%，减少的绝对值为2 000(元)，原因是：3种商品销售价格平均提高了7.04%，使得销售额增加15 000(元)，但销售量减少了7.39%，使得销售额减少了17 000(元)。

从上面的分析看出：总量变动相对数、绝对数的因素分析是报告期总量$\sum p_1q_1$、基期总量$\sum p_0q_0$、假定的总量$\sum p_0q_1$三个数的除法、减法运算和结果描述。

三、平均指标变动的因素分析

在平均指标的变动及其原因分析中，需要建立平均指标指数体系。不同时期平均指标的比值是一个相对数，属于广义指数范畴，通常称为“平均指标指数”，反映了平均指标在不同时期的变动情况。

设各组变量水平为x，各组权数为f，角标1为报告期，角标0为基期，$\bar{x}=\sum x\dfrac{f}{\sum f}$，故平均指标的变动，受两个因素影响：一是各组水平$x$；二是各组结构，即各组比重$\dfrac{f}{\sum f}$(频率)。

所以，平均指标变动的因素分析，就是从这两个因素入手进行的。

1. 平均指标指数

平均指标指数反映所有因素综合变动后的水平状况，其公式为

$$I_{xf}=\frac{\dfrac{\sum x_1 f_1}{\sum f_1}}{\dfrac{\sum x_0 f_0}{\sum f_0}}=\frac{\bar{x}_1}{\bar{x}_0} \tag{11.18}$$

2. 组水平指数

组水平指数又叫固定构成指数，反映各组结构不变条件下水平 x 变动的影响，其求法与帕氏质量指数同理，即

$$I_x=\frac{\sum x_1\dfrac{f_1}{\sum f_1}}{\sum x_0\dfrac{f_1}{\sum f_1}}=\frac{\dfrac{\sum x_1 f_1}{\sum f_1}}{\dfrac{\sum x_0 f_1}{\sum f_1}}=\frac{\bar{x}_1}{\bar{x}_{01}}\quad\left(\text{假定的平均数}\ \bar{x}_{01}=\frac{\sum x_0 f_1}{\sum f_1}\right) \tag{11.19}$$

3. 结构影响指数

结构影响指数反映各组水平不变条件下各组结构变动的影响大小，其求法与拉氏数量指数同理，即

$$I_f=\frac{\sum x_0\dfrac{f_1}{\sum f_1}}{\sum x_0\dfrac{f_0}{\sum f_0}}=\frac{\dfrac{\sum x_0 f_1}{\sum f_1}}{\dfrac{\sum x_0 f_0}{\sum f_0}}=\frac{\bar{x}_{01}}{\bar{x}_0} \tag{11.20}$$

4. 平均指标指数体系和绝对量关系

指数体系关系：$\dfrac{\bar{x}_1}{\bar{x}_0}=\dfrac{\bar{x}_1}{\bar{x}_{01}}\times\dfrac{\bar{x}_{01}}{\bar{x}_0}$，即 $I_{xf}=I_x\times I_f$　(11.21)

绝对量关系：$\bar{x}_1-\bar{x}_0=(\bar{x}_1-\bar{x}_{01})+(\bar{x}_{01}-\bar{x}_0)$　(11.22)

由此，可进行平均指标变动的因素分析。

【例11-5】根据表11-4给出的资料，对某单位总平均工资的变动进行因素分析。

表11-4　某单位员工构成及工资水平统计表

员工结构	平均工资/元		员工人数/人	
	基期 x_0	报告期 x_1	基期 f_0	报告期 f_1
管理人员	8 000	15 000	20	40
技术人员	5 000	8 000	300	500
行政人员	3 000	6 000	60	80
合计	—	—	380	620

解：

基期平均工资 $\bar{x}_0 = \dfrac{\sum x_0 f_0}{\sum f_0} = \dfrac{8\,000 \times 20 + 5\,000 \times 300 + 3\,000 \times 60}{20 + 300 + 60} \approx 4\,842$(元/人)

报告期平均工资 $\bar{x}_1 = \dfrac{\sum x_1 f_1}{\sum f_1} = \dfrac{15\,000 \times 40 + 8\,000 \times 500 + 6\,000 \times 80}{40 + 500 + 80} \approx 8\,194$(元/人)

假定的平均工资 $\bar{x}_{01} = \dfrac{\sum x_0 f_1}{\sum f_1} = \dfrac{8\,000 \times 40 + 5\,000 \times 500 + 3\,000 \times 80}{40 + 500 + 80} \approx 4\,935$(元/人)

(1)平均工资指数(平均指标指数)

$$I_{xf} = \frac{\bar{x}_1}{\bar{x}_0} = \frac{8\,194}{4\,842} \approx 169.23\%$$

平均工资提高影响平均工资变动的绝对数

$$\bar{x}_1 - \bar{x}_0 = 8\,194 - 4\,842 = 3\,352\text{(元/人)}$$

(2)各组员工工资水平指数(组水平指数)

$$I_x = \frac{\bar{x}_1}{\bar{x}_{01}} = \frac{8\,194}{4\,935} \approx 166.04\%$$

各组员工工资水平提高影响平均工资变动的绝对数

$$\bar{x}_1 - \bar{x}_{01} = 8\,194 - 4\,935 = 3\,259\text{(元/人)}$$

(3)员工人数结构变动影响指数(结构影响指数)

$$I_f = \frac{\bar{x}_{01}}{\bar{x}_0} = \frac{4\,935}{4\,842} \approx 101.92\%$$

员工人数结构变动影响平均工资变动的绝对数

$$\bar{x}_{01} - \bar{x}_0 = 4\,935 - 4\,842 = 93\text{(元/人)}$$

(4)三者之间的数量关系为

$$169.23\% = 166.04\% \times 101.92\%$$

$$3\,352\text{(元/人)} = 3\,259\text{(元/人)} + 93\text{(元/人)}$$

(5)因素分析。

员工平均工资增加了69.23%,平均工资增加3 352(元/人),原因是:各组员工工资水平提高了66.04%,使得平均工资增加3 259(元/人);员工人数结构变动1.92%,使得平均工资增加93(元/人)。

从上面的分析看出:平均指标变动相对数、绝对数的因素分析是报告期平均数 $\bar{x}_1$、基期平均数 $\bar{x}_0$、假定的平均数 $\bar{x}_{01}$ 三个数的除法、减法运算和结果描述。

第五节　几种常见的指数

一、股票价格指数

股票价格指数是反映股票市场上多种股票价格综合变动程度的指数。股票价格指数作为反映股票市场行情变化的重要指标，不仅是广大股票投资者进行投资决策的重要依据，而且也被视为一个国家或地区经济发展的“晴雨表”。股票价格指数一般采用综合指数的形式进行编制，以发行量（或流通量）为权数，通常采用帕氏公式进行计算。股票价格指数通常以“点”为单位，基期水平固定为100点或1 000点，股票价格比基期每变动1%或1‰，就称变动了1点。下面以我国的上证综合指数为例，简要介绍股票价格指数的编制。

上证综合指数是由上海证券交易所编制的股票价格指数，该指数于1991年7月15日正式发布，以1990年12月19日为基日，基日指数为100点，以所有在上海证券交易所挂牌上市的全部股票为样本，以报告期股票发行量为权数进行编制，计算公式为

$$I_p=\frac{\sum p_1q_1}{\sum p_0q_1} \tag{11.23}$$

深证成份指数是深圳证券交易所编制的一种以流通量为权数的成分股指数，该指数于1995年1月23日正式发布，以1994年7月20日为基日，基日指数为1 000点，初始样本股数量为40只。2015年5月20日，深圳证券交易所对深证成份指数正式实施样本股扩容，将样本股数量从40只扩大到500只，选样规则保持不变。经过扩容，新深证成份指数的板块分布更趋均衡合理，市场代表性大幅提升。新深证成份指数的行业结构与深圳市场高度吻合，与上证综合指数形成明显差异，凸显了深圳市场的结构特征。

二、居民消费价格指数

居民消费价格指数（consumer price index，CPI）是度量居民消费品及服务项目价格水平随时间变动的相对数，反映居民家庭购买的消费品及服务项目价格水平的变动情况。居民消费价格指数与人民群众的生活密切相关，在整个国民经济价格体系中具有十分重要的地位，是进行经济分析和决策、价格总水平监测和调控的重要指标。

我国目前编制的居民消费价格指数是采用固定加权算术平均指数方法来编制的，其主要编制过程和特点是：首先，将各种居民消费划分为八大类，包括食品、烟酒及用品、衣着、家庭设备用品及维修服务、医疗保健和个人用品、交通和通信、娱乐教育文化用品及服务、居住等八大类，下面再划分为若干个中类和小类。其次，从以上各类中选定部分代表规格品入编指数，并进行定时定点采价，进而利用有关对比时期的价格资料分别计算个体价格指数。再次，依据有关时期内各种商品的销售额构成比例确定代表规格品的比重权数，按

从低到高的顺序，采用固定加权算术平均公式，依次编制各小类、中类、大类的消费价格指数和总指数。计算公式为

$$I_p = \frac{\sum iw}{\sum w} \tag{11.24}$$

式中，i 为代表规格品个体价格指数或各层的类指数，w 为固定权数。

知识拓展　即测即评

小结

指数起源于人们对价格动态的关注，典型案例11阐述了指数的起源以及研究价格变动的基本思路，进而提出了指数分析的基本思想。编制总指数的基本方法有综合法和平均法两种，分别把这两种方法计算的总指数称为综合指数和平均指数。通过对社会经济现象总量或平均数的变动进行因素分析，可以测定各构成因素的变动对现象总量变动的影响情况，并对社会经济现象发展变化作综合评价。最后，通过熟悉几种常见的指数，进一步理解指数的基本思想和编制指数的基本原理，掌握指数分析方法的应用。

思考题

1. 典型案例11中解决问题的基本思想是怎样的？

2. 编制综合指数的基本思路是怎样的？

3. 如何利用指数体系对销售额的变动进行因素分析？

练习题

一、单项选择题

1. 综合指数是(　　)对比形成的指数。

A. 两个相对指标　　B. 两个平均指标

C. 相邻个体指数　　D. 两个总量指标

2. 某公司销售额2022年较2021年上升50%，同期销售量指数为120%，则销售价格指数是(　　)。

A. 150%　　B. 125%　　C. 120%　　D. 110%

3. 数量指标指数和质量指标指数的划分依据是(　　)。

A. 指数化指标的性质不同　　B. 所反映的对象范围不同

C. 所比较的现象特征不同　　D. 编制指数的方法不同

4.编制数量指标指数一般是采用(　　)作为同度量因素。

A.基期质量指标　　B.报告期质量指标

C.基期数量指标　　D.报告期数量指标

5.某市2017年社会商业零售总额为10 000万元,2022年增至15 000万元,这5年物价上涨了25%,则商业零售量指数为(　　)。

A.150%　　B.130%　　C.125%　　D.120%

6.与帕氏质量指标综合指数之间存在变形关系的调和平均指数的权数应是(　　)。

A. q_0p_0　　B.q_1p_1　　C.q_1p_0　　D.q_0p_1

7.同样数量的货币,今年购买的商品数量比去年减少了4%,那么可推断物价指数为(　　)。

A. 4.0%　　B. 104%　　C. 4.2%　　D. 104.2%

8.某公司报告期新职工人数比重大幅度上升,为了准确反映全公司职工劳动效率的真实变化,需要编制有关劳动生产率变化的(　　)。

A.平均数指数　　B.组水平指数

C.结构影响指数　　D.数量指标综合指数

9.我国深证100指数将基期价格水平定为1 000。若某周末收盘指数显示为1 122,此前一周末收盘指数显示为1 100,即表示此周末收盘时股价整体水平比一周前上涨了(　　)。

A.2%　　B.22%　　C.122%　　D.12.2%

10.居民消费价格指数反映了(　　)。

A.城乡商品零售价格的变动趋势和程度

B.城乡居民购买生活消费品价格的变动趋势和程度

C.城乡居民购买服务项目价格的变动趋势和程度

D.城乡居民购买生活消费品和服务项目价格的变动趋势和程度

二、判断题

1.综合指数是一种加权指数。(　　)

2.综合指数是总指数的基本形式,是编制总指数的唯一方法。(　　)

3.在实际应用中,计算价格综合指数,一般采用基期数量指标为同度量因素。(　　)

4.在编制综合指数时,虽然将同度量因素加以固定,但是同度量因素仍然起权数作用。(　　)

5.在实际应用中,计算销售量综合指数,一般采用报告期质量指标为同度量因素。(　　)

6.综合指数与平均指数具有不同的特点,两者之间不能相互转换。(　　)

7.平均指数与平均数指数是同一个概念。(　　)

8.某超市2022年与2021年相比，商品销售额增长6.5%，商品销售量增长6.5%，则商品价格不增不减。 (　　)

9.如果各种商品价格平均上涨5%，销售量平均下降5%，则销售额指数不变。 (　　)

10.平均指标变动的因素分析建立的指数体系由三个指数构成，即平均指标指数、固定构成指数和结构影响指数。 (　　)

三、计算题

1.某商店3种商品基期和报告期的价格和销售量资料如下表所示，试求这3种商品的价格指数和销售量指数。

商品名称	计量单位	价格/元		销售量	
		基期p_0	报告期p_1	基期q_0	报告期q_1
甲	件	20	22	100	110
乙	双	20	25	50	60
丙	条	25	20	80	100

2.某地区2021—2022年农产品的收购额及价格变动情况如下表所示，试计算该地区的农产品收购价格总指数，并据以分析农产品收购价格变化对农民收入的影响。

农产品	收购金额/万元		价格指数%
	2021年	2022年	
A	160	185	110
B	120	110	95
C	20	22	102

3.某企业3种产品的单位成本及产量资料如下表所示。试计算3种产品的总成本指数、单位成本指数、产量指数，并应用指数体系说明三者之间的关系。

产品名称	计量单位	单位成本/元		产　量	
		基期	报告期	基期q_0	报告期q_1
甲	件	350	320	50	60
乙	台	180	176	50	50
丙	t	20	20	150	200

4.某地区出口3种商品，有关统计资料见下表，请作出口额变动的因素分析。

商品	出口价/美元		出口量	
	p_0	p_1	q_0	q_1
甲/件	800	760	5 000	6 000
乙/t	2 500	2 500	800	820
丙/套	1 000	1 100	4 000	3 800

5.某企业某种产品基期和报告期的销售情况如下：

产品等级	单价/(元/件)		销售量/件	
	基期	报告期	基期	报告期
1	30	25	5 800	9 600
2	25	22	2 500	3 000
3	15	35	1 700	400

要求：对该产品平均价格的变动进行因素分析。

附　录

附录1:统计的实际应用

附录1－1:第四次国家卫生服务调查的调查方式——多阶段分层整群随机抽样

本调查是一项全国性调查,调查总体复杂且总体单位数量庞大,考虑到条件的限制,不适合进行全面调查,只能采用抽样调查,并坚持经济有效的原则。抽样方法是多阶段分层整群随机抽样法。第一阶段分层是以县(市或市区)为样本地区;第二阶段分层是以乡镇(街道)为样本地区;第三阶段分层以村(居委会)为样本地区;最后是以住户为样本个体。

一、第一阶段分层整群随机抽样

第一阶段抽样着重解决两个基本问题,一是全国各县、市差异极大,如何确定第一阶段分层的基准;二是抽样比例,多大的县、市样本量能经济有效地代表全国和不同类型的地区。

分层基准的确定。第一阶段分层的指标是通过专家咨询法和逐步回归法筛选的10个与卫生有关的社会经济、文化教育、人口结构和健康指标。对这10个指标进行主成分分析,根据分析结果选择第一主成分为分层的基准,称它为分层因子。在计算各县、市分层因子的得分后,用 K－Means聚类分析方法将总体分为组间具有异质性和组内具有同质性的五类地区即五层。聚类分层的结果第一层有201个县(市或市区);第二层有650个县(市或市区);第三层有698个县(市或市区);第四层有691个县(市或市区);第五层有212个县(市或市区)。

抽样比例的确定。样本量的确定基于以往的经验和其他国家抽样调查样本的设计,首先给定样本量大小的范围,确定抽取样本量为120,90,60,45,30的五个大小不等的样本。为了保证各层每一个县(市或市区)都有同等被抽取为样本的概率,必须考虑不同大小样本量的样本在各层的分配,即按比例的分层抽样中。按系统随机抽样方法,每个不同大小样本量的样本抽取6次。同一样本量的6次抽样中,通过计算每次抽样样本各变量的统计量,分别与总体各变量参数进行比较,从中筛选出与总体参数最为接近的那个样本,作为该样本量的最佳抽取样本。

二、第二阶段整分层群随机抽样

第二阶段整群随机抽样单位。在上述抽取的90个样本县(市或市区)中,以乡镇(街道)为第二阶段整群随机抽样单位。全国每个乡镇(街道)被抽取为样本乡镇(街道)的概率是1∶160。第二阶段整群随机抽样全国共抽取450个乡镇(街道)。平均每个样本县(市或市区)抽5个乡镇(街道)。

第二阶段整群随机抽样的基准。由于一个县(市或市区)内社会经济、文化教育和卫生状况的差异远小于全国各县、市之间的差异,因而确定县(市或市区)的抽样基准相对容易。根据我国各县(市或市区)的基本特征、实际的可操作性和以往抽样调查常用的指标,确定采用人口数(或人均收入)作为分层基准。

第二阶段整群随机抽样的方法:

① 将样本县(市或市区)所有的乡镇(街道)按人口数的多少(或人均收入的大小)由多到少依次排序;

② 由多到少依次计算人口数(或人均收入)的累计数;

③ 计算抽样间隔,用累计的人口总数(或人均收入累计总数)除以抽取的样本数(累计总数/5);

④ 用纸币法(随便拿出一张人民币,看人民币的号码与最初累计数哪一个数接近,取这个数为开始数)随机确定第一个样本乡镇(街道),然后加上抽样距离确定第二个样本乡镇(街道),依此类推确定第三至五个样本乡镇(街道)。

三、第三阶段整群随机抽样

第三阶段随机抽样的基准和样本容量:

①在同一个乡镇(街道)内,各村(居委会)的经济发展和卫生状况基本上差异不大。因此,第三阶段不用分层,直接采用整群随机抽样的方法从样本乡镇(街道)中抽取样本村(居委会)。但是,抽样时应按各村人均收入或人口数作为标识进行排序。第三阶段随机抽样由调查指导员负责。

②每个样本乡镇(街道)整群随机抽取2个村(居委会),全国共抽取900个村(居委会),全国每村(居委会)被抽为样本的概率为1∶1 120。

第三阶段整群随机抽样方法:

①将样本乡镇(街道)所有的村(居委会)按人均收入的多少(或人口数的大小)由多到少依次排序;

②由多到少依次计算人均收入(或人口数)的累计数;

③计算抽样间隔,用累计总数除以抽取的样本数(累计总数/2);

④用纸币法(随便拿出一张人民币,看人民币的号码与最初累计数哪一个数接近,取这个数为开始数)随机确定第一个样本村(居委会),然后加上抽样距离确定第二个样本村。

四、样本个体的抽样

最终的抽样单位是住户。在每个样本村(居委会)中按20%的比例随机抽取住户,平均每个村抽60户,全国共抽取54 000户。

抽样方法是各样本乡镇(街道)的调查指导员按照上述抽样比例在样本村(居委会)随机抽取,具体方法:

①按人口普查的编码顺序,根据门牌号、楼号、单元号、门号从小到大排列;

②对同一门牌号,同一个大院和楼号的,按门号从小到大排列,对同一门牌号内没有门号的按从左到右、从外到里、从下到上的原则编码。一经编码不许变动;

③编好住户码列入住户清单表中,如附表1–1所示。

附表1–1 住户清单表

序号	户主姓名	家庭住址	门牌号码	家庭人口数/人	累计人口数/人	抽中住户
1	张三	×村×组	东1	5	5	
2	李四	×村×组	东2	4	9	
3	王五	×村×组	东3	4	13	*
4	赵六	×村×组	东4	3	16	
5	陈七	×村×组	东5	5	21	
⋮	⋮	⋮	⋮	⋮	⋮	⋮
300	赵末	×村×组	北6	6	1 200	

④根据抽样比例计算应抽的户数(一般平均每个样本村80户),然后系统随机抽取。

方法同上:第一步计算所有住户的累计人口数、本村的家庭平均人口数(1 200/300 = 4)和本村应抽取的住户数(300×20% = 60);第二步计算抽样距离(1 200/60 = 20);第三步确定第一个随机数(如取一张人民币,其编号的后两位数是12,这个随机数接近第3编号的累计数,因此确定第3号住户为第一个样本);第四步用第3号的累计数加抽样距离(13 + 20 = 33),看33最接近第几编号住户,并确定这家住户为第二个样本,同理用第二个样本住户对应的累计数加抽样距离确定第三个样本。以同样方法确定以后各样本住户。

⑤抽样时可多抽取6户,作为备用。抽取方法是在上述抽取完毕以后,按上述步骤再从未抽取的住户中抽取6户。

附录1–2:希尔用统计学方法为人类攻克“白色瘟疫”作出了巨大贡献

肺结核史称“白色瘟疫”,是一种很凶猛的传染病,很长一段时间,医生们毫无办法。20世纪人类发现了对肺结核有效的抗生素药链霉素,可是,使用链霉素的肺结核病人病情经常会反复,医生们一直搞不懂原因。1945年,非医学科班出身的英国统计学家希尔当上了伦敦卫生学校首席教授,次年他接受了任务:检验链霉素能否治疗肺结核。

希尔找来108名肺结核患者,随机选取其中54人服药,余下54人作为对照。半年后,服药的病人中有28人病情明显好转,对照组却有14人死亡,显示链霉素确实有效。3年后，服药组有32人死亡，对照组则死了35人，两者几乎不存在统计意义上的差别。而这一结果表明：链霉素确实有效，但一段时间后细菌产生的抗药性，使得链霉素无效。由此，肺结核的治疗决策出来了，就是在病人使用链霉素的同时，服用“对氨基水杨酸”（PAS），理由是假如病菌对每种药物的抗药性产生可能性都是1/25，那么同时产生两种抗药性的可能性就是1/625。试验结果验证了这一理论的正确性，“链霉素＋PAS”的方法使结核病人的存活率上升到了80%。

后来又发现了几种新药，医生们又按照希尔的方法进行了几次试验，证明3种药物合用的疗效比两种药物还要好很多。如果3种药物持续用上2年的话，结核病的治愈率几乎可以达到100%。希尔用统计学方法为人类攻克“白色瘟疫”作出了巨大贡献！

附录2：软件在统计中的应用

附录2－1：第三章 整理和显示数据中的操作路径

1.【例3-1】筛选的操作路径

（1）自动筛选的操作路径：

打开Excel 2016，在A1：F7中输入表3-2的数据，选择第一行的标题—选择【排序和筛选】—【筛选】，在第一行的标题中每个指标的右下角会出现一个倒三角。点击“净利润”右边的小三角—【数字筛选】（见附图2-1）—【大于或等于（O）...】，得到附图2-2的对话框，在【大于或等于】右边的方框里输入5 000，点击【确定】，即可得到所筛选的结果。

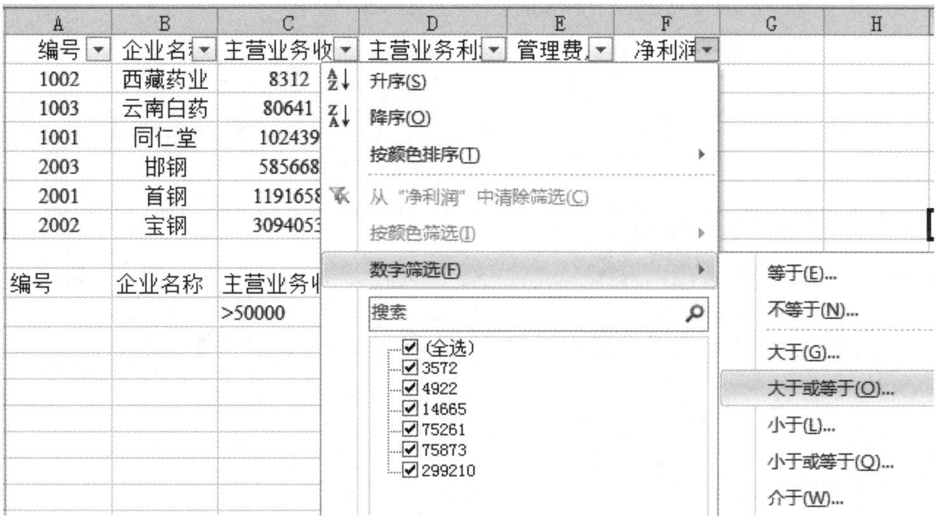

附图2-1 自动筛选过程一

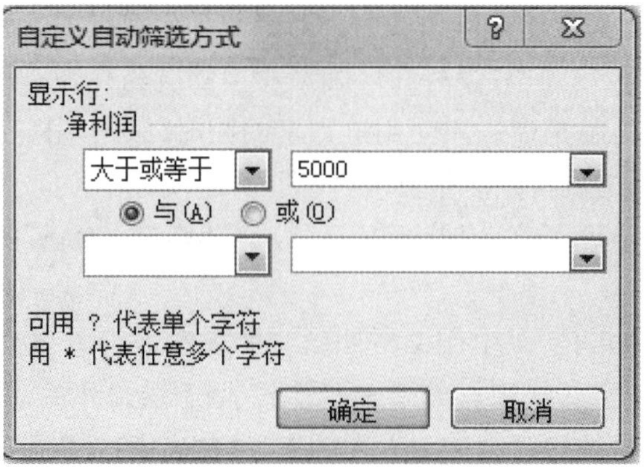

附图 2-2 自动筛选过程二

(2)高级筛选的操作路径:

打开 Excel 2016,在 A1:F7 中输入表 3-2 的数据,在 A9:F10 输入筛选条件,并选择 A1:F7 的数据—【数据】—【高级】,出现附图 2-3 中所示的【高级筛选】对话框,在该对话框中的【列表区域(L)】右边方框设置原始数据所在区域 A1:F7,在【条件区域(C)】右边方框设置条件区域 A9:F10,点击【确定】,即可筛选得到符合条件的数据。

A	B	C	D	E	F
编号	企业名称	主营业务收入	主营业务利润	管理费用	净利润
1002	西藏药业	8312	6926	1325	3572
1003	云南白药	80641	23838	7171	4922
1001	同仁堂	102439	46408	13384	14665
2003	邯钢	585668	99292	4590	75261
2001	首钢	1191658	131116	17526	75873
2002	宝钢	3094053	673436	132559	299210
编号	企业名称	主营业务收入	主营业务利润	管理费用	净利润
		>50000	>50000		>50000

附图 2-3 高级筛选过程

2.【例 3-2】排序的操作路径

打开 Excel 2016,在 A1:F7 中输入表 3-2 的数据,并选择该数据—【排序和筛选】—【自定义排序】,出现附图 2-4 所示的对话框,点击该对话框中的【主要关键字】右边的小三角,选择"主营业务收入",点击【数值】右边的小三角,选择"升序"。点击【添加条件(A)】,出现【次要关键字】,点击右边的小三角,选择"主营业务利润",点击【数值】右边的小三角,选择"升序",最后点击【确定】,即可得到排好序的数据。

附图 2-4　排序对话框

3.【例 3-3】建立数据透视表

打开 Excel 2016，在 A1:D19 中输入表 3-6 的原始数据，选择该数据—【插入】—【数据透视表】—【表格和区域】，出现如附图 2-5 所示的对话框，在该对话框中，首先选择一个区域 A1:D19，然后【选择放置数据透视表的位置】，选择【现有工作表(E)】，选择相应的位置，再选择【确定】。出现附图 2-6 所示的数据透视表设置提示，在附图 2-7 中设置行列标签及数值标签，将“生产厂家”移到列标签，将“商场”和“商品种类”移到行标签，将“销售量”移到数值，即可得到需要的数据透视表。

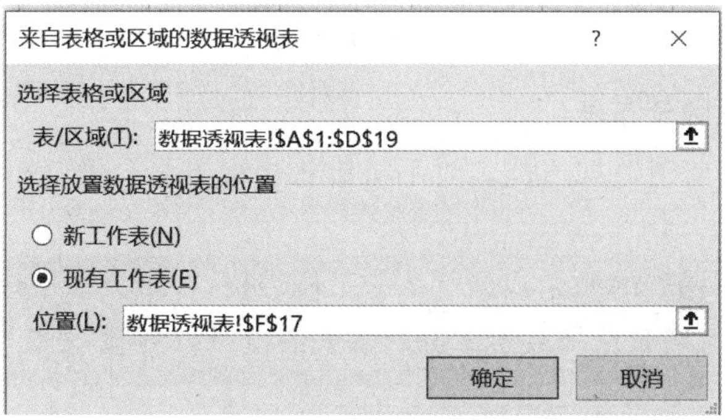

附图 2-5　建立数据透视表

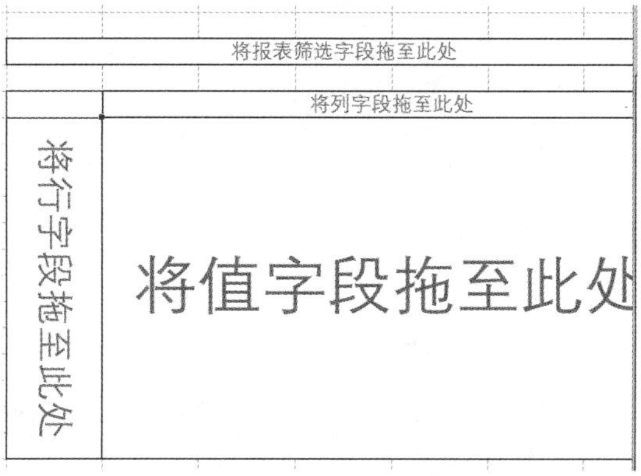

附图 2-6　数据透视表设置提示

附图 2-7　设置标签

4.【例 3-4】建立频数分布表

在 Excel 2016 中，使用数据透视表对手机销售情况进行分类计数和汇总，得出频数分布表。具体步骤如下。

(1)打开手机使用调查的原始数据所在的工作表格，在工具栏中选择【插入】—【数据透视表】—【选择表格或区域】，选择放置数据透视表的位置，得到附图 2-8 所示界面。

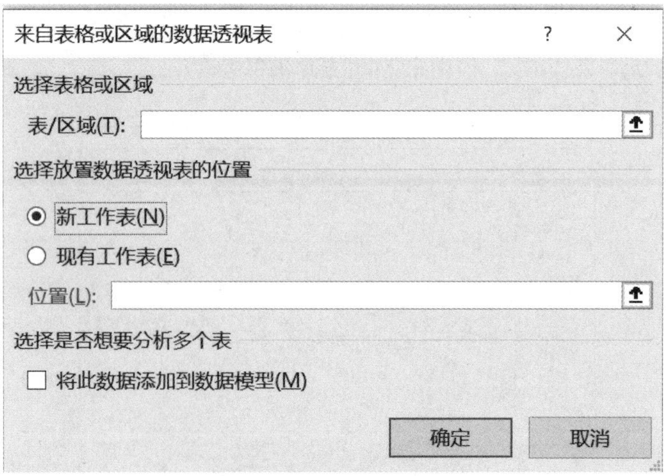

附图 2-8　创建数据透视表

(2)在附图2-8中创建数据透视表时,首先要选择分析的数据所在的区域,即点击表/区域右边的空方框中的箭头,选择数据所在区域A1:B51。然后再选择放置数据透视表的位置,可在位置后边的空方框中点击箭头,选择数据透视表所在位置,只要不与原始数据位置重复即可,比如选择D2,点击【确定】。

(3)在附图2-9中,选择行标签、列标签和数值。这里,我们可把"手机品牌"拉到行标签,把"学生性别"拉到列标签,把"手机品牌"拉到数值计算中,即可得到所需的频数分布表。

附图2-9 数据透视表字段列表

5.【例3-5】制作条形图

在Excel 2016中,先作单式条形图。选择数据区域,即手机类型及总计的频数,然后在工具栏中选择【插入】—【图表】—【柱形图】—【簇状柱形图】—即可得到单式条形图。若在条形图中不需要网格线,可点击网格线,然后右键选择【设置网格线格式】,在其对话框中的线条颜色中选择【无线条】—【关闭】,即可得到所需的条形图。若要设置图的颜色,则在工具栏中找到【图表工具】—【设计】—选择所需颜色,若是黑白图,则需选第一个图,即得到所需的单式条形图。

再作复式条形图,先选择数据区域,即手机类型和相应购买手机的男、女学生人数,然后在工具栏中选择【插入】—【柱形图】—【簇状柱形图】- 即可得到复式条形图。若在条形图中不需要网格线,也可按照前面相似的方法去掉,图形颜色选择也同前面类似,即可得到所需的复式条形图。

6.【例3-7】制作累计频数分布图

对甲城市居民生活质量满意度进行调查的数据可用累计频数分布图来显示。

在Excel 2016中，先选择数据区域，即甲城市居民生活质量满意度和对应的向上累计频数的数据区域，然后在工具栏中选择【插入】—【图表】—【折线图】—选择【带数据标记的折线图】，即可得到所需的向上累计频数分布图。

7.【例3-8】制作环形图

在Excel 2016中作出甲、乙城市居民生活质量满意度的环形图。

在Excel 2016中，先输入数据，即甲城市居民生活质量满意度的5个等级和相应频数以及乙城市居民生活质量满意度相应的频数。然后选择该数据区域，【插入】—【图表】—【饼图】-【圆环图】，即可得到所需的圆环图。如果需要在圆环图上显示各部分所占百分比，则可在圆环图上点击右键—【设置数据标签格式】，在其对话框中的标签选项中选择百分比。颜色选择同前面的方法，即可得到所需的圆环图。

8.【例3-10】统计函数FREQUENCY的使用

针对某电脑公司的50家分公司第一季度的电脑销售额的频数分布表可采用Excel中的统计函数FREQUENCY来实现。具体步骤是：

（1）在Excel 2016中，先在A1:E10中输入原始数据，在A13单元格中输入“组别”二字，在A14:A20中列出每一组别数字，注意每一组别是以其相应的上限值减1来设定。比如第1组90~100则用99来代表该组组别，其他的依次类推。在“组别”右边相邻的一单元格B13中输入“频数”二字，选择B14:B20，作为存放分组频数的区域，见附图2-10。

	A	B	C	D	E
1	150	125	119	139	117
2	105	109	120	115	142
3	124	116	110	129	100
4	123	131	102	106	143
5	120	94	132	124	138
6	92	115	158	146	139
7	110	137	136	127	113
8	90	144	126	134	125
9	130	128	135	148	104
10	127	146	130	156	140
11					
12					
13	组别	频数			
14	99				
15	109				
16	119				
17	129				
18	139				
19	149				
20	159				

附图2-10　组别的设置

（2）在工具栏选择【插入】—【fx】（插入函数）—插入函数对话框，在对话框中选择类别【统计】—选择函数【FREQUENCY】，见附图2-11。

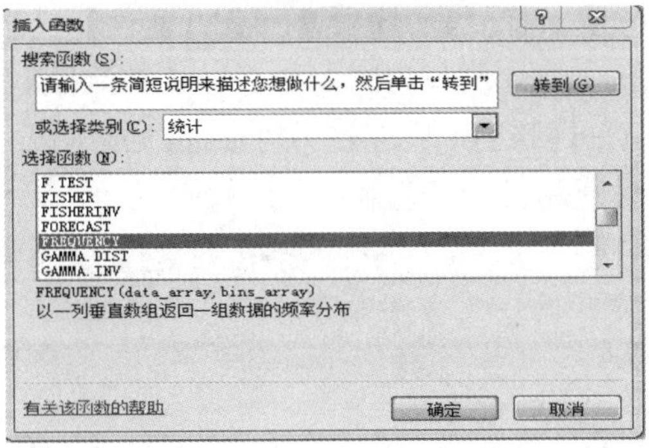

附图2-11 函数的选择

(3)点击【确定】,进入“函数参数”对话框。【Data_array】后输入原始数据区域【A1:E10】,在“Bins_array”后输入组别所在区域【A14:A20】,见附图2-12。

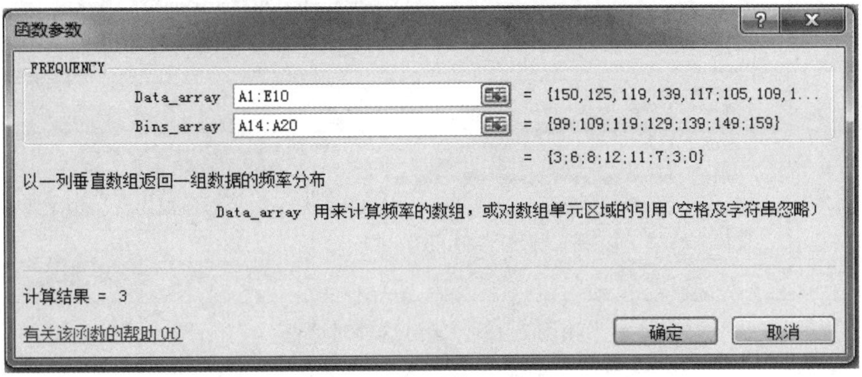

附图2-12 函数参数设置图

(4)同时按下Ctrl和Shift键后不松手,紧接着按下Enter键,频数分布结果便可显示出来,见附表2-1。注意一定不能点击【确定】,否则所有组的频数不能一起全部显示出来。

附表2-1 各组别的频数分布表

组别	频数
99	3
109	6
119	8
129	12
139	11
149	7
159	3

9.【例3-11】直方图的操作路径

在Excel 2016中作出某电脑公司的50家分公司第一季度的电脑销售额的分组情况的直方图。

第一步，在Excel 2016中，先添加加载项，即点击【文件】—【选项】—【Excel选项】对话框—【加载项】—选择【分析工具库】，见附图2-13。在该对话框中，下方的【管理】右边的选项框中选择【Excel】加载项—【转到】—【加载宏】对话框，见附图2-14，选择【分析工具库】—【确定】，即在【数据】中出现【数据分析】选项。

附图2-13 Excel选项对话框

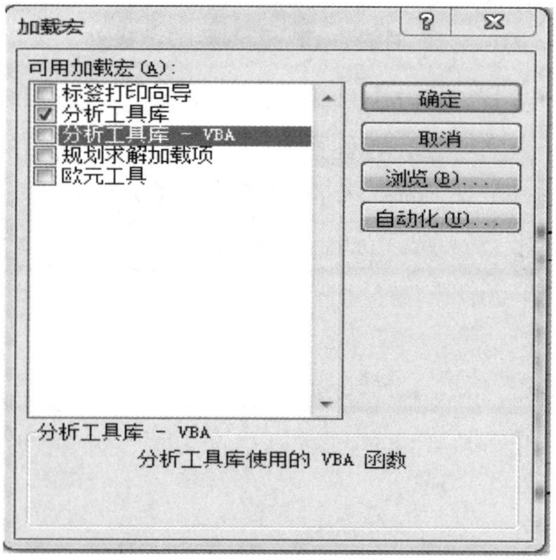

附图2-14 加载宏对话框

第二步，在已输入数据的Excel 2016中，在工具栏选择【数据】—【数据分析】—【直方图】—【确定】，得到直方图对话框，见附图2-15。在该对话框中，【输入区域】是把原始数据所在区域【A1:E10】输入，【接收区域】是把不同组别的数据区域【A14:A20】输入。【输出区域】可选一空白单元格，选择【图表输出】—【确定】，得到初步的直方图（见附图2-16）。

附图2-15 直方图对话框

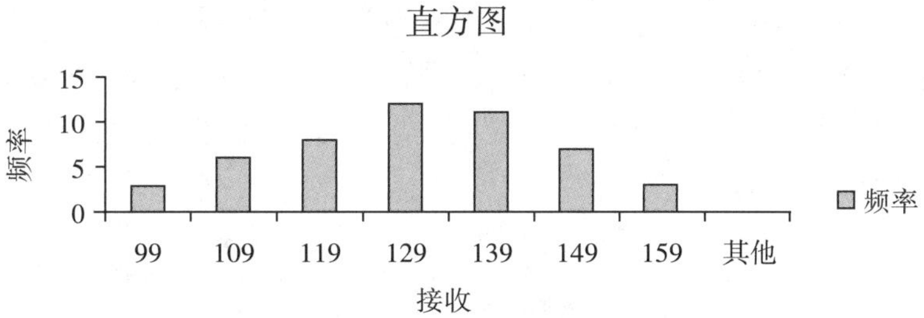

附图2-16 初步得到的直方图

第三步，修饰直方图。在初步得到的直方图上，点击柱子—点击右键—【设置数据系列格式】—【系列选项】—【分类间距】设置为0，即可得到各组别连续排列的直方图。若要把每一组别的上下限都显示出来，则需点击图表上的组别值，修正其旁边的表格数据，改为闭区间的数据，即可得到修饰后的直方图。

10. 茎叶图的操作路径

在SPSS中作出某电脑公司的50家分公司第一季度的电脑销售额的分组情况的茎叶图。

第一步，先在SPSS中输入数据。打开SPSS软件，在【变量视图】先定义变量，在名称下面的单元格输入“销售额”，后面信息按默认的即可。再点开【数据视图】，在产品件数所在的一列里输入原始数据。

第二步，点击菜单【分析】—【描述统计】—【探索】—把销售额选入【因变量列表】，【输出】中选择图—【绘制】—【探索图】对话框（描述性中选择茎叶图）—【继续】—【确定】，见附图2-17，即可得到茎叶图。

附图2-17　探索对话框

11.洛伦兹曲线图操作路径

在Excel 2016中，先选择人口向上累计率和收入向上累计率数据，然后在工具栏中选择【插入】—【图表】—【XY散点图】—【带平滑线的散点图】，生成相应的散点图。在散点图中分别点击横轴和纵轴，出现设置坐标轴格式对话框（见附图2-18），在坐标轴选项中设置最大值固定为100，主要刻度单位20，次要刻度单位是4。分别连接坐标轴的对角线（以0点作为起点），坐标轴各自的对边，再连接0点与散点构成的曲线，去掉网格线，把颜色设置成黑色，这样便可得到洛伦兹曲线图。

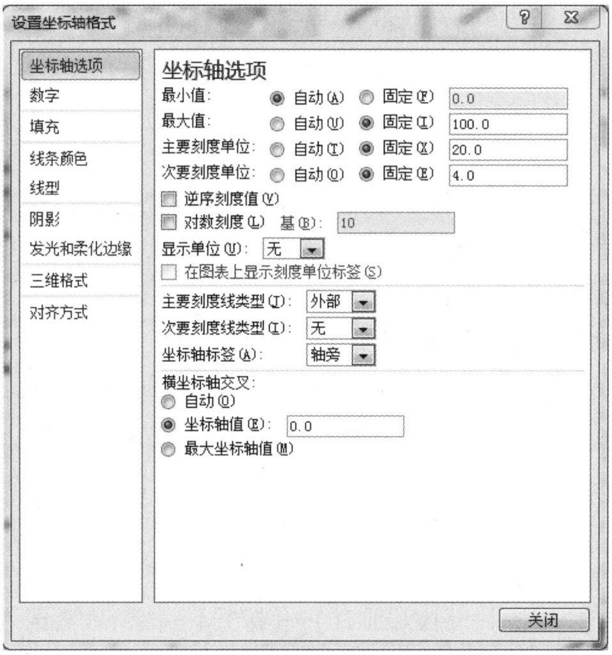

附图2-18　设置坐标轴格式对话框

附录2－2：第七章 假设检验中的Excel操作路径

【例7-2】具体步骤：在Excel 2016中，点击【fx（插入函数）】→【选择类别】（统计）→【选择函数】→TDIST（左侧检验用）→确定→在X栏输入t的值（－0.5），在自由度（Deg_freedom）栏输入自由度8，在Cumulative栏输入TRUE，点击确定，即可得到t统计量对应的概率P＝0.315 3。

【例7-3】具体步骤：在Excel 2016中，点击【fx（插入函数）】→【选择类别】（统计）→【选择函数】→NORMSDIST→【确定】→Z栏输入Z的绝对值（4.8），Cumulative栏输入TRUE，点击【确定】，得到函数值1，相应的概率P值为$P = 1 - 1 = 0$。

【例7-7】具体步骤：在Excel 2016中，点击【fx（插入函数）】→【选择类别】（统计）→【选择函数】→CHISQ.DIST.RT→【确定】→数值栏右边输入χ^2的值34.56，在自由度（Deg_freedom）栏右边输入自由度24，得到相应的概率$P = 0.075 \times 2 = 0.15$。

【例7-8】具体步骤：在Excel 2016中，输入表中数据→【数据】→【数据分析】

出现如附图2-19所示的数据分析对话框，在该对话框中，选择【t－检验：双样本等方差假设】，出现如附图2-20所示的对话框。在该对话框中，选择变量1的区域A2：A13，选择变量2的区域B2：B11，输出区域选择H10，点击确定，即可得到附表2-2所示的结果。

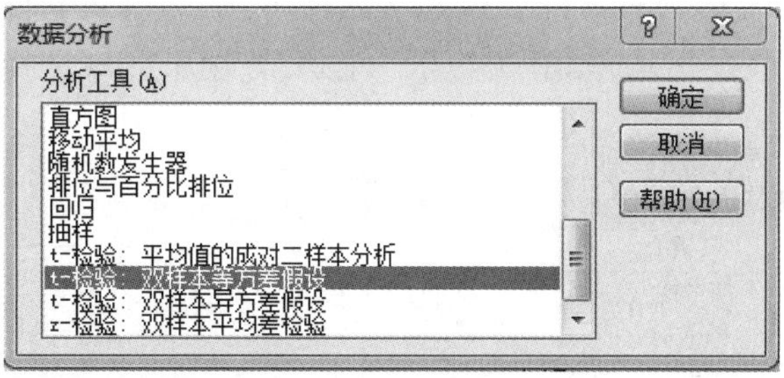

附图2-19　数据分析对话框

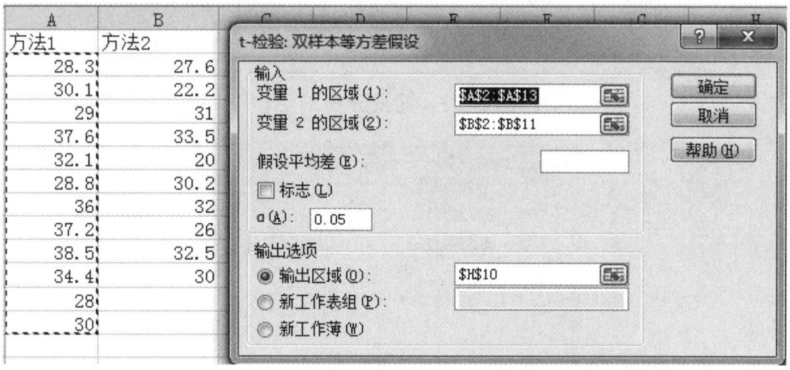

附图2-20　t检验：双样本等方差假设对话框

附表 2-2　*t* 检验：双样本等方差假设

	变量 1	变量 2
平均	32.5	28.5
方差	15.996 36	20.404 44
观测值	12	10
合并方差	17.98	
假设平均差	0	
df	20	
t Stat	2.203 152	
$P(T\leqslant t)$ 单尾	0.019 737	
t 单尾临界	1.724 718	
$P(T\leqslant t)$ 双尾	0.039 474	
t 双尾临界	2.085 963	

【例 7-10】具体步骤：在 Excel 2016 中，输入表中数据→【数据】→【数据分析】出现如附图 2-21 所示的数据分析对话框，在该对话框中，选择【t - 检验：平均值的成对二样本分析】，出现如附图 2-22 所示的对话框。在该对话框中，选择变量 1 的区域 A2:A10，选择变量 2 的区域 B2:B10，【假设平均差】右边方框中输入 0，输出区域选择 I1，点击确定，即可得到附表 2-3 所示的结果。

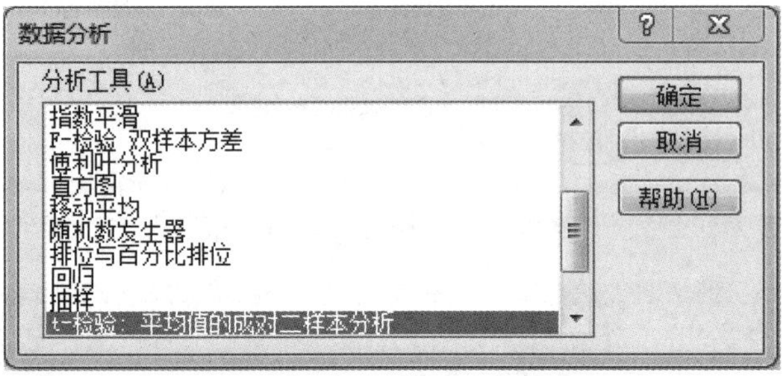

附图 2-21　数据分析对话框

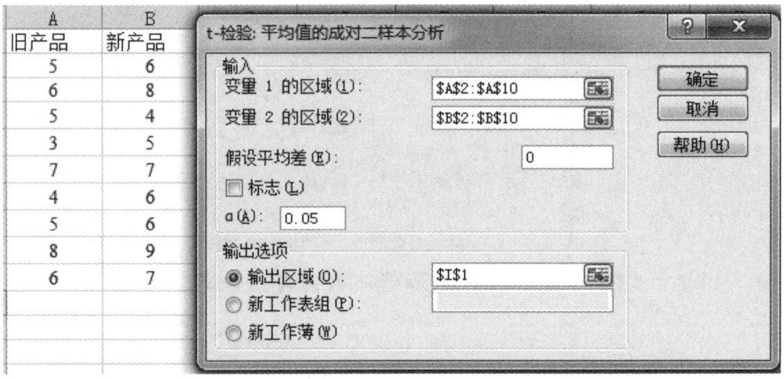

附图 2-22　*t* 检验：平均值的成对二样本分析对话框

附表 2-3　t 检验:成对双样本均值分析

	变量 1	变量 2
平均	5.444 444	6.444 444
方差	2.277 778	2.277 778
观测值	9	9
泊松相关系数	0.780 488	
假设平均差	0	
df	8	
t Stat	- 3	
$P(T\leqslant t)$ 单尾	0.008 536	
t 单尾临界	1.859 548	
$P(T\leqslant t)$ 双尾	0.017 072	
t 双尾临界	2.306 004	

附录 2 - 3:第八章 方差分析中的 Excel 操作路径

1. 用 Excel 进行单因素方差分析

由上述方差分析的方法和步骤可知,方差分析涉及大量的计算。手工计算会比较烦琐。因此,可借助 Excel 软件来简化方差分析的计算过程。下面以例 8-1 为例,给出 Excel 方差分析的详细步骤和结果。

第 1 步:选择【工具】下拉菜单,并选择【数据分析】选项。如果没有【数据分析】选项,应选择【文件】—【选项】—【加载项】,勾选【分析工具库】,然后单击【确定】即可。

第 2 步:在分析工具库中选择【单因素方差分析】,然后单击【确定】,如附图 2-23 所示。

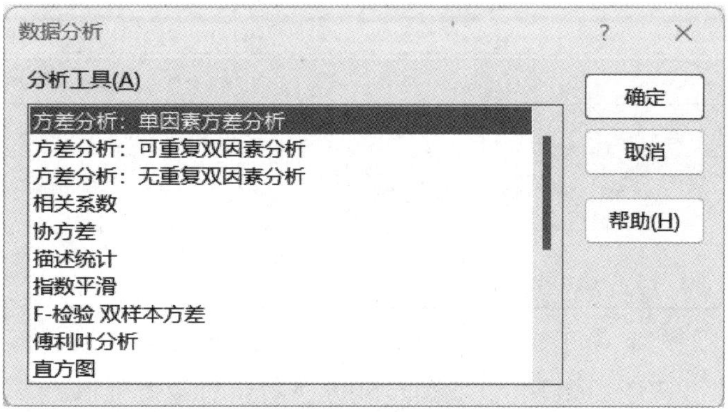

附图 2-23　用 Excel 选择方差分析

第 3 步:完成第 2 步后弹出如附图 2-24 所示对话框,在【输入区域】方框内输入数据所在区域A3:D8;在【α】框中输入显著性水平,本例中输入0.05;在【输出选项】中选择输出区域或新工作表组或新工作簿。最后单击【确定】,就可得到输出结果,如附表2-4所示。

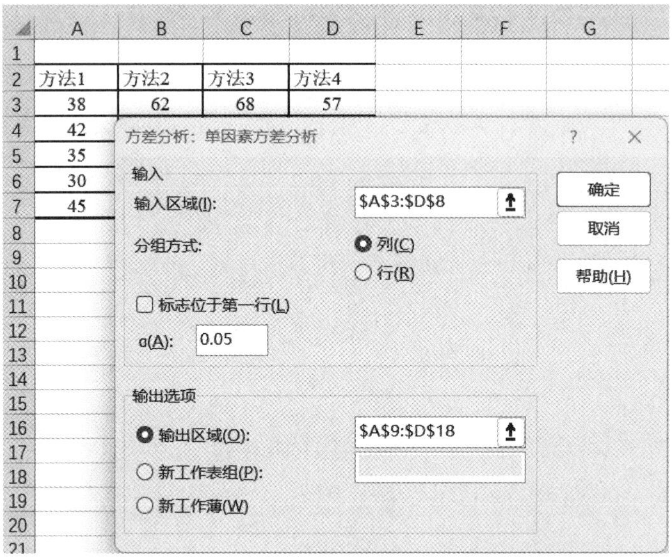

附图2-24 用Excel进行方差分析的步骤

附表2-4 Excel输出的方差分析结果

方差分析:单因素方差分析

SUMMARY

组	观测数	求和	平均	方差
列 1	5	190	38	34.5
列 2	5	245	49	58.5
列 3	5	295	59	30.0
列 4	5	235	47	54.5

方差分析

差异源	*SS*	*df*	*MS*	*F*	*P* - value	*F* crit
组间	1 113.75	3	371.25	8.366 197	0.001 424	3.238 872
组内	710	16	44.375			
总计	1 823.75	19				

由附表2-4可以看到,由于$F = 8.366\ 197 > F_{\alpha}(3.16) = 3.239$,所以拒绝原假设$H_0$,表明$\mu_1, \mu_2, \mu_3, \mu_4$之间有显著性的差异,也就是包装方法对销售量有显著性影响。当然,也可以通过P值来进行决策。若$P < \alpha$,则拒绝H_0;若$P > \alpha$,则不拒绝H_0。在本例中,$P = 0.001\ 424 < \alpha = 0.05$,所以拒绝$H_0$。

2. 用Excel进行无交互作用的双因素方差分析

用Excel进行无交互作用的双因素方差分析步骤和单因素方差分析类似,只需将第2步的【单因素方差分析】改为【无重复双因素分析】,如附图2-25所示。分析结果见附表2-5。

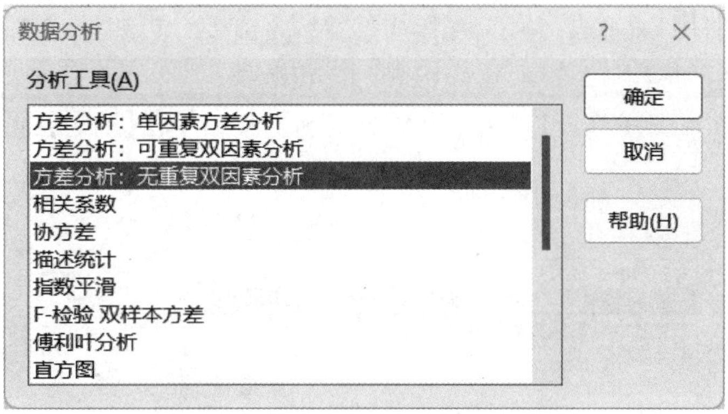

附图2-25 用Excel选择方差分析

附表2-5 Excel输出的方差分析结果

方差分析:无重复双因素分析

SUMMARY	观测数	求和	平均	方差
行1	5	190	38	34.5
行2	5	245	49	58.5
行3	5	295	59	30
行4	5	235	47	54.5
列1	4	225	56.25	168.25
列2	4	203	50.75	55.583 33
列3	4	180	45	74
列4	4	176	44	126
列5	4	181	45.25	40.25

方差分析

差异源	*SS*	*df*	*MS*	*F*	*P* - value	*F* crit
行	1 113.75	3	371.25	15.996 41	0.000 171	3.490 295
列	431.5	4	107.875	4.648 115	0.016 925	3.259 167
误差	278.5	12	23.208 33			
总计	1 823.75	19				

由附表2-5可知，也可根据P值做出决策。行因素的P值 = 0.000 171 < α = 0.05，则拒绝H_0，表明包装方法对销售量有显著影响；列因素的P值 = 0.016 925 < α = 0.05，则拒绝H_0，表明地区对销售量也有显著影响，结论和前面的保持一致。

3. 用Excel进行有交互作用的双因素方差分析

以例8-3为例，用Excel进行有交互作用的双因素方差分析如下：

第1步：选择【工具】下拉菜单，选择【数据分析】选项；

第2步：在分析工具中选择【可重复双因素分析】，然后单击【确定】，见附图2-26；

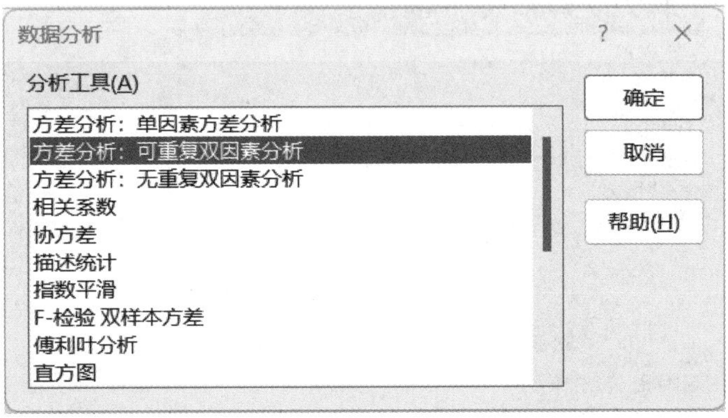

附图2-26　用Excel选择有交互作用的双因素方差分析

第3步：在弹出的对话框（附图2-27）中，在【输入区域】方框内输入数据所在区域A1：C13；在【α】框中输入显著性水平，本例中输入0.05；在【输出选项】中选择输出区域或新工作表组或新工作簿，这里选新工作表组。

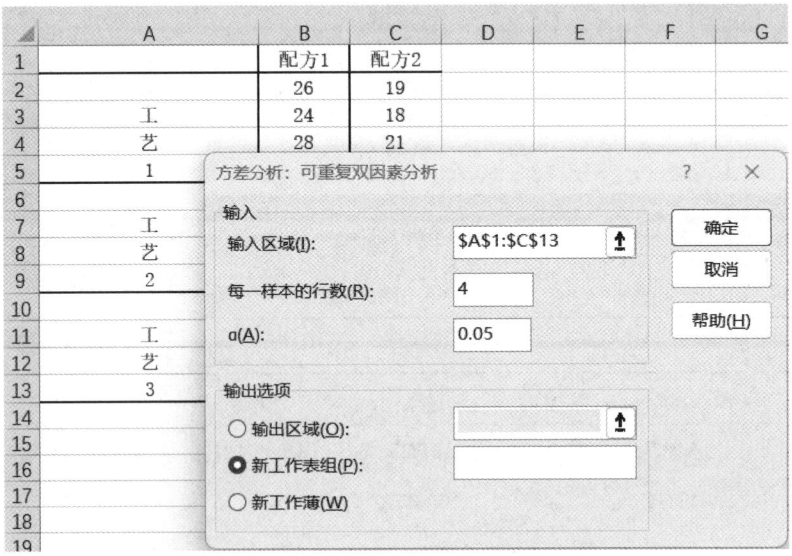

附图2-27　用Excel进行方差分析的操作步骤

最后单击【确定】，就可得到输出结果，如附表2-6所示。

附表2-6 Excel输出的有交互作用的双因素方差分析结果

方差分析:可重复双因素分析

SUMMARY	配方1	配方2	总计
观测数	4	4	8
求和	105	80	185
平均	26.25	20	23.125
方差	2.916 667	3.333 333	13.839 29
观测数	4	4	8
求和	92	85	177
平均	23	21.25	22.125
方差	2.666 667	2.916 667	3.267 857
观测数	4	4	8
求和	85	61	146
平均	21.25	15.25	18.25
方差	2.916 667	2.916 667	12.785 71
总计			
观测数	12	12	
求和	282	226	
平均	23.5	18.833 33	
方差	7	9.787 879	

方差分析

差异源	*SS*	*df*	*MS*	*F*	*P* - value	*F* crit
样本	106.083 3	2	53.041 67	18.014 15	5.06E - 05	3.554 557
列	130.666 7	1	130.666 7	44.377 36	2.99E - 06	4.413 873
交互	25.583 33	2	12.791 67	4.344 34	0.028 874	3.554 557
内部	53	18	2.944 444			
总计	315.333 3	23				

由上表输出的结果可知,行因素“工艺方法”(在Excel中输出为【样本】)的 P - value ≈ 0.000 1 < 0.05,因此,应拒绝原假设,说明不同工艺方法的灯泡寿命之间存在着显著性差

异;列因素【配方】的 P - value ≈ 0.000 0 < 0.05,同样是拒绝原假设,即不同灯丝配方的灯泡寿命之间有显著差异;交互作用反映的是【工艺方法】和【配方】因素结合起来产生的新效应,交互效应的 P - value ≈ 0.0289 < 0.05,也是拒绝原假设,表明工艺方法和配方的交互作用对灯泡寿命也存在显著影响。

附录2 - 4:第九章 相关与回归分析中的Excel操作路径

运用Excel软件可以进行相关分析与回归分析,需要强调的是其他软件(如SPSS)也可以实现相关分析与回归分析,感兴趣的同学可以查阅相关资料。

(1)用Excel软件画散点图的操作步骤说明。

①首先在Excel中,输入一组数据,即将我们感兴趣的两个变量的数据分别录入或复制到两列(如A、B列)。

②输入数据完成后,选中数据区域。

③点击上方【插入】,点击【散点图】。

(2)用Excel软件进行相关分析(主要指样本相关系数的计算)的操作步骤说明。

①打开Excel 2007以上版本的工作表。

②将我们感兴趣的两个变量的数据分别录入或复制到两列(如A、B列),需要对A:B列的数据相关性进行分析,可借助于【数据】选项下的【分析工具】来实现。

③在【数据】选项下,点击【数据分析】。

④在【数据分析】中,选择【相关系数】分析工具。

⑤在【相关系数】编辑框中,选择输入区域,并指定输出区域,或其他的【输出选项】。

⑥按【确定】后,在输出区域产生了【相关系数】,进而作相关分析。

(3)用Excel软件进行回归分析的操作步骤说明(一元回归与多元回归均通用)。

①首先把需要进行分析的数据导入,点击菜单中的【数据】,点击【数据分析】后,如附图2-28所示。

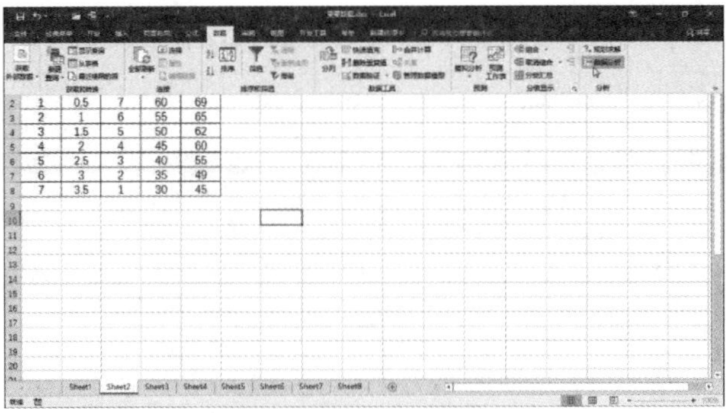

附图2-28 数据导入

②弹窗窗口中选择【回归】，再点击【确定】，如附图2-29所示。

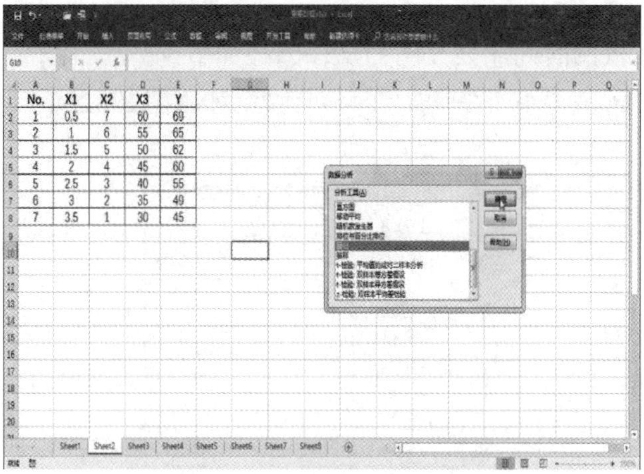

附图2-29 数据分析弹窗窗口

③分别选择y值（即被解释变量的数据）输入区域，选择x值（即解释变量的数据）输入区域，如附图2-30所示。

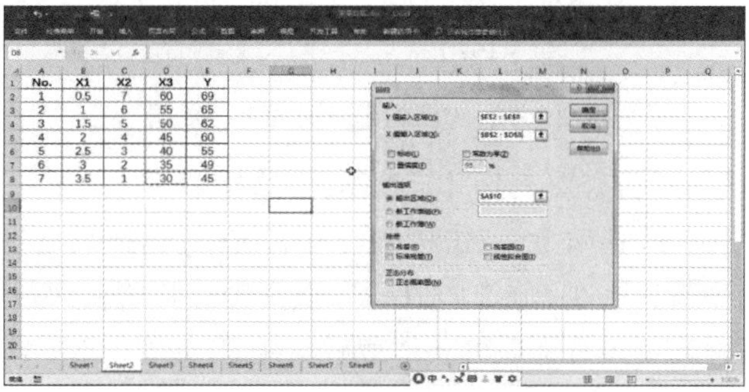

附图2-30 选择数据输入区域

④最后点击【确定】并得出回归结果，如附图2-31所示。

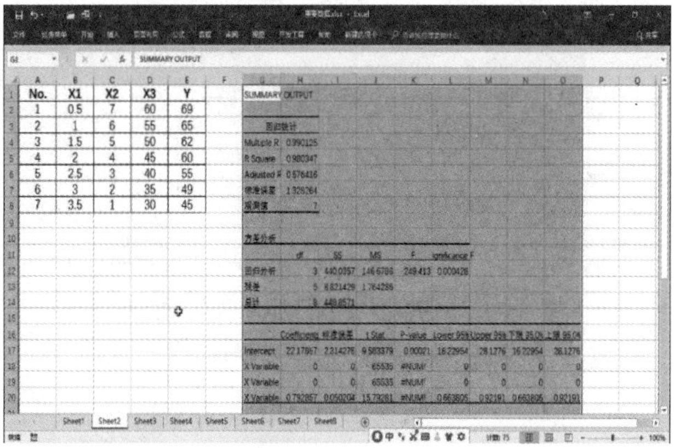

附图2-31 回归结果

附录2-5：第十章 时间序列分析的Excel操作路径

例10-1中关于CPI的时间序列线图的操作路径如下。

①在Excel 2016中，先选择年份和CPI两列数据，如附图2-32所示，列出部分数据。

	A	B
1	年份	CPI(%,上年=100)
2	1978	100.7
3	1979	101.9
4	1980	107.5
5	1981	102.5
6	1982	102.0
7	1983	102.0
8	1984	102.7
9	1985	109.3
10	1986	106.5
11	1987	107.3
12	1988	118.8
13	1989	118.0
14	1990	103.1

附图2-32　CPI的部分时间序列数据

②【插入】—【图表】—【所有图表】—【折线图】中选择第一行的第一个图，即得到一个粗略的线图(附图2-33)，在此基础上，点击横轴坐标右键—【选择数据】—出现【选择数据对话框】。在附图2-33中编辑水平(分类)轴标签，选择轴标签所在区域【A2:A45】，点击【确定】，对得到的图进行适当美观修饰即可获得最后的线图(如附图2-34)。

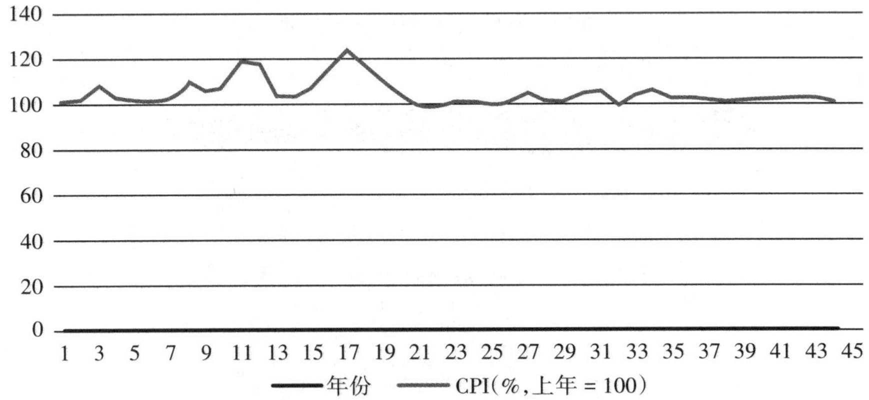

附图2-33　初步得到的粗略的线图

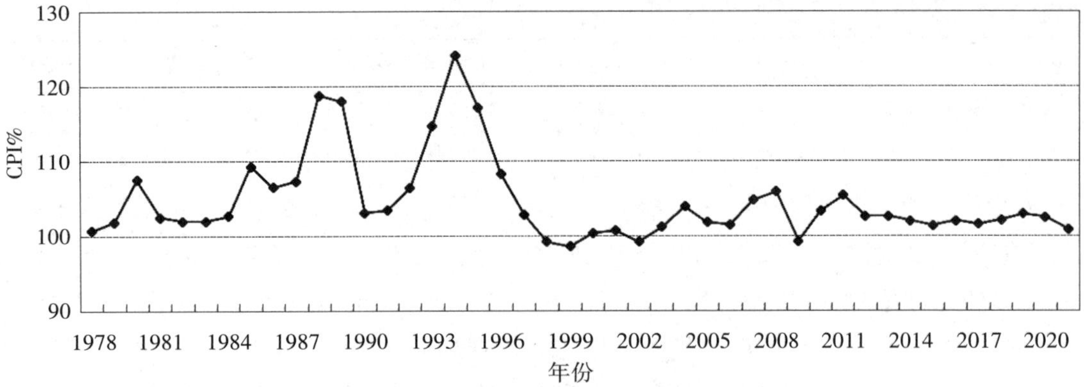

附图2-34　最终得到的CPI的时间序列线图

附录3:常用统计表

附表3-1　正态分布概率表

$$\Phi(x)=\int_{-\infty}^{x}\frac{1}{\sqrt{2\pi}}\mathrm{e}^{-\frac{t^2}{2}\mathrm{d}t}=P(X\leqslant x)$$

x	0	0.01	0.02	0.03	0.04	0.05	0.06	0.07	0.08	0.09
0	0.500 0	0.504 0	0.508 0	0.512 0	0.516 0	0.519 9	0.523 9	0.527 9	0.531 9	0.535 9
0.1	0.539 8	0.543 8	0.547 8	0.551 7	0.555 7	0.559 6	0.563 6	0.567 5	0.571 4	0.575 3
0.2	0.579 3	0.583 2	0.587 1	0.591 0	0.594 8	0.598 7	0.602 6	0.606 4	0.610 3	0.614 1
0.3	0.617 9	0.621 7	0.625 5	0.629 3	0.633 1	0.636 8	0.640 4	0.644 3	0.648 0	0.651 7
0.4	0.655 4	0.659 1	0.662 8	0.666 4	0.670 0	0.673 6	0.677 2	0.680 8	0.684 4	0.687 9
0.5	0.691 5	0.695 0	0.698 5	0.701 9	0.705 4	0.708 8	0.712 3	0.715 7	0.719 0	0.722 4
0.6	0.725 7	0.729 1	0.732 4	0.735 7	0.738 9	0.742 2	0.745 4	0.748 6	0.751 7	0.754 9
0.7	0.758 0	0.761 1	0.764 2	0.767 3	0.770 3	0.773 4	0.776 4	0.779 4	0.782 3	0.785 2
0.8	0.788 1	0.791 0	0.793 9	0.796 7	0.799 5	0.802 3	0.805 1	0.807 8	0.810 6	0.813 3
0.9	0.815 9	0.818 6	0.821 2	0.823 8	0.826 4	0.828 9	0.835 5	0.834 0	0.836 5	0.838 9
1	0.841 3	0.843 8	0.846 1	0.848 5	0.850 8	0.853 1	0.855 4	0.857 7	0.859 9	0.862 1
1.1	0.864 3	0.866 5	0.868 6	0.870 8	0.872 9	0.874 9	0.877 0	0.879 0	0.881 0	0.883 0
1.2	0.884 9	0.886 9	0.888 8	0.890 7	0.892 5	0.894 4	0.896 2	0.898 0	0.899 7	0.901 5
1.3	0.903 2	0.904 9	0.906 6	0.908 2	0.909 9	0.911 5	0.913 1	0.914 7	0.916 2	0.917 7
1.4	0.919 2	0.920 7	0.922 2	0.923 6	0.925 1	0.926 5	0.927 9	0.929 2	0.930 6	0.931 9
1.5	0.933 2	0.934 5	0.935 7	0.937 0	0.938 2	0.939 4	0.940 6	0.941 8	0.943 0	0.944 1
1.6	0.945 2	0.946 3	0.947 4	0.948 4	0.949 5	0.950 5	0.951 5	0.952 5	0.953 5	0.953 5
1.7	0.955 4	0.956 4	0.957 3	0.958 2	0.959 1	0.959 9	0.960 8	0.961 6	0.962 5	0.963 3

续表

x	0	0.01	0.02	0.03	0.04	0.05	0.06	0.07	0.08	0.09
1.8	0.964 1	0.964 8	0.965 6	0.966 4	0.967 2	0.967 8	0.968 6	0.969 3	0.970 0	0.970 6
1.9	0.971 3	0.971 9	0.972 6	0.973 2	0.973 8	0.974 4	0.975 0	0.975 6	0.976 2	0.976 7
2	0.977 2	0.977 8	0.978 3	0.978 8	0.979 3	0.979 8	0.980 3	0.980 8	0.981 2	0.981 7
2.1	0.982 1	0.982 6	0.983 0	0.983 4	0.983 8	0.984 2	0.984 6	0.985 0	0.985 4	0.985 7
2.2	0.986 1	0.986 4	0.986 8	0.987 1	0.987 4	0.987 8	0.988 1	0.988 4	0.988 7	0.989 0
2.3	0.989 3	0.989 6	0.989 8	0.990 1	0.990 4	0.990 6	0.990 9	0.991 1	0.991 3	0.991 6
2.4	0.991 8	0.992 0	0.992 2	0.992 5	0.992 7	0.992 9	0.993 1	0.993 2	0.993 4	0.993 6
2.5	0.993 8	0.994 0	0.994 1	0.994 3	0.994 5	0.994 6	0.994 8	0.994 9	0.995 1	0.995 2
2.6	0.995 3	0.995 5	0.995 6	0.995 7	0.995 9	0.996 0	0.996 1	0.996 2	0.996 3	0.996 4
2.7	0.996 5	0.996 6	0.996 7	0.996 8	0.996 9	0.997 0	0.997 1	0.997 2	0.997 3	0.997 4
2.8	0.997 4	0.997 5	0.997 6	0.997 7	0.997 7	0.997 8	0.997 9	0.997 9	0.998 0	0.998 1
2.9	0.998 1	0.998 2	0.998 2	0.998 3	0.998 4	0.998 4	0.998 5	0.998 5	0.998 6	0.998 6
3	0.998 7	0.999 0	0.999 3	0.999 5	0.999 7	0.999 8	0.999 8	0.999 9	0.999 9	1.000 0
3.1	0.999 0	0.999 1	0.999 1	0.999 1	0.999 2	0.999 2	0.999 2	0.999 2	0.999 3	0.999 3
3.2	0.999 3	0.999 3	0.999 4	0.999 4	0.999 4	0.999 4	0.999 4	0.999 5	0.999 5	0.999 5

附表3-2 t分布临界值表

$$P[|t(v)| > t_\alpha(v)] = \alpha$$

单侧 双侧	$\alpha=0.10$ $\alpha=0.20$	0.05 0.10	0.025 0.05	0.01 0.02	0.005 0.01
$v=1$	3.078	6.314	12.706	31.821	63.657
2	1.886	2.920	4.303	6.965	9.925
3	1.638	2.353	3.182	4.541	5.841
4	1.533	2.132	2.776	3.747	4.604
5	1.476	2.015	2.571	3.365	4.032
6	1.440	1.943	2.447	3.143	3.707
7	1.415	1.895	2.365	2.998	3.499
8	1.397	1.860	2.306	2.896	2.355
9	1.383	1.833	2.262	2.821	3.250
10	1.372	1.812	2.228	2.764	3.169
11	1.363	1.796	2.201	2.718	3.106
12	1.356	1.782	2.179	2.681	3.055
13	1.350	1.771	2.160	2.650	3.012

续表

单侧 双侧	$\alpha = 0.10$ $\alpha = 0.20$	0.05 0.10	0.025 0.05	0.01 0.02	0.005 0.01
14	1.345	1.761	2.145	2.624	2.977
15	1.341	1.753	2.131	2.602	2.947
16	1.337	1.746	2.120	2.583	2.921
17	1.333	1.740	2.110	2.567	2.898
18	1.330	1.734	2.101	2.552	2.878
19	1.328	1.729	2.093	2.539	2.861
20	1.325	1.725	2.086	2.528	2.845
21	1.323	1.721	2.080	2.518	2.831
22	1.321	1.717	2.074	2.508	2.819
23	1.319	1.714	2.069	2.500	2.807
24	1.318	1.711	2.064	2.492	2.797
25	1.316	1.708	2.060	2.485	2.787
26	1.315	1.706	2.056	2.479	2.779
27	1.314	1.703	2.052	2.473	2.771
28	1.313	1.701	2.048	2.467	2.763
29	1.311	1.699	2.045	2.462	2.756
30	1.310	1.697	2.042	2.457	2.750
40	1.303	1.684	2.021	2.423	2.704
50	1.299	1.676	2.009	2.403	2.678
60	1.296	1.671	2.000	2.390	2.660
70	1.294	1.667	1.994	2.381	2.648
80	1.292	1.664	1.990	2.374	2.639
90	1.291	1.662	1.987	2.368	2.632
100	1.290	1.660	1.984	2.364	2.626
125	1.288	1.657	1.979	2.357	2.616
150	1.287	1.655	1.976	2.351	2.609
200	1.286	1.653	1.972	2.345	2.601
∞	1.282	1.645	1.960	2.326	2.576

附表 3-3 χ^2 分布临界值表

$P[\chi^2(v) > \chi^2_\alpha(v)] = \alpha$

v	α									
	0.995	0.990	0.975	0.950	0.900	0.100	0.050	0.025	0.010	0.005
1	0.000 0	0.000 2	0.001 0	0.003 9	0.015 8	2.705 5	3.841 5	5.023 9	6.634 9	7.879 4
2	0.010 0	0.020 1	0.050 6	0.102 6	0.210 7	4.605 2	5.991 5	7.377 8	9.210 3	10.596 6
3	0.071 7	0.114 8	0.215 8	0.351 8	0.584 4	6.251 4	7.814 7	9.348 4	11.344 9	12.838 2
4	0.207 0	0.297 1	0.484 4	0.710 7	1.063 6	7.779 4	9.487 7	11.143 3	13.276 7	14.860 3
5	0.411 7	0.554 3	0.831 2	1.145 5	1.610 3	9.236 4	11.070 5	12.832 5	15.086 3	16.749 6
6	0.675 7	0.872 1	1.237 3	1.635 4	2.204 1	10.644 6	12.591 6	14.449 4	16.811 9	18.547 6
7	0.989 3	1.239 0	1.689 9	2.167 3	2.833 1	12.017 0	14.067 1	16.012 8	18.475 3	20.277 7
8	1.344 4	1.646 5	2.179 7	2.732 6	3.489 5	13.361 6	15.507 3	17.534 5	20.090 2	21.955 0
9	1.734 9	2.087 9	2.700 4	3.325 1	4.168 2	14.683 7	16.919 0	19.022 8	21.666 0	23.589 4
10	2.155 9	2.558 2	3.247 0	3.940 3	4.865 2	15.987 2	18.307 0	20.483 2	23.209 3	25.188 2
11	2.603 2	3.053 5	3.815 7	4.574 8	5.577 8	17.275 0	19.675 1	21.920 0	24.725 0	26.756 8
12	3.073 8	3.570 6	4.403 8	5.226 0	6.303 8	18.549 3	21.026 1	23.336 7	26.217 0	28.299 5
13	3.565 0	4.106 9	5.008 8	5.891 9	7.041 5	19.811 9	22.362 0	24.735 6	27.688 2	29.819 5
14	4.074 7	4.660 4	5.628 7	6.570 6	7.789 5	21.064 1	23.684 8	26.118 9	29.141 2	31.319 3
15	4.600 9	5.229 3	6.262 1	7.260 9	8.546 8	22.307 1	24.995 8	27.488 4	30.577 9	32.801 3
16	5.142 2	5.812 2	6.907 7	7.961 6	9.312 2	23.541 8	26.296 2	28.845 4	31.999 9	34.267 2
17	5.697 2	6.407 8	7.564 2	8.671 8	10.085 2	24.769 0	27.587 1	30.191 0	33.408 7	35.718 5
18	6.264 8	7.014 9	8.230 7	9.390 5	10.864 9	25.989 4	28.869 3	31.526 4	34.805 3	37.156 5
19	6.844 0	7.632 7	8.906 5	10.117 0	11.650 9	27.203 6	30.143 5	32.852 3	36.190 9	38.582 3
20	7.433 8	8.260 4	9.590 8	10.850 8	12.442 6	28.412 0	31.410 4	34.169 6	37.566 2	39.996 8
21	8.033 7	8.897 2	10.282 9	11.591 3	13.239 6	29.615 1	32.670 6	35.478 9	38.932 2	41.401 1
22	8.642 7	9.542 5	10.982 3	12.338 0	14.041 5	30.813 3	33.924 4	36.780 7	40.289 4	42.795 7
23	9.260 4	10.195 7	11.688 6	13.090 5	14.848 0	32.006 9	35.172 5	38.075 6	41.638 4	44.181 3
24	9.886 2	10.856 4	12.401 2	13.848 4	15.658 7	33.196 2	36.415 0	39.364 1	42.979 8	45.558 5
25	10.519 7	11.524 0	13.119 7	14.611 4	16.473 4	34.381 6	37.652 5	40.646 5	44.314 1	46.927 9
26	11.160 2	12.198 1	13.843 9	15.379 2	17.291 9	35.563 2	38.885 1	41.923 2	45.641 7	48.289 9
27	11.807 6	12.878 5	14.573 4	16.151 4	18.113 9	36.741 2	40.113 3	43.194 5	46.962 9	49.644 9
28	12.461 3	13.564 7	15.307 9	16.927 9	18.939 2	37.915 9	41.337 1	44.460 8	48.278 2	50.993 4
29	13.121 1	14.256 5	16.047 1	17.708 4	19.767 7	39.087 5	42.557 0	45.722 3	49.587 9	52.335 6
30	13.786 7	14.953 5	16.790 8	18.492 7	20.599 2	40.256 0	43.773 0	46.979 2	50.892 2	53.672 0

续表

v	α									
	0.995	0.990	0.975	0.950	0.900	0.100	0.050	0.025	0.010	0.005
31	14.457 8	15.655 5	17.538 7	19.280 6	21.433 6	41.421 7	44.985 3	48.231 9	52.191 4	55.002 7
32	15.134 0	16.362 2	18.290 8	20.071 9	22.270 6	42.584 7	46.194 3	49.480 4	53.485 8	56.328 1
33	15.815 3	17.073 5	19.046 7	20.866 5	23.110 2	43.745 2	47.399 9	50.725 1	54.775 5	57.648 4
34	16.501 3	17.789 1	19.806 3	21.664 3	23.952 3	44.903 2	48.602 4	51.966 0	56.060 9	58.963 9
35	17.191 8	18.508 9	20.569 4	22.465 0	24.796 7	46.058 8	49.801 8	53.203 3	57.342 1	60.274 8
36	17.886 7	19.232 7	21.335 9	23.268 6	25.643 3	47.212 2	50.998 5	54.437 3	58.619 2	61.581 2
37	18.585 8	19.960 2	22.105 6	24.074 9	26.492 1	48.363 4	52.192 3	55.668 0	59.892 5	62.883 3
38	19.288 9	20.691 4	22.878 5	24.883 9	27.343 0	49.512 6	53.383 5	56.895 5	61.162 1	64.181 4
39	19.995 9	21.426 2	23.654 3	25.695 4	28.195 8	50.659 8	54.572 2	58.120 1	62.428 1	65.475 6
40	20.706 5	22.164 3	24.433 0	26.509 3	29.050 5	51.805 1	55.758 5	59.341 7	63.690 7	66.766 0
41	21.420 8	22.905 6	25.214 5	27.325 6	29.907 1	52.948 5	56.942 4	60.560 6	64.950 1	68.052 7

附表3-4　F分布临界值表($\alpha=0.05$)

$$P[F(v_1,v_2)>F_\alpha(v_1,v_2)]=\alpha$$

v_2	v_1								
	1	2	3	4	5	6	8	10	15
1	161.4	199.5	215.7	224.6	230.2	234.0	238.9	241.9	245.9
2	18.51	19.00	19.16	19.25	19.30	19.33	19.37	19.40	19.43
3	10.13	9.55	9.28	9.12	9.01	8.94	8.85	8.79	8.70
4	7.71	6.94	6.59	6.39	6.26	6.16	6.04	5.96	5.86
5	6.61	5.79	5.41	5.19	5.05	4.95	4.82	4.74	4.62
6	5.99	5.14	4.76	4.53	4.39	4.28	4.15	4.06	3.94
7	5.59	4.74	4.35	4.12	3.97	3.87	3.73	3.64	3.51
8	5.32	4.46	4.07	3.84	3.69	3.58	3.44	3.35	3.22
9	5.12	4.26	3.86	3.63	3.48	3.37	3.23	3.14	3.01
10	4.96	4.10	3.71	3.48	3.33	3.22	3.07	2.98	2.85
11	4.84	3.98	3.59	3.36	3.20	3.09	2.95	2.85	2.72
12	4.75	3.89	3.49	3.26	3.11	3.00	2.85	2.75	2.62
13	4.67	3.81	3.41	3.18	3.03	2.92	2.77	2.67	2.53
14	4.60	3.74	3.34	3.11	2.96	2.85	2.70	2.60	2.46
15	4.54	3.68	3.29	3.06	2.90	2.79	2.64	2.54	2.40
16	4.49	3.63	3.24	3.01	2.85	2.74	2.59	2.49	2.35
17	4.45	3.59	3.20	2.96	2.81	2.70	2.55	2.45	2.31

续表

v_2	v_1								
	1	2	3	4	5	6	8	10	15
18	4.41	3.55	3.16	2.93	2.77	2.66	2.51	2.41	2.27
19	4.38	3.52	3.13	2.90	2.74	2.63	2.48	2.38	2.23
20	4.35	3.49	3.10	2.87	2.71	2.60	2.45	2.35	2.20
21	4.32	3.47	3.07	2.84	2.68	2.57	2.42	2.32	2.18
22	4.30	3.44	3.05	2.82	2.66	2.55	2.40	2.30	2.15
23	4.28	3.42	3.03	2.80	2.64	2.53	2.37	2.27	2.13
24	4.26	3.40	3.01	2.78	2.62	2.51	2.36	2.25	2.11
25	4.24	3.39	2.99	2.76	2.60	2.49	2.34	2.24	2.09
26	4.23	3.37	2.98	2.74	2.59	2.47	2.32	2.22	2.07
27	4.21	3.35	2.96	2.73	2.57	2.46	2.31	2.20	2.06
28	4.20	3.34	2.95	2.71	2.56	2.45	2.29	2.19	2.04
29	4.18	3.33	2.93	2.70	2.55	2.43	2.28	2.18	2.03
30	4.17	3.32	2.92	2.69	2.53	2.42	2.27	2.16	2.01
40	4.08	3.23	2.84	2.61	2.45	2.34	2.18	2.08	1.92
50	4.03	3.18	2.79	2.56	2.40	2.29	2.13	2.03	1.87
60	4.00	3.15	2.76	2.53	2.37	2.25	2.10	1.99	1.84
70	3.98	3.13	2.74	2.50	2.35	2.23	2.07	1.97	1.81
80	3.96	3.11	2.72	2.49	2.33	2.21	2.06	1.95	1.79
90	3.95	3.10	2.71	2.47	2.32	2.20	2.04	1.94	1.78
100	3.94	3.09	2.70	2.46	2.31	2.19	2.03	1.93	1.77
125	3.92	3.07	2.68	2.44	2.29	2.17	2.01	1.91	1.75
150	3.90	3.06	2.66	2.43	2.27	2.16	2.00	1.89	1.73
200	3.89	3.04	2.65	2.42	2.26	2.14	1.98	1.88	1.72
∞	3.84	3.00	2.60	2.37	2.21	2.10	1.94	1.83	1.67

附表3-4(续)　F分布临界值表($\alpha = 0.01$)

$$P[F(v_1, v_2) > F_\alpha(v_1, v_2)] = \alpha$$

v_2	v_1								
	1	2	3	4	5	6	8	10	15
1	405 2	499 9	540 3	562 5	576 4	585 9	598 1	606 5	615 7
2	98.50	99.00	99.17	99.25	99.30	99.33	99.37	99.40	99.43
3	34.12	30.82	29.46	28.71	28.24	27.91	27.49	27.23	26.87
4	21.20	18.00	16.69	15.98	15.52	15.21	14.80	14.55	14.20
5	16.26	13.27	12.06	11.39	10.97	10.67	10.29	10.05	9.72

续表

v_2	v_1								
	1	2	3	4	5	6	8	10	15
6	13.75	10.92	9.78	9.15	8.75	8.47	8.10	7.87	7.56
7	12.25	9.55	8.45	7.85	7.46	7.19	6.84	6.62	6.31
8	11.26	8.65	7.59	7.01	6.63	6.37	6.03	5.81	5.52
9	10.56	8.02	6.99	6.42	6.06	5.80	5.47	5.26	4.96
10	10.04	7.56	6.55	5.99	5.64	5.39	5.06	4.85	4.56
11	9.65	7.21	6.22	5.67	5.32	5.07	4.74	4.54	4.25
12	9.33	6.93	5.95	5.41	5.06	4.82	4.50	4.30	4.01
13	9.07	6.70	5.74	5.21	4.86	4.62	4.30	4.10	3.82
14	8.86	6.51	5.56	5.04	4.69	4.46	4.14	3.94	3.66
15	8.86	6.36	5.42	4.89	4.56	4.32	4.00	3.80	3.52
16	8.53	6.23	5.29	4.77	4.44	4.20	3.89	3.69	3.41
17	8.40	6.11	5.19	4.67	4.34	4.10	3.79	3.59	3.31
18	8.29	6.01	5.09	4.58	4.25	4.01	3.71	3.51	3.23
19	8.18	5.93	5.01	4.50	4.17	3.94	3.63	3.43	3.15
20	8.10	5.85	4.94	4.43	4.10	3.87	3.56	3.37	3.09
21	8.02	5.78	4.87	4.37	4.04	3.81	3.51	3.31	3.03
22	7.95	5.72	4.82	4.31	3.99	3.76	3.45	3.26	2.98
23	7.88	5.66	4.76	4.26	3.94	3.71	3.41	3.21	2.93
24	7.82	5.61	4.72	4.22	3.90	3.67	3.36	3.17	2.89
25	7.77	5.57	4.68	4.18	3.85	3.63	3.32	3.13	2.85
26	7.72	5.53	4.64	1.14	3.82	3.59	3.29	3.09	2.81
27	7.68	5.49	4.60	4.11	3.78	3.56	3.26	3.06	2.78
28	7.64	5.45	4.57	4.07	3.75	3.53	3.23	3.03	2.75
29	7.60	5.42	4.54	4.04	3.73	3.50	3.20	3.00	2.73
30	7.56	5.39	4.51	4.02	3.70	3.47	3.17	2.98	2.70
40	7.31	5.18	4.31	3.83	3.51	3.29	2.99	2.80	2.52
50	7.17	5.06	4.20	3.72	3.41	3.19	2.89	2.70	2.42
60	7.08	4.98	4.13	3.65	3.34	3.12	2.82	2.63	2.35
70	7.01	4.92	4.07	3.60	3.29	3.07	2.78	2.59	2.31
80	6.96	4.88	4.04	3.56	3.26	3.04	2.74	2.55	2.27
90	6.93	4.85	4.01	3.53	3.23	3.01	2.72	2.52	2.42

续表

v_2	v_1								
	1	2	3	4	5	6	8	10	15
100	6.90	4.82	3.98	3.51	3.21	2.99	2.69	2.50	2.22
125	6.84	4.78	3.94	3.47	3.17	2.95	2.66	2.47	2.19
150	6.81	4.75	3.91	3.45	3.14	2.92	2.63	2.44	2.16
200	6.76	4.71	3.88	3.41	3.11	2.89	2.60	2.41	2.13
∞	6.63	4.61	3.78	3.32	3.02	2.80	2.51	2.23	2.04

附表3-5　斯皮尔曼等级相关系数r_s的上临界值r_α表

$$P\left(r_s \geqslant r_\alpha\right) \leqslant \alpha \quad P\left(r_s \leqslant -r_\alpha\right) \leqslant \alpha$$

n	α					
	0.001	0.005	0.010	0.025	0.050	0.100
4	—	—	—	—	0.800 0	0.800 0
5	—	—	0.900 0	0.900 0	0.800 0	0.700 0
6	—	0.942 9	0.885 7	0.828 6	0.771 4	0.600 0
7	0.964 3	0.892 9	0.857 1	0.746 0	0.678 6	0.535 7
8	0.928 6	0.857 1	0.809 5	0.714 3	0.619 0	0.500 0
9	0.900 0	0.816 7	0.766 7	0.683 3	0.583 3	0.466 7
10	0.866 7	0.781 8	0.733 3	0.636 4	0.551 5	0.442 4
11	0.836 4	0.754 5	0.700 0	0.609 1	0.527 3	0.418 2
12	0.818 2	0.727 3	0.671 3	0.580 4	0.496 5	0.398 6
13	0.791 2	0.697 8	0.642 9	0.554 9	0.478 0	0.379 1
14	0.767 0	0.674 7	0.622 0	0.534 1	0.459 3	0.362 6
15	0.746 4	0.653 6	0.600 0	0.517 0	0.442 9	0.350 0
16	0.726 5	0.632 4	0.582 4	0.500 0	0.426 5	0.338 2
17	0.708 3	0.615 2	0.563 7	0.485 3	0.411 8	0.326 0
18	0.690 4	0.597 5	0.548 0	0.471 6	0.399 4	0.314 8
19	0.673 7	0.582 5	0.533 3	0.457 9	0.389 5	0.307 0
20	0.658 6	0.568 4	0.520 3	0.445 1	0.378 9	0.297 7
21	0.645 5	0.564 5	0.507 8	0.435 1	0.368 8	0.290 9
22	0.631 8	0.542 6	0.496 3	0.424 1	0.359 7	0.282 9
23	0.618 6	0.530 6	0.485 2	0.415 0	0.351 8	0.276 7
24	0.607 0	0.520 0	0.474 8	0.406 1	0.343 5	0.270 4
25	0.596 2	0.510 0	0.465 4	0.397 7	0.336 2	0.264 6
26	0.585 6	0.500 2	0.456 4	0.389 4	0.329 9	0.258 8
27	0.575 7	0.491 5	0.448 1	0.382 2	0.323 6	0.254 0
28	0.566 0	0.482 8	0.440 1	0.374 9	0.317 5	0.249 0
29	0.556 7	0.474 4	0.432 0	0.368 5	0.311 3	0.244 3
30	0.547 9	0.466 5	0.425 1	0.362 0	0.305 9	0.240 0

参考文献

[1]袁卫,刘超.统计学:思想、方法与应用[M].北京:中国人民大学出版社,2011.

[2]曾五一,肖红叶.统计学导论[M].3版.北京:科学出版社,2019.

[3]贾俊平,何晓群,金勇进.统计学[M].8版.北京:中国人民大学出版社,2021.

[4]金勇进.统计学教程[M].3版.北京:中国人民大学出版社,2016.

[5]袁卫,庞皓,曾五一,等.统计学[M].北京:高等教育出版社,2000.

[6]IVERSEN G R, GFRGENM.统计学[M].吴喜之,程傅,柳林旭,等译.北京:高等教育出版社,2000.

[7]SWEENEY D J,WILLIAMS T A,ANDERSON D R.商务与经济统计(精要版)(原书第6版)[M].雷平,等译. 北京:机械工业出版社,2012.

[8]LEVINE D M,KREHBIEL T C,BERENSON M L.商务统计学(第5版)[M].黄耀锋,等译.北京:中国人民大学出版社,2010.

[9]钟新联,张建军.统计学原理[M].上海:立信会计出版社,2008.

[10]茆诗松,周纪芗.概率论与数理统计[M].3版.北京:中国统计出版社,2007.

[11]谢启南,韩兆洲.统计学原理[M].4版.广州:暨南大学出版社,2006.

[12]韩兆洲.统计学原理[M].8版.广州:暨南大学出版社,2018.

[13]王松桂,张忠占,程维虎,等.概率论与数理统计[M].3版.北京:科学出版社,2011.

[14]李洁明,祈新娥.统计学原理[M].6版.上海:复旦大学出版社,2014.

[15]宋光辉.管理统计学[M].3版.广州:华南理工大学出版社,2012.

[16]邓力.统计学:实例与拾趣[M].长沙:湖南人民出版社,2004.

[17]雷钦礼.商务统计[M].北京:中国财政经济出版社,2005.

编者简介

刘照德 广东财经大学统计学副教授，博士、硕士生导师，中国统计学会常务理事、中国教育统计学会理事、广东省统计学会理事、广东省统计局局外委员、广东省现场统计学会常务理事兼副秘书长、广东省百名统计学（专）家，教育部学位中心评审专家、广东省科技厅评审专家。现为广东财经大学经济统计学系主任、保险教育中心主任，兼任广州华商学院经济统计学专业负责人。研究方向：经济统计、多元统计、实物期权、综合评价等。主持科研项目16项，其中教育部和广东省哲学社科项目各1项、广东省第三次经济普查重点项目和第七次全国人口普查重点项目各1项、市厅级项目12项，参与国家杰出青年科学基金项目等16项，主持省级质量工程项目2项，主持校级教研教改项目4项；在*Computer Science and Information Systems*、《数理统计与管理》等刊物上公开发表论文30多篇；出版专著1部、主编教材4部；广东省高等学校“千百十”工程校级培养对象，近年来6次获广东财经大学年度考评优秀，2021年获广东财经大学优秀研究生指导教师。指导研究生、本科生获各类国家级竞赛一等奖7项、二等奖10项、三等奖15项，各类省级奖励30项。

朱芳芳 广州华商学院经济贸易学院副院长、副教授，硕士生导师、南粤优秀教师、广东省民办教育优秀教师，广东省现场统计学会常务理事。研究方向：统计方法及其应用。主持省部级项目2项，参与省厅级课题10余项，发表论文多篇，作为主编参编教材1部，作为副主编参编教材3部。指导学生获全国大学生统计建模大赛国家二等奖、全国大学生市场调查与分析大赛国家三等奖，以及其他学科竞赛国家级、省级奖多项。

石立 广州华商学院经济统计学副教授，硕士，广东省现场统计学会理事。研究方向：多元统计模型。主持和参与科研项目10项，其中国家级项目1项，省部级项目5项；纵向项目8项，横向项目2项（含1项重大项目）。参与教研项目6项，其中省部级项目3项。在《统计与决策》《数学的实践与认识》《上海财经大学学报》等期刊发表科研教研论文16篇，参编教材3部。

林海明 广东财经大学统计学教授，湖南大学理学硕士，硕士生导师，广东省现场统计学会常务理事。研究方向：多元统计模型和应用。主持教育部课题2项，参加多项国家级、省部级课题，在《统计研究》《数量经济技术经济研究》《数理统计与管理》等刊物发表论文60多篇，解决了一流统计学家Rao没有解决的令人感兴趣的主成分与因子异同问题，解决了统计学家Kendall认为不可能解决的因子分析模型解问题，创立了优良的因子分析模型

L，获广东省哲学社会科学优秀成果三等奖，多次获广东财经大学年度考评、教学质量优秀奖，指导学生获全国、广东省大学生“挑战杯”创业、学术科技作品竞赛特等奖、一等奖等共计23项。

张祖荣 广东财经大学经济学教授，中南大学理学硕士，统计学、保险学硕士生导师。国家社科同行评议专家；教育部学位中心评审专家；中国农业风险管理研究会常务理事；广东、河南、浙江、江苏等省自科项目评审专家与科技奖励评审专家；《农业经济问题》《财经科学》《保险研究》等期刊匿名审稿专家。主持完成国家社科基金项目、教育部社科基金项目、广东省自然科学基金项目以及广东保险学会重点项目等多项。国家社科项目成果（论文）《农业保险财政补贴动因与补贴模式的创新》获省级社会科学优秀成果二等奖。近年在《财政研究》《改革》《财经科学》等20多种核心期刊上发表学术论文50多篇，其中CSSCI期刊论文20多篇。多篇论文被《新华文摘》与人大复印资料《金融与保险》全文转载或摘编。

林雅军 重庆工商大学工商管理学院教授、MBA导师，会计师，四川大学管理学博士，西南财经大学管理学博士后，清华大学访问学者，中国高校市场学会理事，重庆市社会科学专家库评审专家，重庆市万州区税务学会会员。曾先后担任重庆三峡学院国资处副处长和计财处副处长。近年来公开发表学术论文30余篇，其中SCI 2篇、CSSCI 15篇。先后主持或参与省部级以上科研项目18项（其中：主持教育部人文社科规划项目2项，重庆市教育规划重点课题2项和一般课题1项，重庆市自然科学基金1项；参与国家社科基金项目1项，教育部人文社科规划项目2项，博士点基金项目1项，重庆市社会科学规划重点项目1项；等等），出版专著4部，参编教材3部。

赵慧琴 广州华商学院经济统计学副教授，应用统计学硕士生导师，经济统计学系副主任，教育部学位中心本科范文评审专家，华南农业大学理学硕士，在读博士，中级统计师。研究方向：经济统计及软件应用。主持省级科、教研项目4项，校级课题、项目4项，参与省级以上项目8项，发表论文17篇；主编教材2部，作为副主编参编教材4部；指导学生参加省级以上学科竞赛获奖60余项，其中有一项为美国大学生数学建模竞赛特等提名奖。广东省高等学校“千百十工程”第七批（校级）培养对象，广东省民办教育优秀教师，广东省985高校访问学者，广东省现场统计学会理事。获得全国大学生统计建模大赛优秀指导教师奖，全国大学生数学建模竞赛广东省分赛优秀指导教师奖，广东财经大学优秀共产党员称号、学校优秀教职工称号、学校中青年优才计划A类名额，多次获得学校年度考核优秀奖，教学业绩优秀。

黄小敏 广东培正学院统计学副教授，经济学硕士，广东省现场统计学会理事，中国商业统计学会理事，中国现场统计研究会大数据统计分会会员，数据分析师（高级）。研究方向：保险精算、经济统计。本科毕业于广东财经大学统计学系统计学（保险精算方向）专业，硕士毕业于暨南大学统计学系统计学专业。发表学术论文20多篇，主编教材2部，主持广州市社科课题1项，主持广东省教育厅课题3项，作为主要成员参与教育部课题2项、国家社科课题2项。

周杰琦 广东财经大学统计学副教授，中国社会科学院数量经济学专业博士，硕士生导师，广东省高等学校“千百十工程”第八批(校级)培养对象，中国数量经济学会、中国统计教育学会会员，担任《经济学(季刊)》《国际贸易问题》《当代财经》等期刊“环境经济”匿名审稿人。研究方向：绿色保险、绿色信贷、环境经济学、数量经济学、数字经济等跨学科领域。在《统计研究》《国际贸易问题》《产业经济研究》等核心期刊上发表论文40余篇。目前主持教育部人文社科青年基金项目2项、全国统计科学研究项目1项，参与国家自然科学基金、国家社会科学基金多项。指导学生获全国大学生市场调查大赛二等奖1项。

金莹 广州华商学院讲师，中级统计师，工商管理硕士。研究方向：经济统计及模型预测。主持校级课题2项，参与省级课题1项、校级课题2项，公开发表论文多篇，参编教材2部。曾获广州华商学院第八届青年教师教学竞赛一等奖及广州华商学院2021年度“华商中青年优秀人才奖励计划”B类三等奖。指导学生获全国大学生市场调查与分析大赛总决赛三等奖、广东赛区三等奖以及全国大学生统计建模大赛全国总决赛本科生组二等奖、广东赛区二等奖和三等奖。

景曼 广州新华学院统计学讲师，广东省现场统计学会理事，硕士毕业于广东财经大学统计学专业。研究方向：多元统计模型应用、统计软件和经济计量研究。发表论文8篇，参与省级课题和校级课题多项，参编教材两部。